목표 점수에 도달하는
가장 빠른 전략

여기서
다
나온다

영단기
신토익 LC
20일 속성

커넥츠 영단기

영단기 신토익 LC 20일 속성

저자	권오경
기획 총괄	공정아
기획·편집	정유상
마케팅 영업	손지한 김정현 양윤화 김보경
디자인 총괄	김지원
표지 디자인	김은우
내지 디자인	한단비

펴낸날	초판 2017년 12월 22일
	5쇄 2021년 9월 10일
펴낸이	윤성혁
펴낸곳	㈜에스티유니타스

홈페이지	eng.conects.com
고객센터	카카오톡 플러스 친구 [영단기] / 커넥츠 영단기 1:1 게시판
주소	서울시 강남구 영동대로 417 오토웨이타워 2F
등록번호	제 2015-000186호

커넥츠 영단기 영어 전문 온라인 학습 및 어학원 eng.conects.com

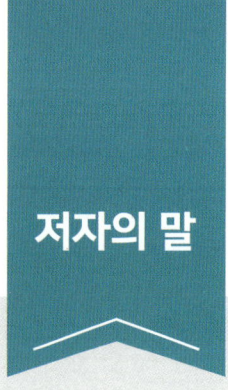

지금도 토익 목표 점수를 달성하기 위해 열공하고 계신 전국의 토익커 여러분!

안녕하세요, 영단기 대표 LC 강사 권오경입니다.

2016년 신토익으로 개정되면서 상대적으로 LC 파트의 난이도가 많이 높아졌습니다.

Part 3에서는 3인 대화가 추가되고, Part 3,4에서는 의도 파악 문제와 시각 정보 연계 문제로 대표되는 신토익 문제 유형이 총 10문항 추가 되었습니다.

또한, Part 2에서 간접·우회적 답변이 정답으로 출제되는 비중이 늘면서

체감 난이도가 상승하여 수험생들의 LC 부담이 더욱 커졌습니다.

취업, 졸업, 자격 시험 등의 목표를 위해 토익 성적을 필요로 하는 수험생들은 최단기간에 목표 점수를 취득해야 합니다.

따라서 군더더기 설명은 빼고 핵심 출제 유형과 포인트를 빠르게 정리할 수 있는,

말 그대로 단기간에 토익을 끝낼 수 있는 교재가 절실히 필요하다고 느꼈습니다.

[입문서 → 기본서 → 문제집]으로 이어지는 기존의 단계별 학습을 단 한권의 책으로 끝낼 수 있다면, 여러분들의 소중한 시간을 지켜드릴 수 있다는 확신이 생겼습니다.

영어라는 언어를 정복하는 데에는 많은 시간과 노력이 필요합니다.

하지만 토익 시험은 출제 원리와 핵심 출제 포인트를 정리하고, 꼭 시험에 나오는 것들만 확실히 익혀도 1-2달의 짧은 기간에 원하는 목표 점수를 충분히 달성할 수 있습니다.

지난 15년간 오직 토익 LC만을 강의하고 연구하면서, 어떻게 공부해야 단기간에 점수를 올릴 수 있는지 그 누구보다도 잘 알고 있다고 확신합니다. 저만의 이러한 노하우를 본서를 통해 여러분들에게 100% 전수해 드리고자 합니다.

쓸데없는 군더더기 설명은 줄이고, 핵심 이론을 최대한 빠르게 익힐 수 있도록 출제 포인트를 일목요연하게 정리했고, 이를 문제 풀이에 바로 적용할 수 있도록 시험에 나올 확률이 가장 높은 문제들을 엄선하여 본서에 모두 실었습니다.

단원별로 출제 포인트를 익히고 이를 실전 문제 풀이를 통해 내 것으로 만든다면,

단 한 권의 책으로도 충분히 기본서와 문제집을 같이 보는 일석이조의 효과를 누릴 수 있을 겁니다.

여러분들의 꿈을 향해 좀 더 다가갈 수 있는 기회를 만들어 드릴 수 있다는 사명감으로 최선을 다해 본서를 만들었습니다.

선택과 집중을 통해, 본서로 공부할 수많은 수험생들의 건승을 진심으로 기원합니다.

영단기 대표 LC 강사 권오경 드림

토익 시험 정보의 모든 것

토익 소개

TOEIC 시험이란?

TEST OF ENGLISH FOR INTERNATIONAL COMMUNICATION의 약자로, 모국어가 영어가 아닌 사람이 일상적인 생활 또는 업무에서 의사소통이 가능한지를 평가하는 시험입니다.

시험 구성

듣기(LC) 4개 파트 100문제와 읽기(RC) 3개 파트 100문제로 총 7개 파트에 걸쳐 200문제가 출제됩니다. 200문제 모두 선택지 중에서 정답을 찾는 객관식 문제로 출제됩니다.

구성	PART 구성	출제 내용	문항수	시간	점수
LC (Listening Comprehension)	PART 1	사진 묘사 (사진 보고 문제 풀기)	6	45분 내외	495점
	PART 2	질의 응답 (질문 듣고 답변 고르기)	25		
	PART 3	짧은 대화 (두세 사람의 대화를 듣고 질문에 답하기)	39		
	PART 4	설명문 (전화 메시지, 연설문, 안내방송, 일기예보 등을 듣고 질문에 답하기)	30		
RC (Reading Comprehension)	PART 5	문장 빈칸 채우기 (하나의 문장 안에 있는 빈칸에 알맞은 말(문법 & 어휘) 고르기)	30	75분	495점
	PART 6	지문 빈칸 채우기 (짧은 지문 안에 있는 빈칸에 알맞은 말(문법 & 어휘 & 문장) 고르기)	16		
	PART 7	싱글 지문 (1개의 지문을 읽고 질문에 답하기)	29		
		더블 지문 (2개의 지문을 읽고 질문에 답하기)	10		
		트리플 지문 (3개의 지문을 읽고 질문에 답하기)	15		
총계			200	약 120분	990점

출제 범위 및 주제

일상생활 및 업무에 대한 영어 의사소통 능력을 평가하기 때문에 특정 분야의 전문 지식 또는 이와 관련된 어휘는 출제하지 않습니다. 국제 업무 환경에 맞게 다양한 국가의 지명과 성명이 등장하며, 듣기 평가에서는 미국, 영국, 호주 발음이 고르게 섞여 출제됩니다. 다음의 주제를 참고해 봅시다.

기업 일반	이사회, 편지, 공지, 전화, 팩스, 이메일, 사무실 장비 및 가구, 사무실 규정, 계약, 협상, 합병 및 인수, 판매, 보증, 사업 계획, 회의, 노사 관계
공식 연회	식사 및 연회, 장소 예약
엔터테인먼트	영화, 공연, 전시
재무	은행 업무, 투자, 세금, 회계, 청구
의료	건강 보험, 병원 방문 및 예약
부동산	건설 및 보수 내역, 부동산 구매 및 임대, 기타 설비
제조	제품 조립, 공장 경영, 품질 관리
인사	모집, 고용, 퇴임, 승진, 급여, 일자리 지원서, 구인 광고, 연금, 시상
구매	쇼핑, 주문, 배송, 송장
기술	전자 장비, 기술 지원, 컴퓨터, 연구실 관련 장비
여행	교통 관련 일정, 교통 관련 각종 공지, 렌터카, 호텔 예약, 연착 및 취소

세상에서 가장 친절한 新토익 시험 가이드

1 토익 접수 방법

- 토익 시험의 인터넷 접수 기간을 한국 TOEIC 위원회 사이트(www.toeic.com)에서 확인합니다.
- 사이트에서 인터넷 접수를 선택하고 시험일, 고사장, 수험 정보 등의 정보를 입력합니다.
- 시험 접수 시 최근 6개월 이내 사진(JPG 형식)이 필요하니 미리 준비합니다.

TIP 시험 D-30부터는 특별추가접수에 해당하여 약 5천원 정도의 추가 비용이 발생합니다. 미리 시험을 접수하는 것이 좋습니다.

2 시험 당일 꼭! 챙겨야 할 준비물

- **규정 신분증**
  성인의 경우, 주민등록증, 운전면허증, 기간 만료 전 여권, 공무원증 등이 인정됩니다. 중고등학생에 한하여 학생증(국내 학생증만 허용)도 신분증으로 인정됩니다.
- **연필 (볼펜, 사인펜은 No!)**
  연필 끝을 뭉뚝하게 만들어 준비하면 답안 마킹을 더 쉽게 할 수 있습니다.
- **지우개**
- **아날로그 손목시계 (전자식 시계는 No)**

3 입실 전 유의 사항

- 시험 시간이 오전일 경우, 오전 9:20까지, 시험 시간이 오후일 경우 오후 2:20까지 입실합니다.

TIP 오전 시험은 오전 9:50 이후, 오후 시험은 오후 2:50 이후로는 절대 입실할 수 없으니 꼭 시간을 지켜 미리 입실합니다.

TIP 시험 시간 직전에는 독해 문제를 풀기보다는 듣기 연습을 충분히 하여 귀를 훈련시키는 게 더 효과적입니다.

4 시험 진행 안내

오전 시험	오후 시험	시험 진행
9:30~9:45 (15분)	2:30~2:45 (15분)	답안지 작성 오리엔테이션
9:45~9:50 (5분)	2:45~2:50 (5분)	쉬는 시간
9:50~10:05 (15분)	2:50~3:05 (15분)	신분증 확인
10:05~10:10 (5분)	3:05~3:10 (5분)	문제지 배부, 파본 확인
10:10~10:55 (45분)	3:10~3:55 (45분)	듣기 평가 (LC)
10:55~12:10 (75분)	3:55~5:10 (75분)	독해 평가 (RC)

5 성적 확인 및 성적표 발급 방법 알아보기

- 시험일로부터 10일 후 낮 12시에 한국 TOEIC 위원회 사이트(www.toeic.co.kr)에서 성적 확인이 가능합니다.
  (토요일 시행 시험 등 일부 회차 시험은 11일 후에 발표될 수 있습니다.)
- 성적 수령은 온라인 출력이나 우편 수령을 택할 수 있습니다.
- 온라인 출력 시, 성적 유효 기간 내 홈페이지를 통해 출력 가능합니다.
- 우편 수령 시, 성적 발표 후 접수 시 기입한 주소로 성적표가 우편 발송됩니다. (약 7~10일 소요)
- 온라인 출력과 우편 수령은 1회 발급만 무료이며, 이후에는 유료로 발급됩니다.

토익 **PART 1** 완벽 정복 비법 ///////////

출제 비중은 줄었지만 난이도는 높아진다!
어려운 문제에 대비하라!

비교적 난이도가 높은 사물 주어로 시작하는 문장 구조 및 표현을 잘 파악하는 것이 Key Point

한눈에 보는 PART 1 출제경향

1 PART 1 문제 수

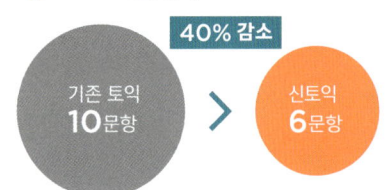

40% 감소

기존 토익 **10**문항 > 신토익 **6**문항

2 PART 1 출제 포인트

• 사물 주어로 시작하는 수동태, 완료 수동태,
  수동태 진행형 출제 증가
• 유사 발음, 의미 연상 어휘를 이용한 오답 함정 제시

PART 1 핵심 공략법

1 6문항 중 한 문제도 틀려서는 안 된다!

• 4문항이 감소했다는 것은 난이도가 낮은 문제의 비중이 그만큼 줄어든다는 것을 의미한다.
• 신유형 문제가 도입된 PART 3, 4의 난이도 역시 상승하였으므로 상대적으로 쉬운 PART 1에서 만점을 받아두는 것이 중요하다.
• 자주 출제되는 표현과 문장 구조, 오답 함정 등을 숙지해 한 문제도 틀리지 않도록 대비한다.

2 난이도가 높은 '사물 주어'의 문장 구조를 잘 익혀두어야 한다!

• 사람 주어 문장의 출제 비중이 감소하고 사물 주어로 시작하는 문장 구조의 출제 비중이 상승할 가능성이 높다.
• 비교적 까다로운 문장 구조인 수동태, 완료 수동태, 수동태 진행형에 대한 이해도를 높이고 실제 각 사진 묘사에 어떻게 적용되는지 철저하게 학습한다.

3 PART 1 빈출 어휘와 표현을 되도록 많이 암기한다!

• PART 1에서 자주 출제되는 사람의 상태/동작 묘사 표현과 사물이나 배경의 위치/상태 묘사 표현을 암기한다.
• 특히 난이도 높은 어휘와 표현을 따로 정리한다.
• 정답의 단서를 제공하는 전치사 표현을 정리한다.

4 오답 함정을 숙지하여 실수를 줄여야 한다!

• PART 1에서 자주 출제되는 사람의 상태/동작 묘사 표현과 사물이나 배경의 위치/상태 묘사 표현을 암기한다.
• 특히 난이도 높은 어휘와 표현을 따로 정리한다.
• 정답의 단서를 제공하는 전치사 표현을 정리한다.

토익 PART 2 완벽 정복 비법

빠른 판단력과 집중력을 키우고
평서문에 대한 대비를 강화하라!

비교적 난이도가 높은 How 의문문과 평서문에 대한 대응력을 키우는 것이 Key Point

한눈에 보는 PART 2 출제경향

1 PART 2 문제 수

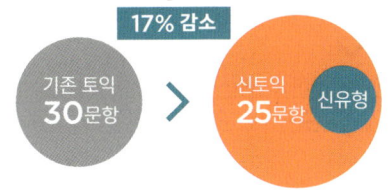

17% 감소

기존 토익 **30**문항 > 신토익 **25**문항 신유형

2 PART 2 출제 포인트
- 다양한 의문사와 기대 응답을 연결시킨 문제 출제
- 평서문, 간접답변, 제 3의 답변 같은 고난도 문제 출제
- 유사 발음, 의미 연상 어휘를 이용한 오답 함정 제시

PART 2 핵심 공략법

1 PART 2는 순발력과 집중력이 가장 필요한 파트이다!
- PART 2는 950점 이상의 고득점을 목표로 하는 800점대 학생들이 가장 어려워하는 파트이다.
- PART 2는 질문과 답변이 짧아서 순식간에 지나가 버리기 때문에 정확한 문맥 파악이 쉽지 않다.
- 질문과 답변을 듣는 순간 정오답을 판단할 수 있는 순발력과 집중력이 절대적으로 필요하다.

2 출제율이 가장 높은 의문사 의문문을 확실하게 정복해야 한다!
- 의문사 의문문은 PART 2 출제 비중의 1/3을 차지한다.
- 난이도가 높은 How/Why 의문문의 답변 패턴을 숙지한다.
- 의문사 유형별로 전형적인 답변 패턴을 학습하고 간접 표현, 제 3의 답변, 반문 등 문제의 난이도를 높이는 고난도 답변 패턴을 숙지한다.

3 답변 예측이 어려운 평서문에 대한 대응력을 키워야 한다!
- 평서문은 사실 전달에 목적이 있기 때문에 전형화된 답변 패턴이 없다.
- 오답 소거법을 이용해 질문과 답변의 대응 논리를 하나씩 살펴 오답을 모두 소거한 후 정답을 선택한다.

4 질문 앞부분을 집중해서 듣는 연습과 오답을 골라내는 연습을 꾸준히 한다!
- PART 2 질문의 핵심은 첫 3~4 단어에 있으므로 앞부분만 듣고도 문제 유형을 파악할 수 있어야 한다.
- 유사 발음, 의미 연상 등 반복적으로 자주 등장하는 오답 함정 사례와 관련 표현을 미리 숙지한다.
- 오답 소거법을 이용하여 보다 정확하게 정답을 가려내는 연습을 한다.

토익 PART 3 완벽 정복 비법

대화의 흐름을 놓치지 말고
단서가 나올 곳에 집중하라!

의도 문제는 앞 사람의 말에서, 시각 자료 문제는 표와 대화를 종합하여 단서를 찾는 것이 Key Point

한눈에 보는 PART 3 출제경향

1 PART 3 문제 수

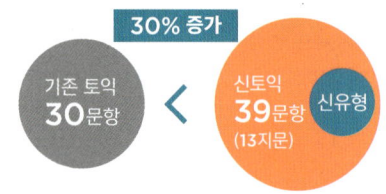

2 PART 3 신유형 출제 포인트

- 화자의 의도 파악 문제, 시각 자료 연계 문제

- 화자의 의도 파악 문제는 문맥을 통해서 정답을 찾아야 한다. 시각 자료 연계 문제는 주어진 표와 대화의 내용을 연계하여 정답을 찾아야 한다.

PART 3 핵심 공략법

1 화자의 의도 파악 문제는 제시된 문장과 앞뒤 문장의 관계 및 문맥 파악이 핵심이다!
- 상황에 따라 다르게 해석되는 문장의 의도를 묻는 문제이므로 해당 문장의 앞뒤 내용이 가장 중요하다.
- PART 3 의도 파악 문제는 앞사람의 말에 대한 답변 문장이 주로 문제로 출제되므로 특히 상대 화자가 바로 앞에 한 말의 의미를 정확하게 이해해야 한다.
- 제시된 문장이 들린 이후의 대사에는 해당 문장에 대한 부연 설명, 이유, 예제가 제시되기 때문에 이 부분 또한 잘 듣고 정답을 확인한다.
- 예를 들어 문제의 표현이 "I can't believe it"일 때, 앞서 상대 화자가 '우리 회사가 최고 실적을 기록했다'고 말했고, 문제의 화자가 "I can't believe it"이라고 말한 후 '직원 모두 열심히 노력한 결과'라고 말했다면, 문맥을 통해 화자가 이 말을 한 의도는 '놀라움' 또는 '기쁨'을 나타내기 위한 것임을 알 수 있다.

2 시각 자료 연계 문제는 지문을 듣기 전 시각 자료의 정보 파악이 필수이다!
- 대화를 들으면서 표, 그래프, 지도와 같은 시각 자료의 정보를 함께 파악해야 하는 문제이다.
- 대화 중 시각 자료에 나온 정보와 관련된 언급을 통해 정답을 찾는 문제이므로 대화문이 나오기 전 자료의 정보를 숙지해 두고 대화를 들으면서 바로 정답을 찾아야 한다.
- 보통 대화에서 언급한 특정 조건에 맞는 정보를 시각 자료에서 찾아내는 문제가 출제된다.

3 3인 대화 관련 문제는 2명의 공통된 의견을 빠르게 파악하는 것이 중요하다!
- 전체적인 대화 길이는 기존 유형과 유사하나 화자의 수(3인)와 대화를 주고 받는 횟수(turn)가 늘어났다.
- 성비가 '여자2 + 남자1' 또는 '남자2 + 여자1'로 구성될 수 밖에 없다. 따라서 남자 화자 2명 또는 여자 화자 2명의 공통된 의견이나 입장을 구분하여 이해할 수 있도록 연습해야 한다.

토익 **PART 4** 완벽 정복 비법

대화문보다 흐름 파악은 용이하겠지만
의도 문제 풀이는 더 까다롭다!

의도 문제는 전후 문맥을 통해, 시각 자료 문제는 표와 담화를 종합하여 단서를 찾는 것이 Key Point

한눈에 보는 PART 4 출제경향

1 PART 4 문제 수

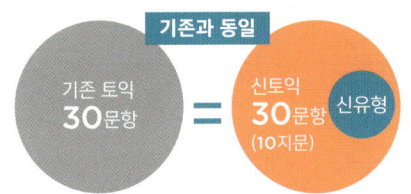

2 PART 4 신유형 출제 포인트
- 화자의 의도 파악 문제, 시각 자료 연계 문제

- 화자의 의도 파악 문제는 문맥을 통해서 정답을 찾아야 한다. 시각 자료 연계 문제는 주어진 표와 담화의 내용을 연계하여 정답을 찾아야 한다.

PART 4 핵심 공략법

1 화자의 의도 파악 문제는 담화의 주요 흐름을 이해하고 제시된 문장과 앞뒤 문장과의 관계 및 문맥을 파악하는 것이 핵심이다!
- PART 3와 동일한 문제 유형으로 문제에 제시된 문장의 실제 의미 또는 이 말을 한 화자의 의도를 찾는 문제이다.
- PART 4는 1인 담화이므로 문제의 표현이 담화 흐름과 보다 긴밀하게 연결되어 있다. 따라서 해당 문장의 앞뒤에 나온 문장을 더욱 집중해서 잘 들어야 한다.
- 접속사, 접속부사 등의 연결어가 단서가 될 수 있다. 예를 들어 역접 의미의 But, However 등이 문제 표현 앞에 있으면 앞서 한 말과는 정반대의 이야기를 하려는 것이다.

2 시각 자료 연계 문제는 지문을 듣기 전 시각 자료의 정보 파악이 필수이다!
- PART 3와 동일한 유형으로 1인 담화문에 도표, 그래프와 같은 시각 자료가 함께 출제되는 유형이다.
- 지문을 듣기 전에 시각 자료를 최대한 활용하여 듣기 지문의 주제가 무엇인지 미리 파악해야 한다.
- 담화에서 언급된 변동사항을 표에 반영하여 정답을 찾는 문제는 고난도에 해당된다. 반대되는 내용을 이끄는 'but/unfortunately/sorry/however/although' 등의 역접 표현이 나오는 부분을 주의해서 들어야 한다.

3 실제와 같은 의사소통 상황이 반영되어 있으므로 당황하지 말자!
- 담화에서는 완벽한 문장은 아니지만 의미가 전달될 수 있는 문장의 일부(fragments) 표현이 종종 사용된다.
- 실제와 같은 의사소통 상황을 반영하기 위해 말을 더듬거나 중간에 살짝 멈추는 시간(pause)이 삽입될 수 있다.

이 책의 구성과 특징

출제 포인트

Day별 주제에 따라 꼭 알아둬야 할 핵심 내용들을
포인트로 나누어 설명했다. Point마다 상세한 설명과
예문을 통해 핵심 내용을 학습할 수 있다.

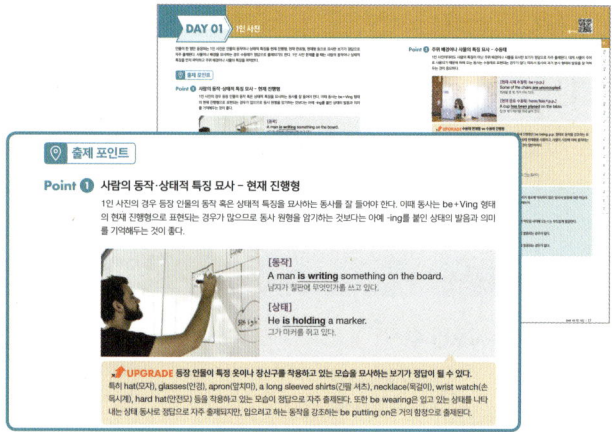

대표 유형 문제

앞에서 학습한 Point별로 대표 유형 문제를
한 문제씩 수록했다. 문제를 풀어보고,
3단계에 걸쳐 문제 풀이법을 적용해 볼 수 있다.

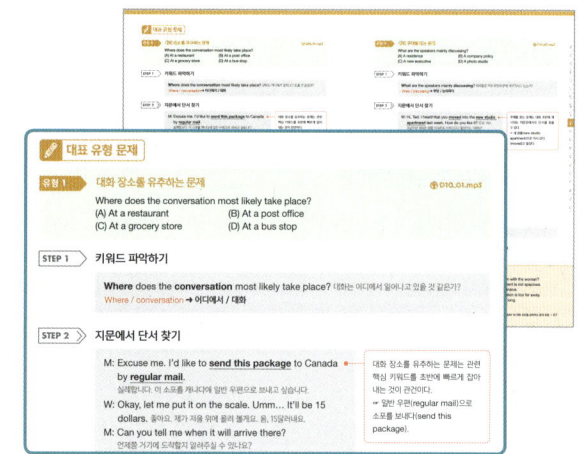

지문 미리보기

Part 3에는 핵심 포인트를 학습하기 전 지문을
미리 확인해 볼 수 있는 지문 미리보기 코너를 수록했다.

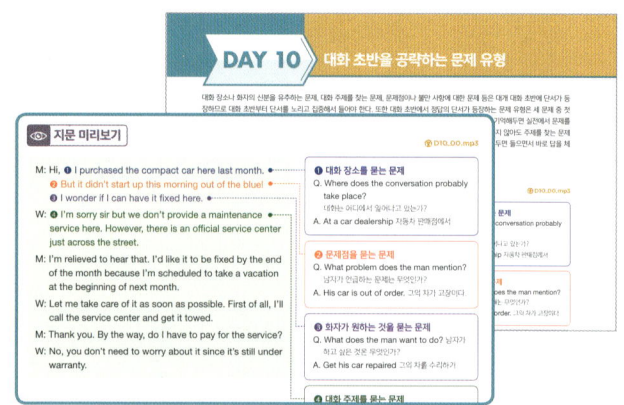

CHECK & BONUS 문제

대표 유형 문제를 풀고 나서 다시 한 번 문제를
풀어볼 수 있는 'CHECK 확인 문제'와
대표 유형 문제 외의 심화 학습을 할 수 있는
'BONUS 완성 문제' 문제를 수록했다.

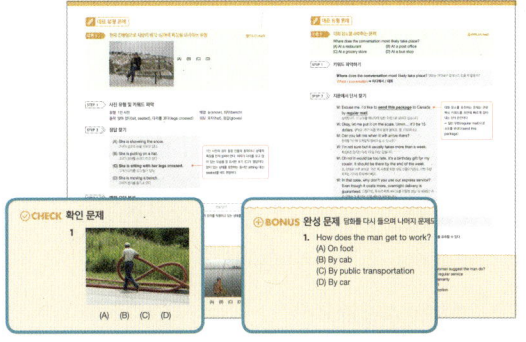

PRACTICE TEST

해당 Day에서 학습한 내용을 실전에 적용해 볼 수 있는
PRACTICE TEST를 수록했다. 학습한 내용을
바탕으로 실력을 점검해 볼 수 있다.

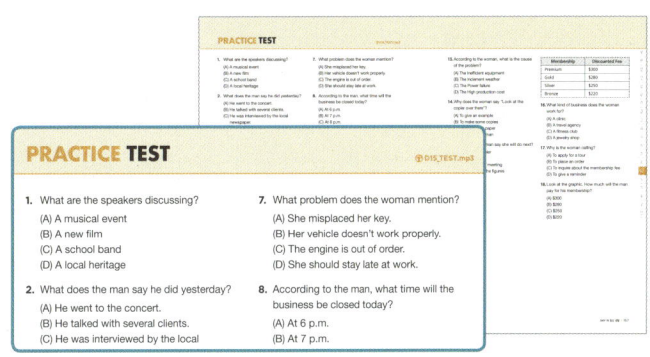

ACTUAL TEST

토익 시험 전 학습한 내용을 최종 점검할 수 있도록
실제 정기 토익과 가장 유사한 형태의 실전 모의고사
1회분을 수록했다.

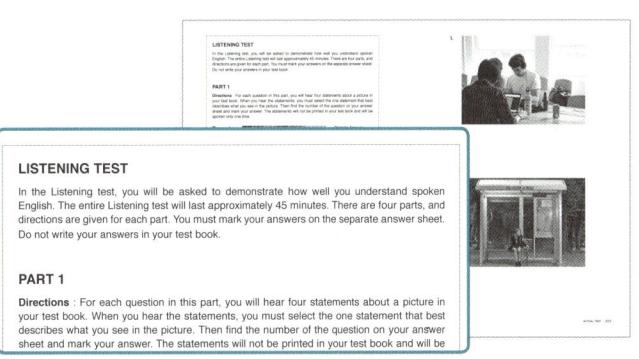

해설집

각 문제의 해석과 해설, 어휘와 패러프레이징을
수록해 완벽한 학습이 가능하도록 하였다.

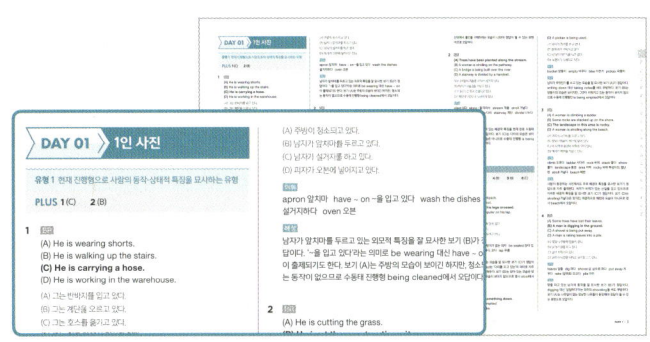

Contents

PART 1

사진 묘사

Part 1

Overview

Part 1은 4개의 보기 중 주어진 사진을 가장 객관적으로 묘사한 보기를 정답으로 고르는 파트이다. 보통 일상 생활이나 회사 혹은 업무와 관련된 사진들이 출제되며, 사진 속 인물이나 배경의 특징을 정확히 묘사한 보기가 정답이 된다. 신토익에서는 총 6문제가 출제된다.

사진 유형 및 정답 포인트

· 1인 사진

한 사람이 등장하는 사진으로 출제 비중이 가장 높은 유형이다. 등장 인물의 동작이나 상태를 묘사하는 보기가 주로 정답으로 출제되며, 최근 들어, 주위 배경이나 사물의 특징을 묘사한 보기들이 정답이 되는 경우가 많다. 간혹 등장 인물이 클로즈업 되어 있는 사진의 경우 모자, 안경, 시계 등 장신구를 착용하고 있는 외모적 특징을 묘사한 보기가 정답이 되기도 한다.

· 다수 인물 사진

두 사람 이상이 등장하는 사진으로 등장 인물의 공통 동작 혹은 외모, 그리고 상호 동작을 묘사한 보기가 정답으로 자주 출제된다. 등장 인물들의 공통점이 없는 경우, 등장 인물들 중 1인 혹은 일부 사람들의 특징이 정답으로 출제되기도 한다. 또한 배경·사물적 특징들이 정답으로 출제되는 경우가 늘어나는 추세다.

· 사물·배경 사진

사람이 등장하지 않는 사진으로, 특정 사물의 상태를 묘사하거나 전체 사진의 배경적 특징을 묘사한 보기가 정답으로 출제된다. 특히 사람이 등장하지 않는다는 특징 때문에, 보기 중에 사람 명사가 들리거나 사람의 동작을 강조하는 수동태 진행형(be being p.p.)이 들리면 바로 오답 처리가 가능하다.

PART 1 풀이법

사진 판독 → 중요 명사·동사 청취 → 오답 소거법 적용 → 정답 선택

대표 오답 유형

1 유사 발음을 포함한 보기

사진에 등장하는 사물을 지칭하는 명사 혹은 인물의 동작을 묘사하는 동사와 발음이 비슷한 어휘가 들어 있는 보기는 바로 오답 처리한다. 유사 발음의 경우는 전후 문맥을 통해 해석상 구별하는 것이 좋다. 예를 들어 copy/coffee와 같은 유사 발음의 어휘들은 바로 앞에 들리는 동사가 pouring(붓다)인 경우 문맥상 copy 보다는 coffee가 훨씬 자연스러운 해석이 가능하므로 copy가 아니라 coffee임을 판단할 수 있다.

2 동사 불일치 보기

사진에 등장하는 인물의 동작과 의미상 일치하지 않는 동사가 나오거나 사물·배경의 상태적 특성과 동사가 일치하지 않을 경우 오답이다.

3 연상 단어를 포함한 보기

사진을 보고 연상 가능한 명사·동사를 제시한 보기가 함정으로 출제될 수 있다. 예를 들어 사진에 키보드를 보여주고 등장 인물의 동작과 일치하지 않는 typing(타자 치다)과 같은 동사를 연상 함정으로 제시하기도 한다. 따라서 객관적으로 정확하게 사진을 있는 그대로 묘사한 보기를 찾아내는 연습을 꾸준히 하는 것이 중요하다.

4 주관적 판단이 포함된 보기

보기 중에 시간과 관련된 표현이 제시되거나 사진만으로는 판단이 어려운 주관적인 묘사가 들어 있는 보기는 오답이다.

5 사진에 보이지 않는 명사 언급

사진에 등장하지 않는 사물이나 배경을 언급한 명사가 들리는 보기는 오답이다.

인물이 한 명만 등장하는 1인 사진은 인물의 동작이나 상태적 특징을 현재 진행형, 현재 완료형, 현재형 등으로 묘사한 보기가 정답으로 자주 출제된다. 사물이나 배경을 묘사하는 경우 수동태가 정답으로 출제되기도 한다. 1인 사진 문제를 풀 때는 사람의 동작이나 상태적 특징을 먼저 파악하고 주위 배경이나 사물의 특징을 파악한다.

📍 출제 포인트

Point ❶ 사람의 동작·상태적 특징 묘사 – 현재 진행형

1인 사진의 경우 등장 인물의 동작 혹은 상태적 특징을 묘사하는 동사를 잘 들어야 한다. 이때 동사는 be+Ving 형태의 현재 진행형으로 표현되는 경우가 많으므로 동사 원형을 암기하는 것보다는 아예 -ing를 붙인 상태의 발음과 의미를 기억해두는 것이 좋다.

[동작]
A man **is writing** something on the board.
남자가 칠판에 무엇인가를 쓰고 있다.

[상태]
He **is holding** a marker.
그가 마커를 쥐고 있다.

🔖 **UPGRADE** 등장 인물이 특정 옷이나 장신구를 착용하고 있는 모습을 묘사하는 보기가 정답이 될 수 있다.
특히 hat(모자), glasses(안경), apron(앞치마), a long sleeved shirts(긴팔 셔츠), necklace(목걸이), wrist watch(손목시계), hard hat(안전모) 등을 착용하고 있는 모습이 정답으로 자주 출제된다. 또한 be wearing은 입고 있는 상태를 나타내는 상태 동사로 정답으로 자주 출제되지만, 입으려고 하는 동작을 강조하는 be putting on은 거의 함정으로 출제된다.

Point ❷ 사람의 상태 묘사 – 현재 완료형·현재형

사람의 상태는 현재 완료형(have/has + p.p.)이나 현재형(V)으로 묘사하기도 한다.

[현재 완료형: have/has+p.p.]
A man **has set** a laptop on his lap.
남자가 노트북을 무릎 위에 두었다.

[현재형: V]
He **has** a hat on.
그는 모자를 쓰고 있다.

🔖 **UPGRADE** 무엇인가를 착용하고 있는 상태를 나타내는 표현은 be wearing 대신에 have(has) ~ on을 써도 동일한 의미가 된다. 예를 들어 앞치마를 착용하고 있는 여자의 모습을 묘사한다면 아래 두 개의 문장을 모두 쓸 수 있다.
ex) She **is wearing** an apron. = She **has** an apron **on**. 그녀가 앞치마를 입고 있다.

Point ❸ 주위 배경이나 사물의 특징 묘사 – 수동태

1인 사진이더라도 사람의 특징이 아닌 주위 배경이나 사물을 묘사한 보기가 정답으로 자주 출제된다. 대개 사물이 주어로 사용되기 때문에 뒤에 오는 동사는 수동태로 표현되는 경우가 많다. 따라서 동사의 과거 분사 형태와 발음을 잘 익혀두는 것이 중요하다.

[현재 시제 수동태: be+p.p.]
Some of the chairs **are unoccupied**.
의자들 중 몇 개가 비어 있다.

[현재 완료 수동태: have/has+p.p.]
A cup **has been placed** on the table.
컵 한 개가 테이블 위에 놓여 있다.

🔺UPGRADE 수동태 현재형 vs 수동태 진행형

일반적인 수동태가 be p.p. 형태로 정지 상태를 묘사하는 반면, 수동태 진행형은 be being p.p. 형태로 동작을 강조하는 표현이다. 따라서 사물의 정지된 특징을 묘사할 때는 be p.p. 형태의 수동태 현재형을 사용하고, 사물이 사람에 의해 움직이는 동작을 묘사할 때는 be being p.p. 형태의 수동태 진행형을 사용하는 것이 일반적이다.

[수동태 현재형]
A car **is parked** on the street. 차가 거리에 주차되어 있다.
☞ 이미 차가 주차된 상태 묘사

[수동태 진행형]
A car **is being parked** on the street. 차가 거리에 주차되고 있는 중이다.
☞ 차가 주차되는 동작 강조

⚡TIP 영국식 영어의 4가지 발음 포인트

토익 LC에서는 영국식 발음과 미국식 발음이 함께 출제되기 때문에, 우리가 평소에 익숙하지 않은 영국식 발음에 대한 학습이 필요하다. 미국식 발음과 구별되는 아래의 4가지 중요 포인트를 꼭 기억해두자.

1. 영국식 영어에서는 받침에 오는 r 발음은 소리 내지 않는다.
   ex) car(차): 영국식 [카아] vs 미국식 [카알]

2. 영국식 영어에서는 t를 강하게 발음하지만, 미국식의 경우는 강모음과 약모음 사이에 오는 t 는 부드럽게 발음한다.
   ex) water(물): 영국식 [워터] vs 미국식 [워럴]

3. 미국식 영어에서 [애]로 발음되는 철자 a가 영국식 영어에서는 [아]로 발음되는 경우가 많다.
   ex) ask(묻다): 영국식 [아스크] vs 미국식 [애스크]

4. 미국식 영어에서 [아]로 발음되는 철자 o는 영국식 영어에서는 [오]로 발음되는 경우가 많다.
   ex) box(상자): 영국식 [복스] vs 미국식 [박스]

유형 1 현재 진행형으로 사람의 동작·상태적 특징을 묘사하는 유형

🎧 D1_01.mp3

(A)　(B)　(C)　(D)

STEP 1 ▷ 사진 유형 및 키워드 파악

유형　1인 사진
동작　앉아 있다(sit, seated), 다리를 꼬다(legs crossed)

배경　눈(snow), 의자(bench)
외모　모자(hat), 장갑(gloves)

STEP 2 ▷ 정답 찾기

(A) She is shoveling the snow.
　그녀가 삽으로 눈을 치우고 있다.

(B) She is putting on a hat.
　그녀가 모자를 쓰려고 하고 있다.

(C) She is sitting with her legs crossed.
　그녀가 다리를 꼬고 앉아 있다.

(D) She is moving a bench.
　그녀가 벤치를 옮기고 있다.

> 1인 사진의 경우 등장 인물의 동작이나 상태적 특징을 먼저 살펴야 한다. 여자가 다리를 꼬고 앉아 있는 모습을 잘 묘사한 보기 (C)가 정답이다. 앉아 있는 상태를 표현하는 동사인 sitting 대신 seated를 써도 무방하다.

STEP 3 ▷▷ 매력 오답 분석

유사 발음	시제 불일치	✔ 동사 불일치	연상 단어	기타

(B) putting on은 뭔가를 착용하려고 하는 동작을 나타내는 표현이므로, 이미 모자를 착용하고 있는 상태를 묘사하려면 wearing을 써야 정답이 될 수 있다.

⊘ CHECK 확인 문제

🎧 D1_01_1.mp3

1

(A)　(B)　(C)　(D)

2

(A)　(B)　(C)　(D)

<table>
<tr><td>유형 2</td><td colspan="2">현재 완료형·현재형으로 사람의 상태를 묘사하는 유형</td><td>D1_02.mp3</td></tr>
</table>

(A)　(B)　(C)　(D)

| STEP 1 | **사진 유형 및 키워드 파악** |

유형 1인 사진

동작 잡다(hold), 앉다(seat, sit), 보다(look at, see)

배경 노트북(laptop), 책상(desk), 컵(cup)

외모 안경(glasses)

| STEP 2 | **정답 찾기** |

(A) She is sipping from a cup.
　　그녀가 컵으로 조금씩 마시고 있다.

(B) She is putting a laptop computer into a bag.
　　그녀가 노트북을 가방에 넣고 있다.

(C) She is seated at the desk.
　　그녀가 책상에 앉아 있다.

(D) She is trying on a jacket.
　　그녀가 상의를 입으려고 하고 있다.

> 1인 사진은 등장 인물의 동작적인 특징 외에도 상태적 특징을 수동태로 표현할 수 있다. 특히 사람이 앉아 있는 모습을 be sitting 처럼 현재 진행형으로 묘사할 수도 있지만, 수동태를 써서, be seated로 표현할 수 있다는 사실을 기억해두자. 따라서 여자가 책상 위에 앉아 있는 상태를 현재 시제 수동태로 잘 묘사한 보기 (C)가 정답이다.

| STEP 3 | **매력 오답 분석** |

유사 발음	시제 불일치	✅ 동사 불일치	연상 단어	기타

(A) sipping은 '조금씩 마시다'라는 뜻으로, 컵을 잡고 있는 여자의 동작과 일치하지 않으므로 오답이다. Sipping from 대신 holding을 쓰면 정답이 될 수 있다.

✓CHECK 확인 문제

D1_02_1.mp3

1

(A)　(B)　(C)　(D)

2

(A)　(B)　(C)　(D)

수동태로 주위 배경이나 사물의 특징을 묘사하는 유형

🎧 D1_03.mp3

(A) (B) (C) (D)

> STEP 1 **사진 유형 및 키워드 파악**

유형 1인 사진
동작 보다(see), 읽다(read), 앉아 있다(sit, seated),
　　　놓다(put), 펼치다(open)

배경 책상(table), 의자(chair), 노트북(laptop),
　　　방(room)
외모 안경(glasses), 긴 팔 셔츠(long sleeved shirt)

> STEP 2 **정답 찾기**

(A) A man is adjusting a screen.
남자가 스크린을 조정하고 있다.

(B) A laptop has been put on the table.
노트북이 테이블 위에 놓여 있다.

(C) A man is opening a book.
남자가 책을 펼치고 있다.

(D) A table is being set up in a meeting room.
테이블이 회의실에 설치되고 있다.

> 1인 사진의 경우 사람의 동작이나 상태적 특징 외에 사물·배경의 특징도 살펴야 한다. 따라서, 테이블 위에 올려져 있는 노트북의 모습을 현재 완료 수동태로 잘 묘사한 보기 (B)가 정답이다.

> STEP 3 **매력 오답 분석**

유사 발음	✅ 시제 불일치	동사 불일치	연상 단어	기타

(C) 남자가 지금 책을 펼치는 동작이 아니므로 현재 진행형 시제 is opening에서 오답이다. 과거에 이미 책을 펼쳤고, 지금도 책이 펼쳐진 상태이므로 현재 완료 시제를 사용해 has opened로 표현하면 정답이 될 수 있다.

✅CHECK **확인 문제**

🎧 D1_03_1.mp3

1

(A) (B) (C) (D)

2

(A) (B) (C) (D)

Vocabulary

동작 관련 주요 동사 I

gazing = staring	보다	examining = inspecting	자세히 보다	focusing = concentrating	집중하다
overlooking	바라다 보이다	browsing	둘러보다	facing	직면하다
writing = taking notes	쓰다	rowing = paddling	노를 젓다	applauding = clapping	박수를 치다
holding = grasping	잡다	carrying = moving = transporting	옮기다	waiting in line = standing in line	줄 서 있다
reaching for	손을 뻗다	pointing	손가락으로 가리키다	shaking hands	악수하다
cleaning	청소하다	polishing	윤을 내다	sweeping	쓸다
arranging	정리하다	washing	씻다	mopping	대걸레질하다
working	일하다	mowing = cutting	잔디를 깎다	sewing	바느질(재봉질)하다
typing	타자치다	loading	짐을 싣다	unloading	짐을 내리다
digging	땅을 파다	shoveling	삽질하다	fishing	낚시하다

외모 관련 주요 명사 I

hat	모자	glasses	안경	goggles	고글
necklace	목걸이	bracelet	팔찌	wrist watch	손목시계
suit	정장	necktie	넥타이	scarf	스카프

사물·배경 관련 주요 명사 I

sidewalk = pavement = walkway	인도	path = pathway = trail	오솔길	intersection	교차로
driveway	진입로	scaffolding	비계	curb	연석
potted plant	화분	instrument	악기,도구	merchandise = product	상품
pottery	도자기류	garage	차고,차량 수리소	protective gear	안전 장비

1.  (A) (B) (C) (D)

2.  (A) (B) (C) (D)

3.  (A) (B) (C) (D)

4.  (A)　　(B)　　(C)　　(D)

5.  (A)　　(B)　　(C)　　(D)

6.  (A)　　(B)　　(C)　　(D)

DAY 02 > 다수 인물 사진

다수 인물이 등장하는 사진 역시 현재 진행형, 현재 완료형, 현재형, 수동태로 다양하게 정답이 출제된다. 다수 인물 사진 문제를 풀 때는 등장 인물의 공통·상호적 특징을 먼저 살펴보고 특정 인물의 특징을 파악한 후, 사물·배경적 특징을 파악한다.

 출제 포인트

Point ① 다수 인물들의 공통·상호적 특징이 정답인 유형

다수 인물 사진은 등장하는 사람들의 공통 혹은 상호적 특징이 정답이 될 확률이 높다. 문제를 듣기 전에 미리 등장 인물들이 어떤 동작 혹은 상태적 공통점이 있는지 미리 파악해두는 것이 중요하다.

They are shaking hands.
그들이 악수를 하고 있다.

They are facing each other.
그들이 서로 마주보고 있다

They are dressed casually.
그들이 사복을 입고 있다.

They have gathered near the door.
그들이 문 가까이에 모여 있다.

> ⚡**TIP** Part 1에서는 포괄적 개념의 어휘가 정답으로 자주 등장한다.
> Part 1 사진 문제에서 인물의 동작이나 사물의 상태를 묘사할 때, 포괄적인 의미의 명사나 동사를 사용한 보기가 정답으로 출제될 확률이 높다. 예를 들어 위의 사진처럼 악수하는 모습이 나올 경우 shaking hands(악수하다)처럼 직접적으로 동작을 묘사할 수도 있지만, greeting each other(서로 인사하다)처럼 좀 더 포괄적인 의미의 동사를 사용한 보기가 정답일 확률이 높다.
> ex) car(차), truck(트럭), bus(버스) → vehicle(차량)
> computer(컴퓨터), printer(프린터), fax machine(팩스기) → office equipment(사무장비)
> slice(썰다), mow(베다), trim(다듬다) → cut(자르다)

Point ② 한 사람 혹은 일부 사람들의 동작·외모적 특징이 정답인 유형

다수 인물 중 한 사람 혹은 일부 사람들이 다른 사람들과 다른 동작을 하고 있거나 외모적 특징을 지니고 있는 경우 출제 포인트가 된다. 따라서 다수 인물 사진에서 한 사람 혹은 일부 사람들의 동작이 눈에 띈다면 미리 동작·외모적 특징을 묘사할 수 있는 표현을 파악해두자.

A man is **standing** by some chairs.
한 남자가 몇몇 의자들 옆에 서 있다.

A man is **wearing glasses**.
한 남자가 안경을 쓰고 있다.

Some people have **gathered** in a circle.
몇몇 사람들이 둥글게 모여 있다.

Some people are **engaged in a discussion**.
몇몇 사람들이 토론을 하고 있다.

UPGRADE 사진상으로는 직접적으로 대화나 토의를 하는지 확인할 수 없지만, Part 1 사진에서 사람들이 서로 마주 보거나 삼삼오오 모여 있는 모습이 보인다면, 서로 말하거나 토의하는 것으로 간주할 수 있다. 따라서 위의 사진처럼 사람들이 앉아서 서로 얼굴을 맞대고 모여 있는 모습만 보더라도 '몇몇 사람들이 토론을 하고 있다'라고 묘사한 문장이 정답이 될 수 있다.

Point ❸ 주위의 배경이나 사물의 특징이 정답인 유형

다수 인물 사진에서 사람들에 관한 묘사가 아닌 주위 배경이나 사물들의 상태를 묘사한 보기가 정답으로 자주 출제된다. 따라서 사진에 등장하는 인물들 뿐만 아니라 주위 사물들의 명칭이나 상태적 특징들을 미리 파악해두는 것도 중요하다.

Some **parasols** have been **opened**.
몇몇 파라솔들이 펼쳐져 있다.

Some **motorcycles** are **parked** near the building.
몇몇 오토바이들이 건물 근처에 주차되어 있다.

Some **seats** are **unoccupied**.
몇몇 좌석들이 비어 있다.

Some **chairs** have been **arranged** outdoors.
몇몇 의자들이 야외에 배치되어 있다.

UPGRADE occupied vs unoccupied
의자에 사람들이 앉아 있는 모습을 묘사할 때는 occupied(자리가 점유되어 있는), 비어 있는 모습을 묘사할 때는 unoccupied(자리가 비어 있는)가 자주 사용된다. 이때 occupied 대신 taken(차지되어 있는), unoccupied 대신에 empty(비어 있는)을 써도 무방하다.
ex) Some seats are **occupied**(=taken). 몇몇 의자들에 사람들이 앉아 있다.
　　Some seats are **unoccupied**(=empty). 몇몇 의자들이 비어 있다.

TIP 토익에 자주 출제되는 영국식·미국식 발음 차이가 큰 어휘들을 미리 정리해두자.

어휘	영국식 발음	미국식 발음
Vase(꽃병)	[바-즈]	[베이스]
Advertisement(광고)	[어드버트스먼트]	[애드벌타이즈먼트]
Laboratory(실험실)	[러바러터리]	[래버러터리]
Garage(차고)	[개라쥐]	[거라-쥐]
Schedule(일정)	[쉐줄]	[스케줄]

유형 1 ▶ 다수 인물들의 공통·상호적 특징이 정답인 유형

🔊 D2_01.mp3

(A)   (B)   (C)   (D)

STEP 1 ▶ **사진 유형 및 키워드 파악**

유형 다수 사진
동작 노를 젓다(paddle, row), 타다(ride), 잡다(hold),
　　　앉다(sit)

배경 강(river), 배(boat), 노(paddle),
　　　물가(shore)

STEP 2 ▶ **정답 찾기**

(A) They are paddling a boat.
　　그들이 배에서 노를 젓고 있다.

(B) They are swimming in the river.
　　그들이 강에서 수영을 하고 있다.

(C) They are about to board a ship.
　　그들이 막 배를 타려고 한다.

(D) They are writing a letter.
　　그들이 편지를 쓰고 있다.

> 다수 인물 사진의 경우 인물들을 공통·상호 동작을 먼저 살핀다. 두 사람이 배의 노를 젓고 있다는 공통 동작을 잘 묘사한 보기 (A)가 정답이다. 이때 '노를 젓고 있다'란 의미의 동사 paddling 대신 rowing을 써도 무방하다.

STEP 3 ▶ **매력 오답 분석**

🔴 유사 발음	시제 불일치	동사 불일치	연상 단어	기타

(D) writing(쓰고 있는) → riding(타고 있는)

✅ CHECK 확인 문제

🔊 D2_01_1.mp3

1

(A)　(B)　(C)　(D)

2

(A)　(B)　(C)　(D)

유형 2 ▶ 한 사람 혹은 일부 사람들의 동작·외모적 특징이 정답인 유형

🔊 **D2_02.mp3**

(A)   (B)   (C)   (D)

STEP 1 ▷ **사진 유형 및 키워드 파악**

유형 다수 사진   배경 눈(snow), 사다리(ladder),
동작 수리하다(fix), 서 있다(stand), 잡고 있다(hold)   표지판(sign)

STEP 2 ▷ **정답 찾기**

(A) They are fixing a roof.
그들은 지붕을 고치고 있다.

(B) One of the men is standing on a ladder. ●
남자들 중 한 명이 사다리 위에 서 있다.

(C) The ground is covered with fallen leaves.
땅이 낙엽들로 덮여 있다.

(D) The snow is starting to melt.
눈이 녹기 시작했다.

> 두 사람의 공통 동작이 아닌 한 사람의 특징도 정답으로 출제된다. 두 사람 중 사다리에 서 있는 한 사람의 특징적 모습을 잘 묘사한 보기 (B)가 정답이다. standing은 서 있는 상태를 강조하기 위해 현재 진행형 시제가 사용되었다. 현재 진행형 시제는 동작뿐만 아니라 사람의 외모, 상태, 지속되는 동작을 강조하기 사용될 수도 있다는 점을 기억해두자.

STEP 3 ▷▷ **매력 오답 분석**

유사 발음	시제 불일치	동사 불일치	연상 단어	✅ 기타

(D) 사진만으로는 눈이 녹기 시작했는지 판단할 수 없으므로 주관적 판단이 가미된 보기로 오답이다.

✅ **CHECK 확인 문제**

🔊 **D2_02_1.mp3**

1

2

(A)   (B)   (C)   (D)   (A)   (B)   (C)   (D)

주위의 배경이나 사물의 특징이 정답인 유형　🎧 D2_03.mp3

(A)　(B)　(C)　(D)

STEP 1 ▷ **사진 유형 및 키워드 파악**

유형　다수 사진　　　　　　　　　　배경　거리(street), 나무(tree), 자전거(bicycle),
동작　사진을 찍다(take a picture), 멈춰 서다(stop),　　그림자(shadow), 인도(side walk)
　　　쳐다보다(look, stare), 걷다(walk, stroll)

STEP 2 ▷ **정답 찾기**

(A) Trees are being planted along the street.
　　나무들이 거리를 따라 심어지고 있다.

(B) A woman is taking a picture in a studio.
　　한 여자가 스튜디오 안에서 사진을 찍고 있다.

(C) A road is being repaved by the workers.
　　도로가 일꾼들에 의해 재포장되고 있다.

(D) **A bicycle is leaning against a tree.**
　　자전거가 나무에 기대어 서 있다.

> 다수 인물 등장 사진에서도 특정 사물이나 배경의 특징이 정답이 될 수 있다. 따라서 사진의 중앙 뿐만 아니라 사이드 쪽도 잘 살펴야 한다. 사진 왼쪽 모퉁이 나무에 자전거가 기대어 서 있는 모습을 잘 묘사한 보기 (D)가 정답이다. 이때 leaning against 대신 '~에 기대어져 있다'라는 의미로 be propped라는 표현을 써도 무방하다.

STEP 3 ▷ **매력 오답 분석**

유사 발음	🔴 시제 불일치	동사 불일치	연상 단어	기타

(A) 나무가 거리를 따라 이미 심어져 있는 상태이므로 동작을 강조하는 수동태 진행형 being planted에서 오답이다.

✓**CHECK 확인 문제**　🎧 D2_03_1.mp3

1

(A)　(B)　(C)　(D)

2

(A)　(B)　(C)　(D)

Vocabulary

동작 관련 주요 동사 II

getting on = boarding	탑승하다	exiting = getting off = leaving	내리다	sitting = seated	앉다
relaxing = resting	쉬다	strolling = walking	걷다	placing = putting = positioning	두다
climbing	오르다	leaning	기대다	bending	구부리다
running	뛰다	approaching	접근하다	adjusting	조정하다
attending	참석하다	addressing	발표하다	paying	지불하다
repairing = fixing	수리하다	drinking = sipping	마시다	piling = stacking	쌓아 올리다
helping = assisting	돕다	purchasing = buying	구매하다	operating	운영하다
using	이용하다	floating	(물 위에) 떠 있다	weighing	무게를 달다
hanging	매달다	pouring	붓다	feeding	먹이를 주다

외모 관련 주요 명사 II

vest	조끼	shorts	반바지	boots	부츠
short(long) sleeved	짧은(긴) 소매의	tool belt	공구 벨트	lab coat	실험실에서 입는 하얀색 가운
safety(hard) hat = helmet	안전모	apron	앞치마	mittens	벙어리 장갑

사물·배경 관련 주요 명사 II

railing	난간	van	승합차	podium	연단
equipment	장비	cupboard	찬장	rack	선반,걸이
ceiling	천장	rug	깔개, 카펫	statue	동상
stairs = steps = stairway	계단	office supplies	사무용품	runway = airstrip	활주로

1.  (A) (B) (C) (D)

2.  (A) (B) (C) (D)

3.  (A) (B) (C) (D)

4.

(A)　　(B)　　(C)　　(D)

5.

(A)　　(B)　　(C)　　(D)

6.

(A)　　(B)　　(C)　　(D)

DAY 03 사물·배경 사진

인물이 등장하지 않는 사물·배경 사진은 사물이나 배경의 특징을 먼저 파악하고, 오답 소거법을 통해 사람 명사나 수동태 진행형이 포함된 보기는 오답으로 제거하면서 정답을 찾는다.

 출제 포인트

Point ① 사물·배경의 특징 – 수동태

사물이나 배경의 특징은 주로 수동태로 묘사된다. 따라서 문제를 듣기 전에 사진을 보고 출제 가능한 동사의 과거 분사형태를 미리 머릿속에 떠올려두자.

[현재 완료 수동태]
Some trees **have been planted** along the lake.
몇몇 나무들이 호수를 따라 심어져 있다.

[수동태]
Some trees **are reflected** on the water.
몇몇 나무들이 물에 비치고 있다.

> 🔺 **UPGRADE** 현재 시제 수동태 **vs** 현재 완료 수동태
> 사물이나 배경의 위치나 상태적 특징을 묘사할 때는 현재 시제 수동태와 현재 완료 수동태 둘 다 사용될 수 있다. 순간적으로 포착한 사진의 현재 모습을 강조하고 싶으면 현재 시제 수동태를, 과거부터 지금까지 '~이 되어있다'라는 상태적 의미를 강조하고 싶으면 현재 완료 수동태를 쓴다. PART 1 사진 묘사에서는 두 시제의 의미가 차이가 없으므로, 둘 중 어느 것을 사용해도 무방하다. 위의 사진처럼 나무가 심어져 있는 모습을 묘사한다면 아래 두 문장 모두 같은 의미가 된다.
> ex) Some trees have been planted. = Some trees are planted.

Point ② 사물의 위치나 상태 – 현재 시제·현재 진행형

사물의 위치나 상태를 묘사할 때 현재 시제 동사나 'There is(are)+명사' 구문이 자주 출제된다. 특히 위치를 나타내는 under(아래), near(근처의), in front of(~앞에) 등의 장소 전치사들을 잘 듣는 것이 중요하다.

[현재 시제]
There are some ships at the dock.
몇몇 배들이 부두에 있다.

[현재 진행형]
Some boats **are floating** on the water.
몇몇 배들이 물 위에 떠 있다.

> ⚡ **TIP** 위치를 나타낼 때 사용되는 전치사를 알아두자.
> at ~에, under ~아래에, between ~사이에, on ~위에, next to ~옆에, in ~안에, in front of ~앞에, around ~주위에, behind ~뒤에, along ~을 따라, near 근처에, beside ~옆에, across ~건너에

Point ③ 사물·배경 사진에서 꼭 알아둬야 할 오답 유형

사물·배경 사진은 사람이 등장하지 않는다는 특징 때문에 보기 중에 사람 명사가 언급되면 오답이 된다. 또한 '~가 되어지고 있는 중이다'라는 의미의 수동태 진행형 [be being p.p.]도 사람의 동작을 강조하는 표현이다. 따라서 사람이 등장하지 않는 사진에서는 주로 오답으로 제시된다는 사실을 기억해두자. 다만, 간혹 be being displayed(진열되어 있다)와 같이 예외적으로 수동태 진행형이 상태를 강조하는 용법으로 출제되기도 한다.

[사람 명사 언급]

People are seated in an auditorium. (X)
사람들이 강당 안에 앉아 있다.

[수동태 진행형]

Chairs **are being arranged** indoors. (X)
실내에서 의자들이 정돈되어지고 있다.

📢**UPGRADE** 전시된 상태나 배경을 나타내는 동사들은 사진 속에 인물이나 동작이 등장하지 않아도 be being p.p. 형태의 수동태 진행형이 예외적으로 정답이 될 수 있다.

1. 진열되어 있다. (be displayed = be being displayed)
2. 그림자가 드리워져 있다. (be cast = be being cast)
3. 전시되어 있다. (be exhibited = be being exhibited)
4. 장식되어 있다. (be decorated = be being decorated)

⚡**TIP 내용어 vs 기능어**

Part 1에서 보기 중에 제시되는 모든 어휘들을 다 들을 필요는 없다. 의미를 전달하는데 중요한 말, 즉 내용어(content words)만 들어도 충분히 의미를 파악할 수 있다. 특히 Part 1에서는 다른 단어에 비해 비교적 강하게 발음되는 명사와 동사 2~3 단어만 들어도 충분히 정답을 찾아 낼 수 있다. be 동사, 관사, 조동사, 전치사 등 상대적으로 약하게 발음되는 기능어(function words)들은 굳이 듣지 않아도 되는 경우가 대부분이다.

ex) A woman is walking on the street. 여자가 거리 위를 걷고 있다.

내용어: woman (명사), walking (동사), street (명사)

기능어: A (관사), is (be 동사), on (전치사), the (관사)

대표 유형 문제

유형 1 · 사물이나 배경의 특징을 수동태로 묘사하는 유형

🔊 D3_01.mp3

(A)　(B)　(C)　(D)

STEP 1 ▷ **사진 유형 및 키워드 파악**

유형 사물·배경 사진　　　　　　　　　　　배경 방(room), 실내에(indoors)

사물 책상(desk), 의자(chair), 서랍(drawer), 액자(frame),
　　　안경(glasses), 화분(pot)

STEP 2 ▷ **정답 찾기**

(A) A man is sitting on a chair.
한 남자가 의자에 앉아 있다.

**(B) A picture frame has been placed on the • - - - -
desk.** 사진 액자가 책상 위에 놓여져 있다.

(C) There is a rug under the desk.
책상 아래에 깔개가 있다.

(D) Some drawers have been left open.
몇몇 서랍들이 열려 있다.

> 사진 액자가 책상 위에 올려져 있는 모습을 수동태로 잘 묘사한 보기 (B)가 정답이다. 이때 '놓여져 있다'라는 의미로 be put, be positioned도 자주 출제된다.

STEP 3 ▷ **매력 오답 분석**

유사 발음	시제 불일치	동사 불일치	연상 단어	🔴 기타

(A) 사람이 등장하지 않는 사물·배경 중심 사진에서 사람 명사가 언급되면 오답이므로 a man에서 바로 오답이 된다.

✓CHECK 확인 문제

🔊 D3_01_1.mp3

1

(A)　(B)　(C)　(D)

2

(A)　(B)　(C)　(D)

유형 2 ▶ 사물의 위치나 상태를 현재 시제·현재 진행형으로 묘사하는 유형 🎧 D3_02.mp3

(A) (B) (C) (D)

STEP 1 ▶ 사진 유형 및 키워드 파악

유형 사물·배경 사진
사물 나무(tree), 건물(building)

배경 부두(pier), 바다(ocean)

STEP 2 ▶ 정답 찾기

(A) Waves are crashing on the shore.
파도가 해안을 때리고 있다.

(B) The pier is crowded with people.
부두가 사람들로 붐빈다

(C) Some buildings overlook the ocean.
몇몇 건물들에서 바다가 바라다 보인다.

(D) Several plants are being watered.
몇 개의 식물들에게 물을 주고 있다.

> 원거리 정경·풍경 사진의 경우, 답을 미리 예상하고 풀기보다는 보기를 하나씩 꼼꼼히 듣고 오답 소거법으로 답을 찾아내는 것이 좋다. 건물들이 바다를 바라보고 위치해 있는 모습을 잘 묘사한 보기 (C)가 정답이다.

STEP 3 ▶ 매력 오답 분석

유사 발음	시제 불일치	동사 불일치	✅ 연상 단어	기타

(D) 사진에서 보이는 물에서 water를 연상하게 한 함정. 보기 (D)의 water는 '물'이 아니라 동사로 '물을 주다'란 의미로 사용 되었다는 점에 유의하자.

✅ **CHECK 확인 문제** 🎧 D3_02_1.mp3

1

(A) (B) (C) (D)

2

(A) (B) (C) (D)

사물·배경 사진에서 꼭 알아둬야 할 오답 유형 🎧 D3_03.mp3

(A) (B) (C) (D)

STEP 1 ▷ **사진 유형 및 키워드 파악**

유형 사물·배경 사진

사물 카트(cart), 식품(food item), 선반(shelf)

배경 슈퍼마켓(supermarket),
식료품점(grocery store)

STEP 2 ▷ **정답 찾기**

(A) A variety of food items are displayed.
다양한 식품이 전시되어 있다.

(B) The floor is being mopped.
바닥이 대걸레로 닦여지고 있다.

(C) Clothes are arranged on multiple shelves.
옷들이 여러 개의 선반에 진열되어 있다.

(D) A man is pushing a cart.
한 남자가 카트를 밀고 있다.

> 식료품점에서 다양한 식품들이 진열되어 있는 모습을 수동태로 잘 묘사한 보기 (A)가 정답이다. 보기 (B)는 대걸레로 닦는 동작이 보이지 않으므로 수동태 진행형 being mopped에서 오답 처리가 가능하다. 또한 사람의 모습이 보이지 않는 사물·배경 사진의 특성상 사람 명사 man을 언급한 보기 (D)는 바로 오답이 된다.

STEP 3 ▷ **매력 오답 분석**

유사 발음	시제 불일치	동사 불일치	연상 단어	✅ 기타

(B), (D) 사람이 등장하지 않는 사물·배경 중심 사진에서 수동태 진행형이나 사람 명사가 등장하는 보기는 오답이다.

✅**CHECK 확인 문제** 🎧 D3_03_1.mp3

1

(A) (B) (C) (D)

2

(A) (B) (C) (D)

Vocabulary

주요 빈출 수동태 표현

be divided by	~로 나뉘어져 있다	**be displayed = be on display**	진열 중이다	**be reflected**	반사되어 있다
be parked	주차되어 있다	**be stacked [piled]**	쌓여있다	**be gathered**	모여 있다
be placed [positioned]	놓여 있다	**be arranged = be sorted**	정돈되어 있다	**be hung**	매달려 있다
be filled[packed] with = be full of	가득 차있다	**be scattered**	흩어져 있다	**be decorated**	장식되어 있다
be covered with	덮여 있다	**be docked**	정박되어 있다	**be laid**	놓여 있다
be occupied	점유되어 있다	**be cast**	(그림자가) 드리워져 있다	**be located (situated)**	위치해 있다
be unoccupied	비어 있다	**be lifted = be raised**	올라가 있다	**be propped**	기대어져 있다
be seated	앉아 있다	**be stocked**	재고가 채워져 있다	**be pulled down**	당겨져 있다
be turned on	켜져 있다	**be planted**	심어져 있다	**be painted**	칠해져 있다
be turned off	꺼져 있다	**be posted**	붙여져 있다	**be installed (set up)**	설치되어 있다
be lined up	줄 지어 서있다	**be left**	남겨져 있다	**be loaded**	실려 있다

사물·배경 관련 주요 명사 Ⅲ

wheelbarrow	수레	**roof**	지붕	**shelf**	선반
vehicle	차량	**document**	문서	**skyscraper**	마천루
deck	갑판	**microscope**	현미경	**edge**	가장자리
ladder	사다리	**meal**	식사	**vase**	꽃병
lawn = grass	잔디	**dock = pier = port = harbor**	항구	**luggage = baggage**	짐

1.

(A)   (B)   (C)   (D)

2.

(A)   (B)   (C)   (D)

3.

(A)   (B)   (C)   (D)

4.  (A) (B) (C) (D)

5.  (A) (B) (C) (D)

6.  (A) (B) (C) (D)

PART 2

질의 응답

Part 2

Overview

Part 2는 짧은 질문을 듣고, 이어서 들려주는 3개의 보기 중에서 질문과 가장 잘 어울리는 답을 고르는 문제로 구성되어 있다. 눈으로 확인할 수 있는 단서가 없고, 오로지 귀로 듣고 문제를 풀어야 하기 때문에 청취력과 순발력이 함께 필요한 파트이다. 신토익에서는 총 25문제가 출제된다.

질문 유형 및 정답 포인트

- ### 의문사 의문문
  Who, Where, When, What, Which, How, Why와 같은 의문사로 시작하는 의문문으로 질문의 맨 앞에 제시되는 의문사를 놓치지 않는 것이 핵심 포인트다. 또한 각 의문사 별로 자주 출제되는 짝꿍 정답 패턴들을 함께 정리해두는 것이 중요하다. 보통 매달 10-12개 정도의 문제가 출제된다.

- ### 일반 의문문
  Yes/No로 답할 수 있는 의문문으로, Be 동사로 시작하는 Be 동사 의문문과 여러 가지 조동사 의문문이 일반 의문문에 해당된다. 질문 앞에 제시되는 Be 동사나 조동사는 별 다른 뜻이 없으므로 뒤에 제시되는 주어와 동사 부분을 잘 듣고 질문의 의미를 파악하는 것이 중요하다. 보통 매달 4-6개 정도의 문제가 출제된다.

- ### 기타 의문문
  부가의문문, 부정 의문문, 선택 의문문, 청유문, 간접의문문, 평서문 등이 해당된다. 부가 의문문은 뒤에 오는 꼬리말 부분으로 별 뜻이 없으므로 앞에 오는 평서문을, 부정 의문문은 not을 뺀 나머지 부분을 잘 듣는 것이 중요하다. 선택 의문문은 뒤에 오는 선택 후보 A or B를 놓치지 않아야 하고 청유문은 시험에 자주 출제되는 요청, 제안, 권유문들을 통으로 암기해두는 것이 중요하다. 간접 의문문은 중간에 오는 의문사가 핵심 포인트가 되고, 평서문의 경우는 전체 문장의 해석 능력을 키우는 것이 중요하다. 보통 매달 8-10개 정도의 문제가 출제된다.

PART 2 풀이법

초반 의문사 듣기 → 핵심 청크(덩어리 표현) 듣기 → 오답 소거법 적용 → 정답 선택

대표 오답 유형

1 유사 발음 함정

질문에 언급된 어휘와 비슷한 발음이지만 전혀 다른 의미의 어휘가 제시되는 보기는 함정이다. 예를 들어 질문에서 copy를 들려주고, 보기 중에 coffee가 언급된 보기가 나온다면 유사 발음 함정으로 오답 소거가 바로 가능하다.

2 주어 불일치 함정

질문에 언급된 주어와 일치하지 않은 주어가 언급되는 보기는 오답이 된다. 예를 들어 Are you free this afternoon?(오늘 오후에 시간 있어요?)라는 질문에 Yes, he is.(네, 그는 있어요.)라고 답하면 주어 불일치 함정이 된다. 질문의 주어가 you이므로 보기의 주어는 3인칭 대명사 he 보다는 1인칭 대명사 I 로 답하는 것이 자연스럽다.

3 연상 함정

질문에 언급된 한 두 개의 어휘만 듣고 연상할 수 있는 질문과 전혀 관련 없는 내용의 보기가 함정으로 제시될 수 있다. 예를 들어 Will you join us for dinner?(저희와 저녁 같이 하실래요?)라는 청유문에서 대해 It was delicious.(맛있었어요)라는 보기가 함정으로 출제될 수 있다. 즉, 질문에서 dinner만 듣고 의미상 delicoius를 연상하게 한 함정이다.

4 동일 단어 반복 사용 함정

질문에 사용된 단어가 전혀 다른 의미로 보기 중에 반복될 경우 오답이 된다. 예를 들어 질문에서는 '예약하다'라는 의미로 사용된 동사 book이 보기에서는 책이라는 의미의 명사로 사용되면 바로 오답 소거가 가능하다.

5 기타 오답

의문사 의문문이나 선택 의문문에 대해 Yes/No로 답하거나, 의문사 의문문에 있어서 다른 의문사에 대한 답을 오답으로 제시하는 경우가 여기에 해당된다.

DAY 04 〉 Who, When, Where 의문문

Who, When, Where 의문문은 각각 매달 평균 2문제씩 출제된다. Who 의문문의 경우 신분을 나타내는 명사 위주로 짝꿍 답변을 잘 정리해둬야 한다. When과 Where 의문문은 발음이 서로 비슷하기 때문에 의문사 자체를 소리로 구별하는 훈련을 집중적으로 해야 한다. 특히 영국식의 경우 Where 발음이 When과 비슷하기 때문에 청취할 때 각별한 주의가 필요하다.

⊙ 출제 포인트 | Who 의문문

Point ① 전형적인 답변 – 사람 이름·직책명·직업명·소속 부서·회사명

Who 의문문에 대한 가장 전형적인 답변으로 사람의 이름이나 직책, 직업 명사, 소속 부서나 회사명이 정답으로 자주 출제된다.

> Q. **Who** was responsible for the project? 누가 그 프로젝트의 책임자였나요?
> [사람 이름] **Mr. Josh.** Josh 씨요.
> [직책명] My **immediate supervisor**. 제 직속 상관이었어요.
> [직업명] Why don't you talk to **our senior accountant**? 우리 선임 회계사와 얘기해보는 게 어때요?
> [소속 부서] It was the **sales department**. 영업부요.
> [회사명] **JJ construction** was in charge. JJ 건설이 책임졌어요.

> ⚡**TIP** 인칭 대명사(I, You)나 부정 대명사(Someone, Nobody, Everyone)도 정답으로 종종 출제된다.

Point ② 의외의 답변 – 장소·출처·'모른다'형

전형적인 답변 외에도 의외로 장소나 출처가 정답인 경우도 있으며, '모른다'형 답변은 거의 모든 질문에 대한 만능 답변이 될 수 있다. 최근 출제 경향은 질문에 대한 직접적인 답이 아닌, 이를 확인할 수 있는 장소나 출처를 우회적으로 제시하는 답의 출제 비중이 상승하고 있다.

> Q. **Who** has the copy of the sales report? 영업 보고서 사본은 누가 가지고 있나요?
> [장소] There must be one **in the bottom drawer**. 아래 서랍에 하나 있을 겁니다.
> [출처] Why don't you download it **from our website**? 우리 웹사이트에서 다운로드하는 게 어때요?
> ['모른다'형] **I don't know.** 모르겠어요.

> 🔺**UPGRADE** 소유격 Whose로 시작하거나 Who ~ belong to?(~가 누구 것인가요?)와 같이 소유자를 묻는 질문이 출제될 경우, 소유 대명사로 답할 수 있다.
> Q. **Whose** car is this? 이것은 누구의 차인가요?
> [소유 대명사] It's **mine**. 제겁니다.

⊙ 출제 포인트 | When 의문문

Point ① 전형적인 답변 – 시제에 맞는 시점 표현 답변

When 의문문이 과거 시제면 과거 시간 표현이, 현재 혹은 미래 시제면 미래 시간 표현이 정답으로 자주 출제된다. 명확한 과거 혹은 미래 시점으로 답변하기도 하며, 시점을 나타내는 부사절 접속사를 사용한 답변이 정답으로 출제되기도 한다.

과거 시제 의문문

Q. When **did** you submit your report? 언제 보고서를 제출하셨나요?
  [과거 시점] I **handed** it in yesterday. 저는 그것을 어제 제출했습니다.
  [부사절 접속사] **As soon as** I returned to my office. 제 사무실에 돌아가자마자요.

미래 시제 의문문

Q. When **will** Mr. Johnson leave for the airport? Johnson 씨가 언제 공항으로 떠나시나요?
  [미래 시점] **In** about half an hour. 대략 30분 후에요.
  [부사절 접속사] **Not until** the end of the week. 주말이나 되어서요.

Point ② 의외의 답변 – 질문과 다른 시제의 우회성 답변

When 의문문은 보통 질문의 시제와 보기의 시제가 다르면 오답이지만, '아직 ~하지 않았다, 사실은 이미 ~했다, 취소(지연·변경) 되었다, 막 ~했다, 사실은 ~할 것이다' 등의 의미를 가지는 우회성 답변이 나올 경우 시제가 달라도 정답이 될 수 있다.

Q. When **did** you see the exhibition? 그 전시회를 언제 보셨나요?
[우회성 답변] Actually, I'**m going to** the gallery today. 사실 오늘 미술관에 갑니다.

> ⚡**TIP** 우회성 보기는 Actually(사실은), Unfortunately(불행하게도), I'm afraid(유감스럽지만), already(이미) 등의 부사가 함께 제시되는 경우가 많다.

📍 출제 포인트   Where 의문문

Point ① 전형적인 답변 – 장소를 나타내는 전치사구(전치사+장소 명사)

Where 의문문에 대한 전형적인 답변으로 전치사구(전치사+장소 명사)를 이용한 답변이 많이 출제된다.

Q. **Where** is the nearest bus stop? 가장 가까운 버스 정류소가 어디죠?
[전치사구] **Across** the **street**. 길 건너입니다.

Point ② 의외의 답변 – 정보의 출처·사람

정보의 출처를 묻는 질문은 Internet, Online, Web site 등이 정답으로 자주 출제되며 사람 명사도 Where 의문문의 정답으로 출제될 수 있다. 최근 출제 경향은 질문에 대한 직접적인 답이 아닌, 이를 확인할 수 있는 장소나 출처를 우회적으로 제시하는 답의 출제 비중이 상승하고 있다.

Q. **Where** can I find an application form? 지원서 양식을 어디에서 찾을 수 있나요?
  [정보의 출처] Check the **email I sent you**. 제가 보내드린 이메일을 확인해 보세요.
  [사람] I think my **assistant** has one. 제 조수가 한 부 가지고 있을 것 같아요.

유형 1 ▶ Who 의문문에 사람 이름·직책명·직업명으로 답하는 유형 🔊 D4_01.mp3

Mark your answer on your answer sheet.　　　(A)　　(B)　　(C)

STEP 1 ▶ 문제 유형 파악하기

Who will be **repairing** the broken **coffee machine**? 누가 부서진 커피머신을 고칠 건가요?
Who / repairing / coffee machine ➡ 누가 / 고치다 / 커피머신

STEP 2 ▶ 정답 찾기

(A) Yes, it's brand new. 네, 그것은 신형입니다.

(B) The technician is on the way here.
기술자가 여기로 오는 중입니다.

(C) We need to make 10 copies of it.
우리는 그것을 10부 복사해야 해요.

> 누가 커피머신을 고칠 것이냐는 Who 의문문에 기계를 고칠 수 있는 직업 명사인 technician(기술자)으로 답변한 보기 (B)가 정답이다.

STEP 3 ▶ 매력 오답 분석

✅ 유사 발음	주어 불일치	연상 단어	동일 단어 반복	기타

(C) coffee(커피) – copies(복사)

유형 2 ▶ Who 의문문에 소속 부서·회사명으로 답하는 유형 🔊 D4_02.mp3

Mark your answer on your answer sheet.　　　(A)　　(B)　　(C)

STEP 1 ▶ 문제 유형 파악하기

Who is supposed to **organize** the company **outing**? 누가 회사 야유회를 준비하기로 되어 있나요?
Who / organize / outing ➡ 누가 / 준비하다 / 야유회

STEP 2 ▶ 정답 찾기

(A) It will take place on Friday. 금요일에 열릴 겁니다.

(B) The human resources department is in charge.
인사부가 맡고 있어요.

(C) At the national park. 국립 공원에서요.

> 누가 야유회를 준비하냐는 Who 의문문에 부서명인 The human resources(인사부)를 언급한 보기 (B)가 정답이다.

STEP 3 ▶ 매력 오답 분석

유사 발음	주어 불일치	✅ 연상 단어	동일 단어 반복	기타

(C) outing(야유회) → park(공원)

유형 3 ▶ Who 의문문에 인칭 대명사·부정 대명사로 답하는 유형   🎧 D4_03.mp3

Mark your answer on your answer sheet.   (A)   (B)   (C)

STEP 1 ▷ 문제 유형 파악하기

Who can **help** me **set up** the projector? 제가 영사기를 설치하는 것을 누가 도와줄 수 있나요?
Who / help / set up ➜ 누가 / 돕다 / 설치하다

STEP 2 ▷ 정답 찾기

(A) **I can give you a hand.**
    제가 도와드릴 수 있어요.
(B) Yes, it's all set.
    네, 그건 만반의 준비가 되었어요.
(C) In the stock room. 비품실 안에요.

> 누가 도와줄 수 있냐고 묻는 Who 의문문에 인칭 대명사 I를 사용하여 자신이 도울 수 있다고 답변한 (A)가 정답이다.

[패러프레이징] help(돕다) → give ~ hand(도와주다)

STEP 3 ▷ 매력 오답 분석

유사 발음	주어 불일치	연상 단어	동일 단어 반복	✅ 기타

(B) 의문사 의문문은 Yes/No로 답할 수 없다.

유형 4 ▶ Who 의문문에 장소·출처로 답하는 유형   🎧 D4_04.mp3

Mark your answer on your answer sheet.   (A)   (B)   (C)

STEP 1 ▷ 문제 유형 파악하기

Who will **attend** the **workshop** on Monday? 월요일 워크숍엔 누가 참석할 건가요?
Who / attend / workshop ➜ 누가 / 참석하다 / 워크숍

STEP 2 ▷ 정답 찾기

(A) I think it works fine. 저는 잘된다고 생각해요.
(B) He'll make a keynote speech. 그분이 기조 연설을 하실 거예요.
(C) **Here's the list.** 여기 명단이요.

> 워크숍에 누가 참석하는지 직접적으로 언급하는 것이 아니라 참석자의 이름을 확인할 수 있는 출처인 명단을 건네주는 (C)가 정답이다.

STEP 3 ▷ 매력 오답 분석

유사 발음	✅ 주어 불일치	연상 단어	동일 단어 반복	기타

(B) 대명사 He가 정답이 되려면 질문에 반드시 He가 지칭할 수 있는 3인칭 신분 명사나 이름이 제시되어야 한다.

유형 5

유형 5   When 의문문에 과거 시제로 답하는 유형   🔊 D4_05.mp3

Mark your answer on your answer sheet.   (A)   (B)   (C)

STEP 1   문제 유형 파악하기

> **When did** you **return** from your **business trip**? 출장에서 언제 돌아오셨어요?
> When did / return / business trip ➜ 언제였는가 / 돌아오다 / 출장

STEP 2   정답 찾기

> **(A) I got back last night.** 어젯밤에 돌아왔어요.
> (B) To Paris. 파리로요.
> (C) To close a deal. 거래를 마무리하기 위해서요.

> When did~ 라는 과거 시제로 질문했으므로 어젯밤에 돌아 왔다고 과거 시제로 답한 보기 (A)가 정답이다.

> ⚡**TIP** last(지난)로 시작하는 과거 시제 부사는 When did~의문문의 단골 정답이다.

[패러프레이징] return(돌아오다) → get back(돌아오다)

STEP 3   매력 오답 분석

유사 발음	주어 불일치	연상 단어	동일 단어 반복	✅ 기타

(C) to부정사는 '~하기 위해서'라는 목적의 의미로, 주로 Why 의문문의 정답으로 출제된다.

유형 6   When 의문문에 미래 시제로 답하는 유형   🔊 D4_06.mp3

Mark your answer on your answer sheet.   (A)   (B)   (C)

STEP 1   문제 유형 파악하기

> **When will** the **shipment arrive**? 수송품이 언제 도착하나요?
> When will / shipment / arrive ➜ 언제일 것인가 / 수송품 / 도착하다

STEP 2   정답 찾기

> (A) By ship. 배편으로요.
> (B) At the warehouse. 창고에서요.
> **(C) It will be here tomorrow.**
>   내일 여기에 있을 겁니다.

> When will~ 라는 미래 시제로 질문했으므로 내일 여기에 있을 것이라고 미래 시제로 답한 보기 (C)가 정답이다.

STEP 3   매력 오답 분석

유사 발음	주어 불일치	연상 단어	동일 단어 반복	✅ 기타

(B) 의문사 When을 Where로 잘못 들었을 때 빠질 수 있는 함정

| 유형 7 | When 의문문에 다른 시제로 답하는 유형 | 🎧 D4_07.mp3 |

Mark your answer on your answer sheet.　　　(A)　(B)　(C)

STEP 1 문제 유형 파악하기

When will you **fill out** the **application form**? 언제 지원서를 작성하실 건가요?
When will / fill out / application form → 언제일 것인가 / 작성하다 / 지원서

STEP 2 정답 찾기

(A) He'll apply for the lab assistant position.
　　그는 연구실 보조 자리에 지원할 겁니다.
(B) I already completed it this morning.
　　저는 이미 오늘 아침에 작성했어요.
(C) At the information desk.
　　안내 데스크에서요.

언제 지원서를 작성할 것이냐는 질문에 이미 오늘 아침에 작성했다고 답한 보기 (B)가 정답이다. '이미 ~했다' 등의 우회성 답변은 시제가 달라도 정답이 될 수 있다.

[패러프레이징] fill out(작성하다) → complete(작성하다)

STEP 3 매력 오답 분석

| 유사 발음 | 주어 불일치 | ✅ 연상 단어 | 동일 단어 반복 | 기타 |

(A) application(지원) → apply(지원하다)

| 유형 8 | When 의문문에 시간 접속사로 답하는 유형 | 🎧 D4_08.mp3 |

Mark your answer on your answer sheet.　　　(A)　(B)　(C)

STEP 1 문제 유형 파악하기

When was Ms. Smith promoted to the sales manager? Smith 씨가 언제 영업 부장으로 승진하셨나요?
When was / Ms. Smith / promoted → 언제 했는가 / Smith 씨 / 승진하다

STEP 2 정답 찾기

(A) When you were on vacation.
　　당신이 휴가 갔을 때요.
(B) To promote the new product.
　　신상품을 홍보하기 위해서요.
(C) No, I'm the personnel director.
　　아뇨, 저는 인사 부장입니다.

보기 (A)의 When은 '~할 때'라는 의미의 시간 접속사로, When 의문문에 대한 정답으로 출제 가능하다. 상대방이 휴가를 갔을 때 Smith 씨가 승진했다는 의미로 자연스러운 답변이 된다.

STEP 3 매력 오답 분석

| 유사 발음 | 주어 불일치 | 연상 단어 | ✅ 동일 단어 반복 | 기타 |

(B) promote(승진시키다) → promote(홍보하다)

Where 의문문에 장소 전치사구로 답하는 유형   🔊 D4_09.mp3

Mark your answer on your answer sheet.   (A)   (B)   (C)

STEP 1   **문제 유형 파악하기**

Where can I **make copies**? 제가 어디에서 복사를 할 수 있나요?
Where / make copies ➡ 어디에서 / 복사하다

STEP 2   **정답 찾기**

(A) More sugar, please.
     설탕 좀 더 주세요.
(B) On the second floor. 2층에서요.
(C) I don't think I can make it.
     저는 못할 것 같아요.

> Where 의문문의 전형적인 답변은 장소를 나타내는 전치사구를 이용한 답변이다. 전치사 on과 장소 명사 second floor가 결합된 장소 전치사구로 답한 보기 (B)가 정답이다.

STEP 3   **매력 오답 분석**

유사 발음	주어 불일치	✅ 연상 단어	동일 단어 반복	기타

(A) 질문의 copies를 coffee로 잘못 들을 경우, 의미상 sugar(설탕)를 고르도록 한 함정

유형 10   **Where 의문문에 정보의 출처·사람으로 답하는 유형**   🔊 D4_10.mp3

Mark your answer on your answer sheet.   (A)   (B)   (C)

STEP 1   **문제 유형 파악하기**

Where is the **vice president**? 부사장님은 어디에 계신가요?
Where / vice president ➡ 어디에 / 부사장님

STEP 2   **정답 찾기**

(A) It's in the supply cabinet.
     그것은 소모품 캐비닛 안에 있어요.
(B) No, I wasn't present at the meeting.
     아뇨, 저는 회의에 참석하지 않았습니다.
(C) Why don't you ask his secretary?
     그의 비서에게 물어보는 게 어때요?

> 비서(secretary)가 부사장이 어디 있는지에 대한 정보를 알려줄 수 있는 정보의 출처가 될 수 있으므로 보기 (C)가 정답이다.

STEP 3   **매력 오답 분석**

유사 발음	✅ 주어 불일치	연상 단어	동일 단어 반복	기타

(A) 질문에 제시된 사람 명사인 vice president를 대명사 it으로 받을 수 없으므로 주어 불일치 함정이다.

Vocabulary

Who 의문문

1. 주요 직업·직책 명사

accountant	회계사	lawyer	변호사	operator	교환원
president	사장	sales representative	판매원	executive	임원
vice president	부사장	critic	비평가	secretary	비서
assistant	보조	mechanic	기계공	architect	건축가
doctor	의사	writer	작가	physician	내과의사
janitor	건물 관리인	manager	부장	dentist	치과의사
courier	택배 배달원	CEO	최고 경영자	professor	교수
supervisor	상관	technician	기술자	advisor	고문
realtor	부동산 중개업자	designer	디자이너	receptionist	접수 담당자
cashier	계산원	clerk	점원	director	이사, 감독
chairperson	의장	spokesperson	대변인	entrepreneur	기업가
reporter	기자	journalist	언론인	tour guide	여행 가이드
artist	예술가, 화가	novelist	소설가	consultant	상담가

2. 주요 부서·단체명

personnel(=human resources)	인사부	accounting department	회계부
marketing department	마케팅부	general affairs	총무부
customer service desk	고객 서비스부	purchasing department	구매부
payroll department	경리과	public relations	홍보부
research team	연구팀	maintenance department	관리부
tech department	기술부	shipping department	배송부
board of directors	이사회	security office	보안실, 경비실
company(=firm)	회사	management	경영진
headquarters	본사	branch	지사, 분점

3. 기타 신분 명사

co-worker (=colleague)	동료	client (=customer)	고객	consumer	소비자
cousin	사촌	uncle	삼촌	relative	친척
landlord	집주인	tenant	세입자	contractor	도급업자
author	저자	supplier	공급업자	visitor	방문객
guest	손님	attendee	참석자	host	사회자

Vocabulary

When 의문문

1. 과거 시간 표현

ago ~전에 **last** 지난 **yesterday** 어제 **the day before yesterday** 그저께 **in 과거연도** ~년도에 **recently** 최근에 **already** 이미 **since** ~이래로

2. 현재 시간 표현

now 지금 **right away(=now)** 바로 지금 **today** 오늘 **immediately** 즉시 **anytime** 언제든 **often** 종종 **usually** 대개

3. 미래 시간 표현

in+시점 ~후에 **next+시점** 다음 **by(=until, no later than)** ~까지 **soon** 곧 **sometime** 언젠가 **not for** ~이후에 **tomorrow** 내일 **the day after tomorrow** 내일 모레 **later** 나중에 **within** ~이내에 **after** ~후에

4. 시간 부사절 접속사

as soon as ~하자마자 **after** ~후에 **before** ~전에 **when** ~할 때 **once** 일단 ~할 때

Where 의문문

in, on, at ~에	in the drawer 서랍 안에 on your desk 네 책상 위에 at the office 사무실에
by, next to, beside ~옆에	by the river 강 옆에 next to the bus stop 버스 정류소 옆에 beside the lamppost 가로등 옆에
across ~건너서	across the street 길 건너에
around 근처에	just around the corner 바로 코너 근처에
under ~아래에	under the table 탁자 아래에
above ~위에	above the shelf 선반 위에
in front of ~앞에	in front of the building 건물 앞에
near 근처에	near the train station 기차역 근처에
down ~를 따라	down the street 길 따라서
to ~로	to the warehouse 창고로

PRACTICE TEST

🎧 D4_TEST.mp3

1. Mark your answer on your answer sheet.   (A)   (B)   (C)

2. Mark your answer on your answer sheet.   (A)   (B)   (C)

3. Mark your answer on your answer sheet.   (A)   (B)   (C)

4. Mark your answer on your answer sheet.   (A)   (B)   (C)

5. Mark your answer on your answer sheet.   (A)   (B)   (C)

6. Mark your answer on your answer sheet.   (A)   (B)   (C)

7. Mark your answer on your answer sheet.   (A)   (B)   (C)

8. Mark your answer on your answer sheet.   (A)   (B)   (C)

9. Mark your answer on your answer sheet.   (A)   (B)   (C)

10. Mark your answer on your answer sheet.   (A)   (B)   (C)

11. Mark your answer on your answer sheet.   (A)   (B)   (C)

12. Mark your answer on your answer sheet.   (A)   (B)   (C)

13. Mark your answer on your answer sheet.   (A)   (B)   (C)

14. Mark your answer on your answer sheet.   (A)   (B)   (C)

15. Mark your answer on your answer sheet.   (A)   (B)   (C)

DAY 05 > How, What, Why 의문문

How, What, Why 의문문은 각각 매달 평균 2문제씩 출제된다. How 의문문이 단독으로 쓰일 때는 수단이나 상태를 묻는 질문인 반면, How 뒤에 형용사나 부사가 올 때는 숫자가 들어 있는 보기가 정답으로 출제된다. 의문사 What과 Which는 별다른 뜻이 없으므로 바로 뒤에 오는 명사가 핵심 키워드가 된다. 의문사 Why는 이유와 권유 용법을 구별해서 청취하는 것이 중요하다.

📍 출제 포인트 | How 의문문

Point ❶ How 의문문에 수단·방법으로 답하는 유형

의문사 How는 단독으로 쓰이면 '어떻게'라는 뜻으로 방법이나 상태를 묻는다. 따라서 How 뒤에 오는 주어와 본동사를 잘 들어야 하며, 주로 수단이나 방법을 제시한 답변이 정답이다.

> Q. **How** do you usually get to work? 주로 출근을 어떻게 하세요?
> [수단] I **take a bus** everyday. 저는 매일 버스를 탑니다.
> Q. **How** can I **submit** a claim form? 배상 청구서를 어떻게 제출할 수 있을까요?
> [방법] **By email**. 이메일로요.

Point ❷ How 의문문에 의견·상태로 답하는 유형

How would[do] you like ~?, How did ~ go?, How is ~ going?과 같은 관용적인 질문에는 의견이나 상태를 나타내는 표현이 정답이다.

> Q. **How** did the meeting **go**? 회의는 어땠나요?
> [의견] It was **helpful**. 도움이 되었어요.
> Q. **How is** the copier in your office? 당신 사무실의 복사기는 어떤가요??
> [상태] It's still **out of order**. 그것은 여전히 고장입니다.

Point ❸ How 의문문에 형용사·부사가 결합한 유형

How가 형용사·부사와 함께 쓰이면 '얼마나~'라는 뜻으로 How 뒤의 형용사·부사에 따라 질문의 의미와 정답이 결정된다.

> Q. **How long** has Mr. Johnson worked here? Johnson 씨가 여기서 얼마나 오랫동안 일했나요?
> [기간] For **two decades**. 20년 동안이요.
> Q. **How many** employees attended the workshop? 워크숍에 몇 명의 직원들이 참가했나요?
> [수] **About 30**. 대략 30명이요.

> ⚡**TIP** How+형용사·부사는 통째로 하나의 의문사로 기억하자.
> [기간] how long 얼마나 오랫동안 [빈도] how often 얼마나 자주 [거리] how far 얼마나 멀리
> [크기·넓이] how large(big) 얼마나 큰 [수] how many 얼마나 많은 [금액·양] how much 얼마나 많은
> [시간] how soon 얼마나 곧 how early 얼마나 일찍 how late 얼마나 늦게

📍 출제 포인트 | What 의문문

Point ① What 다음에 나오는 명사가 정답을 결정하는 유형

의문사 What은 별다른 뜻이 없기 때문에, 뒤에 오는 명사에 따라 다양한 의문사의 의미를 가진다. 예를 들어 What 다음에 cost(비용), price(가격), fee(수수료) 등의 금액 명사가 따라 나오면 What은 How much의 의미이다.

> Q. What is the **price** of this jacket? (=How much is this jacket?) 이 상의의 가격이 얼마인가요?
> [가격] It's 25 **dollars**. 25불입니다.

> ⚡**TIP** 관용적인 **What** 의문문 표현을 알아두자.
> What if ~? ~면 어쩌지?   What about ~? ~하는 게 어때?   What ~ like? ~은 어때?

Point ② What 다음에 나오는 동사가 정답을 결정하는 유형

What 다음에 중요한 명사가 없다면 동사가 정답을 결정할 수 있다.

> Q. What did the president **discuss** at the meeting? 회의에서 사장님이 무엇에 대해 논의 하셨나요?
> [주제] He talked about **the sales goal**. 그는 영업 목표에 대해 얘기하셨어요.

Point ③ What과 비슷한 Which 의문문

What과 비슷한 의미를 가지는 의문사 Which도 바로 뒤에 오는 명사가 청취 포인트가 된다. 특히 질문에 언급된 명사의 반복을 피하기 위해 the one이 제시된 보기가 거의 정답으로 출제된다.

> Q. Which **hotel** did you stay at? 어느 호텔에 머무셨나요?
> [장소] **The one** by the ocean. 바다 옆에 있는 호텔이에요.

📍 출제 포인트 | Why 의문문

Point ① Why 의문문에 이유·목적으로 답하는 유형

Why 의문문에 대한 전형적인 답변은 이유를 나타내는 Because (of), Due to, For, to 부정사, so that절 등을 이용해 이유나 목적을 나타내는 것이다.

> Q. **Why** did you decide to **put an ad**? 왜 광고를 내기로 결정하셨어요?
> [이유] **Because** of the new product. 신제품 때문에요.
> [목적] **To increase** sales. 판매를 늘리기 위해서요.

Point ② Why don't 의문문에 승낙·거절로 답하는 유형

Why don't~로 시작하는 의문문은 이유가 아니라 권유의 표현이므로 승낙·거절의 답변은 가능하지만, 이유나 목적을 나타내는 보기는 오답이다.

> Q. **Why don't** we go over the proposal? 제안서 좀 검토해 볼까요?
> [승낙] That's a **good idea**! 좋아요!
> [거절] **I'd love to, but** I'm too busy. 그러고 싶지만 제가 너무 바빠서요.

유형 1 **How 의문문에 수단·방법으로 답하는 유형**   🎧 D5_01.mp3

Mark your answer on your answer sheet.   (A)   (B)   (C)

STEP 1 **문제 유형 파악하기**

> **How can I apply** for the **position**? 이 자리에 어떻게 지원하나요?
> How / can apply / position ➜ 어떻게 / 지원하다 / 자리

STEP 2 **정답 찾기**

(A) Fill out this form please.
　　이 서식을 작성해 주세요.
(B) It's still vacant. 그것은 여전히 비어 있어요.
(C) By the end of the week. 이번 주말까지요.

> How 뒤에 동사가 나오면 '어떻게'라는 뜻이므로 이 서식을 작성하라고 지원 방법을 잘 알려준 보기 (A)가 정답이다.

> ⚡**TIP** How 의문문이 수단이나 방법을 묻는 경우, 명령문이 정답으로 자주 출제된다.

STEP 3 **매력 오답 분석**

유사 발음	주어 불일치	✅ 연상 단어	동일 단어 반복	기타

(B) apply ~ position(자리에 지원하다) → vacant(비어 있는)

유형 2 **How 의문문에 의견·상태로 답하는 유형**   🎧 D5_02.mp3

Mark your answer on your answer sheet.   (A)   (B)   (C)

STEP 1 **문제 유형 파악하기**

> **How was** the **concert** last night? 어젯밤 콘서트는 어땠나요?
> How was / concert ➜ 어땠는가 / 콘서트

STEP 2 **정답 찾기**

(A) No, I saw him today.
　　아뇨, 그를 오늘 봤어요.
(B) Jim Williams will be singing.
　　Jim Williams가 노래를 부를 겁니다.
(C) It was fantastic.
　　환상적이었어요.

> How 뒤에 be 동사가 나오면 '~은 어땠는가'라는 뜻이므로 의견이나 상태를 나타내는 형용사를 이용한 답변이 정답이다. 콘서트가 어땠냐는 질문에 환상적이었다고 자연스럽게 답한 보기 (C)가 정답이다.

STEP 3 **매력 오답 분석**

유사 발음	주어 불일치	✅ 연상 단어	동일 단어 반복	기타

(B) concert(콘서트) → singing(노래)

유형 3 | How 의문문에 형용사·부사가 결합한 유형 | 🔊 D5_03.mp3

Mark your answer on your answer sheet. (A) (B) (C)

STEP 1 | 문제 유형 파악하기

How long has Ms. Jackson **worked** here? Jackson 씨가 여기서 얼마나 오랫동안 일했나요?
How long / worked ➜ 얼마나 오래 / 일했다

STEP 2 | 정답 찾기

(A) At noon.
　　정오에요.
(B) For a couple of years. 2년 동안요.
(C) It works fine.
　　그것은 작동이 잘 됩니다.

> How 뒤에 형용사·부사가 나오면 '얼마나'라는 뜻이므로 How long 은 '얼마나 오래'라고 해석되는 기간 을 묻는 의문문이다. 따라서 2년 동 안이라고 답한 보기 (B)가 정답이다.

> ⚡**TIP** 시점을 묻는 When 의문문과 기간을 묻는 How long 의문문을 구별하는 문제가 자주 출제되므로, How long을 듣 고 시점에 관한 답을 고르지 않도록 유의하자.

STEP 3 | 매력 오답 분석

유사 발음	주어 불일치	연상 단어	✅ 동일 단어 반복	기타

(C) work(일하다) – work(작동하다)

유형 4 | What 다음에 나오는 명사가 정답을 결정하는 유형 | 🔊 D5_04.mp3

Mark your answer on your answer sheet. (A) (B) (C)

STEP 1 | 문제 유형 파악하기

What is the **fare** to Toronto? 토론토로 가는 운임이 얼마죠?
What ~ fare ➜ 요금이 얼마인가

STEP 2 | 정답 찾기

(A) It's 50 dollars for a one way ticket.
　　편도에 50불입니다.
(B) No, I was born in Canada. 아뇨, 저는 캐나다 출생입니다.
(C) I don't think it's fair. 그건 공정하다고 생각하지 않아요.

> What 바로 다음에 나오는 명사 fare를 듣고 금액을 묻는 질문임을 알 수 있다. 따라서 50달러라고 답 한 보기 (A)가 정답이다.

STEP 3 | 매력 오답 분석

✅ 유사 발음	주어 불일치	연상 단어	동일 단어 반복	기타

(C) fare(운임) – fair(공정한)

What 다음에 나오는 동사가 정답을 결정하는 유형   🎧 D5_05.mp3

Mark your answer on your answer sheet.   (A)   (B)   (C)

STEP 1   **문제 유형 파악하기**

> **What** do you **plan** to **do** tonight? 오늘 밤 무엇을 하실 계획이시죠?
> What / plan / do ➡ 무엇을 / 계획이다 / 하다

STEP 2   **정답 찾기**

(A) He went to the manufacturing plant.
그는 제조 공장으로 갔습니다.

(B) I'm going to meet my uncle. 제 삼촌을 만날 거예요.

(C) Let's meet tomorrow morning instead.
대신에 내일 아침에 만나죠.

> 의문사 What은 별 뜻이 없으므로 뒤에 오는 동사 plan과 do를 듣고 무엇을 할 계획인지 묻는 문제임을 파악하면 삼촌을 만날 것이라고 말한 보기 (B)가 정답이다.

STEP 3   **매력 오답 분석**

✅ 유사 발음	주어 불일치	연상 단어	동일 단어 반복	기타

(A) plan(계획하다) – plant(공장)

Which 의문문   🎧 D5_06.mp3

Mark your answer on your answer sheet.   (A)   (B)   (C)

STEP 1   **문제 유형 파악하기**

> **Which car** is **yours**? 어떤 차가 당신 것인가요?
> Which car / yours ➡ 어떤 차 / 당신의 것

STEP 2   **정답 찾기**

(A) I'd rather take a cab.
저는 차라리 택시를 탈게요.

(B) The black one over there.
저기 있는 까만색이요.

(C) Sure, I'll pay by credit card.
물론입니다. 카드로 낼게요.

> 어떤 차냐고 묻는 Which 질문에 car 대신 부정 대명사 one을 제시한 보기 (B)가 정답이다. 질문에 언급된 명사의 반복을 피하는 one은 Which 의문문에서 자주 출제되는 정답이다.

STEP 3   **매력 오답 분석**

유사 발음	주어 불일치	연상 단어	동일 단어 반복	✅ 기타

(C) Sure는 Yes와 비슷한 의미이므로 의문사 의문문에 어울리지 않는 오답이다.

유형 7 — Why 의문문에 이유·목적으로 답하는 유형　　　　　🎧 D5_07.mp3

Mark your answer on your answer sheet.　　　　(A)　　(B)　　(C)

STEP 1 ▷ **문제 유형 파악하기**

> **Why** was the **venue changed**? 장소가 왜 변경 되었나요?
> Why / venue / changed ➜ 왜 / 장소 / 변경되다

STEP 2 ▷ **정답 찾기**

(A) Because it was too small.
그곳이 너무 작아서요.

(B) On the 5th floor.
5층에서요.

(C) At an awards banquet.
시상 연회에서요.

> Why 다음에 제시되는 명사 venue 와 동사 changed를 듣고 장소 변경의 이유를 묻는 질문임을 빠르게 파악하면 Because로 시작해 '그곳이 너무 작아서'라고 이유를 제시한 보기 (A)가 정답이다.

STEP 3 ▷▷ **매력 오답 분석**

유사 발음	주어 불일치	🔴 연상 단어	동일 단어 반복	기타

(B) venue(장소) → 5th floor(5층)

유형 8 — Why don't 의문문에 승낙·거절로 답하는 유형　　　　🎧 D5_08.mp3

Mark your answer on your answer sheet.　　　　(A)　　(B)　　(C)

STEP 1 ▷ **문제 유형 파악하기**

> **Why don't** you **call** the tech department? 기술부에 전화해 보는 게 어때요?
> Why don't / call ➜ ~하는 게 어때 / 전화하다

STEP 2 ▷ **정답 찾기**

(A) Due to the technical problem. 기술적인 문제 때문에요.

(B) Okay, I will contact them right away.
좋아요. 그들에게 즉시 연락할게요.

(C) No, I work in personnel. 아뇨. 저는 인사부에서 일합니다.

> Why don't ~는 권유문으로, 기술부에 전화해 보라는 말에 Okay로 승낙한 보기 (B)가 정답이다.

[패러프레이징] call(전화하다) → contact(연락하다)

STEP 3 ▷▷ **매력 오답 분석**

유사 발음	주어 불일치	연상 단어	동일 단어 반복	🔴 기타

(A) Why만 듣고 이유를 묻는 질문으로 잘못 파악할 경우 Due to ~로 시작하는 보기를 고르게 한 함정이다.

Vocabulary

How 의문문

기간 (how long)	half an hour 30분 week 주 month 달 year 해 day 요일
빈도 (how often)	once 한 번 twice 두 번 every ~마다 time(s) 횟수(들) often 자주 regularly 정기적으로 hourly 매시간 quarterly 분기별로 annually 해마다
방법, 수단 (how)	public transportation 대중 교통 vehicle 차량 courier 택배배달원 mail 우편 subway 지하철 cab 택시 on foot 걸어서 bicycle 자전거 ship 배
상태, 의견 (how)	informative 유익한 boring 지겨운 lengthy 장황한 efficient 효율적인 outdated 구식의 fantastic 환상적인 better 더 나은 affordable (가격이) 알맞은 interesting 흥미로운 impressive 인상적인 useful 유용한 helpful 도움이 되는

What 의문문

금액	charge 청구금액 expense 비용 fare 운임 rate 요금 fine 벌금 estimate(= quote) 견적 quote 견적
시간	deadline 마감일 date 날짜 day 요일 time 시간
문제	problem 문제 issue 문제점 cause 원인 trouble 어려움 bother 성가시게 하다
기타	figure 수치 extension 내선 번호 address 주소 name 이름 plan 계획 goal 목표

Why 의문문

1. 이유와 목적

cancel	취소하다	reschedule	일정을 재조정하다	delay (=postpone)	연기하다
because	왜냐하면	due to (=owing to) (=because of)	~때문에	cause	원인(이 되다)
stock	재고	deadline	마감시한	due	~가 예정인
outing	야유회	banquet	연회	event	행사
celebration	축하, 기념	so that	~하기 위해서	in order to	~하기 위해서
discontinue	중단하다	attend	참석하다	submit	제출하다
business trip	출장	congestion	정체	inclement	날씨가 안 좋은

2. 권유

sound	~처럼 들리다	tempting	끌리는	fantastic (=wonderful)	환상적인
great	좋은	convenient	편리한	hectic (=busy)	바쁜
work overtime	초과 근무하다	efficient	효율적인	unfortunately	불행하게도
actually (=in fact)	사실은	afraid	유감스러운	out of town	교외에 있는

PRACTICE TEST

1. Mark your answer on your answer sheet. (A) (B) (C)

2. Mark your answer on your answer sheet. (A) (B) (C)

3. Mark your answer on your answer sheet. (A) (B) (C)

4. Mark your answer on your answer sheet. (A) (B) (C)

5. Mark your answer on your answer sheet. (A) (B) (C)

6. Mark your answer on your answer sheet. (A) (B) (C)

7. Mark your answer on your answer sheet. (A) (B) (C)

8. Mark your answer on your answer sheet. (A) (B) (C)

9. Mark your answer on your answer sheet. (A) (B) (C)

10. Mark your answer on your answer sheet. (A) (B) (C)

11. Mark your answer on your answer sheet. (A) (B) (C)

12. Mark your answer on your answer sheet. (A) (B) (C)

13. Mark your answer on your answer sheet. (A) (B) (C)

14. Mark your answer on your answer sheet. (A) (B) (C)

15. Mark your answer on your answer sheet. (A) (B) (C)

DAY 06 〉 Be 동사 · 조동사 의문문

Are, Is, Were, Was로 시작되는 Be 동사 의문문의 Be 동사는 별다른 뜻이 없으므로 바로 뒤에 오는 주어와 보어를 잘 듣는 것이 중요하다. 조동사 Do와 Have(Has)도 별다른 뜻이 없으므로 뒤에 오는 동사원형과 과거 분사를 놓치지 않는 것이 중요하다. Can, Should, May 등으로 시작하는 기타 조동사 의문문은 해당 조동사와 뒤에 오는 본동사를 함께 듣고, 전체 문장의 의미를 파악하는 것이 핵심이다.

Point ① 뒤에 오는 보어를 들어야 하는 Be 동사 의문문

질문의 맨 앞에 오는 Be 동사는 별 다른 뜻이 없으므로 뒤에 오는 보어를 집중해서 듣는다.

[형용사 보어]
Q. Is Mr. Lee **available** today? 오늘 Lee 씨가 시간 되시나요?
A. **No**, he's **busy** with his assignment. 아뇨, 그는 과제 때문에 바쁩니다.

[명사 보어]
Q. **Are** you a new **secretary**? 당신이 새로운 비서인가요?
A. **Yes**, I just **started** to work here. 네, 막 여기서 일을 시작했어요.

⚡TIP 자주 출제되는 **Be 동사 의문문**
1) Are you **interested** in applying for the job? 그 자리에 지원하는데 관심이 있으신가요?
2) Are you **available** this evening? 오늘 저녁에 시간 되세요?
3) Are you **satisfied with** the monthly sales figures? 월간 매출 수치에 만족하시나요?
4) Are you **familiar with** the new system? 새로운 시스템에 익숙하세요?
5) Are you **going to** take a vacation? 휴가를 가실 건가요?
6) Are there **any post offices** near here? 여기 근처에 우체국이 있나요?
7) Are you **aware of** the revised policy? 개정된 규정을 알고 계신가요?
8) Is it **possible** to send a resume by email? 이메일로 이력서를 보낼 수 있나요?
9) Are you **able to** meet the deadline? 마감 시한을 지킬 수 있으신가요?
10) Is it **necessary** to renew the contract? 계약 갱신이 필수인가요?

Point ② 뒤에 오는 과거 분사를 들어야 하는 Have 동사 의문문

현재 완료 시제를 나타내는 Have 역시 별다른 의미는 없으므로 뒤에 오는 과거 분사를 놓치지 않는 것이 중요하다.

Q. Have you **seen** Ms. Taylor lately? 최근에 Taylor 씨 보셨어요?
A. **Yes**, I **met** her in the meeting yesterday. 네, 그녀를 어제 회의에서 만났습니다.

⚡TIP 자주 출제되는 **Have 동사 의문문**
1) Have you **seen** Mr. Taylor lately? 최근에 Taylor 씨를 보셨나요?
2) Have you **been** to Hawaii? 하와이에 가 본적 있나요?
3) Have you **finished** the sales report? 영업 보고서를 끝내셨나요?
4) Have you **had** a chance to read the article? 그 기사를 읽을 기회가 있으셨나요?
5) Have you **reviewed** the proposal? 제안서를 검토 하셨나요?

Point ③ 뒤에 오는 본동사를 들어야 하는 Do 동사 의문문

질문의 맨 앞에 오는 Do 동사는 별 다른 뜻이 없으므로 뒤에 오는 본동사에 집중해서 듣는다.

> Q. ~~Did~~ you **attend** the workshop last week? 지난주에 워크숍에 참가 하셨어요?
> A. I'm afraid I **couldn't make it**. 아쉽게도 못 갔습니다.

> ⚡**TIP** 자주 출제되는 Do 동사 의문문
> 1) ~~Do~~ you **want** to go to the movies? 영화 보러 가실래요?
> 2) ~~Do~~ you **need** to go over the report? 보고서를 검토하셔야 하나요?
> 3) ~~Do~~ you **know** how to get to the city hall? 시청에 가는 법을 아세요?
> 4) ~~Do~~ I **have to** stop by your office? 제가 당신 사무실에 들러야 하나요?
> 5) ~~Did~~ you **attend** the workshop? 워크숍에 참석하셨나요?
> 6) ~~Did~~ you **submit** the application form? 지원서를 제출 하셨나요?

Point ④ 여러 가지 조동사 의문문

기타 조동사 의문문은 질문의 맨 앞에 오는 조동사와 뒤에 오는 본동사를 함께 듣고 의미를 파악해야 한다.

> [Should – 제안·의무]
> Q. **Should** I **submit** the sales report by Monday? 월요일까지 판매 보고서를 제출해야 하나요?
> A. **No**, the **deadline** has been **extended**. 아뇨. 마감 시한이 연장 되었습니다.
>
> [Can – 가능·요청]
> Q. **Can** you **stop by** my office after lunch? 점심 후에 제 사무실에 들러 주시겠어요?
> A. **Sure**, I'll **be there** by 1 p.m. 물론이죠. 오후 1시까지 가겠습니다.
>
> [Will – 미래·부탁]
> Q. **Will** you be able to **meet** the demand? 수요를 감당하실 수 있겠어요?
> A. I'll **try my best**. 최선을 다하겠습니다.
>
> [May(Might) – 가능·허가]
> Q. **May** I **leave** a message? 메시지를 남겨도 되나요?
> A. **Sure**, here's a pen. 물론이죠. 여기 펜이 있어요.

> ⚡**TIP** 자주 출제되는 기타 조동사 의문문
> 1) **Can** you **tell** me where the meeting is being held? 회의가 어디서 열리고 있는지 알려 주실래요?
> 2) **Can** you **help** me copy these documents? 이 문서들을 제가 복사하는 것을 도와주실 수 있나요?
> 3) **Can** you **send** me the original receipt? 원본 영수증을 제게 보내 주시겠어요?
> 4) **Can** you **fix** the copier? 복사기를 고칠 수 있나요?
> 5) **Can** you **show** me how to operate this machine? 이 기계를 작동 시키는 법을 알려 주실래요?
> 6) **Will** you **be able to** finish it on time? 정시에 그것을 끝낼 수 있으신가요?
> 7) **Will** you **carry** this box? 이 상자를 옮겨 줄래요?
> 8) **Will** you **contact** my supervisor? 제 상관에게 연락해 주실래요?
> 9) **May** I **leave** a message? 메시지를 남겨도 될까요?
> 10) **May** I **ask** why the meeting has been postponed? 왜 회의가 연기 되었는지 물어봐도 될까요?

✏️ 대표 유형 문제

유형 1 **Be 동사 의문문**　　🎧 D6_01.mp3

Mark your answer on your answer sheet.　　(A)　(B)　(C)

STEP 1 　문제 유형 파악하기

Are you **interested** in our **new product**? 우리 신제품에 관심이 있으신가요?
interested / new product ➜ 관심 있다 / 신제품

STEP 2 　정답 찾기

(A) His lecture was very interesting to me.
　　그의 강연은 제게 매우 흥미로웠습니다.
(B) Yes, can I take a look at it?
　　네, 제가 좀 봐도 될까요?
(C) It was released a couple of days ago.
　　그건 이틀 전에 출시되었습니다.

> Be 동사 의문문은 뒤에 오는 보어와 명사를 듣는 것이 핵심 포인트이다. 신제품에 관심이 있느냐는 질문에 Yes로 긍정하고 그것을 한번 봐도 되는지 반문한 보기 (B)가 정답이다.

STEP 3 　매력 오답 분석

✅ 유사 발음	주어 불일치	연상 단어	동일 단어 반복	기타

(A) interested(관심이 있는) – interesting(흥미로운)

유형 2 **Have 동사 의문문**　　🎧 D6_02.mp3

Mark your answer on your answer sheet.　　(A)　(B)　(C)

STEP 1 　문제 유형 파악하기

Have you **applied** for the **position**? 그 자리에 지원 하셨어요?
applied / position ➜ 지원하다 / 자리

STEP 2 　정답 찾기

(A) You can download it on the website.
　　웹사이트에서 다운로드 받으실 수 있으세요.
(B) I'm still thinking. 여전히 생각 중입니다.
(C) No, I don't have it right now.
　　아뇨, 저는 지금 그것이 없어요.

> Have 동사 의문문은 뒤에 오는 p.p.와 명사를 듣는 것이 핵심 포인트이다. 그 자리에 지원 했는지를 묻는 질문에 아직 생각 중이라고 답한 보기 (B)가 정답이다.

STEP 3 　매력 오답 분석

유사 발음	주어 불일치	연상 단어	✅ 동일 단어 반복	기타

(C) Have는 조동사로 쓰일 때와 일반 동사로 쓰일 때 서로 의미가 다르다.

유형 3 | Do 동사 의문문 🔊 **D6_03.mp3**

Mark your answer on your answer sheet. (A) (B) (C)

STEP 1 > 문제 유형 파악하기

> Do you **need** a **copy** of the summary? 요약의 사본이 필요한가요?
> need / copy ➜ **필요하다 / 사본**

STEP 2 > 정답 찾기

(A) It was brief.
그건 간략했어요.

(B) You don't need to review it.
당신을 그걸 검토할 필요가 없어요.

(C) No, I already got one.
아뇨. 이미 하나를 가지고 있어요.

> 조동사 do는 별다른 의미가 없으므로 뒤에 오는 본동사와 명사를 들어야 한다. 요약의 사본이 필요하냐는 질문에 No라고 부정하고 이미 사본을 하나 가지고 있다고 답한 보기 (C)가 정답이다.

STEP 3 >> 매력 오답 분석

유사 발음	주어 불일치	✅ 연상 단어	동일 단어 반복	기타

(A) summary(요약) → brief(간략한)

유형 4 | Should 조동사 의문문 🔊 **D6_04.mp3**

Mark your answer on your answer sheet. (A) (B) (C)

STEP 1 > 문제 유형 파악하기

> **Should I attend** the **training** at noon? 정오에 교육에 참가해야 하나요?
> Should I / attend / training ➜ **~해야 하는가 / 참석하다 / 교육**

STEP 2 > 정답 찾기

(A) No, you don't have to.
아뇨. 그러실 필요 없어요.

(B) The train won't leave until 1 p.m.
기차는 오후 1시는 되어서야 떠날 겁니다.

(C) It was very helpful.
그것은 매우 도움이 되었어요.

> 교육에 꼭 참가해야 하는지 묻는 질문에 그럴 필요 없다고 답한 보기 (A)가 정답이다. 조동사 should를 동일한 의미의 have to로 바꿔 표현했다.

STEP 3 >> 매력 오답 분석

✅ 유사 발음	주어 불일치	연상 단어	동일 단어 반복	기타

(B) training(교육) – train(기차)

Can 조동사 의문문   🔊 D6_05.mp3

Mark your answer on your answer sheet.   (A)   (B)   (C)

STEP 1 **문제 유형 파악하기**

> **Can you repair** the **fax machine** in our office? 우리 사무실에 있는 팩스기 좀 고쳐 주시겠어요?
> Can you / repair / fax machine ➜ ~할 수 있는가 / 고치다 / 팩스기

STEP 2 **정답 찾기**

(A) Sure, you can.
물론이죠. 당신은 할 수 있어요.

(B) I'm here to buy a pair of shoes.
신발 한 켤레를 사러 여기에 왔어요.

(C) No problem. I'll be with you shortly.
문제 없어요. 곧 당신에게 갈게요.

> 팩스기를 고쳐 달라는 Can you ~ 의문문에 승낙하며 곧 가겠다고 답한 보기 (C)가 정답이다. 특히 No problem은 청유문에 대한 승낙의 답으로 자주 출제된다.

STEP 3 **매력 오답 분석**

유사 발음	✅ 주어 불일치	연상 단어	동일 단어 반복	기타

(A) 주어가 you가 아닌 I가 되어야 하므로 주어 불일치 함정

May 조동사 의문문   🔊 D6_06.mp3

Mark your answer on your answer sheet.   (A)   (B)   (C)

STEP 1 **문제 유형 파악하기**

> **May I have** your **contact number**? 연락처 좀 알 수 있을까요?
> May I / have / contact number ➜ ~해도 되는가 / 알다 / 연락처

STEP 2 **정답 찾기**

(A) The sales figures aren't accurate.
영업 수치가 정확하지 않아요.

(B) Of course, I'll call him later.
물론이죠. 제가 나중에 그에게 전화 드릴게요.

(C) Didn't I give you my business card?
제가 명함을 드리지 않았었나요?

> May I ~는 허가를 구하는 의문문으로, '~해도 될까요?'라는 뜻이다. 연락처를 알 수 있냐는 질문에 내가 명함을 주지 않았었냐고 자연스럽게 반문한 보기 (C)가 정답이다.

STEP 3 **매력 오답 분석**

유사 발음	주어 불일치	✅ 연상 단어	동일 단어 반복	기타

(A) number(숫자) → figure(숫자)

PRACTICE TEST

1. Mark your answer on your answer sheet.   (A)   (B)   (C)

2. Mark your answer on your answer sheet.   (A)   (B)   (C)

3. Mark your answer on your answer sheet.   (A)   (B)   (C)

4. Mark your answer on your answer sheet.   (A)   (B)   (C)

5. Mark your answer on your answer sheet.   (A)   (B)   (C)

6. Mark your answer on your answer sheet.   (A)   (B)   (C)

7. Mark your answer on your answer sheet.   (A)   (B)   (C)

8. Mark your answer on your answer sheet.   (A)   (B)   (C)

9. Mark your answer on your answer sheet.   (A)   (B)   (C)

10. Mark your answer on your answer sheet.   (A)   (B)   (C)

11. Mark your answer on your answer sheet.   (A)   (B)   (C)

12. Mark your answer on your answer sheet.   (A)   (B)   (C)

13. Mark your answer on your answer sheet.   (A)   (B)   (C)

14. Mark your answer on your answer sheet.   (A)   (B)   (C)

15. Mark your answer on your answer sheet.   (A)   (B)   (C)

DAY 07 > 선택 의문문·청유문

선택 의문문·청유문 각각 매달 평균 2문제씩 출제된다. 선택 의문문은 질문 마지막에 오는 선택 후보 A or B를 놓치지 않아야 하고, 청유문은 적절한 승낙·거절의 답변을 정답으로 고르면 된다. 두 의문문 모두 일정한 패턴으로 출제되기 때문에 기본 출제 유형만 잘 파악해 두어도 비교적 쉽게 답을 찾을 수 있다.

📍 출제 포인트 | 선택 의문문

Point ① A or B 선택 사항 중 하나가 정답인 유형

선택 의문문의 가장 전형적인 답변은 질문에서 제시된 두 가지 선택 사항 중 하나를 고르는 답변이다. 이때 질문에서 언급된 단어가 보기에서 반복되어도 정답이 될 수 있다.

> [선택 사항을 그대로 제시하는 경우]
> Q. Would you like to meet with me on **Monday** or **Tuesday**?
> 월요일과 화요일 중 언제 저를 만나시겠어요?
> A. **Tuesday's** much better for me. 저는 화요일이 훨씬 더 낫습니다.
>
> [선택 사항을 패러프레이징 해서 제시하는 경우]
> Q. Would you prefer a **taxi** or a **bus**? 택시와 버스 중 어떤 것을 더 선호하시나요?
> A. I'd take a **cab**. 저는 택시를 탈 겁니다.

Point ② 둘 다 좋다·아무거나 상관 없다고 말하는 보기가 정답인 유형

두 가지 선택 사항 중 하나를 고르는 것이 아니라, 둘 다 좋다거나 아무거나 상관 없다고 말하는 보기도 선택 의문문의 정답이 될 수 있다.

> Q. Do you prefer **tea** or **coffee**? 차와 커피 중 어떤 것을 더 선호하세요?
> A. **Either** would be fine. 둘 중 아무거나 다 좋습니다.

Point ③ 제 3의 선택이 정답이 되는 유형

질문에서 제시한 두 가지 선택 사항이나 둘 다 좋다고 하는 답변 외에, 제 3의 선택이 정답이 될 수도 있다. 이 때 제 3의 선택이 정답이 되기 위해서는 제 3의 선택이 질문에 주어진 두 가지 선택 사항과 같은 범주에 속해야 한다.

> Q. Do you want to take a **bus** or a **train**? 버스와 기차 중 어느 것을 타고 싶으신가요?
> A. I'd rather use a **subway**. 저는 차라리 지하철을 이용 하겠습니다.

Point ④ 아직 결정되지 않았다는 의미의 보기가 정답인 유형

선택 의문문에서 아직 답을 정하지 못했거나, 여전히 고려 중이라는 의미의 보기가 정답으로 자주 출제된다.

> Q. Will you take a vacation in **June** or **July**? 6월과 7월 중 언제 휴가를 가실 건가요?
> A. I **haven't decided** it yet. 아직 결정하지 못했어요.

📍 출제 포인트 | 청유문

Point ❶ 승낙의 답변이 정답인 유형

Q. **Let's** go to the movies tonight! 오늘밤에 영화 보러 갑시다!
[승낙] It **sounds good**! 좋아요!
Q. **Why don't** we delay the seminar? 세미나를 미루는게 어때요?
[승낙] That's a **great idea**. 좋은 생각이네요.

Point ❷ 거절의 답변이 정답인 유형

Q. **How about** going on a picnic tomorrow? 내일 소풍 가는 게 어때요?
[거절] Actually, I have **other plans**. 사실은 제가 다른 계획들이 있어서요.
Q. **Would you like to** have lunch with us? 저희와 점심 같이 하시겠어요?
[거절] **Sorry**, I have a previous engagement. 죄송해요. 선약이 있어서요.

Point ❸ 즉답을 회피하는 답변이 정답인 유형

청유문에 승낙 혹은 거절하는 답변 외에도 즉답을 회피하는 답변이 정답으로 자주 출제된다.

Q. **Why don't you** join us for dinner today? 오늘 저희와 저녁을 같이 하는 게 어때요?
[회피] I **need to talk** with my wife, first. 제 아내와 먼저 얘기해 보고요.
Q. **Do you want to** go fishing this weekend? 이번 주말에 낚시 갈래요?
[회피] I have to **check my schedule**. 제 일정을 확인해 봐야 해요.

> ⚡**TIP** 자주 출제되는 청유문
>
> - Why don't you(we) ~? ~하는게 어때?
> - Shouldn't we ~? ~해야 되지 않을까요?
> - How about ~? ~하는게 어때?
> - Would you like[care] to ~? ~하시겠어요?
> - Shall we ~? ~할까요?
> - We'd better ~. ~하는게 좋겠어요.
>
> - Let's ~. ~합시다.
> - What about ~? ~하는게 어때?
> - What do you say ~? ~는 어때?
> - Do you want to ~? ~하길 원해?
> - Can we ~? ~할 수 있을까요?
> - Maybe we should ~. 아마도~해야 할 것 같아요.

유형 1 ▶ 선택 의문문에 A or B 중 하나가 정답인 유형 🔊 **D7_01.mp3**

Mark your answer on your answer sheet.　　(A)　　(B)　　(C)

STEP 1 ▶ 문제 유형 파악하기

Are you going to **sit indoors or outdoors**? 안쪽과 바깥 중에 어디 앉으실 건가요?
sit / indoors or outdoors → 앉다 / 안쪽 혹은 바깥

STEP 2 ▶ 정답 찾기

(A) It is going to be fine. 좋을 것 같아요.
(B) I want to take a seat inside. 저는 안쪽에 앉고 싶어요.
(C) Yes, the door has been closed. 네, 문이 닫혀 있었어요.

> 선택 의문문에서 제시된 선택 후보 indoors와 outdoors 중에 전자를 선택한 (B)가 정답이다.

STEP 3 ▶▶▶ 매력 오답 분석

유사 발음	주어 불일치	연상 단어	✅ 동일 단어 반복	기타

(A) going to 반복 사용 오답

유형 2 ▶ 선택 의문문에 둘 다 좋다고 말하는 보기가 정답인 유형 🔊 **D7_02.mp3**

Mark your answer on your answer sheet.　　(A)　　(B)　　(C)

STEP 1 ▶ 문제 유형 파악하기

Do you **prefer** seeing **a movie or a play**? 영화와 연극 중에 어떤 것을 보는 것을 선호하세요?
prefer / a movie or a play → 선호하다 / 영화 혹은 연극

STEP 2 ▶ 정답 찾기

(A) I'd rather see you later.
　　차라리 당신을 나중에 보는 것이 낫겠어요.
(B) At the theater. 극장에서요.
(C) I like both. 둘 다 좋아해요.

> 영화와 연극 중 어떤 것을 선호하는지 묻는 선택 의문문에 둘 다 좋다고 답한 보기 (C)가 정답이다.

STEP 3 ▶▶▶ 매력 오답 분석

유사 발음	주어 불일치	✅ 연상 단어	동일 단어 반복	기타

(B) movie(영화), play(연극) → theater(극장)

유형 3 | 선택 의문문에 제 3의 선택이 정답인 유형 🎧 D7_03.mp3

Mark your answer on your answer sheet. (A) (B) (C)

STEP 1 | 문제 유형 파악하기

Would you like to **stop by** my office **in the afternoon or in the evening**?
제 사무실에 오후와 저녁 중 언제 들르실 건가요?

stop by / in the afternoon or in the evening ➔ 들르다 / 오후 혹은 저녁

STEP 2 | 정답 찾기

(A) Can I go now?
지금 가도 되나요?

(B) It's due on Monday.
그것은 월요일까지예요.

(C) Yes, I would. 네, 제가 그럴게요.

> 오후와 저녁 중 언제 방문할 것이냐고 묻는 선택 의문문에 대해 제 3의 시간인 지금(now)을 제시하며 자연스럽게 반문한 보기 (A)가 정답이다.

STEP 3 | 매력 오답 분석

유사 발음	✓ 주어 불일치	연상 단어	동일 단어 반복	기타

(B) 주어 It이 무엇을 지칭하는지 알 수 없으므로 주어 불일치 오답

유형 4 | 선택 의문문에 아직 결정되지 않았다는 의미의 보기가 정답인 유형 🎧 D7_04.mp3

Mark your answer on your answer sheet. (A) (B) (C)

STEP 1 | 문제 유형 파악하기

Will you **move** to Toronto **in November or December**? 11월과 12월 중 언제 토론토로 이사를 가시나요?
move / in November or December ➔ 이사하다 / 11월 혹은 12월

STEP 2 | 정답 찾기

(A) To spend a Christmas with my family.
제 가족과 크리스마스를 보내기 위해서요.

(B) The workshop was held last month.
워크숍은 지난달에 열렸어요.

(C) I haven't decided it yet. 아직 결정하지 못했어요.

> 11월과 12월 중 언제 이사를 갈 것인지 묻는 선택 의문문에 대해 아직 결정을 하지 못해서 잘 모르겠다고 말한 보기 (C)가 정답이다.

STEP 3 | 매력 오답 분석

유사 발음	주어 불일치	✓ 연상 단어	동일 단어 반복	기타

(B) 질문에서 November와 December를 듣고 의미상 month를 연상하게 한 함정

청유문 🎧 D7_05.mp3

Mark your answer on your answer sheet.　　(A)　(B)　(C)

STEP 1 문제 유형 파악하기

> **Why don't you fill out** the form? 이 서식을 작성하는 게 어때요?
> Why don't you / fill out ➜ ~하는 게 어때 / 작성하다

STEP 2 정답 찾기

> (A) Yes, he's filling in for me.
>   네, 그가 저를 대신하고 있습니다.
> (B) Because it's faster.
>   왜냐하면 그것이 더 빨라요.
> **(C) Sure, I will.** 물론이죠. 그럴게요.

> 'Why don't you ~'는 '~하는 게 어때?'라는 뜻의 전형적인 청유문이다. 서식을 작성해 보라는 권유에 그러겠다고 Sure로 긍정한 보기 (C)가 정답이다.

STEP 3 매력 오답 분석

유사 발음	주어 불일치	연상 단어	동일 단어 반복	✅ 기타

(B) Why don't you ~를 이유를 묻는 의문사 Why로 잘못 들었을 경우 선택할 수 있는 함정이다.

유형 6 청유문에 승낙의 답변이 정답인 유형 🎧 D7_06.mp3

Mark your answer on your answer sheet.　　(A)　(B)　(C)

STEP 1 문제 유형 파악하기

> **Shouldn't we** take some **time off**? 우리 좀 쉬어야 되지 않을까요?
> Shouldn't we / time off ➜ ~하는 게 어때 / 쉬다

STEP 2 정답 찾기

> **(A) That's a good idea!** 좋은 생각이에요!
> (B) It's already 10 p.m. 이미 오후 10시입니다.
> (C) It will take off in a few minutes.
>   잠시 후에 이륙할 겁니다.

> Shouldn't we ~도 대표적인 청유문으로, 좀 쉬자는 제안에 좋은 의견이라고 승낙한 보기 (A)가 정답이다.

STEP 3 매력 오답 분석

유사 발음	주어 불일치	연상 단어	✅ 동일 단어 반복	기타

(C) take off(쉬다) - take off(이륙하다)

유형 7 청유문에 거절의 답변이 정답인 유형 🎧 D7_07.mp3

Mark your answer on your answer sheet.　　(A)　(B)　(C)

STEP 1 문제 유형 파악하기

> **Could you help** me **repair** the fax machine? 이 팩스기 고치는 것 좀 도와 줄래요?
> Could you help / repair ➜ ~을 도와줄래요? / 수리하다

STEP 2 정답 찾기

> **(A) Sorry but I'm too busy now.**
> 　미안하지만 제가 지금 너무 바빠서요.
> (B) Sure, you can get a tax refund.
> 　물론이죠. 세금을 환급받으실 수 있으세요.
> (C) It's still broken. 그것은 여전히 고장입니다.

> Could you ~로 정중하게 부탁하는 청유문에, Sorry로 거절하고 지금 바쁘다고 거절의 이유를 제시한 보기 (A)가 정답이다.

STEP 3 매력 오답 분석

✅ 유사 발음	주어 불일치	연상 단어	동일 단어 반복	기타

(B) fax(팩스) - tax(세금)

유형 8 청유문에 즉답을 회피하는 유형 🎧 D7_08.mp3

Mark your answer on your answer sheet.　　(A)　(B)　(C)

STEP 1 문제 유형 파악하기

> **Let's go** to the **museum** tomorrow. 내일 박물관에 갑시다.
> Let's go / museum ➜ 갑시다 / 박물관

STEP 2 정답 찾기

> **(A) Let me check my calendar.**
> 　제 일정을 좀 확인해 보겠습니다.
> (B) In the sculpture garden. 조각 공원에서요.
> (C) Yes, he is an artist. 네, 그는 예술가입니다.

> 내일 박물관에 가자는 제안에, 자기 일정을 먼저 확인해 보겠다며 승낙 혹은 거절의 즉답을 하지 않고 회피한 보기 (A)가 정답이다.

STEP 3 매력 오답 분석

유사 발음	주어 불일치	✅ 연상 단어	동일 단어 반복	기타

(B) 질문에서 museum을 듣고 의미상 sculpture를 연상하게 한 함정

Vocabulary

선택 의문문의 빈출 선택 후보

1. 시간	the day after tomorrow 내일 모레 the day before yesterday 그저께 noon 정오 midnight 자정 after ~후에 before ~전에 as soon as ~하자마자 while ~하는 동안에 half an hour 30분 decade 10년
2. 통신 수단	fax 팩스 email 이메일 post 우편 mail 우편으로 보내다 regular mail 보통 우편 express mail 빠른 우편 mobile phone(=cellular phone) 휴대전화
3. 교통 수단	by air 비행기로 subway 지하철 on foot 걸어서 train 기차 fly 비행기를 타고 가다 cab 택시 public transportation 대중 교통 ferry 여객선
4. 지불 방법	cash 현금 credit card 신용카드 check 수표 installment 분할 불입 pay in full 전액 지불하다
5. 장소	window seat 창가 자리 aisle seat 내측 자리 indoors 실내에 outdoor 실외에 inside 안에 outside 밖에 patio 야외 테라스 hallway 복도 warehouse 창고 showroom 전시실 auditorium 강당

선택 의문문의 만능 답변

- either 둘 중 어느 것이나 (괜찮다)
- both 둘 다 (좋다)
- I don't care. 상관 없다.
- It's up to you. 네 결정에 달렸다.
- I haven't decided it yet. 결정하지 않았다.
- It hasn't been decided. 결정되지 않았다.

- neither 둘 다 싫다
- whatever, whichever~ 무엇이든, 어떤 것이든 (상관 없다)
- It doesn't matter. 중요하지 않다.
- I'll leave it up to you. 너에게 맡기마.
- I'm still thinking. 여전히 생각 중이다.
- It's still being discussed. 여전히 논의 중이다.

청유문의 승낙·거절 표현

승낙	거절
- It sounds good. 좋아요.	- I'm busy. 바빠요.
- That's a great idea. 좋은 생각이에요.	- I have a prior engagement. 선약이 있어요.
- Sure. 물론이죠.	- I have another appointment. 다른 약속이 있어요.
- Of course. 물론이죠.	- I have a lot of work to do. 일이 많아요.
- I'd be happy[glad/pleased] to. 기꺼이 ~할게요.	- I should work overtime. 야근해야 해요.
- Why not? 왜 안되겠어요?	- I have other plans. 다른 계획이 있어요.
- I'd appreciate it. 그러면 고맙죠.	- I'm tied up. (I'm occupied.) 바쁩니다.
	- I'm not available (free). 지금 시간이 안됩니다.

PRACTICE TEST

1. Mark your answer on your answer sheet.　　(A)　(B)　(C)

2. Mark your answer on your answer sheet.　　(A)　(B)　(C)

3. Mark your answer on your answer sheet.　　(A)　(B)　(C)

4. Mark your answer on your answer sheet.　　(A)　(B)　(C)

5. Mark your answer on your answer sheet.　　(A)　(B)　(C)

6. Mark your answer on your answer sheet.　　(A)　(B)　(C)

7. Mark your answer on your answer sheet.　　(A)　(B)　(C)

8. Mark your answer on your answer sheet.　　(A)　(B)　(C)

9. Mark your answer on your answer sheet.　　(A)　(B)　(C)

10. Mark your answer on your answer sheet.　　(A)　(B)　(C)

11. Mark your answer on your answer sheet.　　(A)　(B)　(C)

12. Mark your answer on your answer sheet.　　(A)　(B)　(C)

13. Mark your answer on your answer sheet.　　(A)　(B)　(C)

14. Mark your answer on your answer sheet.　　(A)　(B)　(C)

15. Mark your answer on your answer sheet.　　(A)　(B)　(C)

DAY 08 > 부가·부정 의문문

부가 의문문은 어떤 사실이나 정보에 대해 상대방에게 동의 혹은 확인을 구하기 위해 평서문에 뒤에 꼬리말처럼 붙이는 의문문이다. 부가 의문문은 별다른 뜻이 없으므로 앞에 제시되는 평서문을 해석하는 것이 중요하다. Be 동사나 조동사 뒤에 not를 붙여 만드는 부정 의문문의 경우도 not이 없다라고 생각하고 긍정일 경우 Yes, 부정일 경우 No로 답하는 것이 핵심이다.

📍 출제 포인트 | 부가 의문문

Point ❶ 해석하지 않아도 되는 부가 의문문

부가 의문문은 별 다른 뜻이 없으므로 무시하고, 앞에 나오는 평서문에서 내용을 확인하여 정답을 찾으면 된다. 단, 평서문의 주어나 시제를 그대로 반복해 쓰기 때문에 주어 불일치 오답이나 시제 불일치 오답을 제거하는 데 참고할 수는 있다.

> Q. **You** are going to **accept the job offer**, ~~aren't you~~? 취업 제안을 받아들이실 거죠, 그렇지 않나요?
> A. Yes, I will. 네, 그럴 겁니다.
>
> Q. The **report** is **due** on **Monday**, ~~right~~? 보고서가 월요일까지죠, 그렇죠?
> A. No, the deadline has been extended to Friday. 아뇨, 마감 시한이 금요일로 연기 되었어요.

Point ❷ Yes/No 답변이 정답인 유형

부가 의문문은 not이 있든 없든 상관없이 질문에 대해 긍정의 답변이면 Yes로, 부정의 답변이면 No로 대답한다.

> Q. **You** will be **free tonight**, ~~won't you~~? 오늘 밤에 시간 있으시죠, 그렇죠?
> [긍정] Yes, I will be available after 7p.m. 네, 오후 7시 이후로 시간이 됩니다.
> [부정] No, I have a previous engagement. 아뇨. 선약이 있습니다.

> ⚡**TIP** Yes/No 답변이라고 해서 무조건 정답은 아니다.
> 부가 의문문에 대해 Yes/No 답변이 많긴 하지만, 뒤에 보충 설명하는 내용이 질문과 전혀 상관없는 내용이라면 오답이므로 끝까지 주의해서 들어야 한다.
> Q. You have been to Paris, ~~haven't you~~? 당신은 파리에 다녀 오신 적이 있죠?
> A. No, he lives in London. 아뇨, 그는 런던에 삽니다. (X)

Point ❸ 우회적 답변이 정답인 유형

Yes/No 답변 외에도, 우회적으로 정보를 전달하는 답변도 부가 의문문의 정답으로 자주 출제된다.

> Q. It's going to rain today, ~~isn't it~~? 오늘 비가 오는 거죠, 그렇지 않나요?
> A. I haven't checked the forecast yet. 아직 일기 예보를 확인하지 못했어요.

📍 출제 포인트 | 부정 의문문

Point ① 해석하지 않아도 되는 부정 의문문 – Be 동사·조동사 의문문의 not

Be 동사나 조동사 의문문에 붙은 not은 별 뜻이 없으므로 뒤에 오는 주어+동사 부분을 듣고 답을 고를 수 있다. 부정 의문문의 not은 무시하고, 질문에 대한 답이 긍정이면 Yes, 부정이면 No로 답해야 한다.

> **[Be 동사 의문문]**
> Q. ~~Isn't~~ **Susan here** today? 오늘 Susan이 여기 없나요?
> A. **No**, she's still **on leave**. 없어요, 그녀는 아직 휴가 중입니다.
>
> **[조동사 의문문]**
> Q. ~~Don't~~ **you live** around here? 여기 근처에 살지 않으세요?
> A. **Yes**, my house is **just across the street**. 네, 제 집은 바로 길 건너에 있습니다.

> ⚡**TIP** 자주 출제되는 Be 동사·조동사
> 1) ~~Weren't~~ **you supposed** to finish your assignment yesterday? 어제 임무를 끝내기로 되어 있지 않았나요?
> 2) ~~Isn't~~ **the workshop scheduled** to be held on Monday? 워크숍이 월요일에 열릴 예정 아닌가요?
> 3) ~~Don't~~ **you want** to go to the movies tonight? 오늘 밤 영화 보러 가지 않으시겠어요?
> 4) ~~Don't~~ **you need** to attend the meeting? 회의에 참석해야 하지 않나요?
> 5) ~~Aren't~~ **you** going to deliver this package? 이 소포를 배달해야 되지 않으세요?
> 6) ~~Isn't~~ there **any grocery store** around **here**? 여기 근처에 식료품 가게가 있지 않나요?
> 7) ~~Haven't~~ **you seen** Sam lately? 최근에 Sam을 보지 못하셨어요?
> 8) ~~Shouldn't~~ **we go over** the report? 보고서를 검토해야 하지 않나요?
> 9) ~~Don't~~ **you think** we should repair the copier? 복사기를 고쳐야 한다고 생각하지 않으세요?
> 10) ~~Didn't~~ **you go** to the banquet last night? 어젯밤에 연회에 가지 않으셨어요?

Point ② Not을 해석해야 하는 경우 – 평서문, Why 의문문의 not

평서문은 의문문이 아니므로 not이 있는 경우 반드시 해석해야 한다. Why 의문문도 not을 빼고 해석할 경우 정 반대의 뜻이 되므로 반드시 해석해야 한다.

> **[평서문]**
> Q. It's **not** sunny today. 오늘은 화창하지 않네요.
> A. We'd better stay at home. 집에 머무는 것이 낫겠어요.
>
> **[Why 의문문]**
> Q. Why **didn't** you come to the party last night? 왜 어젯밤 파티에 오지 않으셨나요?
> A. Because I was ill. 제가 아팠거든요.

유형 1 ▶ 부가 의문문에 Yes/No 답변이 정답인 유형

🎧 D8_01.mp3

Mark your answer on your answer sheet.　　　(A)　(B)　(C)

STEP 1 ▶ 문제 유형 파악하기

You attended the **seminar** yesterday, ~~didn't you~~? 어제 세미나에 참석하셨죠, 그렇지 않나요?
You / attended / seminar ➜ 당신은 / 참석했다 / 세미나

STEP 2 ▶ 정답 찾기

(A) No, I didn't see him.
　　아뇨, 저는 그를 못 봤어요.

(B) Yes, and it was informative.
　　네, 그리고 유익했어요.

(C) In a convention center.
　　컨벤션 센터에서요.

> 부가 의문문은 별 뜻이 없으므로 앞에 제시된 평서문을 잘 듣고 해석한다. 세미나에 참석했었는지 묻는 의문문에 Yes로 긍정하고, 유익했었다라는 부연 설명을 제시한 보기 (B)가 정답이다.

STEP 3 ▶ 매력 오답 분석

유사 발음	주어 불일치	✅ 연상 단어	동일 단어 반복	기타

(C) seminar(세미나) → convention center(컨벤션 센터)

유형 2 ▶ 부가 의문문에 우회성 답변이 정답인 유형

🎧 D8_02.mp3

Mark your answer on your answer sheet.　　　(A)　(B)　(C)

STEP 1 ▶ 문제 유형 파악하기

The **meeting** hasn't been **cancelled**, ~~has it~~? 회의가 취소되지 않았죠, 그렇죠?
meeting / cancelled ➜ 회의 / 취소되다

STEP 2 ▶ 정답 찾기

(A) Let's look at the updated schedule.
　　최신 일정을 봅시다.

(B) Yes, the picnic was cancelled.
　　네, 소풍은 취소되었어요.

(C) In a conference room.
　　회의실에서요.

> 부가 의문문은 무시하고 앞의 평서문을 들으면 회의 취소 여부에 대해 묻고 있는 의문문임을 알 수 있다. 본인도 취소 여부에 대해 잘 모르니 최신 일정을 같이 보자고 제안하는 보기 (A)가 정답이다.

STEP 3 ▶ 매력 오답 분석

유사 발음	✅ 주어 불일치	연상 단어	동일 단어 반복	기타

(B) 질문의 주어 meeting을 picnic으로 잘못 받은 주어 불일치 함정

| 유형 3 | Be동사 부정 의문문 | 🎧 D8_03.mp3 |

Mark your answer on your answer sheet.　　　(A)　　(B)　　(C)

| STEP 1 | 문제 유형 파악하기 |

~~Isn't~~ **Mr. Parker on a business trip**? Parker 씨는 출장 중 아닌가요?
Mr. Parker / on a business trip ➜ Parker 씨 / 출장 중인

| STEP 2 | 정답 찾기 |

(A) No, my trip was cancelled.
　　아니요, 제 여행은 취소되었어요.

(B) Yes, but he will be back tomorrow.
　　네, 하지만 그는 내일 돌아올 거예요.

(C) By plane.
　　비행기로요.

> Be동사 부정 의문문의 not은 해석하지 않아도 되므로 not을 무시하면, Parker 씨가 출장 중인지 묻는 질문이다. 따라서 출장이라고 Yes로 긍정하고, 내일 돌아올 것이라고 부연 설명한 보기 (B)가 정답이다.

| STEP 3 | 매력 오답 분석 |

| 유사 발음 | 주어 불일치 | ✅ 연상 단어 | 동일 단어 반복 | 기타 |

(C) trip(출장) → plane(비행기)

| 유형 4 | 조동사 부정 의문문 | 🎧 D8_04.mp3 |

Mark your answer on your answer sheet.　　　(A)　　(B)　　(C)

| STEP 1 | 문제 유형 파악하기 |

~~Haven't~~ you **finished the report**? 보고서를 끝내지 않으셨나요?
finished / report ➜ 끝내다 / 보고서

| STEP 2 | 정답 찾기 |

(A) It's almost done. 거의 끝났어요.

(B) You'd better report it to the manager.
　　부장님께 보고하는 것이 좋겠어요.

(C) I haven't received them yet.
　　아직 그것들을 받지 않았어요.

> 조동사 부정 의문문의 not은 해석하지 않아도 된다. 뒤에 오는 동사와 명사를 해석하면 보고서를 끝냈는지 묻는 의문문이므로 거의 끝나간다고 답한 보기 (A)가 정답이다.

| STEP 3 | 매력 오답 분석 |

| 유사 발음 | 주어 불일치 | 연상 단어 | ✅ 동일 단어 반복 | 기타 |

(B) report(보고서) – report(보고하다)

부정 평서문

🎧 D8_05.mp3

Mark your answer on your answer sheet.   (A)   (B)   (C)

STEP 1   문제 유형 파악하기

The **printer hasn't** been **repaired** yet. 프린터가 아직 수리되지 않았어요.
printer / hasn't / repaired ➜ 프린터 / 되지 않았다 / 수리된

STEP 2   정답 찾기

(A) No, I haven't seen him yet. 아뇨, 저는 아직 그를 보지 못했어요.

(B) I have already ordered a pair of glasses.
저는 이미 안경 하나를 주문했어요.

(C) Let me call the technician.
제가 기술자에게 연락해 볼게요.

> 평서문의 not은 의문문과는 달리 반드시 해석해야 한다. 프린터가 수리되지 않았다는 평서문에 기술자에게 연락해 보겠다고 답한 (C)가 정답이다.

STEP 3   매력 오답 분석

✅ 유사 발음	주어 불일치	연상 단어	동일 단어 반복	기타

(B) repair(수리하다) – pair(짝)

Why 부정 의문문

🎧 D8_06.mp3

Mark your answer on your answer sheet.   (A)   (B)   (C)

STEP 1   문제 유형 파악하기

Why didn't you **call me**? 왜 제게 전화를 하지 않으셨어요?
Why didn't / call / me ➜ 왜 하지 않았냐 / 전화하다 / 나에게

STEP 2   정답 찾기

(A) It was called off. 그것은 취소되었어요.

(B) I misplaced my mobile phone.
제가 휴대폰을 잃어 버렸거든요.

(C) Sure, anytime you want.
물론이죠. 원하시면 언제든요.

> Why 부정 의문문의 not은 반드시 해석해야 한다. 왜 전화하지 않았는지 이유를 묻는 질문에 대해 전화를 잃어버렸다고 이유를 제시한 보기 (B)가 정답이다.

STEP 3   매력 오답 분석

유사 발음	주어 불일치	연상 단어	동일 단어 반복	✅ 기타

(C) 이유를 묻는 why didn't ~를 why don't 청유문으로 잘못 알아 들을 경우, 승낙의 답 Sure를 고르도록 한 함정이다.

PRACTICE TEST

1. Mark your answer on your answer sheet.　(A)　(B)　(C)

2. Mark your answer on your answer sheet.　(A)　(B)　(C)

3. Mark your answer on your answer sheet.　(A)　(B)　(C)

4. Mark your answer on your answer sheet.　(A)　(B)　(C)

5. Mark your answer on your answer sheet.　(A)　(B)　(C)

6. Mark your answer on your answer sheet.　(A)　(B)　(C)

7. Mark your answer on your answer sheet.　(A)　(B)　(C)

8. Mark your answer on your answer sheet.　(A)　(B)　(C)

9. Mark your answer on your answer sheet.　(A)　(B)　(C)

10. Mark your answer on your answer sheet.　(A)　(B)　(C)

11. Mark your answer on your answer sheet.　(A)　(B)　(C)

12. Mark your answer on your answer sheet.　(A)　(B)　(C)

13. Mark your answer on your answer sheet.　(A)　(B)　(C)

14. Mark your answer on your answer sheet.　(A)　(B)　(C)

15. Mark your answer on your answer sheet.　(A)　(B)　(C)

간접 의문문은 일반 의문문과 의문사 의문문이 연결된 형태의 의문문으로, 문장 중간에 있는 의문사에 대한 답변을 찾는 것이 중요하다. 일반적인 의문사 의문문과는 달리 Yes/No로 답해도 무방하다는 사실을 기억해두자. 평서문은 의문문이 아니기 때문에 포인트 청취가 불가능하다. 따라서 전체 내용을 파악해서 문맥상 가장 자연스러운 답변을 찾아야 하므로 고난이도 문제에 속한다.

 출제 포인트 | **간접 의문문**

Point ① 문장 가운데의 의문사가 핵심인 간접 의문문

Do you know ~, Can you tell me ~ 등으로 시작하는 간접 의문문은 문장 가운데에 제시되는 의문사가 핵심이다.

> Q. Do you know **what time** the class will begin? 수업이 몇 시에 시작하는지 아시나요?
> A. It starts **at noon**. 정오에 시작해요.
>
> Q. I wonder **where** the reception will be held. 환영회가 어디서 열리는지 궁금해요.
> A. On the **fifth floor**. 5층입니다.

Point ② Yes/No 답변이 정답인 유형

의문사가 가운데 오는 간접 의문문의 경우는 Yes/No 답변이 가능하다. 이때 Yes/No는 의문사에 대한 답이 아니라 앞에 제시된 Do you know ~나 Can you tell me ~와 같은 일반 의문문에 대한 긍정·부정의 답변이다.

> Q. Can you tell me **why** the concert has been delayed? 왜 콘서트가 연기 되었는지 말해 줄래요?
> A. **Yes**, it has been postponed **due to** inclement weather. 네, 악천후 때문에 지연되었습니다.

Point ③ 우회적 답변이 정답인 유형

간접 의문문은 가운데 오는 의문사에 대한 답이 아닌 우회적 정보를 전달하는 답변도 정답으로 출제된다.

> Q. Could you tell me **where** I can find a stapler?
> 제가 어디서 스테이플러를 찾을 수 있는지 알려 주실래요?
> A. **I'm afraid** it's out of stock. 안타깝게도 재고가 없습니다.

> ⚡**TIP** 자주 출제되는 간접 의문문
> 1) Can(Could) you tell me ~ 제게 ~를 말해 주실래요?
>   Can you tell me **why** the meeting has been postponed? 회의가 왜 연기 되었는지 말해 줄래요?
> 2) Do you know ~ ~를 아시나요?
>   Do you know **how** to operate this machine? 이 기계의 작동법을 아세요?
> 3) Can(Could) you show me ~ ~를 알려줄래요?
>   Could you show me **where** I can find extra brochures?
>   여분의 안내 책자를 어디서 찾을 수 있는지 알려줄래요?
> 4) I'd like to know ~ ~를 알고 싶어요.
>   I'd like to know **when** the conference will start. 회의가 언제 시작되는지 알고 싶어요.
> 5) I wonder ~ ~가 궁금해요.
>   I wonder **who** is in charge of the project. 프로젝트를 누가 책임지고 있는지 궁금해요.

📍 출제 포인트 | 평서문

Point ❶ 사실을 전달하거나 의견을 진술하는 평서문

사실을 전달하거나 의견을 진술하는 평서문에는 동의하거나 맞장구를 치는 답변이 정답으로 자주 출제된다.

> Q. The movie was fantastic. 영화가 환상적이었어요.
> A. I **enjoyed it too**. 저도 재미있었어요.

Point ❷ 문제점을 제시하는 평서문

문제점을 제시하는 평서문에는 해당 문제에 대한 해결책을 제시하는 답변이 정답이다. 혹은 문제점에 대해 걱정하거나 동조하는 표현도 정답으로 출제된다.

> Q. The fax machine doesn't work properly. 팩스기가 제대로 작동하지 않아요.
> [해결책 제시] Let me **call the technician**. 기술자에게 전화해 볼게요.
> [문제점에 동조] It has been **out of order** for more than a week. 일주일 이상 고장이에요.

Point ❸ 되묻는 형태의 반문이 정답인 평서문

평서문의 내용에 대해 되묻는 형태의 반문은 평서문의 단골 정답 패턴이다.

> Q. I attended the staff meeting this morning. 오늘 아침에 직원 회의에 참석했어요.
> [반문] **What was it mainly about?** 주로 무엇에 관한 것이었나요?

> ⚡**TIP** 자주 출제되는 평서문
> 1) I think (guess) ~ ~인 것 같아요.
> **I think** the printer doesn't work properly. 이 프린터기가 작동이 잘 안되는 것 같아요.
> 2) I have trouble ~ing ~하는 게 힘들어요.
> **I have trouble** installing this software. 이 소프트웨어를 설치하는 것이 힘들어요.
> 3) There is(are) ~ ~가 있어요.
> **There is** a grocery store across the street. 길 건너에 식료품점이 있어요.
> 4) I can't ~ 제가 ~할 수 있어요.
> **I can't** finish the report until tomorrow. 내일까지는 보고서를 끝낼 수가 없어요.
> 5) I have ~ 제가 ~가 있어요.
> **I have** a dental appointment at 3 p.m. 오후 3시에 치과 예약이 있습니다.
> 6) It seems like ~ ~인 것 같아요.
> **It seems like** we're running out of paper. 우리 종이를 다 쓴 것 같아요.
> 7) You should ~ ~해야 해요.
> **You should** come back as soon as possible. 가능한 한 빨리 돌아와야 해요.
> 8) Let me know ~ 제게 ~를 알려주세요.
> **Let me know** if you have any questions. 질문 있으시면 제게 알려주세요.
> 9) Please ~ ~해주세요.
> **Please** be sure to submit the report today. 오늘 보고서를 꼭 제출해 주세요.
> 10) I'm going to 제가 ~할 거예요.
> **I'm going to** review the proposal later. 나중에 제안서를 검토할 거예요.

유형 1 ▶ 간접 의문문 🎧 D9_01.mp3

Mark your answer on your answer sheet.　　　(A)　(B)　(C)

STEP 1 ▶ 문제 유형 파악하기

> Do you know **who** is **in charge of** this construction **project**?
> 이 공사 프로젝트의 책임자가 누구인지 아시나요?
> who / in charge of / project ➜ 누가 / 책임지다 / 프로젝트

STEP 2 ▶ 정답 찾기

> (A) At the construction site.
> 공사 현장에서요.
> (B) It's still being recharged.
> 그것은 여전히 재충전 중입니다.
> **(C) I think Dave is.** Dave인 것 같습니다.

간접 의문문은 바로 뒤에 오는 의문사가 핵심 포인트이다. 공사 프로젝트의 책임자를 묻는 질문에 Dave라는 사람 이름을 적절히 제시한 보기 (C)가 정답이다.

STEP 3 ▶▶ 매력 오답 분석

✅ 유사 발음	주어 불일치	연상 단어	동일 단어 반복	기타

(B) charge(책임) – recharge(재충전하다)

유형 2 ▶ 간접 의문문에 Yes/No 답변이 정답인 유형 🎧 D9_02.mp3

Mark your answer on your answer sheet.　　　(A)　(B)　(C)

STEP 1 ▶ 문제 유형 파악하기

> Can you tell me **where** I **find** a **calculator**? 계산기를 어디서 찾을 수 있는지 알려 주시겠어요?
> where / find / calculator ➜ 어디에서 / 찾다 / 계산기

STEP 2 ▶ 정답 찾기

> **(A) Yes, it's in the bottom drawer.**
> 네. 그것은 맨 아래 서랍 안에 있어요.
> (B) To analyze the data.
> 정보를 분석하기 위해서요.
> (C) I found it very accurate.
> 저는 그것이 매우 정확하다고 생각했어요.

간접 의문문이므로 가운데 오는 의문사가 핵심이다. 계산기가 어디 있는지 묻는 where 질문에 맨 아래 서랍이라는 적절한 장소를 제시한 보기 (A)가 정답이다. 이때 Yes는 Can you ~에 대한 긍정의 답이다.

STEP 3 ▶▶ 매력 오답 분석

유사 발음	주어 불일치	연상 단어	동일 단어 반복	✅ 기타

(B) to부정사(~하기 위해서)는 Where이 아니라 Why 의문문에 더 어울리는 응대로 오답

유형 3 간접 의문문에 우회적 답변이 정답인 유형 🎧 D9_03.mp3

Mark your answer on your answer sheet.　　(A)　(B)　(C)

STEP 1 문제 유형 파악하기

> I wonder **how** I can **get** the **password**. 암호를 어떻게 얻을 수 있는지 궁금합니다.
> how / get / password ➜ 어떻게 / 얻다 / 암호

STEP 2 정답 찾기

> (A) No, I failed to pass the test. 아뇨. 저는 시험에 떨어졌어요.
>
> **(B) You'd better talk to Jane in personnel.**
> 인사부에 있는 Jane하고 얘기해 보세요.
>
> (C) It's a 4 digit number.
> 4자리 숫자입니다.

> I wonder 다음에 오는 의문사 how를 듣는 것이 핵심이다. 암호를 얻기 위해서는 인사부의 Jane과 얘기해 보라고 우회적으로 답변한 보기 (B)가 정답이다.

STEP 3 매력 오답 분석

유사 발음	주어 불일치	✅ 연상 단어	동일 단어 반복	기타

(C) password(암호) → 4 digit number(4자리 숫자)

유형 4 사실을 전달하거나 의견을 진술하는 평서문 🎧 D9_04.mp3

Mark your answer on your answer sheet.　　(A)　(B)　(C)

STEP 1 문제 유형 파악하기

> I think **Sam** is **suitable** for the **post**. Sam이 그 자리에 알맞다고 생각해요.
> Sam / suitable / post ➜ Sam이 / 적합한 / 자리

STEP 2 정답 찾기

> (A) It should be postponed.
> 그것은 연기되어야 합니다.
>
> **(B) Right. He's experienced.**
> 맞아요. 그는 경험이 풍부해요.
>
> (C) I deserve it. 저는 그럴 자격이 됩니다.

> Sam이 자리에 적격이라는 의견을 제시하는 평서문에 대해 Right으로 동의하고, 그가 경험이 풍부하다는 부연 설명을 곁들여 맞장구를 친 보기 (B)가 정답이다.

STEP 3 매력 오답 분석

✅ 유사 발음	주어 불일치	연상 단어	동일 단어 반복	기타

(A) post(자리) - postpone(연기하다)

문제점을 제시하는 평서문

🎧 D9_05.mp3

Mark your answer on your answer sheet.　　　　(A)　　(B)　　(C)

문제 유형 파악하기

> **I don't know how** to **operate** this copy machine. 이 복사기를 작동하는 법을 모릅니다.
> I don't know / how / operate → 모른다 / 어떻게 / 작동하다

정답 찾기

(A) Why don't' you check the manual?
설명서를 확인해 보는 게 어때요?

(B) Don't worry. I'll give you a ride.
걱정 마세요. 제가 당신을 태워 드릴게요.

(C) At a cafe. 카페에서요.

> 복사기 작동법을 모른다고 문제점을 제기한 평서문에 대해 설명서를 보라고 해결책을 적절히 제시한 보기 (A)가 정답이다.

매력 오답 분석

유사 발음	주어 불일치	✔ 연상 단어	동일 단어 반복	기타

(C) 질문의 copy를 coffee로 잘못 들었을 경우, 의미상 cafe(카페)를 연상하게 한 함정

되묻는 형태의 반문이 정답인 평서문

🎧 D9_06.mp3

Mark your answer on your answer sheet.　　　　(A)　　(B)　　(C)

문제 유형 파악하기

> We **should visit** Ms. Brown's **office** after lunch. 점심 후에 Brown 씨 사무실에 방문해야 합니다.
> should visit / office → 방문해야 한다 / 사무실

정답 찾기

(A) Isn't she still on maternity leave?
그녀는 아직 출산 휴가 중 아닌가요?

(B) Let's look at the menu first.
메뉴부터 먼저 봅시다.

(C) No, it will be launched next week.
아뇨, 그것은 다음 주에 출시됩니다.

> Brown 씨의 사무실에 들러야 한다고 말한 평서문에 대해 그녀가 출산 휴가 중이 아닌지 자연스럽게 반문한 보기 (A)가 정답이다. 특히 질문의 3자 주어 Ms. Brown을 대명사 she로 바꿔 표현한 것이 중요하다.

매력 오답 분석

✔ 유사 발음	주어 불일치	연상 단어	동일 단어 반복	기타

(C) lunch(점심) – launch(출시하다)

PRACTICE TEST

1. Mark your answer on your answer sheet.   (A)   (B)   (C)

2. Mark your answer on your answer sheet.   (A)   (B)   (C)

3. Mark your answer on your answer sheet.   (A)   (B)   (C)

4. Mark your answer on your answer sheet.   (A)   (B)   (C)

5. Mark your answer on your answer sheet.   (A)   (B)   (C)

6. Mark your answer on your answer sheet.   (A)   (B)   (C)

7. Mark your answer on your answer sheet.   (A)   (B)   (C)

8. Mark your answer on your answer sheet.   (A)   (B)   (C)

9. Mark your answer on your answer sheet.   (A)   (B)   (C)

10. Mark your answer on your answer sheet.   (A)   (B)   (C)

11. Mark your answer on your answer sheet.   (A)   (B)   (C)

12. Mark your answer on your answer sheet.   (A)   (B)   (C)

13. Mark your answer on your answer sheet.   (A)   (B)   (C)

14. Mark your answer on your answer sheet.   (A)   (B)   (C)

15. Mark your answer on your answer sheet.   (A)   (B)   (C)

PART 3

짧은 대화

Part 3

Overview

Part 3는 두 사람 혹은 세 사람의 대화를 듣고 주어진 세 문제를 풀어야 한다. Part 1, 2와는 다르게 문제와 보기를 먼저 읽을 수가 있기 때문에 미리 문제 유형을 빠르게 파악한 후 답이 나올 위치를 어느 정도 예상하고 답을 찾아내는 것이 중요하다. 지문을 들으면서 동시에 문제지에 답을 체크하는 멀티 태스킹 훈련이 필요한 파트다. 신토익에서는 총 13개 지문, 39문제가 출제되며, 의도 파악 문제(평균 2문제)와 시각 정보 연계 문제(평균 3문제), 그리고 3인 대화(평균 2지문) 등이 신토익 개정 후 새롭게 추가된 부분이다.

문제 유형 분석

- **지문 초반 공략 문제**

  주제, 직업, 현재 장소, 문제점 및 그 원인을 찾는 문제 등 대화 전반과 관련된 기본적인 정보를 묻는 질문으로 주로 대화 초반에 단서가 제시된다.

- **세부 사항을 묻는 문제**

  보통 질문에 제시되는 시간, 장소, 고유 명사, 숫자, 신분 명사 등 키워드를 미리 파악하고 그 키워드가 지문에서 언급되는 부분을 노리고 답을 찾는 문제가 여기에 해당된다.

- **지문 후반 공략 문제**

  요청, 제안, 당부 사항을 묻는 문제나 next, later가 포함된 미래 시제 문제 등은 대화의 후반을 노리고 답을 찾는 것이 중요하다. 보통 대화 후반부에 제시되는 명령문이나 청유문이 답을 찾기 위한 결정적인 단서가 된다.

- **신토익 문제**

  문제에 제시된 표현이 대화 안에서 어떤 의미로 쓰였는지 물어보는 의도 파악 문제와 문제에 주어진 시각 정보와 대화 내용을 연계하여 문제를 푸는 시각 정보 연계 문제가 신토익 문제로 추가되었다. 의도 파악 문제는 주어진 표현 전후 문맥을 파악하는 것이 중요하고, 시각 정보 연계 문제는 주어진 시각 정보와 대화의 내용을 연계해서 답을 추론해내는 과정이 중요하다.

고득점 tip

1 빈출 문제 유형은 하나의 이미지로 기억해두자.

Part 3는 빠르게 3문제를 요약하는 것이 관건이므로 자주 출제되는 문제는 하나의 이미지처럼 통으로 암기해두면 문제 읽는 시간을 줄일 수 있다. 예를 들어 What 다음에 discussing이 보이면 굳이 전체 문장을 해석하지 않아도 주제를 찾는 문제임을 알고 있다면 문제 읽는 시간을 절약하는 데 큰 도움이 된다.

2 문제 유형에 따라 답의 단서가 지문 어디에서 제시될지 미리 예상할 수 있다.

주제, 직업, 현재 장소 등 일반 정보를 묻는 문제는 대화 초반에, next나 미래 시제 혹은 당부나 요청 사항을 묻는 문제들은 대화 후반에 정답의 단서가 제시된다.

3 전환어구 다음에 답의 단서가 제시될 가능성이 크다.

but, however(그러나), by the way(그런데), also, besides, in addition(게다가)와 같은 표현 바로 다음에 답의 단서가 제시되는 경우가 많다는 사실을 기억해두자.

4 패러프래이징이 되는 유사 표현들을 미리 정리해두자.

지문에 제시되는 답의 단서가 보기 중에는 비슷한 의미를 다른 표현을 패러프래이징 되어서 출제되는 경우가 많기 때문에 시험에 자주 출제되는 유사 표현들을 세트로 정리해두는 것이 중요하다. 예를 들어 '끝나다'란 의미의 finish, complete, be done의 세 가지 표현은 서로 패러프래이징 되어 자주 출제되기 때문에 하나의 세트로 암기해두면 답을 찾는 데 도움이 된다.

대화 장소나 화자의 신분을 유추하는 문제, 대화 주제를 찾는 문제, 문제점이나 불만 사항에 대한 문제 등은 대개 대화 초반에 단서가 등장하므로 대화 초반부터 단서를 노리고 집중해서 들어야 한다. 또한 대화 초반에서 정답의 단서가 등장하는 문제 유형은 세 문제 중 첫 번째 혹은 두 번째 문제로 출제된다. 출제되는 문제의 형태 또한 일정하므로, 문제 자체를 하나의 이미지로 기억해두면 실전에서 문제를 빠르게 파악하는 데 도움이 된다. 예를 들어 What 다음에 discussing이 보이면 굳이 전체 문장을 해석하지 않아도 주제를 찾는 문제임을 기억해두자. 또한 보기가 긴 문장으로 제시될 경우 명사, 동사에 미리 밑줄을 쳐두거나 동그라미를 쳐 두면 들으면서 바로 답을 체크할 수 있다.

👁 지문 미리보기

🎧 D10_00.mp3

M: Hi, ❶ I purchased the compact car here last month.
　❷ But it didn't start up this morning out of the blue!
　❸ I wonder if I can have it fixed here.

W: ❹ I'm sorry sir but we don't provide a maintenance service here. However, there is an official service center just across the street.

M: I'm relieved to hear that. I'd like it to be fixed by the end of the month because I'm scheduled to take a vacation at the beginning of next month.

W: Let me take care of it as soon as possible. First of all, I'll call the service center and get it towed.

M: Thank you. By the way, do I have to pay for the service?

W: No, you don't need to worry about it since it's still under warranty.

❶ 대화 장소를 묻는 문제
Q. Where does the conversation probably take place?
대화는 어디에서 일어나고 있는가?
A. At a car dealership 자동차 판매점에서

❷ 문제점을 묻는 문제
Q. What problem does the man mention?
남자가 언급하는 문제는 무엇인가?
A. His car is out of order. 그의 차가 고장이다.

❸ 화자가 원하는 것을 묻는 문제
Q. What does the man want to do? 남자가 하고 싶은 것은 무엇인가?
A. Get his car repaired 그의 차를 수리하기

❹ 대화 주제를 묻는 문제
Q. What are the speakers talking about?
화자들은 무엇에 대해 얘기하고 있는가?
A. An auto repair 자동차 수리

해석　M: 안녕하세요. 제가 지난달에 여기서 소형차를 샀는데요. 하지만 오늘 아침에 갑자기 시동이 안 걸리네요! 여기서 수리받을 수 있는지 궁금해요.
　　　W: 죄송하지만 손님 저희가 여기서는 정비 서비스를 제공하지 않습니다. 하지만 바로 길 건너에 공식 서비스 센터가 있어요.
　　　M: 그 소리를 들으니 다행이네요. 제가 다음 달 초에 휴가를 떠나기 때문에 이번 달 말까지는 고쳤으면 합니다.
　　　W: 가능한 한 빠르게 처리해 드릴게요. 우선, 제가 서비스 센터에 전화를 걸어서 차를 견인할 거예요.
　　　M: 고맙습니다. 그런데 제가 서비스에 대한 비용을 지불해야 하나요?
　　　W: 아니요. 아직 품질 보증 기간 중이기 때문에, 걱정하지 않으셔도 됩니다.

어휘　purchase 구매하다　compact 소형의　start up 시동을 걸다　out of the blue 갑자기　provide 제공하다　however 그러나
　　　official 공식적인　across 건너에　relieved 다행인　fix 고치다　as soon as possible 가능한 한 빨리　first of all 우선　tow
　　　견인하다　under warranty 보증 기간 중인　still 여전히, 아직

출제 포인트

Point ❶ 대화 장소나 화자의 신분을 유추하는 문제

빈출 문제 유형

[장소]

Where most likely are the speakers? 화자들은 어디에 있을 것 같은가?

Where does the conversation probably take place? 대화가 일어나는 곳은 어디일 것 같은가?

Where is the conversation taking place? 대화는 어디에서 일어나고 있는가?

[직업·신분]

Who is the woman? 여자는 누구인가?

Who most likely is the man? 남자는 누구일 것 같은가?

What is the woman's **job(occupation)**? 여자의 직업은 무엇인가?

What type of business does the man work for? 남자는 어떤 업종에서 일하나?

What most likely is the man's **profession**? 여자의 직업은 무엇일 것 같은가?

> ⚡**TIP** 자주 출제되는 단서와 정답 키워드
>
> | 단서 | | 정답 |
> | --- | --- | --- |
> | room service 룸서비스 | → | hotel 호텔 |
> | menu 메뉴 | → | restaurant, waiter 웨이터 |
> | stamp 우표 | → | post office 우체국 |
> | patient 환자 | → | hospital, doctor 병원, 의사 |
> | book, magazine 책, 잡지 | → | bookstore, library 서점, 도서관 |
> | prescription 처방전 | → | pharmacy, pharmacist 약국, 약사 |
> | shirt, dress, pants 셔츠, 드레스, 바지 | → | clothing store 옷가게 |
> | mobile phone, blender, printer 휴대전화, 믹서기, 프린터 | → | electronics store 전자제품 매장 |

Point ❷ 대화 주제나 목적을 찾는 문제

대화의 주제나 목적을 찾는 문제는 지문 초반에 제시되는 명사나 동사를 잘 들어야 한다. 특히 대화 초반에 제시되는 부정문이나 의문문, 혹은 청유문 안에 주제에 관한 단서가 들어있는 경우가 많다.

빈출 문제 유형

[주제]

What are the speakers **discussing**? 화자들은 주로 무엇을 논의하고 있는가?

What is **the main topic** of the conversation? 대화의 주된 주제는 무엇인가?

What are the speakers **mainly talking about**? 화자들은 주로 무엇에 대해 얘기하고 있는가?

What is the conversation **mainly about**? 대화는 주로 무엇에 대한 것인가?

[목적]

What is **the purpose** of the call? 전화의 목적은 무엇인가?

Why is the woman **calling** the man? 여자가 남자에게 전화를 건 이유는 무엇인가?

What is **the purpose** of the meeting? 회의의 목적은 무엇인가?

What is **the purpose** of the conversation? 대화의 목적은 무엇인가?

(1) 의문문 형태

Did you hear that our president will **retire** next month?

우리 사장님이 다음 달에 은퇴한다는 것 들으셨나요?

→ 주제: Someone's retirement 누군가의 은퇴

(2) 부정문 형태

I can't believe that **the copier doesn't work** properly.

복사기가 제대로 작동이 안 된다니 믿을 수 없어요.

→ 주제: The broken office equipment 고장 난 사무 장비

(3) 청유문 형태

Jim, **can you reserve** a flight ticket? Jim, 비행기 표를 예약해 줄 수 있나요?

→ 주제: Travel arrangements 여행 준비

(4) 평서문 형태

The manager told me that **we'll move** to the new office building soon.

부장님께서 우리가 새로운 사무실 건물로 이사 갈 것이라고 제게 말하셨어요.

→ 주제: Relocation 이주

Point ❸ 문제점이나 화자들이 걱정하는 바를 찾는 문제

문제점이나 화자들이 걱정하는 바를 찾는 문제는 대화 초반에 제시되는 부정문 혹은 부정적 어휘가 단서가 된다.

빈출 문제 유형

[문제점]

What problem does the man mention? 남자가 언급하는 문제가 무엇인가?

What is the woman **complaining about**? 여자가 무엇에 대해 불평하고 있는가?

What is the man's **problem**? 남자의 문제는 무엇인가?

[걱정하는 것]

What are the speakers **concerned about**? 화자들이 걱정하는 바는 무엇인가?

What are the men **worried about**? 남자들이 걱정하고 있는 것은 무엇인가?

(1) 부정문을 초반에 제시하는 경우(not, never)

The copy machine **doesn't** work properly. 복사기가 제대로 작동하지 않아요.

→ 문제점: The malfunction of the office equipment 사무실 장비의 오작동

(2) 부정적 어휘를 제시하는 경우(trouble, problem, worried, concerned, issue, hard time, difficulty)

I **have trouble** booking a hotel room. 호텔 방을 예약하는 것이 힘들어요.

→ 문제점: Reserving accommodations 숙박 시설 예약

(3) 부정 부사가 시그널의 역할을 하는 경우 (Unfortunately, Actually)

Unfortunately, the ink cartridge is out of stock. 불행하게도, 잉크 카트리지가 재고가 없어요.

→ 문제점: An item is unavailable. 물품이 이용 가능하지 않다.

(4) 의무의 조동사로 문제점을 간접적으로 표현하는 경우(should, have to, need to)

I think we **should** fix the air conditioner. 우리 에어컨을 고쳐야 할 것 같아요.

→ 문제점: The home appliance is out of order. 가전 제품이 고장이다.

Point ❹ 화자가 원하는 것을 묻거나 문제의 시제가 과거형인 문제

빈출 문제 유형

[원하는 것을 묻는 문제]

What does the man **want to do**? 남자가 하고 싶은 것은 무엇인가?

What is the woman **trying to do**? 여자가 하려고 하는 것은 무엇인가?

[시제가 과거형인 문제]

How did the man learn about the new product? 남자가 신제품에 대해 어떻게 알았는가?

What did the woman do yesterday? 여자는 어제 무엇을 했는가?

> ⚡**TIP** 문제 유형별 예시
>
> **(1) 화자가 원하는 것이 무엇인지 묻는 문제**
>
>   Q. What does the man want to do? 남자가 하고 싶은 것은 무엇인가?
>
>   M: I'd like to mail this package to my cousin. 제 사촌에게 이 소포를 보내고 싶어요.
>
>   → 원하는 것: To send a parcel 소포를 보내는 것
>
> **(2) 사실이나 정보를 어떻게 알았는지 묻는 문제**
>
>   Q. How did the woman learn about the new product? 여자는 신제품에 대해 어떻게 알았는가?
>
>   W: I read an article about your new product in the paper. 신문에서 당신 신제품에 대한 기사를 읽었어요.
>
>   → 알게 된 경로: By reading the newspaper 신문을 읽어서
>
> **(3) 특정 과거 시점에 화자가 무슨 일을 했는지 혹은 무슨 일이 있었는지 묻는 문제**
>
>   Q. What did the man do yesterday? 남자는 어제 무엇을 했는가?
>
>   M: I dropped off the expense report yesterday. 저는 어제 경비 보고서를 냈어요.
>
>   → 남자가 한 일: He submitted the document. 그는 문서를 제출했다.

유형 1 　대화 장소를 유추하는 문제　　　　　🎧 D10_01.mp3

Where does the conversation most likely take place?
(A) At a restaurant　　　　　(B) At a post office
(C) At a grocery store　　　　(D) At a bus stop

STEP 1 　키워드 파악하기

Where does the **conversation** most likely take place? 대화는 어디에서 일어나고 있을 것 같은가?
Where / conversation ➡ 어디에서 / 대화

STEP 2 　지문에서 단서 찾기

M: Excuse me. I'd like to **send this package** to Canada by **regular mail**.
　실례합니다. 이 소포를 캐나다에 일반 우편으로 보내고 싶습니다.

W: Okay, let me put it on the scale. Umm… It'll be 15 dollars. 좋아요. 제가 저울 위에 올려 볼게요. 음, 15달러네요.

M: Can you tell me when it will arrive there?
　언제쯤 거기에 도착할지 알려주실 수 있나요?

W: I'm not sure but it usually takes more than a week.
　확실하진 않지만 대개 1주일 이상 걸립니다.

M: Oh no! It would be too late. It's a birthday gift for my cousin. It should be there by the end of the week.
　오, 안돼요! 너무 늦어요. 이건 제 사촌을 위한 생일 선물이거든요. 이번 주말까지는 거기에 도착해야 해요.

W: In that case, why don't you use our express service? Even though it costs more, overnight delivery is guaranteed. 그렇다면, 우리의 빠른 서비스를 이용해 보는 게 어때요? 비록 비용은 더 들지만, 익일 배달이 보장됩니다.

> 대화 장소를 유추하는 문제는 관련 핵심 키워드를 초반에 빠르게 잡아내는 것이 관건이다.
> ☞ 일반 우편(regular mail)으로 소포를 보내다(send this package).

STEP 3 　정답 찾기

(A) 식당에서　(B) **우체국에서**　(C) 식료품점에서　(D) 버스 정류소에서

소포를 보낼 수 있는 곳: 우체국
대화의 send ~ package와 regular mail을 듣고 대화하는 장소가 post office임을 유추할 수 있다.

⊕ **BONUS** **완성 문제** 담화를 다시 들으며 나머지 문제도 풀어보세요.

1. What does the man want to do?
   (A) Send a parcel
   (B) Purchase a scale
   (C) Visit his cousin
   (D) Get a refund

2. What does the woman suggest the man do?
   (A) Apply for the regular service
   (B) Extend the warranty
   (C) Pay a deposit
   (D) Use another option

What are the speakers mainly discussing?
(A) A residence (B) A company policy
(C) A new executive (D) A photo studio

STEP 1 | 키워드 파악하기

What are the speakers mainly **discussing**? 화자들은 주로 무엇에 관해 이야기하고 있는가?
What / discussing → 무엇 / 논의하다

STEP 2 | 지문에서 단서 찾기

W: Hi, Ted. I heard that you **moved** into the **new studio apartment** last week. How do you like it? 안녕, Ted. 지난주에 새로운 원룸 아파트로 이사갔다고 들었어요. 어때요?

M: Umm… It's more spacious than I expected and the rent is very reasonable. In addition, my new neighbors are really kind and friendly. 음, 예상보다 더 넓고 임대료도 너무 비싸지 않아요. 게다가 새로운 이웃 분들이 매우 친절하고 친근하세요.

W: It's wonderful! Is it close to our office as well? 좋은데요! 우리 사무실하고도 가까워요?

M: It's not within walking distance from our office but it's located right across the subway station. It takes approximately 20 minutes to commute by subway. 우리 사무실에서 걸어갈만한 거리는 아니지만, 지하철 역 바로 건너편에 있어요. 지하철로 통근하는데 대략 20분쯤 걸려요.

W: Good for you! Actually, I'm tired of driving more than an hour every day. 잘됐네요! 사실 저는 매일 한 시간 이상 운전하는 것에 지쳤거든요.

> 주제를 묻는 문제는 대화 초반에 제시되는 의문문에서도 단서를 찾을 수 있다.
> ☞ 새 원룸(new studio apartment)으로 이사 갔다(moved)고 들었다.

STEP 3 | 정답 찾기

(A) 주거지 (B) 회사 정책 (C) 새로운 임원 (D) 사진관

이사와 관련된 주제: 주거지
대화의 moved와 new studio apartment를 보고 주거지에 관한 대화임을 알 수 있다.
[패러프레이징] new studio apartment(새로운 원룸 아파트) → residence(주거)

⊕ BONUS 완성 문제 담화를 다시 들으며 나머지 문제도 풀어보세요.

1. How does the man get to work?
(A) On foot
(B) By cab
(C) By public transportation
(D) By car

2. What is the problem with the woman?
(A) The new apartment is not spacious.
(B) The rent is expensive.
(C) The subway station is too far away.
(D) The drive is too long.

According to the woman, what is the problem?
(A) The report isn't complete.
(B) The copy machine is expensive.
(C) The network system has been shut down.
(D) The office equipment is out of order.

STEP 1   키워드 파악하기

According to the **woman**, **what** is the **problem**? 여자의 말에 따르면, 문제는 무엇인가?
woman / what / problem ➜ 여자 / 무엇 / 문제

STEP 2   지문에서 단서 찾기

W: Do you have a minute, Jack?
The copy machine stopped working again.
잠시 시간 있어요, Jack? 복사기가 다시 작동을 멈췄어요.

M: Sorry, Sera! I'm on the way to the accounting office to drop off the expense report right now. Why don't you call Peter in the maintenance department?
미안해요, Sera! 저는 지금 경비 보고서를 제출하려고 경리부로 가는 길이에요. 관리부의 Peter에게 전화해 보는 게 어때요?

W: Actually, I have already called him. But he said he was busy updating the company network. 사실은 이미 그에게 전화 했었어요. 하지만 회사 네트워크 업데이트 작업으로 바쁘다고 하더라고요.

M: All right. I'll stop by your office as soon as I come back. 좋아요. 제가 돌아오자마자 당신 사무실에 들를게요.

W: I'd appreciate it. 그래 주시면 고맙죠.

> 문제점을 찾는 문제는 대화 초반에 제시되는 부정적 어휘에서 단서를 찾을 수 있다.
> ☞ 복사기(The copy machine)가 멈췄다(stopped working)

STEP 3   정답 찾기

(A) 보고서가 완전하지 않다.
(B) 복사기가 비싸다.
(C) 네트워크 시스템이 꺼져 있다.
(D) 사무 장비가 고장이다.

문제점: 복사기가 멈췄다
여자의 첫 대사에서 복사기가 작동을 멈췄다고 말하는 부분에서 문제점을 알 수 있다.
[패러프레이징] office equipment(사무장비), stopped working(작동을 멈추다) → out of order(고장난)

⊕ **BONUS** 완성 문제 담화를 다시 들으며 나머지 문제도 풀어보세요.

1. What will the man do in the accounting office?
   (A) Fix the copy machine
   (B) Submit the document
   (C) Talk with Peter
   (D) Update the network

2. What does the woman say about Peter?
   (A) He used to work at the accounting office.
   (B) He needed to finish the expense report.
   (C) He was tied up with work.
   (D) He was on a business trip.

유형 4 | 화자가 원하는 것을 묻는 문제

🎧 D10_04.mp3

What does the woman want to do?
(A) Get a recipe
(B) Grab a bite to eat
(C) Drink a cup of coffee
(D) Read a magazine

STEP 1 | 키워드 파악하기

What does the **woman want** to do? 여자는 무엇을 하기를 원하는가?
What / woman / want → 무엇 / 여자 / 원하다

STEP 2 | 지문에서 단서 찾기

W: Pardon me. I have never been here before. **Can you suggest a light meal for me?**
실례합니다. 제가 여기 전에 와본 적이 없어서요. 저를 위해 가벼운 식사를 추천해 주시겠어요?

M: I'd be pleased to. Our club sandwiches and a wide selection of salads are very popular. In particular, our chicken salad was featured in the food magazine. It's well received by the critics as well.
기꺼이 그럴게요. 우리 클럽샌드위치와 다양한 종류의 샐러드들이 매우 인기 있습니다. 특히, 저희 치킨 샐러드가 음식 잡지에 특집으로 실렸죠. 또한 비평가들에게도 인정받고 있습니다.

W: That sounds great. Could you get me a glass of water while I look at the menu?
그거 좋네요. 제가 메뉴를 보는 동안 물 한 잔만 가져다 주시겠어요?

M: Sure thing. I'll be right back. 물론입니다. 바로 돌아 올게요.

> 상대방에게 요청·부탁하는 표현 (Can you ~)이 나오는 부분에서 원하는 것이 무엇인지 알 수 있다.
> ☞ 가벼운 식사(light meal)을 추천해 달라(suggest)

STEP 3 | 정답 찾기

(A) 요리법 얻기　　　　　　(B) 가볍게 먹기
(C) 커피 한 잔 마시기　　　　(D) 잡지 읽기

원하는 것: 가볍게 식사하기
여자의 첫 대사 중, 가벼운 식사를 추천해 달라고 묻는 질문에서 여자가 원하는 것을 파악할 수 있다.

⊕ **BONUS** 완성 문제 담화를 다시 들으며 나머지 문제도 풀어보세요.

1. Where does the conversation probably take place?
   (A) At a grocery store
   (B) At a café
   (C) At a bookstore
   (D) At a restaurant

2. What does the woman say she will do next?
   (A) See the menu
   (B) Bring a glass of water
   (C) Look at a magazine
   (D) Eat salads

1. Where does the man work?

   (A) At a book store
   (B) At a library
   (C) At a restaurant
   (D) At a furniture store

2. Why is the woman calling?

   (A) To make a reservation
   (B) To order a new table
   (C) To arrange a meeting
   (D) To book a flight

3. What information will the woman most likely check on the website?

   (A) Directions
   (B) Dishes
   (C) Prices
   (D) Decorations

4. Where most likely is the conversation taking place?

   (A) At a cafeteria
   (B) At a restaurant
   (C) At a theater
   (D) At a food stand

5. What time will the woman probably see the show?

   (A) At 7 p.m.
   (B) At 8 p.m.
   (C) At 9 p.m.
   (D) At 10 p.m.

6. What is the woman reminded to do?

   (A) Return in time
   (B) Book a seat online
   (C) Talk with Mr. Morrison in person
   (D) Set up a stand

7. What did the woman do last week?

(A) She got a refund.
(B) She repaired the blender.
(C) She replaced the component.
(D) She purchased an item.

8. What does the woman want to do?

(A) Exchange a product
(B) Get her money back
(C) Order the replacement
(D) Call the service center

9. What does the man say he will do next?

(A) Speak with someone
(B) Call the manufacturer
(C) Check the power cord
(D) Apply for the position

Angel's Café

Green Tea................................$4.50
Coffee...$5.00
Orange Juice..........................$5.50
Organic Milk...........................$6.00

10. What did the woman learn today?

(A) How to deal with an Internet based format
(B) How to fix a computer
(C) How to install the new program
(C) How to brew coffee

11. What does the woman hope to do?

(A) Run her own business
(B) Renovate the café
(C) Purchase a coffee machine
(D) Help other colleagues

12. Look at the graphic. How much will the woman pay?

(A) $4.50
(B) $5.00
(C) $5.50
(D) $10.00

문제에 시간, 장소, 고유 명사, 신분 명사 등이 제시될 경우 이 단어들이 지문에서 답을 찾기 위한 핵심 키워드가 된다. 지문에서 해당 키워드들이 제시되는 언급되는 부분에서 답의 단서를 찾는 것이 중요하다. 3번째 문제로 주로 출제되는 요청, 당부, 제안 사항을 찾는 문제와 미래 시제의 문제들은 지문 후반부에서 답의 단서를 찾아야 한다.

1. 세부 사항 문제

문제에서 시간, 장소, 신분 명사 등이 제시되는 세부 사항 문제는, 대화에서 이 키워드들이 언급되는 부분에서 답의 단서를 찾아 낼 수 있다. 문제에 say, mention이 들어 있는 경우, 이 동사들 앞뒤에 나오는 명사나 동사가 답을 찾기 위한 핵심 키워드가 된다.

👁 지문 미리보기

🎧 D11_00_1.mp3

M: I really need to wear this suit for my business trip, but as you can see, it should be dry-cleaned. ❶ **Sharon**, could you drop it off at the cleaner's on 5th avenue?

W: Sure, ❷ I can do it during **the lunch break**. By the way, ❸ you are flying to **New York** to attend the textile trade fair next Monday, right?

M: That's correct. Hopefully, I can sign several huge contracts there.

W: I hope so, too. ❹ There must be a lot of prospective buyers **the fair** and our new men's wear can attract their attention.

❶ 고유 명사 키워드
Q. What does the man want **Sharon** to do? 남자가 Sharon에게 원하는 것은 무엇인가?
A. Have his clothes dry-cleaned 그의 옷을 드라이클리닝 맡기기

❷ 시간 키워드
Q. What does the woman say she can do during **the lunch hour**? 여자는 점심 시간에 무엇을 할 수 있다고 얘기하는가?
A. Leave an item in the laundry 세탁소에 물품 맡기기

❸ 장소 키워드
Q. What will take place in **New York**? 뉴욕에서 무슨 일이 일어날 것인가?
A. The textile trade fair will be held. 섬유 박람회가 열릴 것이다.

❹ say, mention 문제
Q. What does the woman say about **the fair**? 여자는 박람회에 대해 뭐라고 말하는가?
A. It can be profitable. 이득이 될 수 있다.

해석	M: 출장 때문에 이 정장을 입어야 하는데 보시다시피, 드라이클리닝을 해야 해서요. Sharon, 5번가에 있는 세탁소에 맡겨줄 수 있나요?
	W: 물론이죠. 점심 시간에 할 수 있습니다. 그런데, 직물 박람회 참석차 다음 주 월요일에 뉴욕에 비행기를 타고 가시는 거죠, 그렇죠?
	M: 맞아요. 바라건대, 거기서 몇몇 큰 계약들을 따내고 싶네요.
	W: 저 역시 그러길 바랍니다. 박람회에는 잠재 고객들이 많이 있을 것이고, 우리의 새로운 남성복이 그들의 주목을 끌 수 있을 겁니다.
어휘	business trip 출장 drop off ~를 맡기다 avenue 대로 by the way 그런데 textile 직물 trade fair 무역 박람회 correct 올바른 several 몇몇의 huge 큰 contract 계약 prospective 잠재적인 buyer 구매자 wear 의류 attract 끌어 들이다 attention 관심, 주목

출제 포인트

Point ❶ **시간, 장소, 고유 명사, 신분 명사 키워드가 포함된 문제**

문제 중 시간, 장소, 고유 명사, 신분 명사 등이 제시될 경우 대화에서 해당 키워드가 언급되는 부분에서 답의 단서를 찾아야 한다.

(1) 시간 키워드

Q. What did the woman do ⬚yesterday⬚? 어제 여자는 무슨 일을 했는가?

W: I **turned** in the expense report ⬚yesterday⬚. 저는 어제 경비 보고서를 냈어요.

A. She **submitted** a document. 그녀는 문서를 제출했다. (turned in → submitted)

(2) 장소 키워드

Q. What will take place in ⬚Queen's Park⬚? Queen's 공원에서 무슨 일이 일어날 것인가?

W: **The picnic** will be held in ⬚Queen's Park⬚. 야유회가 Queen's 공원에서 열릴 것이다.

A. **An outing** 야유회 (picnic → outing)

(3) 고유 명사 키워드

Q. Who is ⬚Jason Smith⬚? Jason Smith는 누구인가?

W: Why don't you call my **secretary**, ⬚Jason Smith⬚?
제 비서인 Jason Smith에게 연락해 보는 게 어때요?

A. **An assistant** 비서 (secretary → assistant)

(4) 신분 명사 키워드

Q. What will the ⬚vice president⬚ do at the event? 행사에서 부사장은 무엇을 할 것인가?

W: The ⬚vice president⬚ will **give a keynote speech** at the convention.
부사장님께서 컨벤션에서 기조 연설을 하실 겁니다.

A. **Give a talk** 연설하기 (speech → talk)

Point ❷ **say, mention이 포함된 문제**

say, mention이 포함된 문제는 say, mention 앞의 명사(man, woman)에서 누구의 대사에 집중해야 하는지를 파악할 수 있다. 앞에 제시된 남자 혹은 여자의 say, mention 뒤에 제시되는 명사와 동사가 언급되는 부분에서 답의 단서를 찾아야 한다.

(1) say가 포함된 문제

What does the **man** ⬚say⬚ about the **seminar**? 남자는 세미나에 대해 뭐라고 말하는가?

☞ 남자(man)의 대사에서 seminar를 언급하는 부분

Where does the **man** ⬚say⬚ the **banquet** will be **held**?
남자는 연회가 어디에서 열릴 것이라고 말하는가?

☞ 남자(man)의 대사에서 banquet과 held를 언급하는 부분

(2) mention이 포함된 문제

What does the **woman** ⬚mention⬚ about the **printer**? 여자는 프린터에 대해 뭐라고 언급하는가?

☞ 여자(woman)의 대사에서 printer를 언급하는 부분

Why does the **woman** ⬚say⬚ the **meeting** was **delayed**?
여자는 회의가 연기된 이유가 무엇이라고 말하는가?

☞ 여자(woman)의 대사에서 meeting과 delayed를 언급하는 부분

2. 후반부 공략 문제

앞으로 일어날 일을 묻는 next 문제나 질문의 시제가 미래인 문제는 대화 후반부에서 답의 단서를 찾아야 한다. 특히 문제 중에 제시되는 미래 시간 부사가 핵심 단서가 된다. offer/suggest/ask/require 등이 들어 있는 제안·요청 문제의 경우 대화 후반부에 제시되는 청유문이 답을 찾기 위한 결정적인 단서가 된다.

👁 지문 미리보기

🔊 D11_00_2.mp3

W: Sam, have you noticed that water is dripping down from the ceiling?

M: Yes, I have. The typhoon last night must have damaged our office building. We'd better call the maintenance office as soon as possible.

W: You live near here, don't you? Is your house all right?

M: Mmm, it is okay but my car got dents and scratches when a tree fell down on the street. So I had it towed this morning.

W: Sorry to hear that. By the way, ❶ **shouldn't we** move our computers and printers out of the office?

M: That would be wise. We need someone to help us. ❷ **Would you mind** calling other employees?

W: Okay, ❸ **I'm willing to** do that.

---

❶ 제안 문제

Q. What does the woman **suggest**?
여자는 무엇을 제안하는가?

A. Moving office equipment
사무 장비 옮기기

❷ 요청 문제

Q. What does the man **ask** the woman to do? 남자는 여자에게 무엇을 요청하는가?

A. Contact other colleagues.
다른 동료들에게 연락하기

❸ Next 문제

Q. What will the woman probably do next? 여자는 다음에 무엇을 할 것 같은가?

A. Talk with other workers
다른 직원들과 얘기하기

해석　W: Sam, 천장에서 물이 떨어지는 것을 아셨어요?
　　　M: 네, 알고 있어요. 어젯밤 태풍이 사무실 건물에 피해를 준 것이 분명해요. 가능한 한 빨리 관리실에 전화를 하는 게 좋겠어요.
　　　W: 여기 근처에 사시죠, 그렇지 않나요? 당신 집은 괜찮나요?
　　　M: 음, 괜찮긴 한데 나무가 도로 위에 쓰러질 때 제 차가 찌그러지고 긁힌 자국이 생겼어요. 그래서 오늘 아침에 견인을 시켰어요.
　　　W: 유감이네요. 그런데 우리 컴퓨터들과 프린터들을 사무실 밖으로 옮겨야 하지 않을까요?
　　　M: 그게 현명하겠네요. 저희를 도와줄 사람이 필요해요. 다른 직원들에게 연락 좀 해줄래요?
　　　W: 좋아요. 기꺼이 그렇게 할게요.

어휘　notice 알아채다　drip down 흘러내리다　ceiling 천장　typhoon 태풍　damage 피해(를 주다)　maintenance office 관리실　as soon as possible 가능한 한 빨리　near 근처에　dent 찌그러뜨리다　scratch 긁다　fall down 쓰러지다　tow 견인하다　wise 현명한　employee 직원

📍 출제 포인트

Point ❸ 앞으로 일어날 일을 묻는 next 문제, 미래 시제 문제

Q. What will the man do next ? 남자는 다음에 무엇을 할 것인가?

M: 본인이 답을 제시하는 경우

I will call the maintenance department. 제가 관리부에 전화해 볼게요.

Let me talk to my supervisor. 제가 상관과 얘기해 볼게요.

Why don't I send you an email? 제가 당신께 이메일을 보내는 게 어때요?

I can stop by your office. 제가 당신 사무실에 들를 수 있어요.

I'm going to fix the copier in a few minutes. 제가 잠시 뒤에 복사기를 고칠게요.

I'm about to sign the contract. 저는 이제 막 계약에 서명을 하려고 합니다.

W: 상대방이 답을 제시하는 경우

Why don't you call the maintenance department? 관리부에 전화해 보는 게 어때요?

How about talking to your supervisor? 당신 상관과 얘기해 보는 게 어때요?

Please send me an email. 제게 이메일을 보내주세요.

Could you stop by my office? 제 사무실에 들러 주시겠어요?

Don't forget to fix the copier. 나중에 복사기 고치는 것을 잊지 마세요.

Would you sign the contract? 계약서에 서명해 주시겠어요?

Point ❹ offer/suggest/ask/require가 포함된 제안·요청 문제

(1) offer 문제

본인이 무엇을 직접 해주겠다고 제안하는 표현 뒤에 정답 단서가 제시된다.

I'll ~, Let me ~, 제가 ~할게요   I can ~ 제가 ~해 드릴 수 있어요.

Why don't I ~? 제가 ~하는 게 어떨까요?   I'm willing to ~ 제가 흔쾌히 ~하겠습니다.

I'd be happy(glad, pleased, delighted) to ~ 제가 기꺼이 ~할게요

(2) suggest 문제

상대방, 혹은 같이 하자고 제안하는 표현 뒤에 정답 단서가 제시된다.

Why don't you(we)? ~하는 게 어때요?   Let's ~ ~합시다

Shouldn't we ~ ~해야 하지 않을까요?   You should ~ ~하셔야 합니다.

How about (What about) ~ ~할까요?   We'd better ~ 우리 ~하는 게 좋겠어요.

I recommend (suggest) ~ ~할 것을 제안 드립니다.

(3) ask/require 문제

상대방에게 부탁 혹은 요청하는 표현 뒤에 정답 단서가 제시된다.

Please ~ ~해주세요.   Be sure (Make sure) 확실히 ~해 주세요.

Can (Could) you ~ ~해주시겠어요?   I'd like you to ~ 당신이 ~해주셨으면 해요.

You'd better ~ 당신이 ~해주시는 것이 좋겠어요.

I'd like to ask you to ~ 당신께 ~하는 것을 요청 드리고 싶어요.

유형 1 **시간 키워드 문제** 🎧 **D11_01.mp3**

What did the man do last Monday?
(A) He submitted the request form.
(B) He sent an email to the accounting department.
(C) He went on a business trip.
(D) He returned to his office.

STEP 1 **키워드 파악하기**

What did the man do **last Monday**? 남자는 지난 월요일에 무엇을 했는가?
What did / last Monday → 무엇을 했다 / 지난 월요일

STEP 2 **지문에서 단서 찾기**

W: Hello. Mr. Baker. This is Julia from the accounting department. **I heard you got back from the business trip last Monday** but we haven't received the reimbursement request form yet.
안녕하세요. Baker 씨. 저는 경리부의 Julia예요. 지난주 월요일에 출장에서 돌아오셨다고 들었는데, 아직 환급 요청서를 받지 못해서요.

M: I'm sorry but I'm not familiar with the procedures to get reimbursed. The thing is that I started to work here just a month ago. 죄송하지만 제가 환급을 받는 절차에 익숙하지 않아서요. 사실은 제가 여기에서 딱 한 달 전에 일을 시작했거든요.

W: I see. All you need to do is to complete a request form that you can download at our company website.
그렇군요. 우리 회사 웹사이트에서 다운로드할 수 있는 요청서를 작성하시기만 하면 됩니다.

M: Should I submit it in person? 직접 제출해야 되나요?

W: That won't be necessary. You can send it to me by email if you'd like.
그럴 필요 없어요. 원하시면 이메일로 제게 보내주셔도 됩니다.

> 시간 키워드인 last Monday가 언급되는 문장에서 단서가 되는 명사, 동사를 집중해서 듣는다.
> ☞ 지난 월요일(last Monday)에 돌아왔다(got back).

STEP 3 **정답 찾기**

(A) 요청서를 제출했다.
(B) 경리부에 이메일을 보냈다.
(C) 출장을 갔다.
(D) 사무실에 돌아왔다.

월요일에 한 일: 사무실에 돌아왔다
대화의 got back from the business trip에서 지난 월요일에 출장에서 돌아왔음을 알 수 있다.
[패러프레이징] got back(돌아왔다) → returned(돌아왔다)

⊕ **BONUS** **완성 문제** 담화를 다시 들으며 나머지 문제도 풀어보세요.

1. Why is the woman calling?
(A) To find the accounting office
(B) To arrange the trip
(C) To apply for the position
(D) To inquire about the form

2. What does the man ask about?
(A) How to turn in the document
(B) How to log onto the website
(C) Where to find a form
(D) What to do at the meeting

유형 2 say, mention이 포함된 문제

🎧 D11_02.mp3

What does the man say about the online reservation system?
(A) It is very convenient.
(B) It is rather slow.
(C) It is currently unavailable.
(D) It has been updated lately.

STEP 1 키워드 파악하기

What does the **man say** about the **online reservation system**?
남자는 온라인 예약 시스템에 대해 뭐라고 말하는가?

man / say / online reservation system ➜ 남자가 / 말하다 / 온라인 예약 시스템

STEP 2 지문에서 단서 찾기

M: Hello. I tried to reserve a conference room for our weekly meeting on the intranet **but I haven't been able to access the online reservation system all day long**. What's going on? 여보세요. 제가 사내 전산망으로 우리 주간 회의를 위한 회의실을 예약하려고 했지만, 하루 종일 온라인 예약 시스템에 접근이 안 되네요. 어떻게 된 건가요?

W: I'm sorry for the inconvenience. In fact, our network has had some technical problems and our maintenance crew is still working on it. In the meantime, I can help you make a reservation. 불편을 드려 죄송해요. 사실 우리 네트워크가 약간의 기술적 문제가 있어서 우리 보수팀이 여전히 작업 중입니다. 그동안에, 저희가 예약을 도와드릴게요.

M: That's very kind of you. I wonder if you have a large conference room available for March 15th at 2 p.m. 친철하시네요. 3월 15일 오후 2시에 큰 회의실이 이용 가능한지 궁금합니다.

W: Let me see. Well, there's one which will be available from 2 p.m. to 4 p.m. Would it be all right with you? 제가 알아 볼게요. 음, 오후 2시부터 4시까지 이용 가능한 방이 있네요. 괜찮으신가요?

> 문제의 about 다음 제시되는 명사 online reservation system이 언급되는 남자의 대사에 집중해서 듣는다.
> ☞ 온라인 예약 시스템(online reservation system)에 접근이 안 된다(haven't been able to access).

STEP 3 정답 찾기

(A) 매우 편리하다.
(B) 다소 느리다.
(C) 현재 이용이 불가능하다.
(D) 최근에 업데이트가 되었다.

문제점: 현재 이용이 불가능하다.
대화의 haven't been able to access ~에서 현재 온라인 예약 시스템을 이용할 수 없는 상황임을 알 수 있다.
[패러프레이징] not able to access(접근할 수 없는) → unavailable(이용할 수 없는)

➕**BONUS 완성 문제** 담화를 다시 들으며 나머지 문제도 풀어보세요.

1. What is the cause of the problem?
   (A) Inclement weather
   (B) Overbooking
   (C) Mechanical problems
   (D) Power failure

2. What does the woman offer to do?
   (A) Reserve a flight
   (B) Fix the computer
   (C) Decorate the conference room
   (D) Help with a booking

What will the man do next?
(A) Talk with the director
(B) Share information
(C) Pick up his car
(D) Attend the staff meeting

STEP 1   키워드 파악하기

What will the man **do next**? 남자는 다음에 무엇을 할 것인가?
What / do / next → 무엇 / 하다 / 다음에

STEP 2   지문에서 단서 찾기

M: Sally! Why didn't you come to the staff meeting this morning? You wanted to talk about the marketing campaign with other members, didn't you?
Sally! 오늘 아침에 왜 직원 회의에 안 나오셨나요? 마케팅 캠페인에 대해 다른 멤버들과 이야기하길 원하셨잖아요, 그렇지 않나요?

W: I really did. But my car broke down on the highway and I had to get it towed. Did I miss anything important? 정말 그랬죠. 하지만 제 차가 고속도로에서 고장나서 견인을 했어야 했어요. 제가 뭐 중요한 것을 놓쳤나요?

M: The director gave us an outline of the plan and some members came up with brilliant ideas. 이사님이 계획의 개요를 알려 주셨고, 몇몇 멤버들이 훌륭한 의견들을 생각해 냈어요.

W: Oh, really? Can you tell me more about them?
오, 정말요? 그것들에 대해 더 말해 주시겠어요?

M: Actually, **I took some notes for you**. I think I left it on my desk. **Let me get it for you right away.** 사실은 제가 당신을 위해 필기를 했어요. 제 책상 위에 둔 것 같아요. 바로 가져 올게요.

W: Thank you. It would be a big help.
고마워요. 큰 도움이 될 겁니다.

> Next 문제이므로 대화 후반부에 집중한다. 남자의 후반부 대사에서 무엇을 하겠다고 하는지 확인한다.
> ☞ 필기를 했다(took some notes), 바로 가져 오겠다(Let me get it right away)

STEP 3   정답 찾기

(A) 이사와 얘기하기
(B) 정보를 공유하기
(C) 그의 차를 찾아하기
(D) 직원 회의에 참여하기

할 일: 필기를 가져 오겠다
남자의 마지막 대사에서 필기를 했고, 그것을 바로 가져다 주겠다고 말하는 부분에서 정보를 공유할 것임을 알 수 있다.

⊕ **BONUS 완성 문제** 담화를 다시 들으며 나머지 문제도 풀어보세요.

1. What happened to the woman this morning?
(A) She attended the staff meeting.
(B) She had a problem with the car.
(C) She took a cab.
(D) She talked with the marketing manager.

2. What does the woman ask the man to do?
(A) Talk about the meeting
(B) Come up with some ideas
(C) Move a desk
(D) Take some notes

유형 4 제안·요청 문제 🎧 D11_04.mp3

What does the man suggest doing?
(A) Analyzing the domestic market
(B) Conducting a survey
(C) Developing a new compact car
(D) Holding a meeting

STEP 1 키워드 파악하기

What does the man **suggest** doing? 남자는 무엇을 할 것을 제안하는가?
What / suggest ➜ 무엇 / 제안하다

STEP 2 지문에서 단서 찾기

W: Did you have a chance to go over the sales report I emailed you yesterday?
제가 어제 이메일로 드린 영업 보고서를 검토할 시간이 있었나요?

M: I just finished reviewing it. Even though our domestic sales have steadily increased, our international sales have slightly dropped. Do you know why our new cars are not selling well in Asia? 막 검토를 끝냈어요. 우리 국내 판매는 꾸준히 늘고 있지만, 우리 해외 판매는 약간 떨어지고 있네요. 우리의 새 차량들이 아시아에서는 왜 잘 안 팔리는지 아세요?

W: It seems like many Asian consumers don't like compact cars. That's why we should develop several full sized cars to succeed in Asia. 많은 아시아 소비자들이 소형 차들을 좋아하지 않는 것 같아요. 그래서 우리가 아시아에서 성공하기 위해선 대형 차량들을 개발해야 하는 이유죠.

M: It makes sense. **Why don't we call a meeting and discuss it with other team members?** 말 되네요. 회의를 소집해서 다른 팀원들과 논의해 보는 게 어때요?

W: Okay, I'll ask my secretary to arrange a meeting right now. 좋아요. 제가 비서에게 회의를 당장 준비하라고 요청할게요.

> 제안·요청 문제는 시그널 표현에 주목해야 한다. 제안을 나타내는 시그널 Why don't we ~ 뒤에서 제안하는 것을 확인한다.
> ☞ 회의를 소집하고 (call a meeting) 논의하는 게(discuss) 어떤가(Why don't we ~)

STEP 3 정답 찾기

(A) 국내 시장을 분석하는 것
(B) 설문 조사를 하는 것
(C) 새로운 소형차를 개발하는 것
(D) 회의를 여는 것

제안하는 것: 회의를 소집하자
회의를 소집하자(call a meeting)는 내용을 통해 회의를 열자고 제안하고 있음을 알 수 있다.

➕**BONUS** 완성 문제 담화를 다시 들으며 나머지 문제도 풀어보세요.

1. What does the woman say she did yesterday?
(A) She handed in a report
(B) She emailed the newsletter.
(C) She went to Asia.
(D) She called a meeting

2. What is the man concerned about?
(A) The domestic market
(B) An increase in wages
(C) Car prices
(D) Overseas sales

PRACTICE TEST

1. What does the woman say the vice president wants to see?

(A) A loan application
(B) A sales report
(C) A prototype
(D) A proposal

2. What is the man waiting for?

(A) Some findings
(B) A new software program
(C) A budget proposal
(D) Sales figures

3. Where will the man go next?

(A) A research center
(B) A financial institute
(C) A laboratory
(D) A meeting room

4. Who most likely is the woman?

(A) A receptionist
(B) A dentist
(C) A patient
(D) A professor

5. What does the woman suggest about Dr. Lee?

(A) He has worked with Dr. Peterson for a long time.
(B) He will be busy tomorrow.
(C) He has an urgent meeting at 10 a.m.
(D) He is still on vacation.

6. When will Mr. Lewis probably visit the clinic?

(A) This morning
(B) This afternoon
(C) Tomorrow morning
(D) Tomorrow afternoon

7. Where most likely are the speakers?

(A) In the office building
(B) On the street
(C) At a job fair
(D) At a taxi stand.

8. What is the woman concerned about?

(A) Being late for the interview
(B) Painting the white building
(C) Finding her replacement
(D) Paying the taxi fare

9. What does the man recommend the woman do?

(A) Take a taxi
(B) Delay the meeting
(C) Refer to a map
(D) Ask for directions

Time	Movies
2:00–3:30 p.m.	The French Café
4:00–6:00 p.m.	The Kung Fu Dragon
6:30–8:00 p.m.	The Cold War
8:30–10:30 p.m.	The Love

10. What does the man say about the presentation?

(A) It was well prepared.
(B) It was lengthy.
(C) It was boring.
(D) It was complicated.

11. What does the man ask?

(A) When the movie will end
(B) How long the presentation will last
(C) Where the woman will get the data
(D) What the woman will do on the weekend

12. Look at the graphic. What time will the speakers most likely meet on Saturday?

(A) At 5:30 p.m.
(B) At 6:00 p.m.
(C) At 6:30 p.m.
(D) At 7:00 p.m.

신토익에서는 화자의 의도 파악 문제, 시각 자료 연계 문제, 3인 대화 지문이 새롭게 추가되었다. 문제지에 주어진 문장이 대화 속에서 어떤 의미로 사용되었는지 묻는 의도 파악 문제는 난이도가 가장 높은 유형으로 해당 표현의 전후 문맥 파악이 중요하다. 시각 정보 연계 문제는 지문과 시각 정보가 공유하는 정보를 이용해서 연결 고리를 찾는 것이 핵심이다. 3인 대화 유형은 평균 두 개의 지문이 출제되는데, 세 사람이 등장한다는 특징으로 인해 대화 길이가 길고, 말의 턴 수가 많은 것이 특징이다.

1. 화자의 의도 파악 문제

화자의 의도 파악 문제는 주어진 표현이 대화에서 어떤 의미로 쓰였는지 전후 문맥을 파악하여 답을 찾아야 한다.

📍 문제 풀이 전략

❶ 문제 속 "~" 안에 들어 있는 표현을 먼저 읽어 둔다.

❷ 대개 3문제 중 몇 번째 문제인지에 따라 답의 단서가 나오는 위치가 결정된다. 예를 들어 3문제 중 마지막 문제에 의도 파악 문제가 있을 경우, 지문 후반부에 단서가 제시될 확률이 높다.

❸ 질문에 주어진 사람이 아닌 상대방의 대사가 단서가 될 수 있으므로, 단서가 되는 앞 사람의 대사에 집중해서 들어야 한다.

❹ 주어진 표현과 단순히 사전적으로 같은 의미를 가지는 보기는 오답일 확률이 높다. 따라서 함축적인 의미로 해석 가능한 보기가 정답일 확률이 높다.

❺ 보기가 길게 제시되는 경우가 많으므로 대화를 듣기 전에 보기를 빠르게 파악해두는 것이 유리하다.

👁 지문 미리보기

🎧 D12_00_1.mp3

W: Jason, I'm so starving! I haven't eaten anything since last night. What is taking them so long?

M: I think it takes some time to cook lobsters and crabs. ❶ But they won't let us down. By the way, how's the marketing campaign for our new SUV model coming along?

W: So far so good. We have recently started filming TV commercials for our Asian consumers. Umm… some Asian movie stars like John Wang and Peter Lee have agreed to appear on them. I'm sure that they will attract a lot of attention.

M: I can't wait to check them out. Oh, Look! Here comes our dish now.

❶ 화자의 의도 파악 문제

Q. What does the man mean when he says, "But they won't let us down"
남자가 "하지만 그것들은 우리를 실망시키지 않을 겁니다"라고 말할 때 의미한 바는 무엇인가?

A. The food will be delicious.
음식이 맛있을 것이다.

전후 문맥 파악

It takes some time to cook lobsters and crabs. 바다 가재와 게를 요리하는 데 시간이 좀 걸릴 것이다.

→ "시간이 걸리기는 하지만 맛있을 것이다"

해석
W: Jason, 저 정말 배고파요! 어젯밤부터 아무것도 못 먹었어요. 왜 이렇게 오래 걸리죠?
M: 바다 가재와 게를 요리하는데 시간이 좀 걸리는 것 같아요. 하지만 그것들은 우리를 실망시키지 않을 겁니다. 그런데, 우리의 새로운 SUV 차량에 모델을 위한 마케팅 캠페인은 어떻게 되어가나요?
W: 지금까지는 매우 좋아요. 최근에 아시아 고객들을 위한 TV 광고들을 촬영하기 시작했어요. 음, John Wang과 Peter Lee와 같은 몇몇 아시아 영화 배우들이 광고에 출연하는 것에 동의했거든요. 그들은 확실히 큰 관심을 끌 수 있을 겁니다.
M: 빨리 확인하고 싶어요. 오, 보세요! 우리 요리가 이제 나오네요.

어휘 starving 배가 고픈   by the way 그런데   let ~ down ~를 실망시키다   come along ~되어 가다   film 촬영하다   appear 출연하다   agree 동의하다   attract 끌어들이다   check out 확인하다   attention 관심   commercial 광고

2. 시각 자료 연계 지문

시각 자료 연계 지문에서는 주어진 시각 정보의 항목을 대화의 내용과 연계해 답을 찾는 문제가 출제된다. 시각 자료의 항목 중 보기에 제시되지 않은 정보를 이용해서 답을 찾거나, 대화 중 수정이나 변경 사항이 언급되면 이를 적용해 답을 찾는 문제가 출제된다.

문제 풀이 전략

❶ 세 문제 중에서 "Look at the graphic."으로 시작하는 한 문제만이 시각 정보를 이용해서 푸는 연계 문제이다.

❷ 시각 자료 연계 문제는 보기에 제시된 답을 대화에서 직접 언급하지 않기 때문에, 시각 자료에서 보기에 언급된 항목을 제외한 나머지 항목이 답을 찾기 위한 단서로 활용된다.

❸ 대화에서 답의 단서를 찾는 즉시 시각 자료를 보고, 해당 단서와 연결되는 항목에서 답을 구한다.

❹ 시각 자료만 보고 답이 나오거나 보기 중에 제시된 답을 그대로 들려주는 경우 모두 함정이다.

❺ 시각 자료만 보고 답이 나오는 경우, 대화 상 변경된 부분이나 수정해야 할 오류 부분을 잘 듣고 이를 적용하여 답을 구한다.

❻ 보기 중에 제시된 답을 그대로 대화 중에 언급하는 경우도 함정이므로, 일단 해당 보기는 소거하고 나머지 보기들 중에서 답을 찾아야 한다.

👁 지문 미리보기 新유형

D12_00_2.mp3

Office 101	Break room	❶ Office 102	Washroom
Mailroom	Office 103	Conference Room	Office 104

W: Are you still using the photocopier, Tim? The one in my office stopped working again.

M: I'm done with it. Go ahead.

W: Thank you. The vice president asked me to make copies of the quarterly sales report for the managers' meeting at 2 p.m. If you don't mind, could you move these boxes?

M: Of course. Where do you want me to put them?

W: Please take them to the office which is between the washroom and the break room.

❶ 시각 자료 연계 문제

Q. Look at the graphic. Where will the man go next? 시각 자료를 보시오. 남자는 다음에 어디로 갈 것인가?

A. To office 102 102호 사무실로

단서 및 시각 자료 파악

"~ between the washroom and the break room" 화장실과 휴게실 사이
→ office 102 102호 사무실

해석   W: 아직 복사기를 쓰고 계신가요, Tim? 제 사무실에 있는 복사기가 다시 작동을 멈췄어요.
        M: 다 썼어요. 어서 사용하세요.
        W: 고마워요. 부사장님께서 오후 2시에 있을 부장 회의를 위해 분기별 영업 보고서를 복사해 달라고 부탁하셔서요. 괜찮으시면, 이 상자들 좀 옮겨주실래요?
        M: 물론이죠. 이것들을 제가 어디에 두길 원하시나요?
        W: 그것들을 화장실과 휴게실 사이에 있는 사무실로 옮겨 주세요.

어휘   photocopier 복사기   be done with ~를 끝내다   make copies 복사하다   quarterly 분기의   between 사이에   washroom 화장실   break room 휴게실

3. 3인 대화 지문

3인 대화는 대화의 턴 수가 많고 지문이 길기 때문에 문제와 긴 보기는 미리 읽어보고 빠르게 요약하는 것이 중요하다.

📑 문제 풀이 전략

❶ 문제에 men(남자들), women(여자들)이 보이면 3인 대화 지문임을 미리 파악할 수 있다.

❷ 같은 성별의 화자를 구별하기 위해 대화 속에 호명되는 이름을 잘 들어야 한다.

❸ 두 사람간의 공통 의견(men 혹은 women이 주어인 경우)이나 동의한 바를 묻는 문제는 한 사람의 대사만 잘 들어도 답을 구할 수 있는 경우가 많다.

❹ 대화에서 말을 주고 받는 턴 수가 많고 지문 길이가 길기 때문에, 긴 보기는 포인트 위주로 미리 요약해두는 것이 유리하다.

👁 지문 미리보기

🎧 D12_00_3.mp3

M: **Have you guys looked at our newly renovated lobby?** The president said that she hired one of the best architecture firms in the city to give it a better look.

W1: I think they did an excellent job. It looks much better than I expected.

W2: I totally agree with you, Cathy. It seems more spacious and modern. Especially, I'm impressed with the overall interior decor.

M: I hope it will attract more customers. By the way, have you been to the new mall which opened last month?

W1: Yes, I went there yesterday to buy a leather coat for my father and there were lots of shoppers.

W2: Right. It has already become one of the major tourist attractions in town.

M: **I need to purchase a new jacket. Why don't we go shopping after work?**

Q. According to the man, what recently happened at the company? 남자의 말에 따르면, 최근에 회사에 무슨 일이 있었는가?

A. The lobby was refurbished. 로비가 재단장 되었다.

Q. What do the women imply about the mall? 여자들이 쇼핑몰에 대해 암시한 바는 무엇인가?

A. It is very popular with people. 사람들에게 매우 인기 있다.

Q. Why does the man go to the mall? 남자가 몰에 가고 싶은 이유는 무엇인가?

A. To buy new clothes 새 옷을 사기 위해서

해석

M: 우리의 새롭게 개조된 로비를 봤나요? 사장님께서 로비가 더 좋아 보이게 하기 위해서 시에서 가장 좋은 건축 사무소들 중 하나를 고용했다고 말하셨거든요.

W1: 그 분들이 일을 아주 잘한 것 같아요. 기대했던 것보다 훨씬 좋아 보여요.

W2: 당신의 의견에 전적으로 동의해요, Cathy. 더 공간이 넓고 현대적인 것 같아요. 특히 전체적인 실내 장식이 인상 깊네요.

M: 그것이 많은 고객들을 끌어들였으면 합니다. 그런데 지난달에 문을 연 새로운 쇼핑몰에는 가보셨어요?

W1: 네, 어제 아빠에게 줄 가죽 코트를 사러 갔었는데, 쇼핑객들이 많았어요.

W2: 맞아요. 그곳은 이미 도시의 주요한 관광 명소들 중에 하나가 되었어요.

M: 제가 새 재킷을 사야 해서요. 일 끝나고 쇼핑 가실래요?

어휘 newly 새롭게 renovate 개조하다 architecture firm 건축회사 be impressed with ~에 감동 받다 spacious 공간이 넓은 interior 실내의 attract 끌어들이다 leather 가죽

📍 **출제 포인트**

Point ① 화자의 의도 파악 문제

빈출 문제 유형

> What does the man mean when he says "~"? 남자가 "~"라고 말할 때 의미한 바는 무엇인가?
>
> What does the woman imply when she says "~"? 여자가 "~"라고 말할 때 암시한 바는 무엇인가?
>
> Why does the man say, "~"? 남자가 "~"라고 말하는 이유는 무엇인가?

Point ② 시각 자료 지문

시각 자료 유형

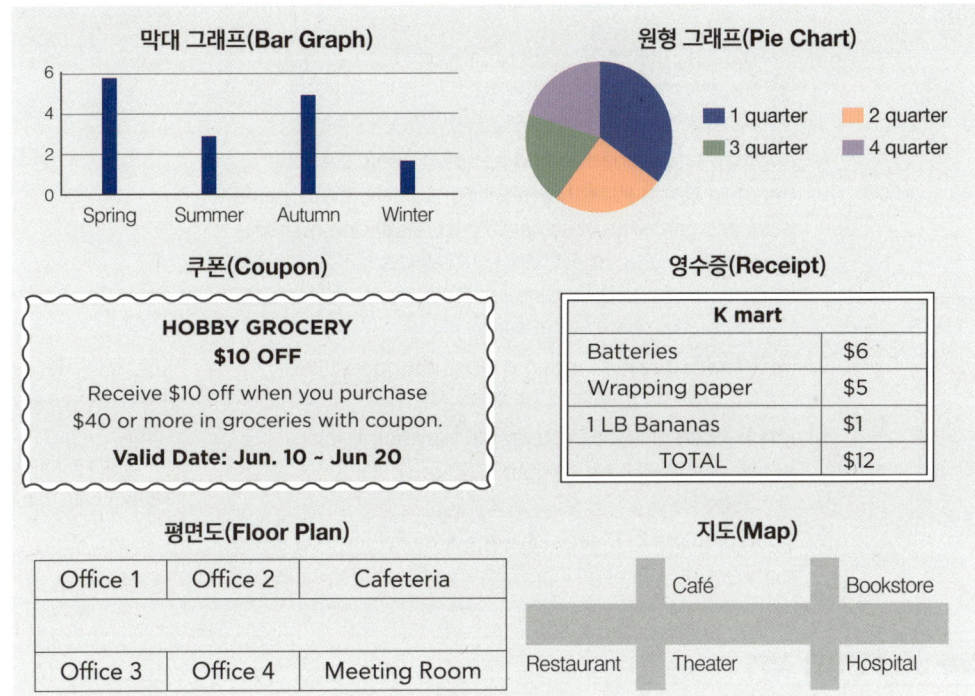

Point ③ 3인 대화 지문

빈출 문제 유형

> Where do the **men** most likely work? 남자들은 어디에서 일할 것 같은가?
>
> What do the **women** agree to do? 여자들은 무엇을 하는 것에 동의하는가?
>
> What do the **men** imply about the restaurant? 남자들이 가게에 대해 암시한 바는 무엇인가?
>
> What do the **women** say about the website? 여자들은 웹사이트에 대해 뭐라고 하는가?
>
> What will the **men** do next? 남자들은 다음에 무슨 일을 할 것인가?

유형 1 **화자의 의도 파악 문제** 🔊 D12_01.mp3

What does the woman imply when she says, "That's a relief"?
(A) She is satisfied with the color of the briefcase.
(B) She feels happy to find a lost item.
(C) She doesn't need to order new business cards.
(D) She intends to accept a job offer.

STEP 1 **키워드 파악하기**

What does the woman **imply** when she says, **"That's a relief"**?
여자가 "그거 다행이네요"라고 말할 때 암시한 바는 무엇인가?
imply / "That's a relief" ➜ 암시하다 / "그거 다행이네요"

STEP 2 **지문에서 단서 찾기**

M: Hello. Can I talk to Ms. Simon, please?
여보세요. Simon 씨와 통화할 수 있을까요?

W: This is she. Who's calling please? 전데요. 누구시죠?

M: Actually, I happened to find a brown briefcase on a bench in Nixon Park this morning. Luckily, there was a business card with your name and telephone number. It belongs to you, right? 사실은 제가 오늘 아침 Lixon 공원의 벤치에서 갈색 서류 가방을 우연히 찾았어요. 운 좋게도, 당신의 이름과 전화번호가 들어 있는 명함이 있어요. 당신 것 맞죠?

W: Yes. That's a relief! I thought I lost it for good.
네, 그거 다행이네요. 전 영원히 잃어버렸다고 생각했어요.

M: I think I can give it to you on the way home this evening. Would it be all right with you? 오늘 저녁 집에 가는 길에 드릴 수 있을 것 같아요. 괜찮으신가요?

W: I'd appreciate it. Please give me a call when you arrive in the lobby. 그래 주시면 고맙죠. 로비에 도착하시면 연락 주세요.

> 의도 파악 문제는 해당 표현이 언급된 전후의 문맥을 파악하는 것이 중요하다.
> ☞ 영원히 잃어버렸다고 생각했다 (I thought I lost it for good)

STEP 3 **정답 찾기**

(A) 그녀는 서류 가방 색깔에 만족한다.
(B) 그녀는 분실물을 찾아서 기쁘다.
(C) 그녀는 새로운 명함들을 주문할 필요가 없다.
(D) 그녀는 취업 제안을 받아들이려고 한다.

암시하는 것: 분실물을 찾아 기쁘다
문제에 제시된 해당 표현 바로 뒤에 잃어버렸다고 생각했다는 말을 통해 분실물을 찾아 기뻐하는 상황임을 알 수 있다.

King's Office Supplies			
copying paper	$20.00	stapler	$3.50
paper cups	$5.00	notebook	$1.25
Total			$29.75

Look at the graphic. How much will the woman be refunded?
(A) $1.25   (B) $3.50   (C) $5.00   (D) $20.00

STEP 1 키워드 파악하기

Look at the graphic. How much will the woman be **refunded**?
도표를 보시오. 여자는 얼마를 환불받게 될 것인가?

Look at the graphic / How much / refunded ➜ 도표를 보시오 / 얼마를 / 환불 받다

STEP 2 시각 자료 분석 및 단서 듣기

King's Office Supplies King's 사무 용품			
copying paper	$20.00	stapler	$3.50
복사용지	20달러	스테이플러	3.5달러
paper cups	$5.00	**notebook**	**$1.25**
종이컵들	5달러	공책	1.25달러
Total 총액		$29.75 29.75달러	

> 시각 자료 연계 문제는 시각 자료를 먼저 파악한다. 보기에 금액이 제시되어 있으므로 시각 정보에 주어진 다른 항목, 즉 물품에 대한 정보가 답을 찾기 위한 단서가 된다.

W: Excuse me, **I want to return this notebook for refund.** 실례합니다, 이 공책을 환불받고 싶은데요.

M: Is there something wrong with it? 무슨 문제가 있나요?

W: Not really. I don't need it anymore because one of my colleagues gave one to me. 아닙니다. 제 동료들 중 한 명이 노트를 제게 주어서, 더 이상 필요가 없어서요.

M: I see. Did you bring the original receipt with you? 알겠습니다. 원본 영수증은 가져 오셨죠?

W: I think I put it in my pocket. Let me see... Oh, it's right here! 제 주머니에 넣은 것 같아요. 잠시만요. 오, 여기 있네요.

M: Good! I'll refund your money immediately. 좋습니다. 바로 환불해 드릴게요.

STEP 3 정답 찾기

(A) 1.25달러   (B) 3.50달러   (C) 5.00달러   (D) 20.00달러

공책의 가격: $1.25
환불 품목인 공책의 가격을 확인하면 1.25달러이므로 정답은 (A)이다.

1. What does the woman need for her proposal?
(A) An approval from the president
(B) A deadline extension
(C) Sales figures
(D) Several samples

2. What is Ben going to do?
(A) Have a meeting with the president
(B) Stop by the factory
(C) Revise the contract
(D) Meet some customers

3. What does the woman say she will do?
(A) Contact the manager
(B) Sign the document
(C) Pick up the president
(D) Talk with clients

1. What does the **woman need** for her **proposal**?
   여자가 제안서를 위해 무엇이 필요한가?
   woman / need / proposal ➜ 여자가 / 필요하다 / 제안서

2. What is **Ben going to** do?
   Ben이 무엇을 할 것인가?
   Ben / be going to ➜ Ben이 / 할 것이다

3. What does the **woman** say she **will do**?
   여자는 무엇을 할 것이라고 말하는가?
   woman / will do ➜ 여자가 / 할 것이다

STEP 2 > 지문에서 단서 찾기

W: Hi, Ben. Would you do me a favor? ❶ I need some product samples for my marketing proposal. Can you go to our manufacturing plant and pick them up for me? 안녕 Ben. 부탁 좀 들어 줄래요? 마케팅 제안서를 쓰는데, 몇몇 제품 샘플들이 필요해서요. 저를 위해 제조 공장에 가서 그것들을 좀 가져와 줄래요?

> ❶ 여자가 필요로 하는 것
> ☞ 몇 개의 제품 샘플
> (Some product samples)

M1: I'm so sorry but ❷ I'm about to leave the office to meet some important clients. The president wants me to secure the contract and I don't want to be late for the meeting. 미안하지만 저는 중요한 고객들을 만나러 사무실을 나가려던 참이에요. 사장님께서 제가 이 계약을 꼭 따내길 원하셔서 미팅에 늦고 싶지 않아서요.

> ❷ Ben이 하려고 하는 것
> ☞ 중요한 고객들을 만나기
> (to meet some important clients)

M2: Don't worry about it. I think I can stop by the factory on the way to the bank right after lunch. 걱정 마세요. 제가 점심 먹고 바로 은행 가는 길에 공장에 들를 수 있을 것 같아요.

W: That's very kind of you, Carl. ❸ I'll let the factory manager know that you'll be there this afternoon. 참 친절하시네요. Carl. 오늘 오후에 당신이 거기에 간다고 공장장님께 말해 둘게요.

> ❸ 여자가 하려고 하는 것
> ☞ 공장장에게 알리기(let the factory manager know)

M2: No problem. Is there anything else that I can help you with? 천만에요. 제가 도울 다른 일은 없나요?

W: Thanks but not at the moment. 고맙지만 지금은 없어요.

STEP 3 >> 정답 찾기

1	(A) 사장으로부터의 승인 (B) 마감 시한 연장 (C) 영업 수치 **(D) 몇 개의 샘플**	여자의 첫 대사에서 제품 샘플이 필요하다고 말하는 부분에서 정답은 (D)가 된다. 문제에 제시된 키워드인 need와 proposal이 언급되는 부분에서 product samples라는 답을 놓치지 않는 것이 중요하다.
2	(A) 사장님과 회의하기 (B) 공장에 들르기 (C) 계약서 수정하기 **(D) 고객들 만나기**	Ben의 대사에서, 중요 고객들을 만나기 위해 사무실을 나간다고 말하는 부분에서 정답은 (D)가 된다. 이때 지문에 언급된 clients를 보기에서는 customers로 바꿔 표현했고, 문제의 be going to가 지문에서는 be about to로 변환되어 표현되었다.
3	**(A) 관리자에게 연락하기** (B) 문서에 서명하기 (C) 사장님을 차에 태우기 (D) 고객들과 얘기하기	대화 후반부 여자의 대사에서 공장장에게 Carl이 공장에 오후에 들릴 것을 말해두겠다고 말하는 부분에서 정답은 (A)가 된다.

favor 부탁   proposal 제안서   manufacturing plant 제조 공장   be about to ~하려고 하다   client 고객   secure 확보 하다   contract 계약   stop by ~에 들르다   on the way to ~로 가는 도중에   right after 직후에   at the moment 현재에 come back 돌아오다

1. What is the woman planning to do?

(A) Start her own business
(B) Quit the company
(C) Go overseas
(D) Consult with a vice president

2. What does the woman want to do?

(A) Work abroad
(B) Get a promotion
(C) Find a replacement part
(D) Stay with a family

3. What does the man imply when he says, "I know what you mean"?

(A) He doesn't care about his family.
(B) He understands the decision.
(C) He wants to accept the proposal.
(D) He is satisfied with working overseas.

4. What was the man unable to do?

(A) Arrange a rental car
(B) Book accommodations
(C) Reserve flight tickets
(D) Prepare for the presentation

5. What does the man imply when he says "You don't have to"?

(A) He has reserved a hotel room.
(B) He's got somewhere to stay.
(C) He knows the website address.
(D) He is ready for the presentation.

6. What does the woman suggest they do?

(A) Clean the office
(B) Call the realtor
(C) Go over the contract
(D) Prepare for the presentation

7. What do the men think about the accounting software?

(A) It is expensive.
(B) It is efficient.
(C) It is outdated.
(D) It is user friendly.

8. What does Jim agree to do on Friday?

(A) Install the new software
(B) Learn how to use the program
(C) Spare some time for an interview
(D) Teach other employees

9. What will the speakers do next?

(A) Attend the training
(B) Check the website
(C) Eat together
(D) Post the schedule

Sales in the third quarter

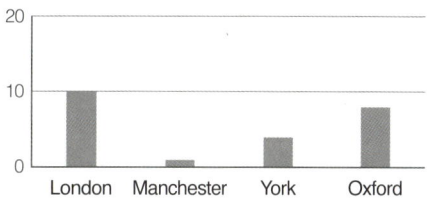

10. What does the woman say will happen at the end of the month?

(A) The aggressive marketing campaign will be implemented.
(B) A certain branch will be shut down.
(C) The vice president will resign from the company.
(D) The anniversary will be celebrated.

11. Look at the graphic. Where most likely do the speakers work?

(A) In Manchester
(B) In London
(C) In Oxford
(D) In York

12. What does the man agree to do?

(A) Have a meeting
(B) Go on a picnic
(C) Visit another branch
(D) Talk with the president

DAY 13 > 회사 업무

토익은 비즈니스 상황에서의 의사소통 능력을 테스트하는 시험이므로, 회사 업무와 관련된 대화들이 자주 출제된다. 특히 영업이나 매출과 관련된 내용이 자주 출제되며, 매출 하락에 대한 내용이 나올 경우 이에 대한 대처 방안이나 프로모션 계획에 대한 내용이 자주 출제된다. 또한 사무실이나 공장에서 사용되는 기계나 장비의 고장, 수리 및 보수에 관한 내용이 중요 출제 포인트가 된다. 그리고 물품의 주문, 취소, 배송 그리고 AS에 관한 내용들도 자주 출제된다는 사실을 기억해두자.

◉ 출제 포인트

Point ❶ 영업·마케팅

신제품 출시에 따른 프로모션이나 마케팅 계획, 그리고 영업이나 매출 현황 및 대처에 관한 내용들이 자주 출제된다.

(1) 최근 영업이나 매출 현황 혹은 영업 보고서나 제안서와 관련된 대화
(2) 매출 증대를 위한 마케팅이나 아이디어들과 관련된 대화
(3) 매출 하락에 따른 걱정이나 대책 마련에 관련된 대화
(4) 영업 목표 설정 및 실적에 따른 보너스나 인센티브에 관련된 대화

빈출 문제 유형

What are the speakers discussing? 화자들은 무엇을 논의하는가?
What does the may say what happened at the company? 남자는 회사에 무슨 일이 있었다고 말하는가?
What does the woman say about the quarterly sales? 여자는 분기별 매출에 대해 뭐라고 말하는가?
How will the speakers increase the sales? 화자들은 매출을 어떻게 올릴 것인가?
What will the speakers receive at the end of the month? 화자들은 월말에 무엇을 받게 될 것인가?
Look at the graphic. When did the new marketing campaign start?
도표를 보시오. 새로운 마케팅 계획은 언제 시작되었는가?

Point ❷ 시설 유지 및 보수

사무기기나 회사 시설물의 고장과 수리, 관리 보수에 관련된 대화들이 자주 출제된다.

(1) 새로운 시설이나 사무 장비들의 도입이나 구매, 설치에 관한 대화
(2) 복사기나 프린터 같은 사무 기기의 고장이나 낙후 설비에 대한 해결책과 관련된 대화
(3) 네트워크 업데이트나 시설 변경, 설치로 인한 업무 차질이나 일정 변경과 관련된 대화
(4) 엘리베이터나 에어컨과 같은 사내 시설의 점검 및 수리를 관련 부서에 요청하는 대화

빈출 문제 유형

When will the fax machine be repaired? 복사기는 언제 수리될 것인가?
Why is the woman calling? 여자가 전화하는 이유는 무엇인가?
What are the speakers concerned about? 화자들이 걱정하는 것은 무엇인가?
What does the man suggest the woman do? 남자가 여자에게 제안하는 것은 무엇인가?
What is the problem with the copier? 복사기의 문제는 무엇인가?
What is the cause of the delay? 지연의 이유는 무엇인가?
How will the man address the problem? 남자는 문제를 어떻게 해결할 것인가?

Point ③ 주문·계약

물품 주문 및 배송, 교환 및 환불, 그리고 계약 체결과 관련된 내용들이 자주 출제된다.

(1) 물품의 주문 및 수량, 배송 시기, 대금 지급 방법에 대한 대화
(2) 배송 지연이나 파손, 잘못된 배달 등으로 인한 불만 제기 및 보상과 관련된 대화
(3) 구매한 제품에 문제가 있어서 교환이나 환불을 요청하거나 기존 주문을 변경하는 대화
(4) 계약 체결 및 계약서 작성, 계약서 내용에 대한 조언을 구하거나 부탁하는 대화

빈출 문제 유형

What did the man order? 남자는 무엇을 주문했는가?
What does the woman say about the delivery? 여자는 배달에 대해 뭐라고 말하는가?
What is the problem with the order? 주문의 문제는 무엇인가?
What problem does the woman report? 여자가 보고하는 문제는 무엇인가?
Why does the woman want to get a refund? 여자는 왜 환불을 받고 싶어 하는가?
According to the man, when will the shipment arrive? 남자의 말에 따르면, 배송품은 언제 도착할 것인가?
When did the man place an order? 남자는 언제 주문을 했는가?

Point ④ 서비스·제품

제품 구매를 원하는 고객과의 상담이나 애프터 서비스, 신제품 출시와 관련된 내용들이 자주 출제된다.

(1) 매장에서 제품을 구매하고자 하는 고객과 매장 직원과의 대화
(2) 구매 제품에 문제가 있어서 전화로 애프터 서비스를 신청하는 대화
(3) 신제품 출시와 관련해서 제품 개발이나 특징에 대해 논의하는 대화
(4) 여행사나 이삿짐 센터 등의 업체에 대해 전화상으로 관련 서비스에 대해 문의하고 일정을 잡는 대화

빈출 문제 유형

What type of business does the man work for? 남자는 어떤 종류의 업체에서 일하는가?
What does the woman want to order? 여자는 무엇을 주문하고자 하는가?
What problem does the woman report? 여자는 무슨 문제를 신고하는가?
When did the man place an order? 남자는 언제 주문을 했는가?
What does the woman want to know about the product?
여자가 제품에 대해 알고 싶어하는 것은 무엇인가?
What kind of service does the man's business offer? 남자의 회사는 어떤 종류의 서비스를 제공하는가?
What does the woman say about the new product? 여자는 신제품에 대해서 뭐라고 말하는가?

🎧 D13_01.mp3

1. Where does the man say he will review the sales report?
(A) In an office
(B) On a flight
(C) In a conference room
(D) On a bus

2. What is the man responsible for?
(A) Finding the data
(B) Editing a report
(C) Giving a talk
(D) Answering some questions

3. Why does the woman say, "I'm sorry to say this"?
(A) To tell him that there might be some spelling mistakes
(B) To apologize for the inappropriate response
(C) To let him know that she will go on a vacation
(D) To warn him of the possible delay

STEP 1 ▷ **키워드 파악하기**

1. **Where** does the **man** say he will **review** the sales report?
남자는 그가 어디에서 영업 보고서를 검토할 것이라고 말하는가?

Where / man / review ➜ 어디에서 / 남자 / 검토하다

2. **What** is the **man responsible** for?
남자는 무엇을 책임지고 있는가?

What / man / responsible ➜ 무엇 / 남자 / 책임이 있는

3. **Why** does the woman **say, "I'm sorry to say this"**?
여자가 "이런 말씀 드려서 죄송합니다"라고 말한 이유는 무엇인가?

Why / say / "I'm sorry to say this" ➜ 왜 / 말하다 / "이런 말씀 드려서 죄송합니다"

STEP 2 ▷ 지문에서 단서 찾기

W: Hello, Mr. Cater. This is Jenny Miller. I'm calling to let you know that I just emailed you a sales report you asked me to complete by today. 여보세요, Carter 씨. 저는 Jenny Miller입니다. 제게 오늘까지 작성을 요청하신 영업 보고서를 이메일로 막 보내 드렸다고 알려드리려고 전화 드립니다.

M: Thank you, Jenny. I really wanted to go over it before ❷ I make a presentation to the board of directors next week. I'd better take it with me on my business trip to York. I think ❶ I can find some time to look over it on the plane. 고마워요. Jenny. 다음 주 이사회에서 발표를 하기 전에 꼭 검토해보고 싶었거든요. York로 출장 갈 때 가져가는 게 좋겠어요. 비행기에서 검토할 시간이 있을 것 같아요.

W: I'm sorry to say this. Mmm. ❸ There might be some typos because the editor is still on vacation. However, I can assure you that I put all the data you requested in it. 이런 말씀 드려서 죄송합니다. 편집자가 아직 휴가 중이라 오타가 좀 있을 수도 있어요. 하지만, 요청하신 모든 데이터는 그 안에 확실히 다 포함 시켰습니다.

M: Don't worry about it. What matters is not some minor errors but good contents. Can I call you if I have any questions about it? 걱정 마세요. 중요한 것은 몇몇 사소한 실수가 아니라 좋은 내용이죠. 그것에 대해 질문 있으면 전화드려도 되죠?

W: Sure! You can reach me at my office anytime you want. 물론이죠! 원하실 때 언제든 제 사무실로 전화 주세요.

❶ **남자가 검토할 장소**
☞ 비행기에서(on the plane)

❷ **남자가 책임지고 있는 것**
☞ 발표를 하다(make a presentation)

❸ **화자의 의도 파악**
There might be some typos.
오타가 있을 수도 있다. →
"죄송하지만 오타가 있을 수도 있다"

STEP 3 ▷▷ 정답 찾기

1	(A) 사무실에서 **(B) 비행기에서** (C) 회의실에서 (D) 버스에서	남자의 첫 대사에서 보고서에 대해 언급한 후, 비행기에서 검토할 시간이 있을 것 같다고 말하는 부분에서 정답은 (B)가 된다.
2	(A) 데이터를 찾는 것 (B) 보고서를 편집하는 것 **(C) 발표를 하는 것** (D) 질문에 답하는 것	남자의 첫 대사에서 다음 주 이사회에서 발표를 한다는 사실을 알 수 있다. 따라서 지문에서 언급된 presentation을 좀 더 포괄적 의미의 talk을 바꿔 표현한 보기 (C)가 정답이다.
3	**(A) 몇몇 철자 오류가 있음을 그에게 말해 주기 위해서** (B) 부적절한 응답에 대해 사과하기 위해서 (C) 그녀가 휴가를 갈 것임을 알려주기 위해서 (D) 가능한 지연에 대해 그에게 경고하기 위해서	여자의 두 번째 대사에서, 이런 말씀 드리게 되어서 죄송하다고 말한 후에, 오타가 있을지도 모른다고 말하는 부분에서 정답은 (A)가 된다.

complete 완성하다　board of directors 이사회　go over (=look over) 검토하다　business trip 출장　plane 비행기　typo 오자　editor 편집자　still 여전히　on vacation 휴가 중인　however 그러나　assure 확신 시키다　data 데이터　request 요청하다　worry 걱정하다　matter 중요하다　minor 사소한　error 실수　content 내용　reach 연락하다　anytime 언제든지

시설 유지 및 보수

1. Why is the man calling?
(A) To repair the roof
(B) To report a problem
(C) To respond to a request
(D) To fix some typos

2. What will the woman probably do this afternoon?
(A) Replace the water pipe
(B) Meet several foreign customers
(C) Visit the annex building
(D) Check the leaky roof

3. What does the man offer to do?
(A) Make a visit some other time
(B) Buy the woman lunch today
(C) Give a demonstration
(D) Call one of his colleagues

STEP 1 키워드 파악하기

1. **Why** is the man **calling**?
남자가 전화 건 이유는 무엇인가?
Why / calling ➡ 왜 / 전화하다

2. **What** will the **woman** probably **do this afternoon**?
여자는 오늘 오후에 무엇을 할 것인가?
What / woman / do / this afternoon ➡ 무엇 / 여자가 / 하다 / 오늘 오후

3. **What** does the **man offer** to do?
남자는 무엇을 제안하는가?
What / man / offer ➡ 무엇 / 남자가 / 제안하다

STEP 2 〉〉 지문에서 단서 찾기

W: Good morning. Thank you for calling Global incorporation. This is Jane Thomas speaking. How may I help you? 좋은 아침입니다. Global 사에 전화 주셔서 감사드립니다. 저는 Jane Thomas입니다. 무엇을 도와드릴까요?

M: Hi, this is Richard from the maintenance office. ❶ I'm returning your call regarding the broken water pipe in the restroom. I'd like to know if I can visit you to check the problem sometime this afternoon. 안녕하세요, 저는 관리실의 Richard입니다. 화장실의 부서진 배수관에 관해 전화 주셔서 다시 연락 드려요. 제가 오늘 오후쯤 문제를 확인하러 방문해도 될까요?

> ❶ 전화한 이유
> ☞ 부서진 배수관에 관해 (regarding the broken pipe)

W: Actually, we'll be very busy with the product demonstration for ❷ some of our clients visiting from England this afternoon. Could you come tomorrow morning instead? 사실은, 저희가 오늘 오후에 영국에서 방문하는 몇몇 저희 고객 분들을 위한 제품 시연회로 많이 바쁠 겁니다. 대신 내일 아침에 방문해주실 수 있을까요?

> ❷ 여자가 오후에 할 일
> ☞ 발표 하기(make a presentation)

M: Let me check our schedule first. Umm… we need to work on the leaky roof of the annex building tomorrow morning. ❸ I think I can spare some time at noon. How does it sound? 먼저 저희 일정을 확인해 볼게요. 음. 내일 아침에는 부속 건물의 물이 새는 지붕을 작업해야 해서요. 정오쯤엔 시간을 낼 수 있을 것 같습니다. 어떠세요?

> ❸ 남자가 제안하는 것
> ☞ 정오에 시간이 되는데 어떠냐(spare some time at noon. How does it sound)

W: Great! You can visit our office and deal with it while we go out for lunch. 좋아요! 저희가 점심 먹으러 나가있는 동안 우리 사무실에 오셔서 처리해 주시면 됩니다.

STEP 3 〉〉 정답 찾기

1	(A) 지붕을 고치기 위해서 (B) 문제점을 보고하기 위해서 **(C) 요청에 응대하기 위해서** (D) 오타들을 고치기 위해서	남자의 첫 대사에서 부서진 배수관에 대한 상대방의 전화에 관해 다시 전화 드린다고 말하는 부분에서 정답은 (C)가 된다. 즉, 부서진 배수관을 점검해 달라는 요청에 대해 다시 전화해서 방문 일정을 조율하는 내용이 전화의 주된 용건이다.
2	(A) 배수관을 교체하기 **(B) 몇몇 외국 고객들을 만나기** (C) 부속 건물을 방문하기 (D) 물이 새는 지붕을 확인하기	여자의 두 번째 대사 후반에서 오늘 오후에 영국에서 고객들이 방문한다는 사실을 확인할 수 있다. 지문에서 언급된 England를 보기에서는 foreign으로 바꾸고, clients를 customers로 변환해서 표현한 보기 (B)가 정답이다.
3	**(A) 다른 시간대에 방문하기** (B) 오늘 여자에게 점심을 사기 (C) 시연을 하기 (D) 그의 동료들 중 한 명에게 전화 하기	남자의 마지막 대사에서 여자가 아침에 방문해 줄 것을 요청하는 말에 대해 대신 정오에 시간을 낼 수 있다고 말하고, 상대방의 의견을 물어보는 부분에서 정답은 (A)가 된다. 지문의 at noon을 보기에서는 some other time으로 바꿔 표현했다.

maintenance 유지   regarding ~에 대해 broken 고장 난   restroom 화장실   demonstration 시연   sometime 언젠가 instead 대신에   leaky 물이 새는   roof 지붕   annex building 부속 건물   spare 할애하다   while ~하는 동안   deal with ~를 처리하다

1. What did the man do last week?
   (A) He delivered a package.
   (B) He placed an order.
   (C) He inspected the production line.
   (D) He installed the new system.

2. According to the woman, what is the cause of the delay?
   (A) Inclement weather
   (B) Lack of raw materials
   (C) Labor shortage
   (D) Power failure

3. What does the woman offer?
   (A) A free delivery
   (B) A complimentary item
   (C) A discount voucher
   (D) An extended warranty

STEP 1 > 키워드 파악하기

1. **What did** the man do **last week**?
   남자는 지난 주에 무엇을 했는가?
   What did / last week → 무엇을 했나 / 지난 주

2. According to the woman, **what** is the **cause** of the **delay**?
   여자의 말에 따르면, 지연의 원인은 무엇인가?
   what / cause / delay → 무엇 / 야기시키다 / 지연

3. **What** does the **woman offer**?
   여자는 무엇을 제안하는가?
   What / woman / offer → 무엇 / 여자가 / 제안하다

M: Hello, this is Jim Green and ❶ I ordered a box of copying paper last week. It was supposed to be delivered yesterday but I haven't received it yet. 여보세요, 저는 Jim Green이고 제가 지난 주에 복사 용지 한 박스를 주문했는데요. 어제 배달되기로 했는데, 아직 못 받았어요.

W: Sorry for the inconvenience, sir. Let me check our online tracking system right away. Ah… it says it's still on the way. I guess it will be there tomorrow afternoon at the latest. 불편을 드려 죄송합니다, 고객님. 제가 우리의 온라인 추적 시스템을 바로 확인해 볼게요. 아, 아직 배송중으로 뜨네요. 늦어도 내일 오후에는 거기에 도착할 것 같습니다.

M: Well, what's taking so long? 음, 왜 이렇게 오래 걸리죠?

W: As far as I know, ❷ there was an unexpected power outage in the manufacturing plant, which affected the production line. ❸ To make up for it, I will issue you a 30% off coupon. 제가 알기로는 제조 공장에 예기치 못한 정전이 있었고, 이것이 생산 라인에 영향을 준 것 같아요. 이를 보상해 드리기 위해 30% 할인 쿠폰을 발행해 드릴게요.

❶ 지난주에 한 일
☞ 복사 용지 한 박스를 주문했다(ordered a box of copying paper)

❷ 지연의 이유
☞ 예기치 못한 정전 (unexpected power outage)

❸ 여자가 제안하는 것
☞ 30% 할인 쿠폰을 발행하다(issue a 30% off coupon)

STEP 3 >> 정답 찾기

1
(A) 그는 소포를 배달했다.
(B) 그는 주문을 했다.
(C) 그는 생산 라인을 점검했다.
(D) 그는 새로운 시스템을 설치했다.

남자의 첫 대사에서 지난주에 복사 용지 한 박스를 주문했다고 말하는 부분에서 정답은 (B)가 된다. 지문의 ordered를 보기에서는 placed an order로 바꿔 표현했다. 또한 did처럼 시제가 과거인 문제의 경우 대화 초반에 답이 언급될 확률이 높다는 사실도 기억해두자.

2
(A) 안 좋은 날씨
(B) 원자재 부족
(C) 노동 부족
(D) 정전

여자의 마지막 대사에서 제조 공장에서 예기치 못한 정전이 있었다고 말하는 부분에서 정답은 (D)가 된다. 지문에서 정전을 뜻하는 power outage가 보기에서는 power failure로 바꿔 표현되었다. 또한 문제점이나 문제점 원인을 찾는 문제의 경우, 지문에 제시되는 부정적 뉘앙스의 어휘가 정답의 단서가 된다는 사실도 기억해두자.

3
(A) 무료 배달
(B) 무료 물품
(C) 할인 쿠폰
(D) 보증 기간 연장

여자의 마지막 대사에서 보상을 위해 30% 할인 쿠폰을 발행해 주겠다고 제안하는 부분에서 정답은 (C)가 된다. 이때 지문의 off를 discount로, coupon을 voucher로 바꿔 표현했다.

order 주문하다　copying paper 복사 용지　be supposed to ~할 예정이다　deliver 배달하다　receive 받다 inconvenience 불편　tracking 추적　on the way 가는 중인　at the latest 늦어도　unexpected 예기치 못한　power outage 정전　manufacturing plant 제조 공장　affect 영향을 끼치다　production line 생산 라인　make up for 보상하다　issue 발행하다

1. Who most likely is the woman?
(A) A product developer
(B) A technician
(C) A patron
(D) A sales clerk

2. What is said about ZS-100?
(A) It is easy to carry.
(B) It comes with a one year warranty.
(C) It features a lot of functions.
(D) It is a high end model.

3. What does the woman offer to do?
(A) Give an extra discount
(B) Issue a voucher
(C) Provide a complimentary item
(D) Deliver it for free

STEP 1 ▷ 키워드 파악하기

1. **Who** most likely is the **woman**?
여자는 누구일 것 같은가?
Who / woman ➜ 누구 / 여자

2. What is **said about ZS-100**?
ZS-100에 대해 언급된 것은 무엇인가?
said about / ZS-100 ➜ ~에 대해 말하다 / ZS-100

3. **What** does the **woman offer** to do?
여자는 무엇을 제안하는가?
What / woman / offer ➜ 무엇 / 여자가 / 제안하다

지문에서 단서 찾기

M: Hi! I'm here to buy a new smart phone.
안녕하세요! 저는 새로운 스마트 폰을 사러 왔어요.

W: ❶ I think I can help you sir. Do you have a particular model in mind? 제가 도와 드릴 수 있을 것 같네요. 손님. 특정 모델을 정해 놓고 계신가요?

M: No, but I don't need a high end model with lots of functions. Uhm... I want something light and simple. 아뇨, 하지만 많은 기능들을 갖춘 고가 모델은 필요 없어요. 음, 뭔가 가볍고 단순한 것을 원해요.

W: Oh I see. I think ❷ the model ZS-100 would be perfect for you. It has a 2 inch crystal display, which is slim and light enough to be in your pocket. Also, it comes with a two year warranty. 오, 알겠어요. ZS-100 모델이 당신에게 완벽할 것 같아요. 2인치 액정 화면을 가지고 있어서, 주머니에 들어갈 만큼 얇고 가볍죠. 또한 2년 품질 보증이 따라 나옵니다.

M: That's what I have been looking for. How much is it?
제가 찾던 거네요. 얼마죠?

W: It costs 350 dollars, which is much cheaper than other models. ❸ In addition, we offer you a leather case for free if you make a purchase today. 350달러인데 다른 모델들보다 훨씬 더 저렴해요. 게다가 오늘 구매하시면 무료로 가죽 케이스도 드립니다.

❶ 여자는 누구인가
☞ 도와 드릴 수 있다
(I can help you)

❷ ZS-100에 대해 언급된 것
☞ 얇고 가볍다(slim and light)

❸ 여자가 제안하는 것
☞ 무료 가죽 케이스를 제공하다(offer a leather case for free)

정답 찾기

1	(A) 제품 개발자 (B) 기술자 (C) 고객 **(D) 판매원**	여자의 첫 대사에서 스마트 폰을 구매하러 왔다는 남자의 말에 대해 자신이 도와줄 수 있고, 특정 모델을 염두해 두고 있는지 상대방에게 묻는 말에서 여자가 매장 직원임을 추론할 수 있다. 따라서 정답은 (D)가 된다.
2	**(A) 들고 다니기 쉽다.** (B) 1년 품질 보증이 딸려 나온다. (C) 많은 기능들이 특징이다. (D) 고급 모델이다.	여자의 두 번째 대사에서 ZS-100 모델을 추천하면서 그것이 주머니 안에 들어갈 만큼 얇고, 가볍다라는 것이 장점을 언급하고 있다. 따라서 지문의 slim and light을 easy to carry로 바꿔 표현한 보기 (A)가 정답이 된다.
3	(A) 추가 할인 제공하기 (B) 쿠폰 발행하기 **(C) 무료 선물 제공하기** (D) 무료로 배달해 주기	여자의 마지막 대사에서, 오늘 구매하면 무료로 가죽 케이스를 준다고 제안하는 부분에서 정답은 (C)가 된다. 무료를 뜻하는 for free를 보기에서는 complimentary로 바꾸고, case를 좀 더 포괄적 의미의 item으로 변환해서 표현했다. 또한 지문에 제시되는 in addition이나 also와 같은 표현 뒤에 답과 관련된 결정적인 단서가 언급하는 경우가 많다는 사실도 기억해두자.

particular 특정한 in mind 염두 하고 있는 high end 고급의 a lot of 많은 function 기능 light 가벼운 simple 단순한 perfect 완벽한 crystal display 액정 화면 slim 얇은 enough 충분한 pocket 주머니 warranty 품질 보증 in addition 게다가 offer 제공하다 leather 가죽 for free 무료로 purchase 구매

PRACTICE TEST

🔊 D13_TEST.mp3

1. What does the woman think about the plan?

   (A) It should be revised.
   (B) It is likely to be successful.
   (C) It must be cancelled.
   (D) It is eco-friendly.

2. What has the company already started?

   (A) To merge with an international firm
   (B) To construct factories overseas
   (C) To negotiate with the union
   (D) To lay off employees

3. What is the woman concerned about?

   (A) The company's financial condition
   (B) The current recession
   (C) The strict regulations in China
   (D) The number of investors

4. Why was the business trip cancelled?

   (A) No flight ticket was available.
   (B) The company hasn't had enough money.
   (C) The venue had a limited amount of space.
   (D) Not many people have registered.

5. What did the man do last year?

   (A) He learned about the new skills.
   (B) He organized the marketing convention.
   (C) He met with Ms. Lopez in the Seattle branch.
   (D) He worked on the budget.

6. What does the woman say about Cathy Lopez?

   (A) She used to work in LA.
   (B) She is the new marketing director.
   (C) She cancelled her trip.
   (D) She will attend the conference.

7. What is the conversation mainly about?

   (A) The recent article
   (B) The result of sales
   (C) The analysis program
   (D) The domestic demand

8. What does the woman say about the Chinese market?

   (A) It becomes less popular.
   (B) It is somewhat regulated.
   (C) It is very inefficient.
   (D) It is highly profitable.

9. What will take place on Friday?

   (A) A new model will be launched.
   (B) A meeting will be held.
   (C) A customer survey will be implemented.
   (D) A branch in China will be opened.

10. What does the man want to do?

    (A) Design a new logo
    (B) Find a new market
    (C) Entertain customers
    (D) Change a security policy

11. What will the woman probably do on Thursday?

    (A) Print a new logo
    (B) Visit the man's office
    (C) Meet her former colleagues
    (D) Talk about sales figures

12. What does the woman ask the man to give?

    (A) An estimate
    (B) A demonstration
    (C) Extra discounts
    (D) Directions.

13. Why did Ms. Jennings call?

(A) To inquire about an order
(B) To reschedule an appointment
(C) To inspect a warehouse
(D) To get a refund

14. What type of product does the speakers' company sell?

(A) Heavy machinery
(B) Stationery
(C) Food
(D) Office equipment

15. What does the man mean when he says "I'm so relieved to hear that"?

(A) He was concerned about the late fee.
(B) He didn't want to disappoint a customer.
(C) He was satisfied with the warranty.
(D) He was pleased to secure a contract.

Underground Parking Lot

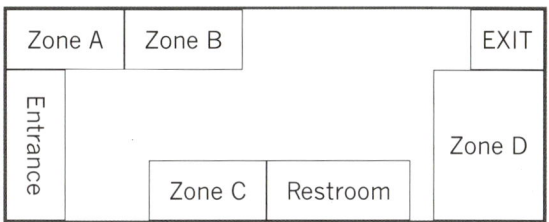

16. Why are the speakers pleased?

(A) They won the bid.
(B) They arrived on time.
(C) They purchased a new vehicle.
(D) They saved a lot of money.

17. What was the man worried about?

(A) Low attendance
(B) Survey results.
(C) Product price
(D) Traffic jam

18. Look at the graphic. Where will the speakers park their car?

(A) In Zone A
(B) In Zone B
(C) In Zone C
(D) In Zone D

DAY 14 ⟩ 인사, 행사, 일정

Part 3의 문제들을 풀 때 문제 유형뿐만 아니라 자주 나오는 대화 내용들을 알고 있으면 좀 더 쉽게 정답을 찾을 수 있다. 특히 대화 주제별로 출제되는 문제 유형과 빈출 답변까지 정해져 있으므로, 배경지식을 알아두면 요긴하게 문제 풀이에 활용할 수 있다. 토익에서는 비즈니스 상황이 가장 많이 출제되기 때문에, 업무상 발생 가능한 대화 내용이 주로 출제된다. 특히 지원·면접·구직 등과 관련된 내용이 빈번하게 출제되며, 사내 행사 준비나 이와 관련된 일정 변경, 그 이유들을 묻는 문제들도 자주 출제된다.

 **출제 포인트**

Point ❶ 인사

인사 관련 대화는 구인, 승진, 전근, 퇴직, 인원 충당 등 인사부의 업무와 관련된 내용들이 자주 출제된다.

> (1) 구인 문의 전화, 면접 일정 조율, 면접 후 채용 제안, 근무 조건과 관련된 대화.
> (2) 회사 동료의 승진에 대한 축하, 새로운 직책이나 업무 관련 사항, 환영회나 송별회 준비와 관련된 대화
> (3) 업무 과중으로 인한 추가 인원 충당, 임시직 채용, 후임자 선출, 퇴직, 업무 인수 인계 등과 관련된 대화
> (4) 휴가나 병가 신청, 지각이나 결근 통보, 보너스 및 복리 후생과 관련된 대화

빈출 문제 유형

> What position is the man interested in? 남자는 어떤 직책에 관심 있어 하는가?
> How can the woman apply for the position? 여자는 자리에 어떻게 지원할 수 있는가?
> How did the man learn about the job opening? 남자는 빈자리에 대해 어떻게 알았는가?
> When will the interview take place? 인터뷰는 언제일 것인가?
> Where will the retirement party be held? 은퇴 파티는 어디에서 열릴 것인가?
> What qualification does the man mention? 남자는 어떤 자격을 언급하는가?
> What will the man be responsible for? 남자는 무엇을 책임지게 될 것인가?

Point ❷ 회의

각종 회의 안건과 준비 상황, 일정 변경 그리고 이와 관련된 세부 사항들이 자주 출제된다.

> (1) 회의와 관련된 주제나 안건, 목적과 이유가 무엇인지 논의하는 대화
> (2) 회의 일정과 관련된 변경 사유, 변경 전후 시간, 장소, 참가 인원 등에 대한 대화
> (3) 회의실 예약, 자료 준비, 발표 준비 등과 관련된 대화
> (4) 회의 준비나 발표, 시연 등을 위한 관련 장비 준비, 그리고 회의를 위한 문서 검토에 대한 대화

빈출 문제 유형

> Why was the meeting cancelled? 회의는 왜 취소 되었는가?
> What will the speakers discuss at the meeting? 화자들은 회의에서 무슨 얘기를 할 것인가?
> Who will lead the presentation? 누가 발표를 이끌 것인가?
> What is the purpose of the meeting? 회의의 목적은 무엇인가?
> What is the woman asked to send the man? 여자는 남자에게 무엇을 보내라고 요청받는가?
> How often does the staff meeting take place? 직원 회의는 얼마나 자주 열리는가?
> Where will the meeting take place? 회의는 어디에서 열릴 것인가?

Point ③ 교육·훈련

신입 사원들을 위한 오리엔테이션이나 기존 직원들의 업무 향상을 위한 여러 가지 교육 및 훈련과 관련된 내용들이 자주 출제된다.

(1) 신입 사원들을 위한 오리엔테이션 일정이나 장소, 안건 등에 대한 대화
(2) 공장에서 새로운 기계나 장비 도입으로 인한 사용법 및 안전 교육에 대한 대화
(3) 새로운 소프트웨어 설치나 사무 기기 구매에 따른 설명이나 사용법에 대한 강연 준비와 관련된 대화
(4) 새로운 정책 시행이나 변경의 의의 및 목적, 그리고 화자들이 해야 할 일에 대한 대화

빈출 문제 유형

When will the orientation take place? 오리엔테이션은 언제 열릴 것인가?
Where is the training session being held? 교육은 어디에서 열릴 것인가?
When will the new policy take effect? 새로운 규정은 언제부터 시행될 것인가?
What does the man say about the accounting software?
남자는 회계 소프트웨어에 대해 뭐라고 말하는가?
How can employees register for the course? 직원들은 수업에 어떻게 등록할 수 있는가?
What event are the speakers talking about? 화자들은 무슨 행사에 대해 말하고 있나?
What will John Baker discuss in the workshop? John Baker는 워크숍에서 어떤 얘기를 할 것인가?

Point ④ 약속·일정

회사에서 업무상 발생하는 여러 가지 예약, 약속, 일정을 정하거나 변경하는 내용이 자주 출제된다.

(1) 각종 회의나 시연회, 방문 등의 일정을 조율하는 대화
(2) 회의실이나 시설물 이용 등과 관련해 예약하거나 취소, 변경하는 대화
(3) 보고서 제출이나 발표 준비 등과 관련한 업무 일정 논의나 예정일, 마감일 등과 관련된 대화
(4) 출장이나 행사와 관련한 일정과 예약에 관련된 대화

빈출 문제 유형

When will the man go on a business trip? 남자는 언제 출장을 갈 것인가?
Where will the woman stay in New York? 여자는 뉴욕에서 어디에 머물 것인가?
According to the woman, when is the sales report due?
여자의 말에 따르면, 영업 보고서는 언제까지인가?
Why are the speakers going to London? 화자들이 런던에 가는 이유는 무엇인가?
How will the men get to Chicago? 남자들은 시카고에 어떻게 갈 것인가?
Why has the conference been delayed? 회의는 왜 지연되는가?
What does the woman say about the upcoming trip? 여자는 다가오는 여행에 대해 뭐라고 말하는가?

유형 1 ▶ 인사   🎧 D14_01.mp3

1. What will the woman do this afternoon?
(A) Write a resume
(B) Apply for an intern position
(C) Interview some candidates
(D) Complete the report

2. What does the woman ask the man to do?
(A) Work overtime
(B) Meet with Ted
(C) Review documents
(D) Complete the form

3. What does the man suggest the woman do?
(A) Contact a coworker
(B) Visit the personnel office
(C) Print some handouts
(D) Give an assignment

STEP 1 ▷ 키워드 파악하기

1. What will the **woman do this afternoon**?
여자는 오늘 오후에 무엇을 할 것인가?
woman / do / this afternoon ➡ 여자가 / 하다 / 오늘 오후

2. What does the **woman ask** the **man** to do?
여자는 남자에게 무엇을 요청하는가?
woman / ask / man ➡ 여자가 / 요청하다 / 남자

3. What does the **man suggest** the **woman** do?
남자는 여자에게 무엇을 제안하는가?
man / suggest / woman ➡ 남자가 / 제안하다 / 여자

STEP 2 〉〉 지문에서 단서 찾기

W: Jason! Can I ask you a favor? ❶ I'm supposed to interview some interns at 3 p.m. and ❷ I'd like you to go over these resumes for me. Jason! 부탁 좀 들어줄래요? 오늘 오후 3시에 몇몇 인턴들의 면접을 보기로 되어 있는데 이 이력서들을 좀 검토해 주셨으면 합니다.

M: I'm sorry but I should finalize the expense report by the end of the day. 죄송하지만 제가 오늘까지는 경비 보고서를 마무리 해야 해서요.

W: It sounds like you are quite busy. 매우 바쁘신 것 같네요.

M: Umm… ❸ why don't you call Ted in Personnel? I was told he completed his assignment yesterday. I'm sure that he's willing to give you a hand. 음, 인사부의 Ted에게 전화해 보시는 게 어때요? 그는 어제 임무를 끝냈다고 들어요. 그가 기꺼이 당신을 도와줄 것이라고 확신해요.

W: Actually, I already talked to him on the phone but he said he called in sick today. I'd better find somebody else. Thanks anyway. 사실은, 이미 그와 전화 통화를 했는데 오늘 병가를 냈대요. 다른 사람을 찾아 보는 것이 좋겠어요. 어쨌든 고맙습니다.

> ❶ 여자가 오후에 할 일
> ☞ 몇몇 인턴들을 면접 보기
> (interview some interns)

> ❷ 여자가 남자에게 요청하는 것
> ☞ 이력서 검토하기
> (go over resumes)

> ❸ 남자가 여자에게 제안하는 것
> ☞ 인사부의 Ted에게 전화하기(call Ted in Personnel)

STEP 3 〉〉 정답 찾기

1	(A) 이력서 쓰기 (B) 인턴 자리에 지원하기 **(C) 몇몇 지원자들을 면접 보기** (D) 보고서 작성하기	여자의 첫 대사에서 오후 3시에 인턴들을 면접 보기로 되어 있다고 말하는 부분에서 정답은 (C)가 된다. 문제에서 제시된 시간 키워드인 this afternoon을 지문에서는 at 3 p.m.(오후 3시)로 바꿔 표현했다.
2	(A) 야근 하기 (B) Ted 만나기 **(C) 문서들 검토하기** (D) 양식 작성하기	여자의 첫 대사에서 남자에게 이력서 검토를 부탁하는 부분에서 정답은 (C)가 된다. I'd like you to ~는 상대방에게 정중하게 부탁할 때 사용하는 표현으로 ask 요청 문제에 대한 답을 끌고 나올 수 있다. 지문의 go over를 보기에서는 review로, resumes를 documents로 바꿔 표현했다.
3	**(A) 동료에게 연락하기** (B) 인사부 방문하기 (C) 유인물들 출력하기 (D) 임무 부과하기	남자의 마지막 대사에서, 여자에게 인사부의 Ted에게 전화해 보라고 제안하는 부분에서 정답은 (A)가 된다. suggest 문제의 답을 끌고 나오는 가장 대표적인 표현이 Why don't ~ 제안문임을 기억해두자. 지문의 call을 좀 더 포괄적인 의미의 contact으로 바꿔 보기에 제시했다. 또한 부서명과 사람 이름이 같이 등장할 경우, 그 사람이 화자와 같은 회사에서 일하는 동료 관계임을 나타내는 힌트가 된다.

favor 호의 intern 인턴 resume 이력서 finalize 마무리하다 expense 경비 quite 매우 busy 바쁜 be told 듣다 complete 끝내다 assignment 임무 be willing to 기꺼이 ~하다

1. When did the staff meeting take place?
(A) Yesterday
(B) Today
(C) On Monday
(D) On Friday

2. According to the man, what caused the delay?
(A) A technical problem
(B) A scheduling conflict
(C) A traffic jam
(D) Inclement weather

3. Who is Sam Taylor?
(A) A vice president
(B) A professional model
(C) A designer
(D) A pilot

STEP 1 ▷ 키워드 파악하기

1. **When did** the **staff meeting** take place?
직원 회의는 언제였는가?
When did / staff meeting ➜ 언제 했나 / 직원 회의

2. According to the man, **what caused** the **delay**?
남자의 말에 따르면 무엇이 지연을 야기시켰는가?
what / caused / delay ➜ 무엇이 / 야기시키다 / 지연

3. **Who** is **Sam Taylor**?
Sam Taylor는 누구인가?
Who / Sam Taylor ➜ 누구 / Sam Taylor

STEP 2 〉〉 지문에서 단서 찾기

M: Samantha! I'm back from the business trip.
Samantha! 저 출장에서 돌아왔어요.

W: Good to see you, John. I thought you were supposed to come back yesterday.
만나서 반가워요, John. 어제 돌아올 예정이라고 생각했는데요.

M: Umm… it's a long story! Actually, ❷ my return flight was postponed for 12 hours due to the heavy snowstorm. By the way, ❶ how was the staff meeting this morning?
음, 얘기가 좀 길어요. 사실은 돌아오는 비행기가 눈 폭풍우로 12시간 동안 지연 되었거든요. 그건 그렇고, 오늘 아침 직원 회의는 어땠어요?

W: It went well. The vice president briefly talked about the marketing plan for our new smart phone, Space-5. 잘 되었어요.
부사장님이 우리의 새로운 스마트 폰인 Space-5에 대해 간단히 말씀하셨어요.

M: Oh, I should've been there. I'm quite interested in that particular model.
오, 제가 거기 있었어야 했는데요. 저는 그 특정 모델에 매우 관심이 많거든요.

W: Don't worry about it. There will be a follow up meeting on Friday. ❸ Sam Taylor, the senior product designer will tell us more about it in detail. 걱정 마세요. 금요일에 후속 회의가 있을 겁니다.
선임 제품 디자이너인 Sam Taylor씨가 그것에 대해 상세히 말해줄 거예요.

❶ 직원 회의는 언제였는가
☞ 오늘 아침(this morning)

❷ 지연을 야기시킨 것
☞ 눈 폭풍우 때문에(due to the heavy snow storm)

❸ Sam Taylor는 누구인가
☞ 선임 제품 디자이너 (senior product designer)

STEP 3 〉〉 정답 찾기

1	(A) 어제 (B) 오늘 (C) 월요일에 (D) 금요일에	남자의 두 번째 대사에서, 오늘 아침 직원 회의에 대해 묻는 질문을 통해 직원 회의가 오늘 아침에 있었음을 유추할 수 있다. 지문의 this morning을 좀 더 넓은 의미로 today로 바꿔 표현한 보기 (B)가 정답이다.
2	(A) 기계적인 문제 (B) 일정 충돌 (C) 교통 체증 (D) 악천후	남자의 두 번째 대사에서, 눈 폭풍우로 인해 비행기가 지연되었다고 말하는 부분에서 정답은 (D)가 된다. 지문의 heavy snow storm을 보기에서는 좀 더 포괄적 의미의 inclement weather로 바꿔 표현했다.
3	(A) 부사장 (B) 직업 모델 (C) 디자이너 (D) 조종사	여자의 마지막 대사에서 Sam Taylor를 언급한 바로 다음에, 그가 선임 제품 디자이너임을 말하고 있다. 따라서 정답은 (C)가 된다.

be back 돌아오다 (=come back) business trip 출장 return flight 돌아오는 비행기 due to ~ 때문에 heavy 심한 storm 폭풍우 go well 잘 되다 by the way 그런데 vice president 부사장 briefly 간단히 be interested in ~에 흥미가 있다 particular 특정한 follow up 후속의 senior 선임의 in detail 자세히

1. Where do the speakers probably work?
  (A) In a factory
  (B) In a grocery store
  (C) In an electronics shop
  (D) In a bank

2. According to the man, what is scheduled to take place on Friday?
  (A) An installation
  (B) An interview
  (C) A client meeting
  (D) A training session

3. What does the woman say she will do next?
  (A) Sign up for the training
  (B) Call a client
  (C) Look at the website
  (D) Reschedule a meeting

STEP 1 ⟩ **키워드 파악하기**

1. **Where** do the speakers probably **work**?
   화자들은 어디에서 일하고 있을 것 같은가?
   Where / work ➜ 어디에서 / 일하다

2. According to the man, what is scheduled to **take place** on **Friday**?
   남자의 말에 따르면, 금요일에 무슨 일이 일어날 예정인가?
   take place / Friday ➜ 일어나다 / 금요일

3. What does the **woman** say she **will do next**?
   여자는 다음에 무엇을 할 것이라고 말하는가?
   woman / will do / next ➜ 여자가 / 할 것이다 / 다음에

STEP 2 ▷▷ 지문에서 단서 찾기

M: Did you hear that ❶ new bottling machines will be installed in our assembly line next Thursday? 우리 조립 라인에 새로운 병 채우기 기계가 다음 주 목요일에 설치될 것이라는 얘기 들으셨나요?

W: I didn't know that. But they will surely help us expand our production capacity. 그건 몰랐어요. 하지만 그것들은 확실히 우리의 생산력을 확대하는 것을 도와줄 겁니다.

M: That's right. In addition, they will accelerate our work flow. Since the new machine is different from the current one, ❷ the training on how to operate it will be held on Friday. It's necessary for all the workers to attend it. 맞아요. 게다가, 그것들은 우리의 작업 흐름을 빠르게 해줄 겁니다. 새로운 기계가 현재 것과는 다르기 때문에, 그것을 사용하는 방법에 대한 교육이 금요일에 있을 것입니다. 모든 직원들은 꼭 참석하셔야 합니다.

W: Do you happen to know what time it starts? I need to be out of the office to meet an important client on Friday morning. 그것이 몇 시에 시작하는지 혹시 아시나요? 금요일 아침에 중요한 고객을 만나기 위해 사무실을 비워야 해서요.

M: I'm not sure but you can check the detailed schedule on our website. 확실하지는 않지만 우리 웹사이트에서 세부 일정을 확인할 수 있어요.

W: Good. ❸ I'll log on to it and check it out immediately. 좋아요. 그곳에 접속해서 즉시 확인해 볼게요.

❶ 일하는 장소
☞ 조립 라인(assembly line)이 있는 장소: 공장(factory)

❷ 금요일에 일어날 일
☞ 작동법에 대한 교육 (training on how to operate it)

❸ 여자가 다음에 할 일
☞ 접속하기(log on)

STEP 3 ▷▷ 정답 찾기

1	(A) 공장에서 (B) 식료품점에서 (C) 전자 제품 가게에서 (D) 은행에서	남자의 첫 대사에서 조립 라인에 새로운 기계가 설치될 것이라고 언급하는 부분에서 공장에서 일하는 사람들의 대화임을 유추할 수 있다. 따라서 정답은 (A)가 된다. 특히 assembly line이 언급될 경우 공장이 답으로 자주 출제된다는 사실을 기억해두자.
2	(A) 설치 (B) 면접 (C) 고객 미팅 (D) 교육 과정	남자의 두 번째 대사에서 금요일에 기계 작동법에 대한 교육이 있다는 말에서 정답은 (D)가 된다.
3	(A) 교육에 등록하기 (B) 고객에게 전화하기 (C) 웹사이트 보기 (D) 회의 일정 바꾸기	여자의 마지막 대사에서 웹사이트에 접속해서 즉시 확인해 보겠다는 말에서 정답은 (C)가 된다. 질문에 주어진 next를 지문에서는 immediately로 바꿔 표현했다.

bottling machine 병 채우기 기계 install 설치하다 assembly line 조립 라인 expand 확장시키다 production capacity 생산 능력 in addition 게다가 accelerate 가속화 시키다 work flow 작업 흐름 since ~ 때문에 different 다른 current 현재의 training 교육 operate 작동시키다 be held 열리다 necessary 필수적인 factory worker 공장 근로자 attend 참석하다 happen to 혹시 ~하다 out of the office 사무실 밖에 important 중요한 client 고객 detailed 세부적인 log on to ~에 접속하다 immediately 즉시

1. Where does the man have to go now?
(A) To the factory
(B) To the personnel department
(C) To the accounting office
(D) To the main office

2. What does the man want to do?
(A) Submit the report
(B) Inspect a plant
(C) Manufacture inexpensive products
(D) Reschedule a meeting

3. What does the woman ask the man to do?
(A) Allow more time for a travel
(B) Bring all the necessary documents
(C) Show his relevant experiences
(D) Come back this afternoon

STEP 1 키워드 파악하기

1. **Where** does the **man** have to **go** now?
남자는 지금 어디로 가야 하는가?
Where / man / go ➜ 어디 / 남자 / 가다

2. What does the **man want** to do?
남자는 무엇을 원하는가?
man / want ➜ 남자 / 원하다

3. What does the **woman ask** the man to do?
여자가 남자에게 요청하는 것은 무엇인가?
woman / ask ➜ 여자 / 요청하다

STEP 2 > **지문에서 단서 찾기**

M: Hello, Julie. This is Ian from Personnel. I was supposed to meet Mr. Garcia this afternoon but ❶ my boss wants me to go to our manufacturing plant right now. Sorry for such a short notice ❷ but I'd like to reschedule it for tomorrow.
여보세요, Julie. 저는 인사부의 Ian입니다. 오늘 오후에 Garcia 씨와 만나기로 했는데, 제 상관이 지금 당장 제조 공장에 가보라고 하셔서요. 갑작스럽게 알려 드리게 되어 죄송하지만, 내일로 다시 약속을 변경했으면 합니다.

W: Don't worry about it. Well, he's available at 10 a.m. tomorrow. How does it sound?
걱정하지 마세요. 음, 그 분은 내일 오전 10시에 시간이 되시네요. 어떠세요?

M: Good! What should I bring with me?
좋아요! 제가 무엇을 가져 가야 할까요?

W: ❸ We need all the relevant receipts in order to reimburse you for expenses you've had.
가지고 계신 경비를 환급해 드리려면 모든 관련 영수증이 필요합니다.

M: Okay, I'll give you a call before I leave my office tomorrow morning. See you then.
좋아요. 제가 내일 아침 사무실 떠나기 전에 전화 드릴게요. 그때 봬요.

❶ **남자가 갈 곳**
☞ 제조 공장
(manufacturing plant)

❷ **남자가 원하는 것**
☞ 일정을 변경하기
(reschedule it)

❸ **여자가 요청하는 것**
☞ 모든 관련 영수증들(all the relevant receipts)

STEP 3 >> **정답 찾기**

1	**(A) 공장으로** (B) 인사부로 (C) 회계 사무실로 (D) 본사로	남자의 첫 대사에서 그가 상관의 명령으로 제조 공장에 당장 가야 한다는 사실을 알 수 있다. 따라서 지문의 plant를 factory로 바꿔 표현한 보기 (A)가 정답이다.
2	(A) 보고서 제출하기 (B) 공장 조사하기 (C) 비싸지 않은 제품들 제조하기 **(D) 회의 일정 변경하기**	남자의 첫 대사에서 약속을 변경하고 싶다고 말하는 부분에서 정답은 (D)가 된다. 문제에 제시된 키워드 want가 대화에서는 I'd like to ~로 바뀌어 제시되었다.
3	(A) 여행에 더 많은 시간 허락하기 **(B) 모든 필요한 서류 가져오기** (C) 그의 관련 경험들을 보여주기 (D) 오늘 오후에 다시 돌아오기	여자의 마지막 대사에서 모든 관련 영수증이 필요하다고 말하는 부분에서 정답은 (B)가 된다. 지문의 relevant receipts가 포괄적 의미의 necessary documents로 바뀌어 제시되었다.

personnel 인사부 be supposed to ~할 예정이다 boss 상사 manufacturing plant 제조 공장 notice 공지
available 시간이 나는 relevant 관련된 receipt 영수증 reimburse 환급하다 expense 비용

PRACTICE TEST

1. What are the speakers mainly talking about?

   (A) The birthday gift
   (B) Their colleague's retirement
   (C) The reception party
   (D) Their benefit plan

2. Why is the woman unable to attend the event?

   (A) She will go on a business trip.
   (B) She has to stay at the Royal hotel.
   (C) She should visit the headquarters.
   (D) She is busy with organizing a farewell party.

3. What does the woman say she will do later?

   (A) Attend the retirement party
   (B) Meet Mr. Taylor in person
   (C) Establish a business
   (D) Reserve a hotel room

4. What does the woman say about the man?

   (A) He is currently responsible for a project.
   (B) He just started to work as a marketing director.
   (C) He will lead the safety training by himself.
   (D) He wants to have lunch with Susan.

5. What does the woman want to know?

   (A) What time the training will start.
   (B) Where the meeting will take place.
   (C) Whether the man is available in the afternoon.
   (D) How long the project will last.

6. What time will the man probably meet Ms. Bishop?

   (A) At 1 p.m.
   (B) At 2 p.m.
   (C) At 3 p.m.
   (D) At 4 p.m.

7. What does the man imply when he says "It has never happened to me before"?

   (A) He hasn't had any problem accessing his email account in the past.
   (B) He has not used a company email system before.
   (C) He is unfamiliar with the intranet.
   (D) He has never forgotten his password.

8. What does the man say he has to do?

   (A) Access the bank account
   (B) Revise the product manual
   (C) Email the monthly report
   (D) Send instructions to a client

9. What does the woman recommend the man do?

   (A) Reboot the computer
   (B) Change the password
   (C) Call the tech department
   (D) Use another computer

10. What kind of position is the man interested in?

    (A) A technician
    (B) A cashier
    (C) A professor
    (D) A waiter

11. What is suggested about the man?

    (A) He intends to apply for a permanent position.
    (B) He has relevant experience.
    (C) He used to work as a technician.
    (D) He doesn't want to write a resume.

12. What does the man want to know?

    (A) Whether a resume is necessary
    (B) When the interview will take place
    (C) Where the cafeteria is located
    (D) How he can apply for a college grant

13. What is the conversation mainly about?

(A) A business trip
(B) A vacation
(C) A lunch menu
(D) A meeting

14. What does the man say about Emma?

(A) She is on a business trip.
(B) She will be back next week.
(C) She is currently out of the office.
(D) She is a new director.

15. What does the woman suggest?

(A) Having a meal together
(B) Cancelling a weekly meeting
(C) Delaying the deadline
(D) Going on a vacation

Model	Price
TG-300	$1,200
TG-500	$1,350
TS-100	$1,450
TS-200	$1,600

16. According to the man, what will take place next week?

(A) The final budget will be decided.
(B) The office will be relocated.
(C) A new worker will begin to work.
(D) A network will be upgraded.

17. How did the woman learn about the news?

(A) She read the newsletter.
(B) She saw the notice on the bulletin board.
(C) She heard about it from her colleague.
(D) She got an email from the personnel office.

18. Look at the graphic. Which model will be purchased?

(A) TG-200
(B) TG-500
(C) TS-100
(D) TS-200

DAY 15 > 일상 생활

일상 생활 관련 대화로는 백화점이나 상점에서 물건을 찾거나 반품하는 상황 등 고객과 점원의 대화가 자주 출제된다. 또한 전화상으로 주문을 하거나 배송 상태를 문의하는 대화도 자주 출제된다. 식당에서의 예약이나 주문 관련 대화, 여가 생활과 관련된 대화 내용에 대한 정리도 중요하다. 마지막으로 도서관, 약국, 병원과 같은 공공 시설에서의 고객과 직원과의 대화도 출제 포인트가 된다. 각 대화 상황별로 자주 출제되는 문제 유형과 답의 패턴이 정해져 있으므로, 하나의 배경지식으로 정리해두면, 문제를 푸는 데 큰 도움이 된다.

📍 출제 포인트

Point ❶ 쇼핑·식사

쇼핑과 관련해서 손님과 점원의 대화, 식당 예약이나 음식 주문에 관련된 내용들이 자주 출제된다.

> (1) 상점에서 고객이 특정 물품이 진열된 위치를 묻거나 상품의 구매 및 프로모션에 대해 문의하는 대화
> (2) 가게 점원이 재고의 유무를 파악하고, 재고가 없을 경우 특별 주문 등의 대안을 제안하는 대화
> (3) 식당에서 웨이터가 손님의 주문을 받거나 특정 메뉴를 추천해 주는 대화
> (4) 전화를 통해 식당을 예약하거나, 새로운 식당에 가보자고 제안하는 내용의 대화

빈출 문제 유형

> What does the woman want to order? 여자는 무엇을 주문하고 싶어하는가?
> What item is the man looking for? 남자가 찾고 있는 물건은 무엇인가?
> When will the clearance sale start? 재고 처리 세일은 언제 시작할 것인가?
> Who is eligible for the special offer? 특별 혜택에 자격이 있는 사람은 누구인가?
> What does the man give the woman? 남자는 여자에게 무엇을 주는가?
> Why is the woman apologizing? 여자가 사과하는 이유는 무엇인가?
> What time will the man visit the restaurant? 남자는 식당에 몇 시에 방문할 것인가?

Point ❷ 여행·여가 생활

여행 예약과 관련된 대화, 공연이나 전시회, 박물관 관람 등 다양한 여가 생활에 대한 내용들이 자주 출제된다.

> (1) 고객이 여행사에 전화해서 숙박, 항공, 여행 패키지 상품 등에 대해 문의하는 대화
> (2) 공연이나 콘서트, 전시회 등의 정보를 서로 공유하고 관람을 제안하는 대화
> (3) 건강, 운동, 체육관 투어나 운동 수업, 프로그램의 등록과 관련된 대화
> (4) 행사장이나 박물관 등의 안내 데스크나 매표소에서 자리를 예약하거나 표를 구매하는 대화

빈출 문제 유형

> Why is the man calling? 남자가 전화한 이유는 무엇인가?
> What time will the concert start? 콘서트는 몇 시에 시작하는가?
> Why was the exhibition delayed? 전시회가 지연된 이유는 무엇인가?
> How did the woman learn about the fitness club? 여자는 헬스장에 대해서 어떻게 알게 되었는가?
> How will the speakers get to the festival? 화자들은 축제에 어떻게 갈 것인가?
> What will the speakers do on the weekend? 화자들은 주말에 무엇을 할 것인가?
> Why does the man want to reserve an early flight? 남자는 왜 이른 비행기를 예약하기를 원하는가?

Point ❸ 편의·공공 시설

은행이나 세탁소, 자동차 정비소, 병원, 약국과 같은 편의 시설, 그리고 도서관이나 우체국과 같은 공공 시설에서 일어나는 일상적인 대화 내용들이 자주 출제된다.

(1) 은행에서 계좌를 개설하거나 도서관에서 책을 대출할 때 직원과 손님과의 대화
(2) 병원에서 예약을 잡거나 약국에서 처방전으로 약을 조제하는 것에 대한 대화
(3) 세탁소에 세탁물을 맡기거나 정비소에서 자동차 수리와 관련된 대화
(4) 우체국에서 우편물이나 택배를 받거나 보낼 때의 대화

빈출 문제 유형

Where is the conversation taking place? 대화는 어디에서 일어나고 있는가?
Who most likely is the man? 남자는 누구인가?
How much will the man pay for the priority mail? 남자는 빠른 우편에 대해 얼마를 지불할 것인가?
What is the problem with the car? 자동차의 문제는 무엇인가?
What is the man asked to provide? 남자는 무엇을 제공하라고 요청받는가?
What is the woman required to fill out? 여자는 무엇을 작성하라고 요청받는가?
What does the mechanic say about the van? 정비사는 승합차에 대해 뭐라고 말하는가?

Point ❹ 교통·주거

부동산 임대와 관련된 대화나 비행기나 기차, 버스 등 대중 교통 시설 이용에 대한 내용, 그리고 일상 주거 생활과 관련된 내용들이 자주 출제된다.

(1) 주거지나 상가, 사무실 등을 임대하려는 고객과 부동산 중개업자 간 임대 조건이나 요청 사항에 관련된 대화
(2) 집 수리, 실내 장식, 페인트 칠 혹은 주거 환경, 이웃 등과 관련된 대화
(3) 길을 묻거나 특정 장소로 가는 빠른 방법에 대한 대화
(4) 비행기나 기차표 예약 또는 표 구매 관련, 그리고 대중 교통 이용이나 노선을 묻는 대화

빈출 문제 유형

When will the speakers paint the house? 화자들은 언제 집을 칠할 것인가?
What does the man say about his neighbors? 남자가 그의 이웃들에 대해 뭐라고 말하는가?
What does the woman like about her house? 여자는 그녀의 집에 대해 어떤 점을 좋아하는가?
When will the man move? 남자는 언제 이사할 것인가?
How will the man get to the city hall? 남자는 시청까지 어떻게 갈 것인가?
What time does the next train depart? 다음 열차는 몇 시에 출발하는가?
Why has the man's flight been delayed? 남자의 비행기가 지연된 이유는 무엇인가?

유형 1 〉 쇼핑·식사

🎧 D15_01.mp3

1. According to the woman, what is the cause of the problem?
  (A) Some ingredients are out of stock.
  (B) The mall went out of business.
  (C) Some waiters are busy with paperwork.
  (D) All employees are occupied.

2. What does the woman mean when she says "As you can see, it's Saturday"?
  (A) The store is usually crowded on the weekend.
  (B) The mall is very popular.
  (C) She cannot take an order at the moment.
  (D) She needs to work overtime today.

3. What will the man probably do next?
  (A) Bring a glass of water
  (B) See the menu
  (C) Visit the nearby mall
  (D) Pay the bill

STEP 1 〉 키워드 파악하기

1. According to the woman, what is the **cause** of the **problem**?
  여자의 말에 따르면, 문제의 원인은 무엇인가?

  cause / problem ➡ 야기시키다 / 문제

2. **What** does the woman **mean** when she says **"As you can see, it's Saturday"**?
  여자가 "보시다시피, 오늘은 토요일이거든요"라고 말할 때 의미한 바는 무엇인가?

  What / mean / "As you can see, it's Saturday" ➡ 무엇 / 의미하다 / "보시다시피, 오늘은 토요일이거든요"

3. **What** will the **man** probably **do next**?
  남자가 아마도 다음에 무엇을 할 것인가?

  What / man / do next ➡ 무엇 / 남자가 / 다음에 하다

M: Pardon me. When can I take a seat? I've been waiting in line for more than half an hour. 실례합니다. 언제쯤 제가 자리에 앉을 수 있을까요? 30분 넘게 줄 서서 기다리고 있는데요.

W: I'm so sorry, sir. Oh, here's an empty table. Please have a seat here. ❶, ❷ It looks like all of our servers are currently busy with other patrons. As you can see, it's Saturday. 정말 죄송합니다, 손님. 오, 여기 빈 테이블이 있네요. 여기 앉으세요. 모든 서빙하는 사람들이 현재 다른 고객들로 바쁜 것 같네요. 보시다시피, 오늘은 토요일이거든요.

M: I see what you're talking about. Besides, the clearance sale at the nearby mall starts today. 무슨 말씀인지 알겠네요. 게다가, 여기 근처에 쇼핑몰이 오늘 재고 처리 할인을 시작해요.

W: Thanks for your understanding. If you don't mind, I'd be pleased to take your order. ❸ Here's the menu. 이해해 주셔서 감사합니다. 괜찮으시면, 제가 주문을 받겠습니다. 여기 메뉴가 있습니다.

M: That's very kind of you. 정말 친절하시네요.

❶ 문제의 원인
☞ 다른 손님들로 인해 바쁘다(busy with other patrons)

❷ 화자의 의도 파악
~ busy with other patrons. As you can see, it's Saturday.
다른 손님들로 인해 바쁘다. 보시다시피, 오늘은 토요일이다. → "주말이라 바쁘다"

❸ 남자가 다음에 할 일
☞ 메뉴가 여기 있다 (Here's the menu)

1
(A) 몇몇 재료들이 재고가 없다.
(B) 쇼핑몰이 파산했다.
(C) 몇몇 종업원들이 서류 작업으로 바쁘다.
(D) 모든 직원들이 바쁘다.

여자의 첫 대사에서 모든 직원들이 다른 손님들로 인해 바쁘다고 말하는 부분에서 정답은 (D)가 된다. 지문의 busy가 보기에서는 occupied로 변환되었고, servers도 좀 더 포괄적인 의미의 어휘인 employees로 바꿔 표현됐다.

2
(A) 가게는 대개 주말에 붐빈다.
(B) 쇼핑몰이 매우 인기있다.
(C) 그녀가 지금은 주문을 받을 수 없다.
(D) 그녀가 오늘 초과로 일해야 한다.

1번 답을 구한 여자의 첫 대사에서 모든 다른 직원들이 다 바쁘다라고 언급하고, 이어서 오늘이 토요일이라고 말하는 부분에서 정답은 (A)가 된다. 특히 지문의 Saturday를 좀 더 넓은 의미의 weekend로 바꿔 표현했다.

3
(A) 물 한 잔 가져오기
(B) 메뉴 보기
(C) 근처 쇼핑몰에 방문하기
(D) 청구서 지불하기

여자의 마지막 대사에서 남자에게 메뉴를 넘겨 주는 부분에서, 이어서 남자가 메뉴를 살펴볼 것임을 추론할 수 있다. 따라서 정답은 (B)가 된다. 남자가 다음에 무엇을 할 것인지 묻는 next 문제는 상대방인 여자가 무엇인가를 제안, 요청, 명령 하는 대사를 통해 답을 유추할 수 있다는 사실도 기억해두자.

wait in line 줄 서 기다리다　currently 현재에　patron 고객　nearby 근처의　mind 꺼려하다　be pleased to 기꺼이 ~하다　beside 게다가

🎧 D15_02.mp3

1. What is the woman planning to do next week?
  (A) Have a rest
  (B) Start a new project
  (C) Purchase a bicycle
  (D) Visit her hometown

2. What does the woman want the man to do?
  (A) Start exercising
  (B) Make a suggestion
  (C) Give a presentation
  (D) Take a day off

3. What does the man suggest?
  (A) Having dinner tonight
  (B) Go cycling together
  (C) Working extra hours
  (D) Going to the museum this weekend

STEP 1 ▷ **키워드 파악하기**

1. What is the **woman** planning to **do next week**?
여자는 다음 주에 무엇을 계획하고 있는가?
woman / do / next week ➜ 여자가 / 하다 / 다음 주

2. What does the **woman want** the **man** to do?
여자는 남자가 무엇을 하기를 원하는가?
woman / want / man ➜ 여자가 / 원하다 / 남자

3. What does the **man suggest**?
남자는 무엇을 제안하는가?
man / suggest ➜ 남자가 / 제안하다

STEP 2 지문에서 단서 찾기

M: Hi, Jane! Long time no see. How have you been?
안녕, Jane! 오랜만입니다. 어떻게 지내셨어요?

W: I have been busy with K-1 project but it's almost done! ❶ I'm going to take some time off next week in order to get some fresh air. ❷ Would you recommend any good place around here, Jim? K-1 프로젝트로 바빴지만, 거의 끝났어요. 바람 좀 쐬고 오려고 다음 주에 쉴까 합니다. 여기 근처에 좋은 곳 있으면 추천해 주실래요, Jim?

M: There's a big lake called "Venus" near my house. It's a 10 minute drive from here. It's very popular with local residents. Oh, I almost forgot to say that there's a great bike trail along the lake as well. 저희 집 근처에 "Venus"라고 불리는 큰 호수가 있어요. 여기서는 차로 10분 거리인데요. 지역 주민들에게 매우 인기있어요. 오, 호수를 따라 멋진 자전거 도로도 있다는 사실을 말씀 드리는 것을 깜박할 뻔했네요.

W: I should definitely go there because I enjoy riding a bike. 저는 자전거 타는 것을 즐기니까 꼭 거기에 가봐야겠어요.

M: Umm. What are you doing this weekend? ❸ How about we go biking together? 음. 이번 주말엔 뭐하세요? 같이 자전거 타러 가지 않을래요?

W: Why not! Maybe we can go out for dinner afterwards. 왜 안되겠어요! 끝나고 저녁 먹으러 갈 수도 있을 것 같아요.

❶ 여자가 다음 주에 할 일
☞ 휴식하기(take some time off)

❷ 여자가 남자에게 원하는 것
☞ 좋은 장소 추천하기 (recommend any good place)

❸ 남자가 제안하는 것
☞ 함께 자전거 타기 (go biking together)

STEP 3 정답 찾기

1	(A) 휴식하기 (B) 새로운 프로젝트 시작하기 (C) 자전거 구매하기 (D) 그녀의 고향 방문하기	여자의 첫 대사에서, 바람을 좀 쐬고 오기 위해 쉬려고 한다는 다음 주 계획을 언급하는 부분에서 정답은 (A)가 된다. 문제의 be planning to를 지문에서는 be going to로 바꿔 제시하고 있고, 지문의 take some time off를 보기에서는 have a rest로 변환해서 표현했다.
2	(A) 운동 시작하기 (B) 제안하기 (C) 발표하기 (D) 하루 쉬기	여자의 첫 대사에서 근처에 바람을 쐬기에 좋은 장소를 추천해 달라고 부탁하는 말에서, 정답은 (B)가 된다. 지문의 recommend가 보기에서는 make a suggestion으로 바꿔 제시되었다.
3	(A) 오늘 저녁을 먹는 것 (B) 함께 자전거를 타러 가는 것 (C) 시간 외 근무를 하는 것 (D) 이번 주말에 박물관에 가는 것	남자의 마지막 대사에서 이번 주말에 무엇을 하는지 물어보고, 이어서 자전거를 타러 같이 가자고 제안하는 부분에서 정답은 (B)가 된다. 특히 How about~은 suggest 문제의 답을 끌고 나오는 대표적 표현이므로 꼭 암기하자. 또한 지문의 biking이 보기에서는 cycling으로 바꿔 표현되었다.

be done 끝내다 take some time off 쉬다 in order to ~하기 위해서 fresh air 신선한 공기 recommend 추천하다 lake 호수 popular 인기 있는 local resident 지역 주민 near 근처에 bike trail 자전거 길 definitely 분명히 enjoy 즐기다 together 같이 afterwards 그 뒤에

1. Where most likely are the speakers?
(A) In a bookstore
(B) In a warehouse
(C) In a classroom
(D) In a restaurant

2. According to the woman, what is the problem?
(A) The release has been delayed.
(B) A product is defective.
(C) A certain item is unavailable.
(D) The business will be closed on Friday.

3. What does the man say he will do?
(A) Reserve an item
(B) Visit another shop
(C) Check the list
(D) Meet an author in person

1. **Where** most likely are the **speakers**?
   화자는 어디에 있을 것 같은가?
   Where / speakers ➡ 어디에 / 화자들

2. According to the woman, **what** is the **problem**?
   여자의 말에 따르면 문제는 무엇인가?
   what / problem ➡ 무엇 / 문제

3. **What** does the **man** say he **will do**?
   남자는 무엇을 할 것이라고 말하는가?
   What / man / will do ➡ 무엇 / 남자가 / 할 것이다

지문에서 단서 찾기

M: Excuse me! ❶ I'm looking for a new book written by Sally Young but I can't find it anywhere. 실례합니다. Sally Young이 쓴 새로운 책을 찾고 있는데 찾을 수가 없네요.

W: What's the title, sir? 제목이 뭔가요, 손님?

M: It is titled "Truth" and it was released last week. <진실>이라는 제목이고요. 지난주에 출간 되었습니다.

W: Let me see the list on the monitor. Mmm, ❷ I'm sorry but it's currently out of stock. I think it will take a couple of weeks for them to be restocked. If you want, I can put one aside for you when they arrive. 모니터에서 목록을 좀 볼게요. 음, 죄송하지만 현재는 재고가 없어요. 재입고 되려면 2주 정도 걸릴 겁니다. 원하시면, 그것들이 도착하면 따로 빼 놓을 수 있어요.

M: No, you don't have to. In fact, I need it for my exam this Friday and ❸ I'd better try some other store. 아뇨, 그러실 필요 없습니다. 사실은 금요일 시험 때문에 필요해서 다른 가게를 가보는 게 좋겠어요.

❶ **화자들이 있는 장소**
☞ 책을 찾고 있다(looking for a new book)

❷ **문제점**
☞ 현재 재고가 없다 (currently out of stock)

❸ **남자가 할 일**
☞ 다른 가게 가보기 (try some other store)

STEP 3 >> 정답 찾기

1	(A) 서점에 (B) 창고에 (C) 교실에 (D) 식당에에	남자의 첫 대사에서 새로운 책을 찾고 있다고 말하는 부분에서 정답은 (A)가 된다. looking for a new book을 듣고 빠르게 서점을 유추할 수 있다.
2	(A) 출간이 연기되었다. (B) 제품에 결함이 있다. (C) 특정 물품을 이용할 수 없다. (D) 가게가 금요일에 문을 닫는다.	여자의 두 번째 대사에서, 현재는 책의 재고가 없다고 말하는 부분에서 정답은 (C)가 된다. 지문에서 재고가 없다는 의미로 쓰인 out of stock이 보기에서는 좀 더 포괄적인 의미인 unavailable로 바꿔 표현되었다. 또한 지문에서 I'm sorry 뒤에 문제점에 대한 단서가 제시되는 경우가 많다는 사실도 기억해 두자.
3	(A) 물품 예약하기 (B) 다른 가게 방문하기 (C) 목록 확인하기 (D) 직접 저자 만나기	남자의 마지막 대사에서 다른 가게를 가보는 게 좋겠다고 말하는 부분에서 정답은 (B)가 된다. 지문의 try가 보기에서는 visit으로, some other store이 another shop으로 변환되어 보기에 제시되었다.

written 쓰여진 anywhere 어디든 title 제목 release 출시하다 list 목록 currently 현재에 out of stock 재고가 없는 restock 재 입고하다 put ~ aside 따로 ~를 떼두다 arrive 도착하다 in fact 사실은 exam 시험

1. What does the woman want to know about?
(A) A departure time
(B) A railway fare
(C) A designated platform
(D) A baggage policy

2. What does the woman say she has to do this evening?
(A) Pick up the important clients at the airport
(B) Meet some foreign customers
(C) Take a flight to Japan
(D) Drive to the train station

3. What does the man tell the woman to do?
(A) Transfer trains at Austin
(B) Drive to the final destination
(C) Postpone the meeting
(D) Use the different type of transportation

STEP 1 ▷ 키워드 파악하기

1. What does the **woman want** to **know** about?
여자는 무엇을 알고자 하는가?
woman / want / know ➜ 여자가 / 원하다 / 알다

2. What does the **woman** say she has to **do this evening**?
여자는 오후에 무엇을 해야 한다고 말하는가?
woman / do / this evening ➜ 여자가 / 하다 / 오늘 오후

3. What does the **man tell** the **woman** to **do**?
남자는 여자에게 무엇을 하라고 말하는가?
man / tell / woman / do ➜ 남자가 / 말하다 / 여자가 / 하다

STEP 2 >> 지문에서 단서 찾기

W: Excuse me. ❶ Can you tell me what time the next train to Austin will depart? 실례합니다. Austin으로 가는 다음 열차가 언제 떠나는지 알려 주시겠어요?

M: I'm afraid that the last one has just left and you need to change trains at Dallas. 안타깝게도 마지막 열차가 막 떠나서 Dallas에서 기차를 갈아 타셔야 합니다.

W: Umm, how much longer would it take if I transfer trains? 음. 제가 기차를 갈아타면 얼마나 더 걸릴까요?

M: Let me check the schedule. Aum, it would take more than 4 hours. 제가 일정을 확인해 볼게요. 음, 4시간 이상 걸릴 거예요.

W: Well, ❷ I have an important meeting with German clients this evening. I must not keep them waiting. 음, 오늘 저녁에 독일 고객들과 중요한 회의가 있어서요. 그들을 기다리게 해서는 안되거든요.

M: ❸ If I were you, I would take a plane instead. It's a 30 minute drive to the airport from here. There must be several flights to take you there. 제가 당신이라면, 대신 비행기를 탈 겁니다. 여기서 공항까지는 차로 30분 걸립니다. 거기로 가는 몇몇 비행기들이 분명 있을 겁니다.

❶ 여자가 알고 싶어 하는 것
☞ 다음 열차가 언제 떠나는지(what time the next train ~ will depart)

❷ 여자가 오후에 할 일
☞ 독일 고객들과 중요한 미팅(important meeting with German clients)

❸ 남자가 여자에게 하라고 말하는 것
☞ 비행기 타기(take a plane)

STEP 3 >>> 정답 찾기

1	(A) 출발 시간 (B) 철도 운임 (C) 지정된 승강장 (D) 수하물 규정	여자의 첫 대사에서 Austin으로 가는 다음 열차의 시간을 묻는 질문에서 정답은 (A)가 된다. 지문의 what time ~ depart를 departure time으로 바꿔 표현했다.
2	(A) 공항에서 중요한 고객들을 차로 태워오기 (B) 몇몇 외국 고객들 만나기 (C) 일본까지 비행기 타고 가기 (D) 기차역까지 운전하기	여자의 마지막 대사에서, 오늘 저녁 독일의 중요 고객들과 미팅이 있음을 알 수 있다. 지문의 German clients를 보기에서 foreign customers로 바꿔 표현했다.
3	(A) Austin에서 기차 갈아타기 (B) 최종 목적지까지 운전해 가기 (C) 회의 연기하기 (D) 다른 종류의 교통 이용하기	남자의 마지막 대사에서, 본인이라면 대신 비행기를 타겠다고 돌려서 제안하는 부분에서 정답은 (D)가 된다. 지문의 plane을 보기에서는 transportation으로, instead를 different로 바꿔 표현했다.

depart 떠나다 transfer 갈아타다 more than ~이상 client 고객 instead 대신에 airport 공항 flight 비행기 German 독일의

PRACTICE TEST

🎧 D15_TEST.mp3

1. What are the speakers discussing?
   (A) A musical event
   (B) A new film
   (C) A school band
   (D) A local heritage

2. What does the man say he did yesterday?
   (A) He went to the concert.
   (B) He talked with several clients.
   (C) He was interviewed by the local newspaper.
   (D) He worked on the report.

3. What time will the woman see a client?
   (A) At 6 p.m.
   (B) At 7 p.m.
   (C) At 8 p.m.
   (D) At 9 p.m.

4. Why is the man calling?
   (A) To change a seat
   (B) To reschedule an appointment
   (C) To confirm a reservation
   (D) To inquire about the order

5. What is the man worried about?
   (A) The ticket price
   (B) The late delivery
   (C) The tight budget
   (D) The additional fee

6. What does woman offer to do?
   (A) Use the express service
   (B) Make some copies
   (C) Send a different type of ticket
   (D) Update the shipping address

7. What problem does the woman mention?
   (A) She misplaced her key.
   (B) Her vehicle doesn't work properly.
   (C) The engine is out of order.
   (D) She should stay late at work.

8. According to the man, what time will the business be closed today?
   (A) At 6 p.m.
   (B) At 7 p.m.
   (C) At 8 p.m.
   (D) At 9 p.m.

9. What does the woman give the man?
   (A) An estimate
   (B) A flyer
   (C) A business card
   (D) A text message

10. What does Jane suggest?
    (A) Attending the workshop
    (B) Going on a picnic
    (C) Having a meal together
    (D) Cleaning the lobby

11. What time do the speakers agree to meet?
    (A) At 6:00 p.m.
    (B) At 6:30 p.m.
    (C) At 7:00 p.m.
    (D) At 7:30 p.m.

12. What does the man offer to do?
    (A) Make a reservation
    (B) Visit the website
    (C) Arrange an interview
    (D) Fix a table

13. According to the woman, what is the cause of the problem?

(A) The Inefficient equipment
(B) The Inclement weather
(C) The Power failure
(D) The High production cost

14. Why does the woman say "Look at the copier over there"?

(A) To give an example
(B) To make some copies
(C) To order more paper
(D) To distract the man

15. What does the woman say she will do next?

(A) Look at the copier
(B) Go online
(C) Attend the staff meeting
(D) Double-check the figures

Membership	Discounted Fee
Premium	$300
Gold	$280
Silver	$250
Bronze	$220

16. What kind of business does the woman work for?

(A) A clinic
(B) A travel agency
(C) A fitness club
(D) A jewelry shop

17. Why is the woman calling?

(A) To apply for a tour
(B) To place an order
(C) To inquire about the membership fee
(D) To give a reminder

18. Look at the graphic. How much will the man pay for his membership?

(A) $300
(B) $280
(C) $250
(D) $220

PART 4

설명문

Part 4

Overview

Part 4도 Part 3와 마찬가지로 지문을 듣고, 문제지에 주어진 3문제를 풀어야 한다. Part 3가 두 사람 혹은 세 사람의 대화가 지문으로 제시되는 반면에 Part 4는 한 사람이 길게 얘기하는 담화 형식의 지문을 들어야 한다. Part 3에 비해 어휘의 수준이 높고, 문장 구조가 좀 더 복잡한 것이 어려운 점이라면, 한 사람이 담화 전체를 전개하는 방식이므로 주어진 문제의 순서에 따라 지문의 흐름을 파악하기 쉽다는 특징도 있다. 신토익에서는 총 10개 지문, 30 문제가 출제된다.

문제 유형 분석

- **지문 초반 공략 문제**

  Part 3와 마찬가지로, 주제, 화자나 청자의 신분, 담화가 일어나는 현재 장소, 그리고, 문제점 및 그 원인을 찾는 문제의 단서는 지문 초반에 제시된다. Part 3가 지문에 제시되는 단서들을 가지고 답을 유추하는 문제가 많은 반면, Part 4는 장소나 신분에 대한 답을 그대로 제시하는 경우가 많다.

- **세부 사항을 묻는 문제**

  구체적인 장소, 시간, 3자의 신분, 행위 등을 묻는 문제로 문제에서 핵심 키워드를 잘 파악하는 것이 중요하다. 문제의 순서와 지문에서 답의 단서가 나오는 순서가 거의 일치하기 때문에 문제의 순서에 따라 답을 찾는 훈련이 필요하다.

- **지문 후반 공략 문제**

  문제점에 대한 해결책, 제안, 당부, 그리고 다음 일정이나 다음에 일어날 일에 대해 묻는 질문은 지문 후반에서 답의 단서를 찾을 수 있다. 또한 지문의 주제별로 자주 출제되는 문제 유형과 답까지도 정해져 있는 경우가 많기 때문에 지문별 유형 정리가 중요하다.

- **신토익 문제**

  Part 3와 마찬가지로 화자의 의도를 찾는 문제가 평균 3문제 출제되고, 시각 정보 연계 문제는 평균 2문제가 출제된다. 의도 파악 문제의 경우, Part 3와는 달리 상대방의 대사까지 신경 쓸 필요가 없기 때문에, 지문의 전체적인 주제를 잘 파악해두면 비교적 쉽게 답을 찾을 수 있다. 시각 정보 연계 문제는 Part 4 시작 전 디렉션을 읽어주는 부분에서 문제와 시각 정보의 유형을 미리 파악해두는 것이 유리하다.

PART 4 풀이법

주어진 3문제 요약 → 청취하며 답 구하기 → 바꿔 표현된 정답 선택

고득점 tip

1 빈출 지문별로 문제 유형과 지문 내용을 정리해두자.

Part 3는 다양한 내용의 대화가 지문으로 출제되지만, Part 4는 매달 나오는 지문의 유형과 문제의 유형이 일정하다. 따라서 안내문, 전화 메시지 등 자주 출제되는 지문별로 빈출 문제 유형과 내용을 미리 잘 정리해두면 시험장에서 좀 더 수월하게 답을 찾아낼 수 있다.

2 배경 지식 정리는 선택이 아닌 필수다.

Part 4는 자주 출제되는 문제에 대한 답까지도 일정한 패턴을 가진다. 예를 들어, 공항 안내에서 비행기가 늦어지는 이유는 거의 날씨 아니면 항공기 보수나 기계 결함 때문이다. 답에 대한 배경 지식이 있다면 혹시 지문에서 답을 놓쳐도 배경 지식을 이용해 답을 유추할 수 있다.

3 멀티 태스킹 훈련이 중요하다.

Part 3에 비해 문제 순서대로 답의 단서가 나올 확률이 높기 때문에, 지문을 들으면서 빠르게 답을 찾아 내고 바로 바로 문제지에 답을 체크해 두는 훈련이 필수적이다. Part 4는 지문을 읽는 속도가 Part 3에 비해 빠르게 느껴지기 때문에, 지문을 들으면서 동시에 문제지를 보는 시선을 이동하면서 답을 구하는 멀티 태스킹훈련이 중요하다.

DAY 16 > 안내 및 공지

안내 방송은 전화 메시지와 더불어 Part 4에서 가장 많이 출제되는 지문이다. 공항이나 상점, 박물관 등 공공 장소에서 불특정 다수에게 특정 사실을 공지하는 지문이 많이 출제된다. 특히 공항 방송의 경우 비행기의 지연이나 취소와 관련된 사항들이 중요 출제 포인트가 된다. 사내 공지의 경우도 사내 규정의 변경이나 행사의 일정 변경 사항과 그 이유를 묻는 문제들에 대한 대비가 필요하다.

출제 포인트

Point ❶ 공공 장소 안내

공항, 기차역, 공연장, 백화점 등의 공공 장소에서 불특정 다수의 청자들에게 일정의 변경, 주의 사항, 새로운 정책, 서비스에 대해 공지하는 내용이 주로 출제된다.

> **(1) 대중 교통의 일정 변경 및 그 이유를 묻는 문제**
> 지문 초반에 제시되는 연기(delay, postpone, put off), 취소(cancel, call off), 변경(change, reschedule) 등의 어휘가 주제어로 제시된다.
> ☞ 자주 출제되는 일정 변경의 원인으로는 악천후(inclement, terrible, bad weather), 기계 결함(mechanical, technical problem), 연결편의 지연(connecting flight), 짐(luggage, baggage) 등이 있다.
>
> **(2) 출발지나 목적지를 묻는 문제**
> 지문 초반에 출발지, 경유지, 목적지를 함께 제시하기 때문에 보기 중에 제시된 장소가 들린다고 무조건 정답으로 고르지 않도록 유의해야 한다.
> ☞ 출발지는 보통 전치사 from 다음 제시되고 목적지는 for, bound for, to 다음 제시된다.
>
> **(3) 지연이나 취소에 따른 보상과 관련된 문제**
> 지연이나 취소로 인한 보상에 관한 내용은 지문 후반에 주로 제시된다. 특히 쿠폰(voucher, coupon), 다과(refreshments, beverage, drink, snack), 숙박(hotel, accommodations) 등을 제공한다는 내용이 자주 출제된다.
> ☞ To compensate for(make up for) the inconvenience[불편을 보상하기 위해], I'm sorry that[~해서 죄송합니다], We'd like to offer(give)[~를 제공하고 싶습니다] 등의 표현 다음에 보상과 관련된 사항이 제시된다.
>
> **(4) 공공 장소에서의 규정·정책 변경·지켜야 할 주의 사항을 묻는 문제**
> 지문 초반에 제시되는 장소 키워드를 통해 현재 장소가 어디인지 먼저 파악하고, 이어지는 문장에서 안내의 주제가 무엇인지 강하게 발음되는 명사·동사를 놓치지 않고 집중해서 듣는 것이 중요하다
> ☞ [알리다]라는 의미의 inform, let you know, notify, tell you, announce, remind 등의 동사가 지문 초반에 언급되면 바로 뒤에 주제와 관련된 단서가 제시되는 경우가 많다.

빈출 문제 유형

Why has the flight been delayed? 비행기가 지연된 이유는 무엇인가?

What time will Flight 540 depart? 540편 비행기는 몇 시에 출발하는가?

What are passengers advised to do? 승객들은 무엇을 하라고 조언 받는가?

What is the cause of the delay? 지연의 이유는 무엇인가?

What time will the library close today? 오늘 도서관은 몇 시에 문을 닫을 것인가?

What will some passengers receive later? 몇몇 승객들은 나중에 무엇을 받게 될 것인가?

Where is the final destination of the train? 기차의 최종 목적지는 어디인가?

Point ❷ 사내 공지

회사 내에서 사원들을 대상으로 새로운 사내 정책, 변경 사항, 행사 일정 등을 공지하는 내용이 주로 출제된다.

(1) 새로운 회사 정책·변경 사항을 묻는 문제

지문 초반에 간단한 인사와 자기 소개 다음에 이어지는 문장 안의 명사·동사를 놓치지 말아야 한다.

☞ new(새로운), introduce(소개하다), announce(공지하다), change(바꾸다), policy(규정) 등의 어휘와 더불어 공지의 주제와 관련된 단서가 제시되는 경우가 많다.

(2) 일정 변경과 그 이유를 묻는 문제

지문 초반 제시되는 change(변경하다), reschedule(일정을 다시 잡다), no longer(더 이상 ~하지 않다) 등의 표현 전후로 일정 변경에 대한 내용과 그 이유가 언급되는 경우가 많다.

☞ 보기와 지문에 변경 전후의 정보를 모두 제시하여 그 중 한 개의 정보를 함정으로 보기에 제시하기 때문에, 보기 중에 있는 내용이 들린다고 무조건 정답으로 고르지 않도록 유의해야 한다.

(3) 사내 문제 및 해결 방안을 묻는 문제

문제점은 지문 초반에, 해결책은 지문 후반에 제시된다. 특히 초반에 제시되는 not과 같은 부정적 뉘앙스의 어휘와 더불어 문제점이 제시되고, 지문 후반에 미래 시제와 함께 해결책이 언급되는 경우가 많다.

☞ 주로 매출 하락, 시설 고장, 직원 사기 저하, 고객 불만 등이 문제점으로 자주 출제되고 마케팅 등 프로모션 강화, 시설 교체, 보너스 등의 인센티브 제공, 고객 보상 계획 등이 해결책으로 제시되는 경우가 많다.

(4) 새로운 장비나 시스템 도입으로 인한 안전 수칙이나 추가 교육 등에 대해 묻는 문제

지문 초반에 회사나 공장에서 도입하게 되는 새로운 장비나 기계, 혹은 시스템에 대해 언급하고, 이에 따른 주의 사항이나 관련 교육 일정에 대한 사항을 지문 후반에 제시하는 경우가 많다.

☞ 지문 초반에 assembly line(조립 라인)과 같은 키워드가 들리면 현재 장소가 factory임을 유추할 수 있어야 한다. 또한 introduce, new, change와 같은 어휘 뒤에 새로운 장비나 시스템에 대한 정보가 제시되고, 안전과 관련된 주의 사항 등은 후반에 명령문(Please)의 형태로 제시되는 경우가 많다는 사실도 기억해두자.

빈출 문제 유형

Where most likely is the announcement being made? 안내가 되고 있는 곳은 어디일 것 같은가?
When will the safety training be held? 안전 교육은 언제 열리는가?
What is the problem with the factory? 공장의 문제는 무엇인가?
How will the management solve the problem? 경영진은 어떻게 문제를 해결할 것인가?
What caused the problem? 문제의 원인은 무엇인가?
What are listeners asked to do next? 청자들이 다음에 요청 받는 것은 무엇인가?
Why have the sales decreased? 판매가 하락하는 이유는 무엇인가?

유형 1 ▶ 공공 장소 안내   🎧 **D16_01.mp3**

1. Where does the announcement most likely take place?
(A) On the flight
(B) At the airport
(C) In the lounge
(D) In a snack bar

2. What is the cause of the delay?
(A) The inclement weather
(B) The engine trouble
(C) The connecting flight
(D) The security check

3. What are the listeners invited to do?
(A) Look at the schedule
(B) Visit the website
(C) Check the weather forecast
(D) Have some refreshments

STEP 1 ▶ 키워드 파악하기

1. **Where** does the **announcement** most likely take place?
   안내는 어디에서 되고 있을 것 같은가?
   Where / announcement ➜ 어디에서 / 안내

2. **What** is the **cause** of the **delay**?
   지연의 원인은 무엇인가?
   What / cause / delay ➜ 무엇이 / 야기하다 / 지연

3. **What** are the **listeners invited** to do?
   청자들은 무엇을 하라고 장려 받는가?
   What / listeners / invited ➜ 무엇이 / 청자들 / 장려 받다

STEP 2 >> 지문에서 단서 찾기

Attention, ❶ passengers for South United flight 550 to Chicago. 시카고 행 South United 550편 비행기를 기다리시는 승객 여러분 주목해 주세요.

I regret to tell you that this flight has been delayed ❷ due to heavy snow here at Inchon International Airport. 이 비행기는 이곳 인천 국제 공항에 내리는 폭설 때문에 지연되고 있음을 알려 드리게 되어 유감입니다.

However, it has been reported that it will stop snowing soon and the sky will clear up within an hour or so. 하지만 한 시간쯤 안에 눈이 곧 그치고 하늘도 갠다는 예보가 있었습니다.

Although Inchon has received approximately 10 centimeters of snow so far, most of it is expected to melt relatively fast. 인천에는 지금까지 대략 10센티미터 정도의 눈이 왔지만, 대부분 비교적 빠르게 녹을 것으로 예상됩니다.

So we have arranged another flight departing at 3 p.m., which is two hours later than originally scheduled. 그래서 원래 출발 시간보다 2시간 늦어진 오후 3시에 출발하는 다른 비행편을 준비해 놓았습니다.

You are advised to wait in the lounge on the second floor and ❸ enjoy complimentary snacks and beverages we prepared for you. Thank you. 2층 라운지에서 기다리시면서, 저희가 준비한 무료 간식과 음료들을 즐겨 주시기 바랍니다. 감사합니다.

❶ 안내가 이루어지는 곳
☞ 시카고행 South United 550편 비행기(South United flight 550)

❷ 지연의 원인
☞ 폭설 때문에 (due to heavy snow)

❸ 청자들이 장려 받는 것
☞ 무료 다과 즐기기(enjoy complimentary snacks and beverages)

STEP 3 >> 정답 찾기

1	(A) 기내에서 **(B) 공항에서** (C) 라운지 내에서 (D) 간이 식당 안에서	지문 초반 비행기가 지연되었음을 알리는 부분에서 공항임을 알 수 있으므로 정답은 (B)가 된다. flight만 듣고 (A)를 답으로 고르지 않도록 주의하자.
2	**(A) 악천후** (B) 엔진 문제 (C) 연결 편 (D) 보안 검사	지문 초반 비행기가 지연되었음을 알린 직후 폭설 때문이라고 지연의 원인을 제시하고 있다. 본문의 snow를 포괄적인 의미의 inclement weather로 바꿔 표현한 보기 (A)가 정답이다. 또한 due to(~때문에) 다음에 문제의 원인이 언급되는 경우가 많다는 사실도 기억해두자.
3	(A) 일정 보기 (B) 웹사이트 방문하기 (C) 일기 예보 확인하기 **(D) 다과 먹기**	지문 마지막에 2층 라운지에서 기다리면서 무료 간식과 음료를 즐겨 달라고 제안하는 말에서 정답은 (D)가 된다. 지문의 snacks and beverages를 보기에서 refreshments로 바꿔 표현했다. 또한 문제의 be invited to가 지문에서는 비슷한 의미의 be advised to로 바뀌어 제시되었다.

attention 주목 regret 유감이다 delay 지연하다 heavy 심한 airport 공항 soon 곧 clear up 개다 within ~이내에 although ~에도 불구하고 approximately 대략 so far 지금까지 melt 녹다 relatively 비교적 fast 빨리 depart 떠나다 originally scheduled 원래 예정된 advise 조언하다 complimentary 무료의 beverage 음료

1. What is the purpose of the talk?
   (A) To launch a new product
   (B) To conduct a customer survey
   (C) To introduce a new service
   (D) To reschedule the company event

2. According to the speaker, what happened last week?
   (A) The survey was implemented.
   (B) The subway line was added.
   (C) The company website was updated.
   (D) The detour sign was set up.

3. What will be available on the company website?
   (A) A map
   (B) A survey form
   (C) A voucher
   (D) Further information

STEP 1 ▶ **키워드 파악하기**

1. What is the **purpose** of the **talk**?
   담화의 목적은 무엇인가?

   purpose / talk ➜ 목적 / 담화

2. According to the speaker, what **happened last week**?
   화자의 말에 따르면, 지난 주에 무슨 일이 있었는가?

   happened / last week ➜ 일어났다 / 지난 주에

3. What will be **available** on the company **website**?
   회사 웹사이트에서 이용 가능하게 될 것은 무엇인가?

   available / website ➜ 이용 가능한 / 웹사이트

STEP 2 ▷ 지문에서 단서 찾기

Before we wrap up today's meeting, I'm delighted to ❶ let you know that the management finally decided to launch a shuttle service that runs from nearby subway stations to our headquarters. 우리가 오늘 회의를 마무리하기 전에, 경영진에서 마침내 근처 지하철 역에서부터 우리 본사로 운행하는 셔틀버스 서비스를 시작하기로 결정했다는 것을 알려드리게 되어 기쁩니다.

❶ 담화의 목적
☞ 셔틀버스 서비스의 시작(launch a shuttle service)을 알려주기 위해 (to let you know)

As you know, ❷ we conducted the survey on the needs for our employees last week and many respondents asked for the regular shuttle bus service. 아시다시피, 저희는 지난주에 우리 직원들을 위해 필요한 것이 무엇인지에 대한 설문 조사를 시행했고, 많은 응답자들이 정기적인 셔틀버스 서비스를 요청했습니다.

❷ 지난 주에 있었던 일
☞ 설문 조사를 시행했다 (conducted the survey)

Initially, we are going to run two different routes and ❸ the detailed schedule will be posted on the company website after the meeting. 처음에는 두 개의 다른 노선들을 운행할 것이고, 세부 일정은 회의 이후 회사 웹사이트에 게시될 겁니다.

❸ 웹사이트에서 이용 가능하게 될 것
☞ 세부 일정(the detailed schedule)

If you want to use this service, please keep in mind that we should arrive at the bus stop at least 5 minutes early. 이 서비스를 이용하고 싶으시면, 적어도 5분 일찍 버스 정류소에 도착해야 한다는 점을 명심하세요.

STEP 3 ▷▷ 정답 찾기

1	(A) 신제품을 출시하기 위해서 (C) 고객 설문 조사를 시행하기 위해서 **(C) 새로운 서비스를 소개하기 위해서** (D) 회사 행사 일정을 조정하기 위해서	지문 초반 경영진들이 셔틀버스 서비스를 시행하기로 결정했다는 사실을 알리는 부분에서 정답은 (C)가 된다. 특히 '알리다'라는 의미의 let you know 다음에 주제가 제시되는 경우가 많다.
2	**(A) 설문 조사가 시행되었다.** (B) 지하철 라인이 추가되었다. (C) 회사 웹사이트가 업데이트 되었다. (D) 우회로 표지판이 설치되었다.	지문 초반에 지난주 직원들을 대상으로 하는 설문 조사를 시행했다고 말하는 부분에서 정답은 (A)가 된다. 지문의 conduct를 보기에서 implement로 바꿔 표현했다.
3	(A) 지도 (B) 설문지 (C) 쿠폰 **(D) 추가 정보**	지문 후반에 자세한 일정이 웹사이트에 게시될 것이라고 말하는 부분에서 정답은 (D)가 된다. detailed schedule을 좀 더 포괄적인 의미의 further information으로 바꿔 표현했다.

wrap up 마무리하다   delighted 기쁜   let ~ know ~에게 알려주다   decide 결정하다   run 운행하다   nearby 근처의   conduct 실시하다   survey 설문조사   needs 수요, 필요   employee 직원   respondent 응답자   ask for 요청하다   regular 정기적인   initially 처음에   route 경로   detailed 세부적인   post 게시하다   keep in mind 명심하다   at least 적어도

D16_TEST.mp3

1. What is the purpose of the talk?

   (A) To inform a new policy
   (B) To extend the business hours
   (C) To introduce a new uniform
   (D) To increase the sales

2. What will visitors have to do from next week?

   (A) Apply for a new ID card
   (B) Visit the security office in person
   (C) Input their personal data
   (D) Stay with employees in the building

3. What are listeners encouraged to do?

   (A) Renew their subscription
   (B) Exercise on a regular basis
   (C) Make a call
   (D) Clean the break room

4. Where is the final destination of the flight?

   (A) Hong Kong
   (B) LA
   (C) New York
   (D) Tokyo

5. What is the announcement mainly about?

   (A) The unexpected delay
   (B) The mechanical problem
   (C) The policy change
   (D) The fare increase

6. What are the passengers asked to do?

   (A) Move to another gate
   (B) Getting a boarding pass
   (C) Present a passport
   (D) Board a shuttle bus

7. What is the purpose of the announcement?

   (A) To promote a new play
   (B) To introduce the main actor
   (C) To find a replacement
   (D) To notify the audience of the delay

8. According to the speaker, what happened to one of the actors?

   (A) He was stuck in traffic.
   (B) He got a nomination for best supporting actor.
   (C) He had to attend the award ceremony.
   (D) He had a traffic accident.

9. What can listeners do at the customer service desk?

   (A) Purchase a season ticket
   (B) Get some money back
   (C) Pick up a pamphlet
   (D) Drink complimentary beverages

10. What is the purpose of the announcement?

    (A) To advertise a new program
    (B) To teach how to use a new machine
    (C) To inform employees of a change
    (D) To talk about a new payroll system

11. According to the speaker, what will take place on Monday?

    (A) An installation routine
    (B) A reception
    (C) A training course
    (D) An inspection

12. Why does the speaker say, "I always do that"?

    (A) To reject an invitation
    (B) To make a suggestion
    (C) To give an excuse
    (D) To get an approval

13. Who most likely is the speaker?

(A) A flight attendant
(B) A pilot
(C) A passenger
(D) A tour guide

14. What is the speaker apologizing for?

(A) The engine problem
(B) The flight cancellation
(C) The severe turbulence
(D) The late departure

15. What will the listeners receive later?

(A) Discount coupons
(B) Meal vouchers
(C) Refreshments
(D) Reading materials

Time	Event
11:00-11:30 a.m.	Keynote speech
11:30-noon	Choir performance
Noon-1:00 p.m.	Lunch
1:00-1:30 p.m.	Lecture on the history of town

16. Where most likely is the talk taking place?

(A) At a theater
(B) At a sports center
(C) At an auditorium
(D) At a public facility

17. What is the problem with Kate Miller?

(A) She is ill.
(B) She has a previous engagement.
(C) She has lost a receipt.
(D) She is caught in a traffic jam.

18. Look at the graph. What time will the keynote speech begin?

(A) At 11:00 a.m.
(B) At 11:30 a.m.
(C) At noon
(D) At 1 p.m.

DAY 17 〉 전화 메시지

전화 메시지는 Part 4에서 가장 많이 출제되는 지문이다. 주로 개인이 개인에게 남기는 음성 메시지가 주류를 이룬다. 음성 메시지 지문은 메시지를 남긴 화자의 신분을 묻는 문제, 용건을 찾는 문제, 세부 사항을 묻는 문제들이 주로 출제된다. 상대적으로 출제 비중은 낮지만, 회사나 가게가 불특정 다수의 고객들을 위해 녹음해 둔 녹음 메시지의 경우는 메시지를 남긴 회사의 종류를 묻는 문제와 그 이유, 그리고 숫자가 서비스를 연결하는 문제가 중요 출제 포인트가 된다.

 출제 포인트

Point ❶ 음성 메시지(Telephone message)

상대방이 전화를 받지 않을 때 남기는 개인 대 개인의 메시지로, 전화 메시지를 남기는 사람의 소개를 시작으로 전화를 건 용건, 세부 사항, 당부 사항 순으로 내용이 진행된다.

(1) 전화 메시지를 남긴 화자의 신분을 묻는 문제

지문 초반, 인사말 바로 다음에 화자의 신분에 대한 단서가 제시되며, This is~나 My name~ 다음에 화자의 이름이 나오고 바로 이어서 신분, 직업, 직책과 관련된 정보가 언급된다.

ex) Hello, **This is** John Smith calling from Dream Tours.
　　여보세요. 저는 Dream 여행사의 John Smith입니다.

☞ 화자의 신분: 여행사(Travel agency) 직원

(2) 전화를 건 용건을 묻는 문제

지문 초반에 I'm calling to+동사, I'm calling about+명사, I'd like to let you know~ 등의 표현 뒤에 용건이 언급되는 경우가 많다.

ex) **I'm calling to** book a hotel room. 호텔방을 예약하기 위해 전화 드립니다.

☞ 용건: 방을 예약하기 위해서(to reserve a room)

(3) 세부 사항을 묻는 문제

문제에 제시되는 시간, 장소, 고유 명사, 숫자, 3자 등의 키워드가 지문에서 답을 찾기 위한 중요한 단서가 된다.

ex) What did the speaker do **yesterday**? 화자는 어제 무슨 일을 했는가?
　　I handed in the report **yesterday**. 저는 어제 보고서를 제출했어요.

☞ 어제 한 일: 보고서를 제출했다(submitted the report)

(4) 당부 사항을 묻는 문제

지문 후반에 제시되는 Please 명령문이나 청유문이 당부 사항을 찾는 결정적 단서가 된다. 특히 음성 메시지 지문의 경우 전화를 다시 해달라는 내용의 당부 사항이 주로 출제된다.

ex) **Please** call me back. 전화를 다시 해주세요.

☞ 당부 사항: 다시 전화하기(returned call)

빈출 문제 유형

Why is the speaker calling? 화자가 전화하는 이유는 무엇인가?
What is the purpose of the message? 메시지의 목적은 무엇인가?
Who is the message intended for? 메시지는 누구를 대상으로 하는가?
Where does the caller work? 전화를 건 사람은 어디에서 일하는가?
What did the caller do last night? 전화를 건 사람은 어젯밤에 무엇을 했는가?
Who is the listener? 청자는 누구인가?
What does the caller ask the listener to do? 전화를 건 사람은 청자에게 무엇을 요청하는가?

Point ❷ 녹음 메시지(Recorded message)

회사나 가게 혹은 개인이 영업 시간이 아닐 때 전화하는 고객들을 위해 미리 남겨 놓은 녹음 메시지로, 메시지를 남긴 주체(회사나 개인), 메시지의 남긴 목적(용건), 번호와 관련 서비스의 연결, 당부 사항 순으로 내용이 전개된다.

(1) 녹음 메시지를 남긴 주체를 묻는 문제

메시지를 남긴 회사나 가게, 개인의 신분을 묻는 문제로 지문 맨 처음에 제시되는 문장이 단서가 된다. Thank you for calling ~, You have reached ~ 다음에 상호가 제시되는 경우가 많다.

ex) **Thank you for calling** Pacific Hotel. Pacific 호텔에 전화 주셔서 감사합니다.

☞ 메시지를 남긴 주체: 호텔(Hotel)

(2) 녹음 메시지를 남긴 이유를 묻는 문제

초반에 회사나 상호명을 제시한 바로 다음에 언급되는 문장의 명사·동사가 단서가 된다.

ex) Thank you for calling Pacific Hotel. We're currently **closed**.
Pacific 호텔에 전화 주셔서 감사합니다. 저희는 현재 문을 닫았습니다.

☞ 메시지를 남긴 이유: 영업점이 문이 닫혔음을 청자들에게 알려주기 위해서(To inform listeners that the business is closed)

(3) 번호와 관련 서비스를 매칭하는 문제

문제에 제시된 번호나 서비스를 보고, 지문에서 이와 관련된 정보를 매칭해서 답을 찾는 것이 중요하다.

ex) Why are listeners instructed to **press 2**? 청자들은 왜 2번을 누르라고 지시 받는가?
If you want to hear about our new product, **press 2**.
우리의 신제품에 대해 듣고 싶으시면 2번을 누르세요.

☞ 2번을 누르는 이유: 물품에 대한 정보를 얻기 위해서(To get some information about an item)

(4) 당부 사항을 묻는 문제

지문 후반에 제시되는 명령문이나 청유문이 단서가 된다.

ex) **Please** stay on the line to speak with one of our representatives.
우리 직원들 중 한 명과 통화하고자 하시면, 전화를 끊지 말고 기다려 주세요.

☞ 당부 사항: 전화를 끊지 말고 기다리기(Remain on the line)

빈출 문제 유형

What kind of business left the message? 어떤 종류의 사업체가 메시지를 남겼는가?
Where most likely is the listener calling? 청자는 어디에 전화하고 있는가?
What is the purpose of the message? 메시지의 목적은 무엇인가?
What is the message mainly about? 메시지는 주로 무엇에 관한 것인가?
Why would listeners press 1? 청자들은 왜 1번을 누를 것인가?
What should listeners do to apply for a position? 직책에 지원하기 위해 청자들은 무엇을 해야 하는가?
What are listeners asked to do next? 청자들은 다음에 무엇을 하라고 요청 받는가?

1. Why is the speaker calling?
   (A) To place an order
   (B) To report a problem
   (C) To make a payment
   (D) To file a complaint

2. What does the speaker say about Speedy-10?
   (A) It is not available at the moment.
   (B) It is less expensive than Zeus-X
   (C) It has some defective parts
   (D) It is rather slow

3. What is Mr. Johnson asked to do?
   (A) Return a call
   (B) Get a refund
   (C) Visit the manufacturing plant
   (D) Pay extra money

STEP 1 ▷ 키워드 파악하기

1. **Why** is the speaker **calling**?
화자가 전화한 이유는 무엇인가?
Why / calling ➔ 왜 / 전화하다

2. What does the speaker **say** about **Speedy-10**?
화자는 Speedy-10에 대해 무엇을 언급하는가?
say / Speedy-10 ➔ 이야기하다 / Speedy-10

3. What is **Mr. Johnson asked** to do?
Johnson 씨는 무엇을 요청 받았는가?
Mr. Johnson / asked ➔ Johnson 씨 / 요청 받다

STEP 2 ▷ 지문에서 단서 찾기

Hello, Mr. Johnson! This is Dave Miller from Global Electronics.
여보세요, Johnson 씨! 저는 Global 전자의 Dave Miller입니다.

❶, ❷ I'm calling to let you know that two speedy-10 laser printers you ordered the day before yesterday are currently out of stock. 고객님께서 그저께 주문하신 두 대의 Speedy-10 레이저 프린터가 현재 재고가 없다는 것을 알려드리려고 전화드립니다.

I'm afraid that the new shipment won't come in until the end of the month. 안타깝지만 새로운 선적은 이번 달 말은 되어야 들어올 겁니다.
Since it's one of the most popular models, the manufacturing plant can't keep up with the demand. 이 제품이 가장 인기 있는 모델들 중 하나기 때문에, 제조 공장이 수요를 못 따라가고 있습니다.
Sorry for the inconvenience it may have caused.
이로 인한 불편에 사과 드립니다.

If you don't want to wait, I'd like to recommend the similar model, Zeus-X, which is as fast as Speedy-10 but less expensive. 기다리기를 원치 않으신다면, 저는 Speedy-10만큼 빠르지만 덜 비싼 유사 모델인 Zeus-10을 추천 드립니다.

❸ Please give me a call and let me know what you think.
전화 주셔서 어떻게 생각하시는지 알려주세요.

Hope to talk with you soon. Bye. 곧 통화하길 바랍니다. 안녕히 계세요.

> ❶ 전화한 이유
> ☞ 프린터 재고가 없음을 알려주기 위해(to let you know ~ printers ~ out of order)

> ❷ speedy-10에 대해 언급한 것
> ☞ 재고가 없다 (out of stock)

> ❸ Johnson 씨가 요청 받은 것
> ☞ 전화하기(Please give me a call)

STEP 3 ▷ 정답 찾기

1	(A) 주문하기 위해서 **(B) 문제를 보고하기 위해서** (C) 지불하기 위해서 (D) 항의를 제기하기 위해서	지문 초반 전화한 이유에 관한 시그널인 I'd like to let you know ~ 다음 문제점을 알려주고 있으므로 정답은 (B)가 된다. 지문의 out of stock을 더 포괄적인 의미의 problem으로 바꿔 표현했다.
2	**(A) 현재는 이용 가능하지 않다.** (B) Zeus-X 보다 덜 비싸다. (C) 결함이 있는 부품들을 가지고 있다. (D) 다소 느리다.	지문 초반 Speedy-10을 언급한 직후에 재고가 없다고 말하는 부분에서 해당 모델이 현재 이용할 수 없다는 사실을 알 수 있으므로 정답은 (A)가 된다. 지문의 out of stock를 좀 더 넓은 의미의 not available로 바꿔 표현했다.
3	**(A) 전화 다시 하기** (B) 환불 받기 (C) 제조 공장 방문하기 (D) 돈을 더 지불하기	지문 맨 마지막에 Please 명령문으로 메시지를 듣는 상대방인 Johnson에게 전화를 다시 해달라고 요청하는 부분에서 정답은 (A)가 된다. 지문의 give me a call을 보기에서 return a call 로 바꿔 표현했다.

electronics 전자   order 주문하다   the day before yesterday 그제   out of stock 재고가 없는   currently 현재에
come in 들어오다   manufacturing plant 제조 공장   keep up with ~을 따라가다   demand 재고   inconvenience 불편
cause 원인이 되다   recommend 추천하다   fast 빠른   less 덜   expensive 비싼   soon 곧

녹음 메시지   🎧 **D17_02.mp3**

1. What type of business recorded the message?
(A) A real estate agency
(B) A travel company
(C) A hotel
(D) An airline

2. Why would listeners press 4?
(A) To inquire about a job opening
(B) To reserve a hotel room
(C) To book a flight ticket
(D) To select a package program

3. What should listeners do in order to speak with a representative?
(A) Press 1
(B) Leave a message
(C) Stay on the line
(D) Call again

STEP 1 키워드 파악하기

1. **What type** of **business recorded** the message?
어떤 종류의 업체가 이 메시지를 녹음했는가?
What type / business / recorded ➜ 어떤 종류 / 업체 / 녹음하다

2. **Why** would listeners **press 4**?
청자들은 왜 4번을 누르게 될 것인가?
Why / press / 4 ➜ 왜 / 누르다 / 4번

3. **What should** listeners do in order to **speak** with a **representative**?
청자들이 직원과 통화하기 위해서는 무엇을 해야 하는가?
What should / speak / representative ➜ 무엇을 해야 한다 / 통화하다 / 직원

STEP 2 지문에서 단서 찾기

❶ Thank you for calling Dream Tours, the best travel agency in Dover. Dover 지역 최고의 여행사인 Dream 여행사에 전화주셔서 감사합니다.

Your dream vacation always starts with us.
여러분의 꿈의 휴가는 항상 저희와 함께 시작됩니다.

I'm sorry but all of our representatives are currently busy with other customers.
죄송하지만 지금은 모든 직원들이 다른 고객들을 돕고 있습니다.

Please press the correct number corresponding to your separate needs. 여러분의 필요에 따라 해당하는 올바른 번호를 눌러 주세요.

If you'd like to book a flight ticket, press one.
비행기 표를 예약하고자 하시면 1번을 눌러 주세요.

If you are interested in our package tour programs, press 2.
저희 패키지 투어 프로그램에 관심이 있으시면 2번을 눌러주세요.

For hotel reservations, press 3.
호텔을 예약하고자 하시면 3번을 눌러 주세요.

❷ If your call is regarding a job vacancy, please press 4 now.
빈 자리에 관해 전화주셨다면 4번을 눌러 주세요.

❸ To speak with one of our agents, please remain on the line.
저희 직원들 중 한 명과 통화하고자 하시면 전화를 끊지 말고 기다려 주세요.

Thank you for your patience. 기다려 주셔서 감사합니다.

❶ 메시지를 녹음한 업체
☞ Dream 여행사(Dream Tours)

❷ 4번을 누르는 이유
☞ 빈 자리에 관해 전화하다 (call regarding a job vacancy)

❸ 직원들과 통화를 위해 청자들이 해야 할 일
☞ 끊지 말고 기다리기 (remain on the line)

STEP 3 정답 찾기

1	(A) 부동산 중개업체 **(B) 여행사** (C) 호텔 (D) 항공사	지문 초반 Dream Tours에 전화주셔서 고맙다고 얘기하며, Dover 지역 최고의 여행사라고 말하는 부분에서 정답은 (B)가 된다. 녹음된 메시지에서 Thank you for calling ~ 다음에 전화 메시지를 남긴 회사에 대한 단서가 제시된다는 것을 기억해두자. 지문의 travel agency가 보기에서는 travel company로 바꿔 표현되었다.
2	**(A) 빈 자리에 대해 물어보기 위해서** (B) 호텔방을 예약하기 위해서 (C) 비행기 표를 예약하기 위해서 (D) 패키지 프로그램을 선택하기 위해서	지문 후반부에 빈자리에 대해 전화하셨다면 4번을 누르라고 안내하는 부분에서 정답은 (A)가 된다. 지문의 job vacancy를 보기에서 job opening으로 바꿔 표현했다.
3	(A) 1번 누르기 (B) 메시지 남기기 **(C) 전화 끊지 않고 기다리기** (D) 다시 전화하기	지문 마지막에 직원과 통화하려면 전화를 끊지 말고 기다리고 안내하는 부분에서 정답은 (C)가 된다. 문제의 representative가 지문에서는 agent로, 지문의 remain이 보기에서는 stay로 바꿔 표현되었다.

travel agency 여행사 vacation 휴가 representative 직원 currently 현재에 customer 고객 press 누르다 correct 올바른 corresponding to ~에 상응하는 separate 각각의 book 예약하다 be interested in ~에 흥미가 있다 needs 필요, 수요 regarding ~에 관한 job vacancy 빈자리 agent 직원 remain on the line 전화를 끊지 않고 기다리다 patience 인내

1. What did Mr. Baker do yesterday?

(A) He interviewed with a candidate.
(B) He approved the project.
(C) He talked with a lawyer.
(D) He gave a demonstration.

2. What does the speaker want the listener to do?

(A) Send a quote within this week
(B) Return a call
(C) Meet with committee members
(D) Send a resume

3. What does the speaker say the corporate lawyer will do later?

(A) He will contact the listener.
(B) He will write an estimate.
(C) He will postpone the meeting.
(D) He will join the planning committee.

4. What is the purpose of the message?

(A) To send a repairman
(B) To get some information
(C) To confirm a reservation
(D) To pay a bill

5. What should the listener do by May 10th?

(A) Visit the speaker's office
(B) Move out of the current office
(C) Update the telephone directory
(D) Make a payment

6. What time does the speaker's office close?

(A) At 5 p.m.
(B) At 6 p.m.
(C) At 7 p.m.
(D) At 8 p.m.

7. Why is the business closed today?

(A) To renovate the office
(B) To relocate to Greenwood
(C) To prepare for the new service
(D) To observe the national holiday

8. What are listeners instructed do for urgent matters?

(A) Use an email
(B) Call the headquarters
(C) Leave a message
(D) Send a text message

9. How can listeners check their order status?

(A) By staying on the line
(B) By pressing 2
(C) By visiting the website
(D) By using the application

10. Who most likely is the caller?

(A) A sales clerk
(B) A technician
(C) A physician
(D) A customer

11. Why is the caller apologizing?

(A) The cost was higher than expected.
(B) The item is beyond repair.
(C) The parts are out of stock.
(D) The work was delayed.

12. What will Mr. Parker receive?

(A) A discount voucher
(B) A free delivery service
(C) A complimentary gift
(D) A manual

13. What does the speaker mean when she says, "But I can't come to the phone right now"?

(A) She is still on vacation.
(B) She is repairing her office phone.
(C) She misplaced her mobile phone.
(D) She is on a business trip.

14. What are listeners advised to do for an urgent matter?

(A) Leave a message
(B) Talk with a secretary
(C) Visit the office in person
(D) Call Ms. Parker on the cellular phone

15. What is mentioned about Michelle Thompson?

(A) She is Ms. Parker's supervisor.
(B) She deals with a certain program.
(C) She is currently attending the fair.
(D) She won't be back until Monday.

Forest Hill	Victoria Street	Dream Castle
Evergreen Mountain	Hyde Park	Jade Lake
Highland View	Elizabeth Street	Pacific Palace

16. How did Ms. Lee probably learn about the apartment?

(A) By reading a paper
(B) By looking at a leaflet
(C) By checking out the website
(D) By listening to a radio advertisement

17. Who most likely is Ben Watson?

(A) A janitor
(B) A photographer
(C) A realtor
(D) A tenant

18. Look at the graphic. Where does the speaker recommend going?

(A) Forest Hill
(B) Dream Castle
(C) Highland View
(D) Pacific Palace

광고 지문은 초반에 광고 대상이 무엇인지 묻는 질문과 회사의 종류를 묻는 질문이 자주 출제된다. 또한 제품의 특징이나 장점 등을 묻는 세부 사항 문제가 지문 전반에 걸쳐 출제되며, 후반부에는 세일이나 구매자 혜택 등 프로모션에 관련된 사항들이 중요 출제 포인트가 된다. 소개문은 소개 받는 사람의 약력이나 이력에 대한 세부 사항이 핵심 출제 포인트가 되며, 그 사람을 소개하는 이유나 행사 종류, 그리고 청자들에게 당부하는 사항들도 자주 출제된다.

출제 포인트

Point ❶ 광고

다양한 제품이나 서비스에 대한 특징과 장점, 그리고 홍보 행사를 광고하는 지문이 자주 출제된다. 주로 초반에 광고 대상물의 특징이나 장점을 소개하고, 후반에 프로모션이나 구매 방법과 추가 정보와 관련된 내용들이 출제된다.

(1) 광고 대상이 무엇인지 묻는 문제

지문 초반에 제시되는 명사나 고유 명사, 그리고 청자에게 무엇인가를 묻는 형태의 의문문이 광고 대상을 찾을 수 있는 결정적 단서가 된다. 지문 초반에 의문문으로 소비자들이 겪고 있는 문제점을 제시하거나, 제품명 혹은 상호를 통해 광고 대상물을 간접적으로 유추할 수 있다.

ex) Do you want to go on a **trip**? 여행을 가고 싶으신가요?

☞ 광고 대상: A travel agency(여행사)

(2) 광고 대상의 특징을 묻는 문제

지문 초반에 광고되는 제품이나 서비스의 장점이나 특징을 제시한다. 특히 다른 제품들과 비교하거나 최상급 등의 표현을 통해 단서를 제시하는 경우가 많다.

ex) It is made of **the lightest** material. 이것은 가장 가벼운 재료로 만들어졌습니다.

☞ 광고 대상의 특징: Light in weight(무게가 가벼운)

(3) 할인이나 세일, 무료 배달과 같은 프로모션에 관해 묻는 문제

지문 후반에 세일, 할인 기간, 할인 조건, 무료 배송, 무료 선물과 같은 구매 혜택들과 조건들에 대한 정보들이 제시된다. 답과 관련된 지문의 단서들이 보기 중 비슷한 의미를 가지는 다른 어휘로 패러프레이징 되어 제시되는 경우가 많다.

☞ 패러프레이징: coupon → voucher(쿠폰), off → discount(할인), free → complimentary(무료의), delivery → shipping(배송), be eligible for → be entitled to(~할 자격이 있다)

(4) 구매 방법이나 당부 사항, 추가 정보 확인 방법 등을 묻는 문제

대개 지문의 마지막에 단서가 언급되며, 명령문, 청유문의 형태로 답이 제시되는 경우가 많다.

☞ 시그널: Please(~해라), Be sure to(확실히 ~해라), Don't hesitate to(주저하지 말고 ~해라), Feel free to(마음껏 ~해라)

빈출 문제 유형

What is being advertised? 광고되고 있는 것은 무엇인가?

What is the advertisement about? 무엇에 대한 광고인가?

Who is the intended audience for the advertisement? 광고가 의도하는 대상자는 누구인가?

How can listeners get a discount? 청자들은 어떻게 할인을 받을 수 있는가?

How long will the sale last? 세일은 얼마나 오랫동안 계속되는가?

Why are listeners invited to visit the website? 청자들이 웹사이트 방문을 장려 받는 이유는 무엇인가?

What does the speaker say about the special deal? 특별 혜택에 대해 화자는 무엇을 말하는가?

Point ❷ 인물 소개

시상식이나 퇴임식의 대상자, 라디오 방송의 게스트, 강연의 연사 등을 소개하는 내용으로 해당 인물의 이력에 대한 여러 가지 세부 사항을 묻는 문제들이 주로 출제된다.

(1) 소개의 목적이나 이유를 묻는 문제
지문 초반에 제시되는 명사를 잘 듣고 지문이 어떤 행사에 관련된 것인지 파악해야 한다. 지문 초반 인사말 다음에 주제나 목적을 언급하는 부분에서 답의 단서를 찾을 수 있다.

ex) **Good morning everyone.** I'm so honored to <u>present</u> the employee of the year <u>award</u>. 좋은 아침입니다, 여러분. 올해의 직원 상을 수여하게 되어 매우 영광입니다.
☞ 소개의 목적: To recognize an excellent employee(뛰어난 직원을 표창하기 위해서)

(2) 소개 받는 사람의 신분을 묻는 문제
지문 초반에 제시되는 이름 바로 뒤에서 그 사람의 신분에 대한 단서를 찾을 수 있다. introduce(소개하다), invite(초대하다) 등의 어휘와 더불어 소개 받는 사람이 누구인지에 대한 단서가 제시되는 경우가 많다.

ex) I'd like to **introduce** our new vice president. 우리의 새로운 부사장님을 소개하고 싶습니다.
☞ 소개 받는 사람의 신분: An executive(임원)

(3) 인물의 이력을 묻는 문제
문제에 시간, 장소, 고유 명사 등의 키워드를 제시하고 이와 관련된 인물의 세부 사항을 묻는 문제들이 자주 출제된다. 특정 시점에 수상, 매출 증가에 기여, 제품 개발, 책을 쓴 약력 등이 인물의 이력으로 자주 출제된다.

(4) 청자들에게 당부하거나 다음에 무슨 일이 있을지 묻는 문제
지문 마지막에 명령문이나 청유문의 형태로 답을 제시한다. 소개 받는 사람을 큰 박수로 환영해 달라는 요청이나 다음에 소개 받는 사람이 무대로 나와 간단한 인사말이나 연설을 한다는 내용이 자주 출제된다.

빈출 문제 유형

What kind of business does Mr. Johnson work for? Johnson 씨는 어떤 종류의 회사에서 일하는가?
Where does the introduction probably take place? 소개는 어디에서 이루어지고 있을 것 같은가?
Who most likely is Mr. Brown? Brown 씨는 누구일 것 같은가?
What event is being held? 어떤 행사가 열리고 있는가?
What did Mr. Smith do last year? Smith 씨는 작년에 무엇을 했는가?
What is Ms. Gomez famous for? Gomez는 무엇으로 유명한가?
What does the speaker say will take place next? 화자는 다음에 무슨 일이 일어날 것이라고 말하는가?

유형 1 │ 광고

🎧 D18_01.mp3

1. What most likely is being advertised?
(A) A clinic
(B) A gym
(C) A pharmacy
(D) A university

2. What is suggested about the business?
(A) It is open every day except for Monday.
(B) It has been in operation for a long time.
(C) it has many branches across the nation.
(D) It is equipped with the latest equipment.

3. Why are listeners encouraged to register this week?
(A) To take advantage of the special offer
(B) To sign up for the yoga class
(C) To receive a free treadmill
(D) To get a 50% discount

STEP 1 ▷ **키워드 파악하기**

1. **What** most likely is **being advertised**?
광고되고 있는 것은 무엇일 것 같은가?
What / being advertised ➜ 무엇 / 광고되다

2. What is **suggested about** the **business**?
사업체에 대해 암시된 바는 무엇인가?
suggested about / business ➜ 암시되다 / 사업체

3. **Why** are listeners **encouraged** to **register this week**?
청자들이 이번 주에 등록할 것을 권장 받는 이유는 무엇인가?
Why / encouraged / register / this week ➜ 왜 / 장려 받다 / 등록하다 / 이번 주에

STEP 2 >> 지문에서 단서 찾기

Are you worried about your weight? Do you want to stay in shape? 몸무게가 걱정이신가요? 건강을 유지하고 싶으신가요?
If so, ❶ don't hesitate to stop by Super Fitness Center.
그러시다면, 주저하지 말고 Super Fitness Center에 들러 주세요.

❷ We are a state of the art facility that provides exceptional health and fitness service to our community members. 저희는 지역 주민들께 뛰어난 건강 및 신체 단련 서비스를 제공하는 최신식 시설입니다.

Unlike other facilities, we offer various exercise programs such as aerobics and yoga classes for free. 다른 시설들과는 달리, 저희는 에어로빅과 요가 수업 같은 다양한 운동 프로그램들을 무료로 제공합니다.

Also, you will have access to the indoor running track and swimming pool. 또한 실내 러닝 트랙과 수영장도 이용하실 수 있습니다.
❸ If you sign up for our monthly membership program within this week, you are eligible for a 20% discount.
이번 주 안으로 저희 월간 회원 프로그램에 등록하시면 20% 할인의 대상이 됩니다.

We are open every day from 5 a.m. to midnight.
저희는 오전 5시부터 자정까지 문을 엽니다.

Come on in and enhance your physical well-being with us.
들어 오셔서 저희와 함께 여러분들의 신체적인 행복을 향상시켜보세요.

> ❶ 광고되고 있는 것
> ☞ 체육관(fitness center)

> ❷ 사업체에 대해 암시된 것
> ☞ 최신식 시설(a state of the art facility)

> ❸ 청자들이 이번 주에 등록할 것을 권장 받는 이유
> ☞ 20% 할인의 대상이 된다 (eligible for a 20% discount)

STEP 3 >> 정답 찾기

1	(A) 진료소 **(B) 체육관** (C) 약국 (D) 대학	광고되는 대상은 주로 지문 초반에 제시되는 상호명을 통해 파악할 수 있다. 주저하지 말고 Super Fitness Center에 들르라고 말하는 부분에서 정답은 (B)가 된다. 체육관을 뜻하는 fitness center가 gym으로 바뀌어 표현되었다.
2	(A) 월요일 빼고 매일 문을 연다. (B) 오랫동안 영업해오고 있다. (C) 전국적으로 많은 지점들이 있다. **(D) 최신 장비를 갖추고 있다.**	지문 초반 우리가 최신 시설이라고 말하는 부분에서, 해당 업체는 최신 장비들을 갖추고 있는 시설임을 추론할 수 있다. 따라서 정답은 (D)가 된다. 지문의 state of the art가 보기에서는 latest로 바뀌어 표현되었다.
3	**(A) 특별 혜택을 이용하기 위해서** (B) 요가 수업에 등록하기 위해서 (C) 무료 러닝 머신을 받기 위해서 (D) 50% 할인을 받기 위해서	할인이나 세일 같은 프로모션에 관한 문제는 주로 지문 후반에 단서가 제시된다. 후반에 이번 주에 등록하면 20% 할인을 받을 수 있다고 말하는 부분에서 정답은 (A)가 된다. 지문의 20% discount를 보기에서는 좀 더 포괄적인 의미의 special offer로 바꿔 표현했다.

weight 몸무게 stay in shape 건강을 유지하다 hesitate 주저하다 stop by ~에 들르다 state of the art 최신식의 provide 제공하다 exceptional 뛰어난 fitness center 피트니스 센터 community 지역사회 unlike ~와 다른 facility 시설 offer 주다 various 다양한 exercise 운동 for free 무료로 access 접근 indoor 실내의 sign up for ~에 등록하다 monthly 월간의 membership 회원제 be eligible for ~할 자격이 있다 midnight 자정 enhance 향상시키다

인물 소개

🎧 D18_02.mp3

1. What is the speaker doing?
   (A) Introducing the prize winner
   (B) Receiving the prestigious award
   (C) Reading an excerpt from a book
   (D) Giving an acceptance speech

2. What does the speaker say about Jenny Thomas?
   (A) She has written dozens of books.
   (B) She runs a publishing company.
   (C) She has won a prize 3 times in a row.
   (D) She started to work here 10 years ago.

3. What does the speaker ask Ms. Thomas to do?
   (A) Clap her hands
   (B) Give a short speech
   (C) Contact the publisher
   (D) Clear the stage

STEP 1 키워드 파악하기

1. What is the **speaker doing**?
   화자는 무엇을 하고 있는가?
   speaker / doing ➡ 화자 / 하고 있다

2. What does the speaker **say** about **Jenny Thomas**?
   화자는 Jenny Thomas에 대해 뭐라고 말하는가?
   say / Jenny Thomas ➡ 말하다 / Jenny Thomas

3. What does the speaker **ask Ms. Thomas** to do?
   화자는 Thomas 씨에게 무엇을 요청하는가?
   ask / Ms. Thomas ➡ 요청하다 / Thomas 씨

STEP 2 지문에서 단서 찾기

Thank you for coming here despite your hectic schedule.
바쁜 일정에도 불구하고 여기에 와주신 여러분들께 감사 드립니다.

❶ I'm so thrilled to present the employee of the year award.
제가 올해의 직원상을 시상하게 되어 매우 기쁩니다.

❷ This year's award goes to Jenny Thomas who has served as the sales director in the past 5 years. 올해의 상은 지난 5년간 영업 부장으로 재직하고 계신 Jenny Thomas에게 돌아가게 되었습니다.

She has proven herself as a valuable asset since ❷ she joined our company a decade ago.
그녀는 10년 전 회사에 입사한 이래로 본인이 소중한 자산임을 증명해오고 있습니다.

As some of you probably know, she has broken the previous sales records 5 times in a row.
몇몇 분들은 알고 계시겠지만, 그녀는 5회 연속 이전 매출 기록들을 깨고 있습니다.

Last year, she wrote the book that became a huge bestseller.
작년에는 큰 베스트 셀러가 된 책을 쓰기도 했었습니다.

Apparently, she plans to publish her second book at the end of this year. 듣자 하니, 그녀는 올해 말에 두 번째 책을 출간할 계획이라고 하네요.

Ms. Thomas! ❸ Would you please come onto the stage and say a few words? Thomas 씨! 무대 위로 오셔서 몇 마디 해주시겠어요?

❶ 화자가 하고 있는 것
☞ 올해의 직원상 시상
(present the employee of the year award)

❷ Jenny Thomas에 대해 말하는 것
☞ 10년 전 회사에 입사했다
(joined our company a decade ago)

❸ Thomas 씨에게 요청하는 것
☞ 무대 위로 와서 말하기
(come onto the stage and say a few words)

STEP 3 정답 찾기

1	**(A) 수상자를 소개하는 것** (B) 저명한 상을 받는 것 (C) 책에서 발췌문을 읽는 것 (D) 수락 연설을 하는 것	지문 초반에 상을 시상하게 되어 기쁘다고 말하고, 수상자인 Jenny Thomas에 대해 설명하는 부분에서 정답은 (A)가 된다. 지문의 award를 보기에서는 prize로 바꿔 표현했다.
2	(A) 그녀는 수십 권의 책을 썼다. (B) 그녀는 출판사를 운영한다. (C) 그녀는 연속으로 상을 3번 받았다. **(D) 그녀는 10년 전에 여기서 일을 시작했다.**	지문에서 Jenny에 대해 설명하면서 그녀가 10년 전에 이 회사에 입사했음을 밝히고 있다. 따라서 정답은 (D)가 된다. 지문의 a decade가 보기에서는 10 years로 바뀌어 표현되었다.
3	(A) 박수 치기 **(B) 짧은 연설하기** (C) 출판사와 연락하기 (D) 무대 치우기	지문 후반 고유 명사 키워드인 Ms. Thomas를 언급한 직후, 무대로 나와 몇 마디 해달라는 요청에서 정답은 (B)가 된다. 지문의 say a few words가 보기에서는 give a short speech로 바뀌어 제시되었다.

despite ~에도 불구하고 thrilled 아주 기쁜 past 지난 prove 증명하다 valuable 소중한 asset 자산 since ~이래로 decade 10년 ago ~전에 probably 아마도 break 깨다 previous 이전의 record 기록 time 회수 in a row 연속으로 huge 큰 apparently 듣자 하니 publish 출간하다 stage 무대

PRACTICE TEST

1. What is the purpose of the talk?

   (A) To introduce a new executive
   (B) To present an award
   (C) To talk about the new training program
   (D) To open a new branch in Chicago

2. Where will Ben Jenson be trained for 3 weeks?

   (A) In New York
   (B) In Chicago
   (C) In Detroit
   (D) In Boston

3. What happened to Ben Jenson in 1998?

   (A) He was promoted to the general manager.
   (B) He started his own business.
   (C) He began to work as a salesman.
   (D) He graduated from college.

4. What type of business is being advertised?

   (A) A restaurant
   (B) A travel agency
   (C) A hotel
   (D) A grocery store

5. What does the speaker say about "The little Castle"?

   (A) It is located in Spain.
   (B) It has been well received by the press.
   (C) It was founded 10 years ago.
   (D) It is run by a celebrity.

6. What are listeners invited to do online?

   (A) Look at a variety of photographs
   (B) Make a reservation
   (C) Check some testimonials
   (D) Read the manual.

7. What is the purpose of the talk?

   (A) To welcome young workers
   (B) To introduce someone
   (C) To attract customers
   (D) To celebrate Ms. Baker's promotion

8. What does the speaker say happened last month?

   (A) Ms. Baker graduated from university.
   (B) The new product was released.
   (C) Mr. Young started his career.
   (D) His company was founded

9. What will take place next?

   (A) The new tablet PC will be unveiled.
   (B) A demonstration will be given.
   (C) A speech will be made.
   (D) An award will be presented.

10. What is being advertised?

    (A) Package tours
    (B) Discount tickets
    (C) Cosmetics
    (D) Bags

11. Why does the woman say, "That's not all"?

    (A) To explain an alternative way to place an order
    (B) To demonstrate how to use the product
    (C) To tell about the additional special offer
    (D) To describe more functions

12. How can listeners place an order?

    (A) By logging on the website
    (B) By making a call
    (C) By sending a text
    (D) By visiting a store in person

13. Where most likely is the announcement being made?

(A) At a hardware store
(B) At a clothing store
(C) At a convenience store
(D) At an electronics store

14. According to the speaker, who will receive a free gift?

(A) People who will spend more than 100 dollars
(B) People who shop in the store on a regular basis
(C) People who will come to the store early
(D) People who will buy a new arrival

15. What will probably take place next week?

(A) Shopping hours will be extended.
(B) The shop will be closed for repairs.
(C) The new shipment will arrive.
(D) The new location will be opened.

Customer Satisfaction Survey

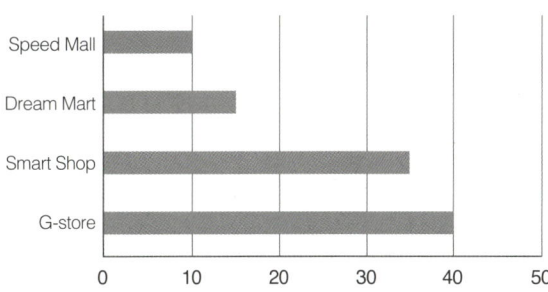

16. What kind of products does the business probably sell?

(A) Electronic goods
(B) Food items
(C) Heavy machinery
(D) Hardware

17. Look at the graphic. What store is being advertised?

(A) Speed Mall
(B) Dream Mart
(C) Smart Shop
(D) G-Store

18. What does the speaker suggest listeners do on the weekend?

(A) Participate in the survey
(B) Apply for a temporary job
(C) Check out the new website
(D) Make the most of the special deals

라디오 방송으로 주로 출제되는 지문은 일기 예보, 교통방송, 뉴스, 토크쇼 등이 대표적이다. 일기 예보는 특정 시점의 날씨를 구하는 문제와 당부 사항과 관련된 문제가 자주 출제되고, 교통 방송의 경우는 교통 정체와 관련된 문제들이 주류를 이룬다. 뉴스 지문은 다양한 주제로 출제되는데, 특히 경제 뉴스의 경우 어휘 수준이 높기 때문에 난이도가 높은 지문에 속한다. 토크쇼의 경우는 초대 손님의 이력이나 토크의 주제에 관한 문제 출제 비중이 높다.

⊙ 출제 포인트

Point ❶ 일기 예보와 교통 방송

일기 예보는 문제에 주어진 시간과 지문의 날씨를 매칭시키는 문제, 교통 방송은 교통 정체의 이유와 그에 따른 당부 사항을 묻는 문제가 자주 출제된다.

(1) 시간과 날씨를 매칭시키는 문제
문제에 주어지는 시간 키워드가 답을 찾기 위한 결정적인 단서가 된다. 지문에서 몇 가지의 다른 날씨들이 제시될 수 있으므로, 문제에 주어진 시간에 맞는 날씨를 찾는 것이 중요하다. 예를 들어 내일 날씨를 묻는 문제에 대해서 오늘 날씨를 듣고 정답으로 고르지 않도록 유의하자.

(2) 교통 방송의 청자를 묻는 문제
지문 초반에 교통 방송임을 알려주는 단어가 들리면 청자는 자동으로 운전자(drivers, motorists)나 통근자(commuters)가 된다.

(3) 교통 정체의 이유를 묻는 문제
지문 초반에 delay(지연), backed up(막히다), congestion(정체), traffic jam(교통 체증) 등의 어휘가 먼저 제시되고 바로 이어서 그 이유에 대해 언급하는 경우가 많다.
☞ 대표적인 교통 정체 원인: 공사(construction, road work), 사고(accident), 행사(event)

(4) 당부 사항을 묻는 문제
일기 예보는 날씨와 관련된 당부, 교통 방송은 우회로와 관련된 당부 사항이 지문 후반에 주로 제시된다.
☞ 일기 예보의 당부 사항: 우산(umbrella) 챙기기, 따뜻한 옷(warm clothes) 챙기기, 야외 외출(go outside)하기
☞ 교통 방송의 당부 사항: 우회로(detour, alternative route) 이용하기, 대중 교통(public transportation) 이용하기

빈출 문제 유형

What is this report for? 무엇에 관한 보도인가?
How will the weather be tonight? 오늘 밤 날씨는 어떨 것인가?
Who is the intended audience for the report? 보도는 누구를 대상으로 하는가?
What are listeners advised to do? 청자들이 조언 받는 사항은 무엇인가?
What is the cause of the delay? 지연의 이유는 무엇인가?
What is the broadcast about? 방송은 무엇이 관한 것인가?
What are the drivers encouraged to do? 운전자들은 무엇을 권고 받는가?

Point ❷ 뉴스와 토크쇼

뉴스는 주로 경제 뉴스가 등장하며 기업 인수나 합병, 현재 경제 상황 등에 대한 내용이 자주 출제된다. 토크쇼의 경우 초대 손님에 대한 이력과 오늘 이야기할 주제, 그리고 청취자들에 대한 당부 사항과 다음 방송에 대한 소개가 이어진다.

(1) 뉴스의 주제를 묻는 문제

지문 초반에 제시되는 명사를 잘 듣고 뉴스의 주제를 파악해야 한다. 인사말, 화자의 자기 소개에 이어 주제문이 바로 제시된다.

(2) 세부사항을 묻는 문제

문제에 시간, 장소, 신분 명사 등을 키워드로 주고 이와 관련된 세부 사항을 지문에서 찾는 문제가 자주 출제된다. 뉴스 지문은 출제되는 어휘의 수준이 높기 때문에, 평소에 경제 관련 어휘의 암기 및 정리가 중요하다. 특히 RC의 Part 7의 경제 기사 지문과 내용이 비슷하기 때문에, 평소에 독해 공부와 병행하면 시너지 효과를 낼 수 있다.

(3) 초대 손님의 이력을 묻는 문제

토크쇼 지문에서는 사회자가 초대 손님(guest)에 대해 소개를 하는 부분에서 이력과 관련된 내용이 자주 출제된다. 초대 손님의 직업, 업적 혹은 문제에 시간 키워드를 주고 이와 관련된 이력을 지문에서 찾아 서로 매칭하는 문제가 자주 출제된다. 특히 최근에 책을 쓴 작가, 영화를 찍은 감독, 음반을 발표한 가수 등이 초대 손님으로 자주 등장한다.

(4) 청취자들에게 하는 당부 사항이나 다음에 듣게 되는 것이 무엇인지 묻는 문제

토크쇼의 경우 지문 마지막에 청취자들에게 초대 손님에 대한 질문을 전화나 웹사이트에 올려 달라는 당부 사항이 자주 출제되고, 다음에 무엇을 듣게 되는지에 대한 문제는 지문 마지막에서 단서가 제시된다. 청취자들이 다음에 무엇을 듣게 되는지에 대한 답으로는 광고(advertisement, a word from our sponsors), 광고 듣는 시간(commercial break)이 가장 자주 출제된다.

빈출 문제 유형

What is the report mainly about? 뉴스는 주로 무엇에 관한 것인가?

What did the CEO announce yesterday? 최고 경영자는 어제 무엇을 발표 했는가?

What will happen to KM Motors next month? 다음달에 KM 자동차에 무슨 일이 일어날 것인가?

Why have the sales steadily decreased? 매출이 서서히 줄어드는 이유는 무엇인가?

What has Jason Lee done lately? Jason Lee는 최근에 무슨 일을 했는가?

What will listeners hear next? 청취자들은 다음에 무엇을 듣게 될 것인가?

What are listeners invited to do? 청취자들에게 장려하는 것은 무엇인가?

대표 유형 문제

| 유형 1 | **교통 방송** | 🎧 D19_01.mp3 |

1. What caused the traffic congestion in Washington Road?
(A) An accident
(B) Construction work
(C) Terrible weather
(D) A parade

2. According to the transportation authority, what will happen at 9 p.m.?
(A) A lane will be blocked.
(B) The city's website will be unavailable.
(C) A cultural event will be finished.
(D) The city hall will be reopened.

3. What are listeners encouraged to do on the website?
(A) Refer to the city map
(B) Check the alternative routes
(C) Look at the revised schedule
(D) Download the form

| STEP 1 | **키워드 파악하기** |

1. **What caused** the traffic **congestion** in Washington Road?
Washington 가의 교통 정체의 원인은 무엇인가?
What / cause / congestion ➜ 무엇 / 야기하다 / 혼잡

2. According to the **transportation authority**, what will **happen** at **9 p.m.**?
교통 당국에 의하면, 오후 9시에 무슨 일이 있을 것인가?
transportation authority / happen / 9 p.m. ➜ 교통 당국 / 일어나다 / 9시에

3. What are **listeners encouraged** to do on the **website**?
청자들은 웹사이트에서 무엇을 하라고 장려 받는가?
listeners / encouraged / website ➜ 청자들 / 장려 받다 / 웹사이트

Good morning, motorists! 좋은 아침입니다. 운전자 여러분!
This is Jason Perez giving you the latest local traffic report.
저는 여러분들께 최신 교통 소식을 전하는 Jason Perez입니다.

Today's traffic is moving smoothly but there are some areas you may want to avoid.
오늘 교통 흐름은 좋지만, 피하셔야 할 지역들이 몇 군데 있습니다.

❶ On Washington Road, there was a collision between the taxi and the school bus about half an hour ago, which still blocks one lane of the road. 워싱턴 가에서 30분 전에 택시와 학교 버스의 충돌이 있었는데, 여전히 도로의 한 차선을 막고 있습니다.

> ❶ 교통 정체의 원인
> ☞ 충돌(collision)

Although police are on the scene and directing traffic, it's still backed up for several miles.
경찰들이 현장에서 교통 정리를 하고 있지만 여전히 몇 마일 정도는 막히는 상황입니다.

Also, there is a lot of traffic around the city hall because the rock festival is being held at the main square.
또한 주 광장에서 열리고 있는 록 페스티벌 때문에 시청 주변에도 차가 많습니다.

The transportation authority said that ❷ the affected roads will be reopened as soon as the event ends at 9 p.m. 교통 당국은 영향을 받는 도로들은 오후 9시에 행사가 끝나는대로 다시 개방될 것이라고 말했습니다.

> ❷ 9시에 일어날 일
> ☞ 9시에 행사가 끝난다(the event ends at 9 p.m.)

If you're heading to the inner city, please turn to I-50 that is less congested.
도심 안으로 향하고 계신다면, 덜 막히는 I-50으로 방향을 돌려주세요.

❸ You can check other detours on our website. We will be back in an hour with traffic updates. 다른 우회로들은 저희 웹사이트에서 확인하실 수 있습니다. 저희는 최신 교통 소식을 가지고 1시간 후에 돌아오겠습니다.

> ❸ 청자들이 웹사이트에서 하라고 장려 받는 것
> ☞ 다른 우회로 확인하기 (check other detours)

1	(A) 사고 (B) 건설 공사 (C) 안 좋은 날씨 (D) 행진	지문 초반 Washington Road를 언급한 직후, 두 차량의 충돌이 있었고, 여전히 도로의 한 차선을 막고 있다는 설명에서 정답은 (A)임을 알 수 있다. 충돌을 뜻하는 collision을 좀 더 포괄적인 의미의 accident로 바꿔 표현했다.
2	(A) 차선이 막힐 것이다. (B) 시의 웹사이트가 이용이 불가할 것이다. **(C) 문화 행사가 끝날 것이다.** (D) 시청이 재개장될 것이다.	지문 후반 transportation authority를 언급한 직후 오후 9시에 행사가 끝난다는 정보를 얻을 수 있다. 따라서 정답은 (C)가 된다. 끝난다는 의미의 end가 보기에서는 finished로 바꿔 표현되고 rock festival을 좀 더 넓은 의미의 cultural event로 변환하여 제시되었다.
3	(A) 시 지도 참고하기 **(B) 우회로들 확인하기** (C) 수정된 일정 보기 (D) 서식 다운로드 받기	지문 후반에 웹사이트에서 다른 우회로들을 확인할 수 있다고 말하는 부분에서 정답은 (B)가 된다. 지문의 detours를 보기에서는 alternative routes로 바꿔 표현했다.

smoothly 부드럽게 area 지역 avoid 피하다 collision 충돌 block 막다 lane 차선 police 경찰 scene 현장 direct traffic 교통을 정리하다 back up 막히다 square 광장 authority 당국 affected 영향을 받는 as soon as ~하자마자 head to ~로 향하다 inner city 도심 congested 막히는 detour 우회로 be back 돌아오다

1. What is KM group planning to do?
    (A) Sell their old warehouse
    (B) Construct a new facility
    (C) Open a branch office in China
    (D) Lay off thousands of local workers

2. What did Ann Stewart mention at the press conference?
    (A) More jobs will be created.
    (B) The new plan will boost the Chinese economy.
    (C) KM group will start importing cars from Asia.
    (D) The building permit will be issued as early as next week.

3. What will listeners hear next?
    (A) An exclusive interview
    (B) A press conference
    (C) A traffic report
    (D) Advertisements

STEP 1   키워드 파악하기

1. What is **KM group planning** to do?
KM 그룹은 무엇을 계획하고 있는가?
KM group / planning ➡ KM 그룹 / 계획하다

2. What did **Ann Stewart mention** at the **press conference**?
Ann Stewart는 기자 회견에서 무엇을 언급했는가?
Ann Stewart / mention / press conference ➡ Ann Stewart / 언급하다 / 기자 회견

3. What will **listeners hear next**?
청자들은 다음에 무엇을 듣게 될 것인가?
listeners / hear next ➡ 청자들 / 다음에 듣다

STEP 2 > ## 지문에서 단서 찾기

Good evening, listeners! This is Sally Young with your daily business news update.
좋은 저녁입니다. 청취자 여러분! 저는 매일 최신 경제 뉴스의 Sally Young입니다.

Today, ❶ KM group based in Canada announced its intention to buy an old landfill next to the Hudson pier to secure extra storage space for their exports.
오늘 캐나다에 기반을 둔 KM 그룹이 수출을 위한 추가 저장 공간을 확보하기 위해 Hudson 부두 바로 옆의 오래된 매립지를 구매할 의사를 발표했습니다.

❶ They are expected to start building a new warehouse as early as next month.
그들은 빠르면 다음 달에 새로운 창고를 건설하기 시작할 것으로 예상됩니다.

The spokesperson for the company said that they will make the most of this facility for exporting their products to Asia.
회사 대변인은 그들의 제품들을 아시아 시장에 수출하기 위해 이 시설을 최대한 활용할 것이라고 말했습니다.

Apparently, their new compact cars are in high demand in China. 듣기로는, 그들의 신형 소형차들이 중국에서 수요가 많다고 합니다.

❷ At the press conference, Ann Stewart, the vice president of marketing told that they plan to employ more than 1,000 local workers for their new facility, which will boost the economy in Alberta. 기자 회견에서 마케팅 부사장인 Ann Stewart는 1,000명 이상의 지역 근로자들을 그들의 새로운 시설물에 고용할 계획이라고 말했는데, 이는 Alberta의 경제를 증진시킬 것입니다.

That's it for now and ❸ we'll be right back after a word from our sponsors. 우선 여기까지이며 광고 듣고 바로 돌아오겠습니다.

❶ KM 그룹이 계획하고 있는 것
☞ 새로운 창고 건설하기 (start building a new warehouse)

❷ Ann Stewart가 기자 회견에서 언급한 것
☞ 1,000명 이상의 지역 근로자들 고용하기(employ more than 1,000 local workers)

❸ 청자들이 다음에 듣게 될 것
☞ 광고(a word from our sponsors)

STEP 3 >>> ## 정답 찾기

1	(A) 오래된 창고 팔기 (B) 새로운 시설물 건설하기 (C) 중국에 지점 열기 (D) 수천 명의 지역 근로자들을 정리해고하기	지문 초반에 KM group을 언급한 후, 그들이 새로운 공장을 지을 것으로 예상된다고 말하는 부분에서 정답은 (B)가 된다. 지문의 build가 보기에서는 construct로 바뀌고, warehouse를 더 포괄적인 의미의 facility로 바뀌어 표현되었다.
2	(A) 더 많은 일자리들이 생길 것이다. (B) 새로운 계획이 중국 경제를 증진시킬 것이다. (C) KM 그룹이 아시아로부터 차량들을 수입하기 시작할 것이다. (C) 건축 허가는 이르면 다음 주쯤 발행될 것이다.	지문 후반 Ann Stewart가 새로운 시설물에 1,000명 이상의 지역 근로자들을 고용할 계획이라고 언급하는 부분에서 정답은 (A)가 된다. 지문에서 employ more than 1,000 local workers를 듣고, 의미상 새로운 일자리들이 생길 것이라고 답한 보기 (A)를 연결시키는 것이 중요하다.
3	(A) 독점 인터뷰 (B) 기자 회견 (C) 교통 방송 (D) 광고들	지문 후반에 광고 후에 바로 돌아오겠다는 말에서 정답은 (D)가 된다. 지문의 a word from our sponsors가 보기에서는 advertisements로 바뀌어 제시되었다.

based in ~에 기반을 둔 announce 발표하다 intention 의도 landfill 매립지 pier 부두 storage space 저장 공간 export 수출 warehouse 창고 make the most of ~를 최대한 활용하다 vice president 부사장 compact car 소형차 employ 고용하다 more than ~이상의 facility 시설물 a word from sponsors 광고

PRACTICE TEST

1. According to the speaker, how is the weather today?

    (A) Rainy
    (B) Stormy
    (C) Warm
    (D) Sunny

2. What are listeners encouraged to do tomorrow?

    (A) Wear a warm coat
    (B) Enjoy indoor activities
    (C) Take an umbrella
    (D) Spend time outside.

3. What does the speaker say he will do after the commercial break?

    (A) Give a long term forecast
    (B) Talk about GK Motors
    (C) Suggest a good outdoor activity
    (D) Report the local news

4. What is the broadcast mainly about?

    (A) Health
    (B) Financial consultation
    (C) Entertainment
    (D) Social issues

5. What does the speaker suggest listeners do?

    (A) Write some information
    (B) Post questions online
    (C) Subscribe to a business magazine
    (D) Visit the consulting company

6. What is mentioned about Paul Rolland?

    (A) He owns a publishing house.
    (B) He used to work at a credit card company.
    (C) He is a professor of economics.
    (D) He established his own business.

7. How often is the report broadcast?

    (A) Every 30 minutes
    (B) Every hour
    (B) Every day
    (C) Every week

8. What does the speaker recommend listeners do?

    (A) Use the subway
    (B) Check the weather forecast
    (C) Help construction workers
    (D) Take an alternative route

9. What will listeners hear after the commercial break?

    (A) A traffic report
    (B) A weather forecast
    (C) Sports news
    (D) Business news

10. Who most likely is Peter Wang?

    (A) A radio host
    (B) An executive
    (C) An economist
    (D) A reporter

11. What does the speaker imply when he says "I'm sure you wouldn't want to miss it"?

    (A) The interview will be exciting.
    (B) Free gifts will be given to the listeners.
    (C) It is easy to locate the radio station.
    (D) Informative health tips will be provided.

12. What is suggested about Pacific Group?

    (A) It has received many prizes.
    (B) It was founded by Peter Wang.
    (C) It has financial difficulties.
    (D) It is a family owned company.

13. Who is Peter Henderson?

    (A) A reporter

    (B) A spokesman

    (C) An entrepreneur

    (D) A senior accountant

14. What happened to Mr. Henderson last year?

    (A) He was promoted to the CEO.

    (B) He won a prize.

    (C) He wrote a book.

    (D) He resigned from his post.

15. What will listeners hear next?

    (A) Advertisements

    (B) A weather forecast

    (C) A traffic report

    (D) Local news

Day	Weather
Monday	Sunny
Tuesday	Rainy
Wednesday	Cloudy
Thursday	Snowy

16. How was the weather last week?

    (A) Sunny

    (B) Rainy

    (C) Cloudy

    (D) Snowy

17. Look at the graphic. When is the report being broadcast?

    (A) On Monday

    (B) On Tuesday

    (C) On Wednesday

    (D) On Thursday

18. What are listeners advised to do today?

    (A) Drive carefully

    (B) Stay indoors

    (C) Enjoy the nice weather

    (D) Wear warm clothing

연설문은 해당 행사의 종류를 묻는 문제와 연설의 주제를 묻는 문제가 주류를 이룬다. 또한 지문 후반에 다음 일정을 묻는 문제도 자주 출제된다. 설명문은 지문 초반에 무엇을 설명하는지 주제를 파악하는 것이 우선이고, 이와 관련된 여러 가지 세부 사항을 찾는 키워드 문제들이 중요 출제 포인트가 된다. 여행 안내문은 여행지에 대한 특징을 묻는 문제와 일정을 찾는 문제, 그리고 지문 후반부에 제시되는 당부 사항이나 주의 사항을 묻는 문제들이 자주 출제된다.

 출제 포인트

Point ❶ 연설 및 설명

연설은 취임식, 퇴임식, 시상식 등의 행사에서 들을 수 있는 환영사나 개회사 혹은 소개받은 사람이 소감을 밝히는 내용이 주로 출제된다. 설명은 강연이나 사내 교육, 혹은 시연회 등에서 무엇인가를 청자들에게 설명해 주는 지문이 주로 출제된다.

(1) 청자와 화자를 묻는 문제
주로 지문의 초반 인사말에 이어서 사람 이름이 소개되고 바로 이어서 청자, 화자의 신분에 대한 단서가 제시된다. 화자의 직업은 대명사 I 다음에, 청자의 신분은 대명사 You가 언급된 다음에 제시된다. 공통적으로 전치사 As(~로서) 다음에 신분 명사가 언급되기도 한다.

(2) 주제나 목적을 묻는 문제
지문 초반 인사말 바로 다음에 제시되는 문장을 잘 들어야 한다. 연설문의 경우에는 어떤 행사인지, 설명문의 경우는 설명하는 대상이 무엇인지를 먼저 파악하는 것이 중요하다.
☞ 행사 혹은 장소 시그널: Welcome to(~에 오신걸 환영합니다), Thank you for coming to(~에 와주셔서 감사합니다)

(3) 세부 사항 문제
시간, 장소, 사람, 고유 명사 등의 키워드를 문제에 제시하고 이와 관련된 정보를 지문에서 찾아 매칭시키는 문제가 자주 등장한다. 연설문과 설명문의 경우 보통 첫 번째 문제는 지문 초반에, 두 번째 문제는 지문 중반에, 마지막 문제는 지문의 후반부에 키워드가 제시되는 것이 일반적이다.

(4) 다음 일정이나 요청 사항을 묻는 문제
연설이나 설명이 끝나고 다음에 무슨 일정이 이어지는지는 지문 맨 마지막에 관련 단서가 제시된다. 그리고 청자들에게 요청·당부하는 사항은 후반부에 명령문이나 청유문을 잘 노리고 청취하는 것이 중요하다. 다음에 무슨 일이 일어나는지 묻는 Next 문제의 경우 지문 후반부에 제시되는 Now 다음에 답의 단서가 제시되는 경우가 많다.

빈출 질문 유형

Where is the talk being made? 담화는 어디에서 이루어지고 있는가?
What is the purpose of the talk? 담화의 주제는 무엇인가?
What are listeners asked to do? 화자들은 무엇을 요청받는가?
What is the purpose of the speech? 연설의 주제는 무엇인가?
Who is the talk intended for? 담화는 누구를 대상으로 하는가?
What will the speaker do next? 화자는 다음에 무엇을 할 것인가?
What will happen next? 다음에 무슨 일이 일어날 것인가?

Point ❷ 여행 및 견학

여행 안내문은 가이드가 관광객들에게 여행지에 대한 정보와 일정을 설명하는 내용 혹은 공장이나 시설물에 대해 설명하는 견학 지문들이 자주 출제된다.

(1) 화자와 현재 장소를 묻는 문제

지문 초반 인사 바로 다음에 현재 장소가 제시되고, 이어서 My name이나 I'm 다음에 화자에 대한 단서가 제시된다. 화자는 거의 tour guide가 정답이 되고, Welcome to ~ 다음에 현재 장소가 제시되는 경우가 많다. 특히 박물관, 미술관, 고택, 유적지, 공장, 국립공원, 동물원 등의 장소가 자주 출제된다.

(2) 일정을 묻는 문제

문제에 시간 키워드를 주거나 처음이나 마지막 일정을 묻는 문제가 자주 출제된다. 문제에 제시되는 시간, 장소, 고유 명사 등의 키워드를 지문에서 놓치지 않는 것이 중요하다.

(3) 당부·요청 사항을 묻는 문제

후반에 제시되는 Please ~ 명령문을 노려야 한다. 특히, 박물관이나 미술관에서는 플래시로 사진을 찍지 말라는 내용이 자주 출제되고, 공장 견학의 경우는 안전 장비 착용 등 안전에 관한 지침들이 자주 출제된다.

☞ 금지 사항을 나타내는 주요 표현: Please do not ~/refrain from(~을 금하다), prohibit(금지하다), You shouldn't(must not)/You are not allowed(permitted) to(~가 허용되지 않는다)

(4) 바로 다음 일정을 묻는 문제

지문 맨 마지막에 바로 다음에 이어질 일정이 언급되며 청유문(Let's~, Shall we~) 뒤에 단서가 제시되는 경우가 많다.

ex) Let's start with the sculptures. 조각들부터 시작하겠습니다.

☞ 다음 일정: 조각 전시 관람

빈출 질문 유형

Where does the talk most likely take place? 담화는 어디에서 일어나고 있을 것 같은가?

Who most likely is the speaker? 화자는 누구일 것 같은가?

Where will the listeners go next? 청자들은 다음에 어디를 갈 것인가?

Where will the listeners have lunch? 청자들은 점심을 어디서 먹을 것인가?

Why is the second floor closed? 2층이 문을 닫은 이유는 무엇인가?

How long will the tour last? 투어는 얼마나 오랫동안 계속되는가?

What are listeners encouraged to do? 청자들은 무엇을 하도록 장려되는가?

유형 1 ▶ 연설   🎧 D20_01.mp3

1. Where most likely is the talk being made?
(A) At an awards ceremony
(B) At a new employee orientation
(C) At a retirement party
(D) At a company outing

2. When did the speaker begin her career?
(A) 5 years ago
(B) 10 years ago
(C) 15 years ago
(D) 20 years ago

3. What is the company planning to do this year?
(A) Hire additional employees
(B) Start business in some foreign countries
(C) Move the headquarters
(D) Launch a new product

STEP 1 ▷ 키워드 파악하기

1. **Where** most likely is the **talk** being made?
담화는 어디에서 이루어지고 있을 것 같은가?
Where / talk ➡ 어디에서 / 담화

2. **When** did the speaker **begin** her **career**?
화자는 직업 경력을 언제 시작했는가?
When / begin / career ➡ 언제 / 시작하다 / 직업 경력

3. What is the **company planning** to do **this year**?
회사가 올해 계획하고 있는 것은 무엇인가?
company / planning / this year ➡ 회사 / 계획하다 / 올해

지문에서 단서 찾기

❶ I feel so honored to receive this prestigious prize from my ●┄┄┄┄ fellow workers.
동료 직원들로부터 이렇게 저명한 상을 받게 되어서 매우 영광입니다.

It's so meaningful to me. 제게는 너무 뜻깊네요.

As you know, I have been working with you at JJ incorporated from the very beginning.
아시다시피, 저는 맨 처음부터 JJ 주식회사에서 여러분들과 함께 일해 오고 있습니다.

When ❷ I started my career as a salesclerk 2 decades ago, ●┄┄┄┄
I never imagined that I would become the executive of the biggest electronics company in the nation.
제가 20년 전 영업 사원으로 직업 경력을 시작했을 때, 저는 나라에서 가장 큰 전자회사의 임원이 되리라고는 상상하지도 못했습니다.

It would have been impossible without your support.
여러분들의 지지 없이는 불가능했을 겁니다.

I believe the great teamwork of our 5,000 employees is the key to our success.
우리 5,000명 직원들의 뛰어난 팀워크가 우리 성공의 비결이라고 믿습니다.

Now, we're ready to move up to the next level.
자, 이제 우리는 다음 단계로 나아갈 준비가 되었습니다.

❸ We're planning to expand our business into large Asian ●┄┄┄┄
markets like China and India this year and I'm looking forward to another fruitful year with everyone. 올해는 우리 사업을 중국이나 인도 같은 큰 아시아 시장으로 확장할 계획이고, 여러분 모두와 또 다른 보람 있는 해를 보내길 고대합니다.

❶ 담화가 이루어지고 있는 곳
☞ 저명한 상을 받다 (receive this prestigious prize):시상식

❷ 화자가 직업 경력을 시작한 시기
☞ 20년 전(2 decades ago)

❸ 회사가 올해 계획하는 것
☞ 사업을 아시아 시장으로 확장하기(expand our business into large Asian markets)

정답 찾기

1	**(A) 시상식에서** (B) 신입 사원 오리엔테이션에서 (C) 은퇴 파티에서 (D) 회사 야유회에서	지문 초반 화자가 저명한 상을 받게 되어 기쁘다고 말하는 부분에서 정답은 (A)가 된다. 지문에서 prize를 듣고 상을 시상하는 장소인 awards ceremony로 답을 연결 시키는 것이 중요하다.
2	(A) 5년 전 (B) 10년 전 (C) 15년 전 **(D) 20년 전**	지문 초반 본인이 20년 전에 영업 사원으로 경력을 시작했다고 말하는 부분에서 정답은 (D)가 된다. 문제의 키워드 begin이 지문에서는 start로 바뀌어 표현되었고, 지문의 2 decades가 보기에서는 20 years 바뀌어 제시되었다.
3	(A) 추가 직원을 고용하기 **(B) 몇몇 해외 국가에서 사업을 시작하기** (C) 본사 이전하기 (D) 신제품 출시하기	지문 후반에 올해는 중국과 인도와 같은 큰 아시아 시장으로 확장할 계획이라는 사실을 밝히는 부분에서 정답은 (B)가 된다. 지문의 China와 India가 보기에서는 좀 더 포괄적인 의미의 foreign countries로 바뀌어 제시되었다.

honored 영광스러운 prestigious 저명한 fellow 동료 meaningful 의미 있는 incorporated 주식회사 career 직업 경력 decade 10년 imagine 상상하다 executive 임원 electronics company 전자 회사 impossible 불가능한 expand 확장하다 look forward to ~를 고대하다 fruitful 보람찬, 결실이 풍부한

D20_02.mp3

1. What is mentioned about the zoo?
   (A) It is located in downtown.
   (B) It has been in business for approximately 100 years.
   (C) It is well known for unique animals.
   (D) It has no admission fee.

2. Where will the listeners have lunch?
   (A) In a zoo
   (B) on the bus
   (C) In a cafeteria
   (D) In the shopping mall

3. What is available at the rear of the bus?
   (A) Protective gear
   (B) Vouchers
   (C) Brochures
   (D) Food

STEP 1 > 키워드 파악하기

1. What is **mentioned** about the **zoo**?
   동물원에 대해 언급된 것은 무엇인가?
   mention / zoo → 언급하다 / 동물원

2. **Where** will the listeners have **lunch**?
   청자들은 어디에서 점심을 먹을 것인가?
   Where / lunch → 어디에서 / 점심

3. What is **available** at the **rear** of the **bus**?
   버스 뒤에서 이용 가능한 것은 무엇인가?
   available / rear / bus → 이용 가능한 / 뒤 / 버스

지문에서 단서 찾기

Welcome to the exciting bus tour of Grand Rapids.
Grand Rapids의 신나는 버스 투어에 오신 것을 환영합니다.

I'm Jason Williams and I'll be your guide.
저는 Jason Williams이고 제가 오늘 여러분의 가이드가 될 겁니다.

Today, I will be taking you to the most famous tourist attractions in town.
오늘, 제가 이 도시의 가장 유명한 관광지들로 여러분을 모실 텐데요.

First, we will visit the historic city hall building, which was established about a century ago.
우선, 대략 1세기 전에 세워진 역사적인 시청 건물을 방문할 겁니다.

After that, ❶ we'll go to the zoo that features many rare wildlife species including giant pandas.
그 다음, 자이언트 판다를 포함해 많은 희귀 야생종들이 있는 동물원으로 갈 겁니다.

❷ We are scheduled to have lunch at the picnic area there.
우리는 거기에 있는 소풍 구역에서 점심을 먹을 예정입니다.

Finally, we will stop by Dream shopping mall, which is situated in the heart of downtown.
마지막으로, 시내 중심에 있는 Dream 쇼핑몰에 들를 겁니다.

The bus departs at 9 a.m. sharp and the entire tour will last approximately 6 hours.
버스는 오전 9시 정각에 떠나고, 전체 투어는 대략 6시간 정도 진행될 예정입니다.

❸ Feel free to enjoy complimentary refreshments which are available at the rear of the bus.
버스 뒤에서 이용 가능한 무료 다과들을 마음껏 즐겨 주세요.

Should you have any questions, don't hesitate to ask me.
Thank you. 질문이 있으시면 주저하지 말고 제게 물어봐 주세요. 고맙습니다.

❶ **동물원에 대해 언급된 것**
☞ 많은 희귀 야생종들이 있다(feature many rare wildlife species)

❷ **청자들이 점심을 먹을 곳**
☞ 그곳의 소풍 구역에서(at the picnic area there)

❸ **버스 뒤에서 이용 가능한 것**
☞ 무료 다과들 (complimentary refreshments)

STEP 3 >> **정답 찾기**

1	(A) 시내에 위치해 있다. (B) 대략 100년쯤 운영 중이다. **(C) 독특한 동물들로 유명하다.** (D) 입장료가 없다.	지문에서 두 번째 일정으로 제시된 동물원을 소개하면서 자이언트 판다와 같은 많은 희귀종 동물들이 특징이라고 말하는 부분에서 정답은 (C)가 된다. 지문의 rare wildlife species를 보기에서는 좀 더 폭넓은 의미의 unique animals로 바꿔 표현했다.
2	**(A) 동물원에서** (B) 버스 안에서 (C) 구내 식당 안에서 (D) 쇼핑몰 안에서	동물원 소개 직후 점심은 그곳에 있는 소풍 구역에서 먹을 예정이라고 말하는 부분에서 정답은 (A)가 된다. 해당 문장에서 there이 지칭하는 것이 바로 앞에 언급된 장소 명사 zoo라는 점을 놓치지 않아야 한다.
3	(A) 보호용 장비 (B) 쿠폰들 (C) 안내 책자들 **(D) 음식**	지문 마지막에 버스 뒤에서 이용 가능한 무료 다과들을 언급하는 부분에서 정답은 (D)가 된다. 지문의 refreshments를 보기에서는 좀 더 넓은 의미의 food로 바꿔 제시했다.

famous 유명한　tourist attractions 관광지　historic 역사적인　city hall 시청　establish 세우다　feature ~을 특징으로 하다　rare 드문, 희귀한　wildlife species 야생종　stop by 들르다　including ~을 포함하는　be situated ~에 위치해 있다　heart 중심　complimentary 무료의　refreshments 다과　rear 뒤　hesitate 주저하다

PRACTICE TEST

1. Who is the audience for the talk?

(A) Cashiers
(B) Cooks
(C) Wait staff
(D) New hires

2. Why does the speaker say "Look over here everyone"?

(A) To give a warning
(B) To introduce a chef
(C) To share a recipe
(D) To show some areas

3. What will the listeners do after the break?

(A) Sample some desserts
(B) Look around the fitness facility
(C) Make copies
(D) Go downstairs

4. What will take place on the weekend?

(A) Some programs will be installed.
(B) All the computers will be replaced.
(C) The training session will be held.
(D) The data will be automatically erased.

5. What will be distributed after the meeting?

(A) Leaflets
(B) Instructions
(C) Sign-up sheets
(D) File folders

6. What does the speaker ask the listeners to do?

(A) Share ideas
(B) Review the schedule
(C) Bring a laptop computer
(D) Save important files

7. How long will the training last?

(A) For a day
(B) For a week
(C) For a month
(D) For a quarter

8. What is scheduled to take place at the end of the training?

(A) A special lecture
(B) A party
(C) A group discussion
(D) A survey

9. What is available on a website?

(A) A registration form
(B) A complete schedule
(C) A profile of lecturers
(D) A price list

10. According to the speaker, what is expected to take place next week?

(A) The competitor will introduce a new model.
(B) The sales will start to increase significantly.
(C) The new hybrid model will be unveiled.
(D) The board of directors will accept the proposal.

11. What does the speaker say the management decided to do?

(A) Lay off employees
(B) Open a new branch
(C) Develop new products
(D) Hire some temporary workers

12. What will Jim Patterson probably do next?

(A) Give a speech
(B) Present an award
(C) Write a proposal
(D) Serve refreshments

13. What is the talk mainly about?

(A) An updated website
(B) A work schedule
(C) A reading material
(D) A new employee

14. According to the speaker, what might cause the delay?

(A) Construction materials
(B) Bad weather
(C) A lack of workers
(D) A mechanical problem

15. What are the listeners required to do?

(A) Check the warehouse
(B) Ship the raw materials
(C) Carry a prototype
(D) View the screen

City Tour Bus			
Location 1 →	Location 2 →	Location 3 →	Location 4
The Hudson Memorial	The King's Temple	The Owen Hall	The Sky Tower

16. Look at the graphic. Where will the bus arrive shortly?

(A) Location 1
(B) Location 2
(C) Location 3
(D) Location 4

17. Who is Sean Thomas?

(A) A bus driver
(B) A tour guide
(C) A tourist
(D) A building designer

18. What are the listeners asked to do?

(A) Stay seated
(B) Take a picture
(C) Return on time
(D) Wear protective gear

ACTUAL

TEST

LISTENING TEST

In the Listening test, you will be asked to demonstrate how well you understand spoken English. The entire Listening test will last approximately 45 minutes. There are four parts, and directions are given for each part. You must mark your answers on the separate answer sheet. Do not write your answers in your test book.

PART 1

Directions : For each question in this part, you will hear four statements about a picture in your test book. When you hear the statements, you must select the one statement that best describes what you see in the picture. Then find the number of the question on your answer sheet and mark your answer. The statements will not be printed in your test book and will be spoken only one time.

Example

Sample Answer

 ●

Statement (D), "He is mowing the lawn." is the best description of the picture so you should select answer (D) and mark it on your answer sheet.

1.

2.

GO ON TO THE NEXT PAGE

3.

4.

5.

6.

GO ON TO THE NEXT PAGE

PART 2

Directions: You will hear a question or statement and three responses spoken in English. They will not be printed in your test book and will be spoken only one time. Select the best response to the question or statement and mark the letter (A), (B) or (C) on your answer sheet.

7.   Mark your answer on your answer sheet

8.   Mark your answer on your answer sheet

9.   Mark your answer on your answer sheet

10. Mark your answer on your answer sheet

11. Mark your answer on your answer sheet

12. Mark your answer on your answer sheet

13. Mark your answer on your answer sheet

14. Mark your answer on your answer sheet

15. Mark your answer on your answer sheet

16. Mark your answer on your answer sheet

17. Mark your answer on your answer sheet

18. Mark your answer on your answer sheet

19. Mark your answer on your answer sheet

20. Mark your answer on your answer sheet

21. Mark your answer on your answer sheet

22. Mark your answer on your answer sheet

23. Mark your answer on your answer sheet

24. Mark your answer on your answer sheet

25. Mark your answer on your answer sheet

26. Mark your answer on your answer sheet

27. Mark your answer on your answer sheet

28. Mark your answer on your answer sheet

29. Mark your answer on your answer sheet

30. Mark your answer on your answer sheet

31. Mark your answer on your answer sheet

PART 3

Directions: You will hear some conversations between two or more people. You will be asked to answer three questions about what the speakers say in each conversation. Select the best response to each question and mark the letter (A), (B), (C) or (D) on your answer sheet. The conversations will not be printed in your test book and will be spoken only one time.

32. Where most likely are the speakers?

(A) In a manufacturing plant
(B) In a convenience store
(C) In an electronics shop
(D) In a print shop

33. What kind of problem does the man mention?

(A) Some items are currently out of stock.
(B) Some features don't work well.
(C) Some components are missing.
(D) Some units are beyond repair.

34. What does the woman give the man?

(A) A proof of purchase
(B) A price tag
(C) A warranty
(D) A manual

35. What is the man looking for?

(A) A telephone book
(B) A room key
(C) A menu
(D) A cellular phone

36. What does the woman say she has to do shortly?

(A) Talk with her colleague
(B) Attend the course
(C) Check the lost and found box
(D) Make a reservation

37. What does the man offer to do for the woman?

(A) Pay for dinner
(B) Fix the smart phone
(C) Give the woman a ride
(D) Take some notes

38. How do the speakers know each other?

(A) They used to work together.
(B) They were in the same school.
(C) They have met in the convention.
(D) They were neighbors.

39. Where does the conversation probably take place?

(A) In a post office
(B) On the street
(C) In a clothing store
(D) In a middle school

40. What does the man want to know?

(A) Where the woman currently lives
(B) Whether the woman works nearby
(C) When the woman needs to meet her boss
(D) How long the woman has worked as a clerk

41. Who most likely is the woman?

(A) An interviewer
(B) A secretary
(C) A candidate
(D) A lawyer

42. What does the man want to do?

(A) Arrange an interview.
(B) Apply for a vacant position.
(C) Interview a celebrity in person.
(D) Work as a secretary

43. Why does the man say "It sounds perfect"?

(A) The woman has a great deal of experience.
(B) The woman did well in the interview.
(C) The woman was highly recommended.
(D) The woman has a flexible schedule.

GO ON TO THE NEXT PAGE

44. What are the speakers busy doing?

(A) Preparing for the event.
(B) Making some copies.
(C) Delivering packages.
(D) Contacting former employees.

45. What does the man recommend?

(A) Cancelling the trip
(B) Using the new machine
(C) Contacting another store.
(D) Talking with the supervisor.

46. What does the woman say she will do next?

(A) Check the supply room.
(B) Use an express delivery service.
(C) Participate in the race.
(D) Find contact information.

47. What does the woman ask the man to do?

(A) Apply for a position.
(B) Repair the car.
(C) Give a ride.
(D) Fill out the form

48. What information does the woman request?

(A) How she will get to the headquarters.
(B) Where she can take a bus.
(C) When the typhoon will arrive.
(D) Why the car broke down.

49. What does the man encourage the woman to do?

(A) Allow more time to commute.
(B) Check the weather forecast in advance.
(C) Visit the website.
(D) Use public transportation

50. What does the woman say will take place next week?

(A) A new intern will start his work.
(B) Someone will leave the company.
(C) A prize will be given to the vice president.
(D) JX Incorporated will go out of business.

51. What does the man ask the woman about?

(A) How long the training will last.
(B) What the new executive is like.
(C) When the president will retire.
(D) Where Angie currently works.

52. What does the woman suggest about Angie?

(A) She will be promoted to the accounting manager next week.
(B) She is very enthusiastic about her work.
(C) She knows the new vice president well.
(D) She is the strong leader.

53. According to the woman, what did the manager mention?

(A) The company decided to publish a newspaper.
(B) The more aggressive marketing strategies should be considered.
(C) The accommodation needs to be reserved in advance.
(D) The sales have increased since last month.

54. What does Henry suggest they should do?

(A) Reduce the expense.
(B) Cut down the price.
(C) Open a new branch.
(D) Expand the store.

55. What will take place tomorrow?

(A) The store will be refurbished.
(B) The regular meeting will be held.
(C) The monthly inspection will be implemented.
(D) The huge clearance sale will start.

56. Where is the man?

(A) On the train
(B) In an airport
(C) In a station
(D) On the plane

57. What is the cause of the problem?

(A) Inclement weather
(B) Some mechanical trouble
(C) A traffic backup
(D) A strike

58. What is the woman asked to do?

(A) Cancel the meeting
(B) Take a train.
(C) Make a presentation
(D) Change the schedule.

---

59. What are the speakers mainly discussing?

(A) A vacation
(B) A tour package
(C) A business trip
(D) A festival

60. Why does the man say, "I see what you're talking about."?

(A) To offer an excuse.
(B) To make an apology.
(C) To express concern.
(D) To agree with the woman.

61. What does the man suggest?

(A) Flying to Hawaii.
(B) Visiting a travel agency.
(C) Going to the sea.
(D) Taking a picture

Pacific Productions
Presents

"The cats"
Global Theatre
Friday, May 15th 7:00 p.m.
Row: 10, Seat 13E

---

62. Where does the conversation most likely take place?

(A) On the stage
(B) At the entrance
(C) In a snack bar
(D) In the elevator

63. Look at the graphic. What time will the show start today?

(A) At 6:30 p.m.
(B) At 6:50 p.m.
(C) At 7:00 p.m.
(D) At 7:30 p.m.

64. What does the woman tell the man to do?

(A) Return before the show starts.
(B) Check the website.
(C) Look at the ticket.
(D) Turn off the mobile phone.

GO ON TO THE NEXT PAGE

"King's Grocery Store" A coupon book	
Apple Juice $2.00 Off	Low fat milk $1.50 Off
Orange Juice $1.00 Off	Skim milk $0.50 Off

America Bank	Super Tower	Fire Station	Pacific Theatre

5th Street

Dream Hall	KJ building	Police Station	Rainbow City

65. Who most likely is the woman?

(A) A customer

(B) A courier

(C) A casher

(D) A librarian

66. What does the woman say will happen tomorrow morning?

(A) The new shipment will arrive.

(B) The grocery store will be closed.

(C) The coupon will expire.

(D) The network system will be updated.

67. Look at the graphic. How much will the man save?

(A) $1.00

(B) $1.50

(C) $1.75

(D) $2.50

68. Why is the woman calling?

(A) To offer a job

(B) To submit a resume

(C) To interview an applicant

(D) To inquire about an opening

69. What does the woman suggest about the man?

(A) He does not want to work at Blue Sky Group.

(B) He used to work as a salesperson.

(C) He is a bank teller.

(D) He had an interview on Monday.

70. Look at the graphic. Where will the training course be held?

(A) In Dream Hall

(B) In KJ Building

(C) In Super Tower

(D) In Rainbow City

PART 4

Directions : You will hear some talks given by a single speaker. You will be asked to answer three questions about what the speaker says in each talk. Select the best response to each question and mark the letter (A), (B), (C) or (D) on your answer sheet. The talks will not be printed in your test book and will be spoken only one time.

71. According to the speaker, what will be available from tomorrow?

    (A) A new ID badge
    (B) A complimentary lunch
    (C) A space for employees
    (D) An updated website

72. How can listeners use the new facility?

    (A) By making a reservation online
    (B) By paying extra money
    (C) By signing up for the program
    (D) By presenting their identification

73. Why would people visit a website?

    (A) To check a menu
    (B) To make a complaint
    (C) To reserve a room
    (D) To place an order

74. Where most likely is the talk taking place?

    (A) In a concert hall
    (B) In an auditorium
    (C) In a theater
    (D) On an avenue

75. What does the speaker say happened last year?

    (A) The musical was premiered.
    (B) The film won many prizes.
    (C) The theatre was renovated.
    (D) Jim Cooper was injured.

76. Why are the listeners encouraged to remain seated after the show?

    (A) To get a discount
    (B) To receive a brochure
    (C) To get an autograph
    (D) To talk to the director in person

77. What was the topic of last week's discussion?

    (A) How to save electricity
    (B) How to be more eco-friendly
    (C) How to contribute to the local economy
    (D) How to improve the profits

78. What does the speaker want the listeners to do next?

    (A) Leave the office.
    (B) Replace the printers.
    (C) Clean the floor.
    (D) Exchange their opinions.

79. Why does the speaker say "How about this"?

    (A) To suggest a detour
    (B) To ask for permission
    (C) To give an example
    (D) To make an excuse

80. Who most likely is Jenny Truman?

    (A) A host
    (B) A reporter
    (C) A book critic
    (D) A writer

81. What happened to Jenny Truman in the beginning of this year?

    (A) She visited her hometown.
    (B) She graduated from school.
    (C) She hosted a radio show.
    (D) She was nominated for the prize.

82. What will be broadcast after the commercial break?

    (A) An interview with an athlete
    (B) A traffic update
    (C) A weather forecast
    (D) A talk with a celebrity

GO ON TO THE NEXT PAGE

83. What does the speaker mean when she says "That's why we're here for you"?

(A) There is an obvious reason for them to visit here.
(B) They know how to train instructors.
(C) There are a variety of ways to improve thinking skills.
(D) They provide diverse classes to help achieve a goal.

84. What will people receive after completing the course?

(A) A diploma
(B) A voucher
(C) A free gift
(D) A report card

85. What are the listeners encouraged to do this week?

(A) Call an experienced instructor
(B) Register for a course
(C) Pick up a certificate
(D) Apply for a position

86. Why does the speaker say he is happy?

(A) He won a championship.
(B) He was invited to the reception.
(C) There are a lot of attendees.
(D) There are so many questions for him.

87. Who most likely are the listeners?

(A) Journalists
(B) Professional athletes.
(C) Farmers
(D) Prize winners

88. What are the listeners requested to do during a Q and A session?

(A) Turn off a mobile phone
(B) Remain quiet
(C) Share ideas with other people
(D) Renew the identification badge

89. What does the woman imply when she says "But I don't think I can make it on time"?

(A) She doesn't know how to get to Mr. White's office.
(B) She wants to cancel the reservation.
(C) She might be late for the appointment.
(D) She cannot fix the laptop by herself.

90. What is the cause of the problem?

(A) Car trouble
(B) A traffic jam
(C) A terrible weather
(D) Power failure

91. Where most likely is the speaker now?

(A) In a cab
(B) At an auto body shop
(C) On the highway
(D) In her office

92. Who most likely is the speaker?

(A) A congress man
(B) An architect
(C) A public official
(D) A construction worker

93. What plan did the council approve?

(A) To build the new city hall
(B) To renovate the public building
(C) To revise the safety regulations
(D) To inspect the old bridge

94. According to the speaker, when will the work be finished?

(A) In March
(B) In May
(C) In September
(D) In December

Market Share in the Third Quarter

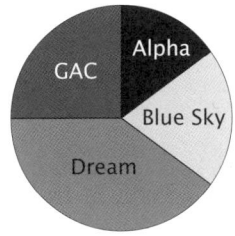

Day	Sale items
Monday	Frozen food
Tuesday	Dairy products
Wednesday	Fruit
Thursday	Meat

95. Look at the graphic. What company does the speaker most like work for?

(A) Alpha
(B) GAC
(C) Dream
(D) Blue Sky

96. According the speaker, what will happen this Saturday?

(A) A picnic
(B) A workshop
(C) A training
(D) An awards banquet

97. Why would some people visit the speaker's office?

(A) To participate in a race
(B) To do a test drive
(C) To get a ride
(D) To receive an admission ticket

98. Who is the speaker?

(A) A shop manager
(B) A farmer
(C) A courier
(D) A cashier

99. Look at the graphic. What food items will be on sale tomorrow?

(A) Frozen food
(B) Dairy products
(C) Fruit
(D) Meat

100. What should listeners do in order to use the free delivery service?

(A) Pay with a credit card
(B) Download a voucher from the website
(C) Spend over a certain amount of money
(D) Sign up for the membership

This is the end of the Listening test.

마감신화 권홍반
핵심을 파고드는
토익 LC의 진수

권오경

선생님 약력

(現) 영단기 온라인 토익 LC 강사

(現) 영단기 토익기술, 토익기술 실전문제집, 토익 보카 저자

미시간주립대학교 영어 교육학 석사

(前) YBM ELS 어학원 종로 본원 토익 대표 강사

(前) 주한 미군 MTMC 한국 사령부 통역 비서관

(前) 삼성 그룹 등 다수 대기업 토익 출강

(前) 토익 아카데미 토익 칼럼 기고

(前) 무료 일간지 포커스, 노컷뉴스 토익 문제 연재

(前) JEI 재능 방송 "요술토익" LC 진행

체험팩 수강권

저자 권오경 LC 속성 강좌

핵심을 찌르는 LC 핵심 공식으로
초단기 목표달성이 가능한 강의

샘플 수강권 **TT18-4ZN7-5CB6-LF9I**

- 커넥츠 영단기 홈페이지에서 회원가입 및 로그인 후, 회원정보

  > CONECTS 활동 내역 >쿠폰등록에서 위 번호 등록 후 사용 가능합니다.

- 쿠폰 사용 기간은 등록일로부터 1개월입니다.

- 1인 1회만 사용 가능하며, 중복 사용이 불가능합니다.

영단기 토익 교재

입문서

영단기 토익 왕기초 LC

영단기 토익 왕기초 RC

영단기 신토익 스타트 LC

영단기 신토익 스타트 RC

영단기 영문법 스타트

기본서

목표 점수 800+

기적의 토익 LC

기적의 토익 RC

목표 점수 900+

영단기 토익 LC

영단기 토익 RC

영단기 토익 기출보카

필기노트

영단기 700+
기적의 필기노트

영단기 토익 만점자
필기노트 PART 5 문법

LC+RC 통합 기본서

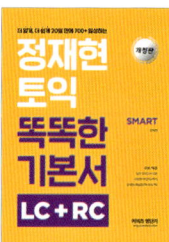
영단기 토익 LC+RC
700+한 달에 끝내기

정재현 토익
똑똑한 기본서 LC+RC

기술서/요약서

영단기 토익 기술 LC

영단기 토익 기술
실전문제집 LC

영단기 토익 기술 RC

영단기 토익 기술
실전문제집 RC

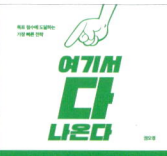
영단기 신토익 LC
20일 속성

영단기 신토익 RC
20일 속성

여기서 다 나온다

영단기
신토익 LC
20일 속성 ⚡

정답 및 해석/해설

커넥츠 영단기

여기서 다 나온다

영단기
신토익 LC
20일 속성

정답 및 해석/해설

커넥츠 영단기

유형 1 현재 진행형으로 사람의 동작·상태적 특징을 묘사하는 유형

CHECK **1** (C) **2** (B)

1 BR

(A) He is wearing shorts.
(B) He is walking up the stairs.
(C) He is carrying a hose.
(D) He is working in the warehouse.

(A) 그는 반바지를 입고 있다.
(B) 그는 계단을 오르고 있다.
(C) 그는 호스를 옮기고 있다.
(D) 그는 창고 안에서 일하고 있다.

어휘

wear 입고 있다 shorts 반바지 walk up 걸어 오르다 stairs 계단 carry 옮기다 hose 호스 warehouse 창고

해설

남자가 호스를 옮기고 있는 모습을 잘 묘사한 보기 (C)가 정답이다. 보기 (B)와 (D)는 배경에 계단(stairs)과 창고(warehouse)의 모습이 보이지 않으므로 바로 오답 처리가 가능하다.

2 AU

(A) He is fishing in the boat.
(B) He is wearing a hat.
(C) He is lying on the beach.
(D) He is swimming in the lake.

(A) 그는 배에서 낚시를 하고 있다.
(B) 그는 모자를 쓰고 있다.
(C) 그는 해변 위에 누워 있다.
(D) 그는 호수에서 수영을 하고 있다.

어휘

fish 낚시하다 boat 배 wear 입고 있다 hat 모자 swim 수영하다 lake 호수

해설

남자가 모자를 쓰고 있는 외모적 특징을 잘 묘사한 보기 (B)가 정답이다. 보기 (A)의 경우 낚시하는(fishing) 동작은 맞지만 배경에서 배를 찾아볼 수 없으므로 in the boat에서 오답 처리가 가능하다.

유형 2 현재 완료형·현재형으로 사람의 상태를 묘사하는 유형

CHECK **1** (B) **2** (B)

1 US

(A) A kitchen is being cleaned.
(B) A man has an apron on.
(C) A man is washing the dishes.
(D) A pizza is being put into the oven.

(A) 주방이 청소되고 있다.
(B) 남자가 앞치마를 두르고 있다.
(C) 남자가 설거지를 하고 있다.
(D) 피자가 오븐에 넣어지고 있다.

어휘

apron 앞치마 have ~ on ~을 입고 있다 wash the dishes 설거지하다 oven 오븐

해설

남자가 앞치마를 두르고 있는 외모적 특징을 잘 묘사한 보기 (B)가 정답이다. '~을 입고 있다'라는 의미로 be wearing 대신 have ~ on이 출제되기도 한다. 보기 (A)는 주방의 모습이 보이긴 하지만, 청소되는 동작이 없으므로 수동태 진행형 being cleaned에서 오답이다.

2 BR

(A) He is cutting the grass.
(B) He is at the construction site.
(C) He is leaning against a tree.
(D) He is putting on a hard hat.

(A) 그는 잔디를 깎고 있다.
(B) 그는 공사 현장에 있다.
(C) 그는 나무에 기대고 있다.
(D) 그는 안전모를 쓰려고 하고 있다.

어휘

cut 깎다 grass 잔디 construction 공사 lean 기대다 put on ~을 입으려고 하다 hard hat 안전모

해설

남자가 공사 현장에 있는 모습을 현재형으로 잘 묘사한 보기 (B)가 정답이다. 보기 (D)는 안전모를 이미 착용하고 있는 상태이므로 동작을 묘사하는 putting on에서 오답이다.

유형 3 수동태로 주위 배경이나 사물의 특징을 묘사하는 유형

CHECK **1** (B) **2** (A)

1 US

(A) A man is walking down the street.
(B) The shelves are filled with products.
(C) The floor is being swept.
(D) A man is making a purchase.

(A) 남자가 거리를 걸어가고 있다.
(B) 선반들이 물건들로 가득 차있다.
(C) 바닥이 청소되고 있다.
(D) 남자가 구매를 하고 있다.

어휘

street 거리 shelves 선반들 be filled with ~로 가득 차있다 floor 바닥 sweep 빗자루로 쓸다 make a purchase 구매하다

해설

선반들이 물건으로 가득 차있는 배경의 특징을 잘 묘사한 보기 (B)가 정답이다. 특히 be filled with는 '~로 가득 차있다'라는 의미의 빈출 표현이므로 꼭 암기해두자. 보기 (D)의 making a purchase는 계

산대에서 물건을 구매하려는 모습이 나와야 정답이 될 수 있는 표현이므로 오답이다.

2 US

(A) Trees have been planted along the stream.
(B) A woman is strolling on the pathway.
(C) A bridge is being built over the river.
(D) A stairway is divided by a handrail.

(A) 나무들이 개울을 따라서 심어져 있다.
(B) 여자가 오솔길을 거닐고 있다.
(C) 다리가 강 위로 건설되고 있다.
(D) 계단이 난간으로 나뉘어져 있다.

어휘

plant 심다 along ~을 따라서 stream 개울 stroll 거닐다
pathway 오솔길 bridge 다리 stairway 계단 divide 나누다
handrail 난간

해설

나무들이 개울을 따라 심어져 있는 배경적 특징을 현재 완료 수동태로 잘 묘사한 보기 (A)가 정답이다. 보기 (C)는 다리의 모습은 보이지만 현재 건설되고 있는 모습은 아니므로 수동태 진행형 is being built에서 오답 처리가 가능하다.

PRACTICE TEST

1 (C)	**2** (A)	**3** (C)	**4** (B)	**5** (B)	**6** (C)

1 BR

(A) He is wearing a backpack.
(B) He is sitting on a stool.
(C) He is seated with his legs crossed.
(D) He is putting a computer on his lap.

(A) 그는 배낭을 매고 있다.
(B) 그는 등받이가 없는 의자에 앉아 있다.
(C) 그는 다리를 꼬고 앉아 있다.
(D) 그는 무릎 위에 컴퓨터를 두려고 한다.

어휘

backpack 배낭 stool 등받이가 없는 의자 be seated 앉아 있다 leg 다리 cross 교차하다, 꼬다 lap 무릎

해설

남자가 다리를 꼬고 앉아 있는 모습을 잘 묘사한 보기 (C)가 정답이다. 특히 with legs crossed는 '다리를 꼬고 있는'의 의미로 자주 출제되는 표현이므로 꼭 암기해두자. 보기 (B)는 앉아 있는 모습은 맞지만 등받이가 없는 의자의 모습이 보이지 않으므로 명사 stool에서 오답이다.

2 AU

(A) A man is writing something down.
(B) A bucket is being emptied.
(C) A man is riding a bike.

(D) A pickax is being used.

(A) 남자가 뭔가를 쓰고 있다.
(B) 양동이가 비워지고 있다.
(C) 남자가 자전거를 타고 있다.
(D) 곡괭이가 사용되고 있다.

어휘

bucket 양동이 empty 비우다 bike 자전거 pickax 곡괭이

해설

남자가 무엇인가를 쓰고 있는 모습을 잘 묘사한 보기 (A)가 정답이다. writing down 대신 taking notes를 써도 무방하다. 보기 (B)는 양동이의 모습은 보이지만, 그것이 비워지고 있는 동작이 보이지 않으므로 수동태 진행형인 is being emptied에서 오답이다.

3 US

(A) A woman is climbing a ladder.
(B) Some rocks are stacked up on the shore.
(C) The landscape in this area is rocky.
(D) A woman is strolling along the beach.

(A) 여자가 사다리를 오르고 있다.
(B) 몇몇 바위들이 해안에 쌓여 있다.
(C) 이 지역의 풍경이 바위로 되어 있다.
(D) 여자가 해변을 거닐고 있다.

어휘

climb 오르다 ladder 사다리 rock 바위 stack 쌓다 shore 물가 landscape 풍경 area 지역 rocky 바위 투성이의, 험난한 stroll 거닐다 beach 해변

해설

사람이 등장하는 사진에서도 주위 배경의 특징을 묘사한 보기가 정답으로 자주 출제된다. 여자가 바위가 있는 산길을 걷고 있으므로 이러한 배경적 특징을 잘 묘사한 보기 (C)가 정답이다. 보기 (D)는 strolling(거닐다)은 맞지만, 배경적으로 해변의 모습이 아니므로 명사 beach에서 오답이다.

4 US

(A) Some trees have lost their leaves.
(B) A man is digging in the ground.
(C) A shovel is being put away.
(D) A man is raking leaves into a pile.

(A) 몇몇 나무들에 잎들이 없다.
(B) 남자가 땅을 파고 있다.
(C) 삽이 치워지고 있다.
(D) 남자가 낙엽을 더미로 긁어모으고 있다.

어휘

leaves 잎들 dig 파다 shovel 삽, 삽으로 파다 put away 치우다 rake (갈퀴로) 모으다 pile 더미

해설

땅을 파고 있는 남자의 동작을 잘 묘사한 보기 (B)가 정답이다. digging 대신 '삽질하다'라는 의미의 shoveling을 써도 무방하다. 보기 (A)는 나뭇잎이 없는 앙상한 나무들이 등장해야 정답이 될 수 있는 표현으로 오답이다.

5 BR

(A) She is kneeling in front of the monument.
(B) She is using a pair of shears.
(C) She is watering some shrubs.
(D) She is trimming her hair.

(A) 그녀는 기념물 앞에서 무릎을 꿇고 있다.
(B) 그녀는 큰 가위를 사용하고 있다.
(C) 그녀는 몇몇 관목에 물을 주고 있다.
(D) 그녀는 머리를 다듬고 있다.

어휘
kneel 무릎 꿇다 monument 기념물 a pair of shears 큰 가위 한 자루 water 물을 주다 shrub 관목 trim 다듬다 hair 머리

해설
여자가 정원용 큰 가위를 사용하고 있는 모습을 잘 묘사한 보기 (B)가 정답이다. 보기 (A)는 무릎을 꿇고 있는(kneeling) 모습은 맞지만, 동상과 같은 기념물의 모습은 보이지 않으므로 monument(기념물)에서 오답이다.

6 AU

(A) A man is removing an item from a bookcase.
(B) A variety of jars have been placed on the floor.
(C) Some lights have been turned on.
(D) A waiter is taking an order.

(A) 남자가 책장에서 물건을 꺼내고 있다.
(B) 다양한 병들이 바닥에 놓여 있다.
(C) 몇몇 불들이 켜져 있다.
(D) 종업원이 주문을 받고 있다.

어휘
remove 꺼내다 item 물건 bookcase 책장 a variety of 다양한 jar 병, 단지 turn on 켜다 light 불 take an order 주문을 받다

해설
벽과 남자의 머리 위로 불들이 켜져 있는 모습을 잘 묘사한 보기 (C)가 정답이다. 보기 (B)는 다양한 유리병이 진열장에 보이긴 하지만, 사진상 바닥의 모습이 보이지 않으므로 명사 floor에서 오답이다.

> **DAY 02** > 다수 인물 사진

유형 1 다수 인물들의 공동 · 상호적 특징이 정답인 유형

CHECK **1** (B) **2** (C)

1 US

(A) They are entering the office.
(B) They are working indoors.
(C) They are standing in line.
(D) They are walking toward the entrance.

(A) 그들은 사무실 안으로 들어가고 있다.
(B) 그들은 실내에서 일하고 있다.
(C) 그들은 한 줄로 서 있다.
(D) 그들은 입구 쪽으로 걸어가고 있다.

어휘
enter 들어가다 office 사무실 indoors 실내에 stand in line 줄 서 있다 walk toward ~로 걸어가다 entrance 입구

해설
사람들이 사무실 안에서 일하고 있는 공통적 특징을 잘 묘사한 보기 (B)가 정답이다. 보기 (D)는 working-walk 유사 발음 함정이다.

2 BR

(A) They are moving some potted plants.
(B) They are operating heavy machinery.
(C) They are wearing hard hats.
(D) They are constructing an office building.

(A) 그들은 몇몇 화분들을 옮기고 있다.
(B) 그들은 중장비를 조종하고 있다.
(C) 그들은 안전모를 착용하고 있다.
(D) 그들은 사무 건물을 짓고 있다.

어휘
potted plant 화분 operate 조종하다 heavy machinery 중장비 construct 건설하다

해설
등장 인물들이 안전모를 공통적으로 착용하고 있는 모습을 잘 묘사한 보기 (C)가 정답이다. 보기 (D)는 사진만으로는 무엇을 건설하고 있는지 알 수 없으므로 office building(사무 건물)에서 바로 오답 처리가 가능하다.

유형 2 한 사람 혹은 일부 사람들의 동작·외모적 특징이 정답인 유형

CHECK **1** (B) **2** (B)

1 US

(A) They are posting a notice on the wall.
(B) A man is carrying a backpack.
(C) They are walking side by side.
(D) A woman is looking at the mirror.

(A) 그들은 벽에 공지를 붙이고 있다.
(B) 한 남자가 배낭을 메고 있다.
(C) 그들은 나란히 걷고 있다.
(D) 여자가 거울을 보고 있다.

어휘
post 게시하다 notice 공지 wall 벽 backpack 배낭 side by side 나란히 mirror 거울

해설
한 남자가 배낭을 메고 있는 외모적 특징을 잘 묘사한 보기 (B)가 정답이다. 보기 (A)는 공지를 게시하는 동작이 보이지 않으므로 동사 posting에서 바로 오답 처리가 가능하다.

2 US

(A) Some people are playing a baseball game.
(B) One of the men is gazing at the screen.
(C) One of the men is putting a glove on the desk.
(D) Some monitors are being turned on.

(A) 몇몇 사람들이 야구 경기를 하고 있다.
(B) 남자들 중 한 명이 화면을 보고 있다.
(C) 남자들 중 한 명이 글러브를 책상 위에 놓으려고 한다.
(D) 몇몇 모니터들이 켜지고 있다.

어휘
baseball 야구   gaze at ~을 응시하다   put 두다   glove 글러브
turn on 켜다

해설
의자에 앉아 있는 남자가 컴퓨터 화면을 응시하고 있는 모습을 잘 묘사한 보기 (B)가 정답이다. '응시하다'라는 의미의 동사로 gaze와 함께 stare도 자주 출제되는 동사임을 알아두자. 보기 (A)는 사진에서 야구 장갑을 보고 baseball을 연상하게 한 함정이다.

유형 3 주위의 배경이나 사물의 특징이 정답인 유형

CHECK **1** (A)   **2** (C)

1 AU

(A) A laptop computer has been placed on the table.
(B) They are talking on the phone.
(C) They are greeting each other.
(D) All of the benches are occupied.

(A) 노트북 컴퓨터가 테이블 위에 놓여져 있다.
(B) 그들은 전화로 통화하고 있다.
(C) 그들은 서로 인사하고 있다.
(D) 모든 벤치들이 자리가 다 차있다.

어휘
laptop computer 노트북 컴퓨터   place 두다   greet 인사하다
bench 벤치   occupied 점유가 된

해설
테이블 위에 놓여 있는 노트북의 모습을 잘 묘사한 보기 (A)가 정답이다. 특히 '~이 놓여져 있다'라는 의미의 be placed는 Part 1의 단골 정답 표현이다. 보기 (D)의 경우 왼쪽에 있는 벤치가 비어 있으므로 all of the benches에서 오답이다.

2 US

(A) Some cars are crossing the bridge.
(B) Some ships are docked at the harbor.
(C) A boat is passing under the bridge.
(D) A bridge is being built across the canal.

(A) 몇몇 차들이 다리를 건너고 있다.
(B) 몇몇 배들이 항구에 정박되어 있다.
(C) 배가 다리 아래를 지나고 있다.
(D) 다리가 운하를 가로질러 건설되고 있다.

어휘
cross 건너다   bridge 다리   ship 배   be docked 정박되어 있다   harbor 항구   pass 지나가다   under 아래에   across 가로질러   canal 운하

해설
배 한 척이 다리 아래를 지나가고 있는 모습을 잘 묘사한 보기 (C)가 정답이다. 보기 (D)의 경우 이미 다리가 건설되어 있는 상태이므로 동작을 강조하는 수동태 진행형 is being built에서 오답 처리가 가능하다.

PRACTICE TEST

1 (B)   **2** (D)   **3** (A)   **4** (D)   **5** (B)   **6** (B)

1 US

(A) Some cables are hanging from the ceiling.
(B) Some people are sitting across from each other.
(C) Some tables are being cleared.
(D) Some notices are posted in the corridor.

(A) 몇몇 선들이 천장에 매달려 있다.
(B) 몇몇 사람들이 서로 마주보고 앉아 있다.
(C) 몇몇 테이블들이 치워지고 있다.
(D) 몇몇 공지들이 복도에 게시되어 있다.

어휘
cable 선   hang 매달리다   ceiling 천장   sit across from each other 서로 마주 보고 앉다   notice 공지   corridor 복도

해설
사람들이 서로 마주보고 앉아 있는 모습을 잘 묘사한 보기 (B)가 정답이다. '마주 보고'라는 의미의 across from each other를 face to face로 바꿔 표현해도 무방하다. 보기 (C)는 테이블을 치우는 동작이 보이지 않으므로 수동태 진행형 are being cleared에서 오답이 된다.

2 BR

(A) They are checking out the books.
(B) They are facing each other.
(C) The library is crowded with many people.
(D) The shelves are packed with books.

(A) 그들은 책들을 빌리고 있다.
(B) 그들은 서로 마주보고 있다.
(C) 도서관이 많은 사람들로 붐빈다.
(D) 책장들이 책으로 가득 차있다.

어휘
check out 빌리다   face each other 서로 마주보다   library 도서관   be crowded with ~로 붐비다   shelves 선반들, 책장들   be packed with ~로 가득 차있다

해설
다수 인물 등장 사진에서 배경적 특징이 정답이 되는 유형이다. 책장에 책들이 가득 차있는 모습을 잘 묘사한 보기 (D)가 정답이다. be

packed with 대신 be filled with나 be full of를 써도 '~로 가득 차 있다'라는 동일한 의미가 된다. 보기 (B)는 마주보고 서 있는 것이 아니라 나란히 서 있으므로 facing each other에서 오답이다.

3 `AU`

(A) A man is studying a map.
(B) People are gathered around the table.
(C) People are standing in a circle.
(D) A woman is pointing at the sign.

(A) 한 남자가 지도를 살펴보고 있다.
(B) 사람들이 테이블 주위에 모여 있다.
(C) 사람들이 둥글게 서 있다.
(D) 한 여자가 표지판을 손가락으로 가리키고 있다.

`어휘`
study 살피다 map 지도 be gathered 모여 있다 in a circle 둥글게 point 손가락으로 가리키다 sign 표지판

`해설`
다수 인물 등장 사진에서 공통·상호적인 특징이 없을 경우, 한 사람의 특정 동작이 정답으로 출제될 수 있다. 한 남자가 지도를 보고 있는 모습을 잘 묘사한 보기 (A)가 정답이다. 이때 study는 '공부하다'라는 뜻이 아니라 '~을 자세히 살펴보다'라는 의미이다. 보기 (C)는 서 있는 모습은 맞지만 둥글게 서 있지는 않으므로 in a circle에서 오답이다.

4 `US`

(A) A woman is pushing a wheel barrow.
(B) Trees are being planted on both sides of the street.
(C) A man is feeding a dog.
(D) The pathway is partially shaded.

(A) 여자가 외바퀴 손수레를 밀고 있다.
(B) 나무들이 거리 양쪽에 심어지고 있다.
(C) 남자가 개에게 먹이를 주고 있다.
(D) 오솔길 일부에 그늘이 드리워져 있다.

`어휘`
wheelbarrow 외바퀴 손수레 plant 심다 both 양쪽 feed 먹이를 주다 pathway 오솔길 partially 부분적으로 shade 그늘지다

`해설`
오솔길 일부에 그늘이 드리워진 배경적 특징을 잘 묘사한 보기 (D)가 정답이다. 보기 (A)는 여자가 무언가를 밀고 있는 모습은 맞지만 외바퀴 손수레(wheel barrow)가 아닌 유모차(stroller)를 밀고 있으므로 wheel barrow에서 오답이다.

5 `US`

(A) Traffic lights are being installed at an intersection.
(B) Some pedestrians are walking across the street.
(C) A crosswalk is being painted on the road.
(D) Some skyscrapers are under construction.

(A) 신호등들이 교차로에 설치되고 있다.
(B) 몇몇 보행자들이 거리를 건너 걸어가고 있다.
(C) 도로 위에 횡단보도가 페인트칠 되고 있다.
(D) 몇몇 고층 건물들이 공사 중이다.

`어휘`
traffic light 신호등 install 설치하다 intersection 교차로 pedestrian 보행자 walk across 길을 건너다 crosswalk 횡단보도 skyscraper 고층 건물 under construction 공사 중인

`해설`
보행자들이 길을 건너고 있는 모습을 잘 묘사한 보기 (B)가 정답이다. 이때 walking across 대신 crossing을 써도 무방하다. 보기 (D)는 고층 건물의 모습은 맞지만 공사하는 모습은 아니므로 under construction에서 오답이다.

6 `BR`

(A) Some passengers are disembarking from the plane.
(B) A staircase has been brought up to the door.
(C) An airplane has taken off from an airstrip.
(D) Some guards are about to ascend the stairs.

(A) 몇몇 승객들이 비행기에서 내리고 있다.
(B) 계단이 문에 옮겨져 있다.
(C) 비행기가 활주로에서 이륙했다.
(D) 몇몇 경비원들이 계단을 오르려고 하고 있다.

`어휘`
passenger 승객 disembark 내리다 (air)plane 비행기 staircase(=stairs) 계단 airstrip 활주로 guard 경비(원) be about to 막 ~하려고 하다 ascend 오르다

`해설`
비행기 문에 계단이 이미 옮겨져 있는 상태를 잘 묘사한 보기 (B)가 정답이다. 보기 (C)는 비행기와 활주로의 모습은 맞지만 이륙한 상태가 아니므로 동사 has taken off에서 오답이다.

DAY 03 〉 사물·배경 사진

유형 1 사물이나 배경의 특징을 수동태로 묘사하는 유형

CHECK 1 (A) **2** (C)

1 `US`

(A) Different types of clothes are hung on the racks.
(B) A clothing store is having a sale.
(C) Some shoppers are browsing in a shop.
(D) An assortment of bread is on display.

(A) 다양한 종류의 옷들이 걸이에 걸려 있다.
(B) 의류점이 할인을 하고 있다.
(C) 몇몇 쇼핑객들이 가게 안을 둘러보고 있다.
(D) 여러 가지의 빵들이 진열되어 있다.

different 다른 type 종류 clothes 옷 be hung 걸려 있다 rack 선반, 걸이 clothing 의류 have a sale 할인을 하다 shopper 쇼핑객 browse 둘러보다 shop 가게 an assortment of 여러 가지의 on display 진열 중인

해설
여러 종류의 옷들이 걸이에 걸려 있는 모습을 수동태로 잘 묘사한 보기 (A)가 정답이다. 보기 (B)는 가게가 세일 중인지는 사진만으로 판단이 불가능하므로 주관적 보기로 오답이 된다. 보기 (C)는 사람이 등장하지 않는 사물·배경 사진이므로 사람 명사가 언급되어 오답이다.

2 US
(A) A dinner table is being set up.
(B) A cook is preparing for a meal.
(C) Some candlesticks have been positioned on the table.
(D) The centerpiece is floral.

(A) 저녁 식탁이 준비되고 있다.
(B) 요리사가 식사를 준비하고 있다.
(C) 몇몇 촛대들이 테이블 위에 놓여져 있다.
(D) 중앙 장식품이 꽃으로 만들어져 있다.

어휘
set up 설치하다, 준비하다 cook 요리사 prepare 준비하다 meal 식사 candlestick 촛대 position 두다 centerpiece 중앙 장식품 floral 꽃으로 만든

해설
탁자 중앙에 두 개의 촛대가 놓여져 있는 모습을 현재 완료 수동태로 잘 묘사한 보기 (C)가 정답이다. 보기 (D)는 탁자 중앙에 꽃이 없으므로 floral에서 오답 처리가 가능하다.

유형 2 사물의 위치나 상태를 현재 시제·현재 진행형으로 묘사하는 유형

CHECK 1 (A)   **2** (D)

1 AU
(A) There is a bridge over the stream.
(B) Some rocks are stacked up at the construction site.
(C) A hiker is crossing the bridge.
(D) Some trees have lost their leaves.

(A) 개울 위에 다리가 있다.
(B) 몇몇 바위들이 공사 현장에 쌓여 있다.
(C) 도보 여행자가 다리를 건너고 있다.
(D) 몇몇 나무들이 잎이 다 떨어졌다.

어휘
stream 개울 rock 바위 stack 쌓다 construction site 공사 현장 leaves 잎들

해설
개울 위에 다리가 있는 모습을 현재 시제로 잘 묘사한 보기 (A)가 정

답이다. 특히 '~가 있다'라는 의미의 'There is(are) 명사' 구문은 정답으로 자주 출제된다. 보기 (D)는 개울 양쪽으로 나무들의 모습이 보이긴 하지만 잎이 떨어져 앙상한 모습은 아니므로 lost their leaves에서 오답이 된다.

2 US
(A) The lawn is being mowed.
(B) A vehicle is parked in the garage.
(C) An entrance is decorated with flowers.
(D) A tree is casting a shadow on the ground.

(A) 잔디가 깎여지고 있다.
(B) 차량이 차고 안에 주차되어 있다.
(C) 입구가 꽃들로 장식되어 있다.
(D) 나무가 땅에 그림자를 드리우고 있다.

어휘
lawn 잔디 mow 깎다 vehicle 차량 park 주차하다 garage 차고 entrance 입구 decorate 장식하다 flower 꽃 cast 드리우다 shadow 그림자 ground 땅

해설
사진 왼쪽 끝에 나무 하나가 땅에 그림자를 드리우고 있는 모습을 현재 진행형으로 잘 묘사한 보기 (D)가 정답이다. cast a shadow는 '그림자를 드리우고 있다'라는 의미로 자주 출제되는 표현이므로 덩어리로 암기해두자. 보기 (B)는 차고의 모습은 보이지만 안에 차가 실제 주차되어 있는지 알 수 없으므로 사진에 등장하지 않는 명사 vehicle에서 바로 오답 처리가 가능하다.

유형 3 사물·배경 사진에서 꼭 알아둬야 할 오답 유형

CHECK 1 (D)   **2** (D)

1 BR
(A) Wood is burning in the fireplace.
(B) Some people are resting on a couch.
(C) The lamp is being turned off.
(D) All of the chairs are unoccupied.

(A) 나무가 벽난로에서 타고 있다.
(B) 몇몇 사람들이 긴 의자에서 쉬고 있다.
(C) 램프가 꺼지고 있다.
(D) 모든 의자가 비어 있다.

어휘
wood 나무 burn 타다 fireplace 벽난로 rest 쉬다 couch 긴 의자 lamp 램프 turn off 끄다 chair 의자 unoccupied 점유되지 않은

해설
의자들이 비어 있는 모습을 수동태로 잘 묘사한 보기 (D)가 정답이다. 보기 (B)는 사람들의 모습이 보이지 않으므로 people에서 오답이 되고, 보기 (C)는 램프의 모습은 보이지만 이미 꺼져 있는 상태이므로, 꺼지려고 하는 동작을 강조하는 수동 진행형 is being에서 오답 처리가 가능하다.

2 AU

(A) The mall is crowded with shoppers.
(B) The lines are being painted on the surface.
(C) The highway is packed with cars.
(D) There are many vehicles in a parking lot.

(A) 상가가 쇼핑객들로 붐빈다.
(B) 선들이 표면에 페인트칠 되고 있다.
(C) 고속도로가 차들로 꽉 차있다.
(D) 주차장에 차들이 많다.

어휘

mall 상가 crowded 붐비는 shopper 쇼핑객 line 선 paint 페인트칠하다 surface 표면 highway 고속도로 be packed with ~로 꽉 차있다 vehicle 차량 parking lot 주차장

해설

주차장에 차들이 많은 모습을 'There is' 구문으로 잘 묘사한 보기 (D)가 정답이다. 사람이 등장하지 않는 사물·배경 사진이므로 사람의 동작을 묘사하는 보기 (B)는 바로 오답 처리가 가능하다.

PRACTICE TEST

1 (C) **2** (D) **3** (A) **4** (A) **5** (B) **6** (A)

1 US

(A) Some tropical plants are growing on the island.
(B) Some people are swimming in the ocean.
(C) Some chairs have been situated near the pool.
(D) Some parasols are being folded.

(A) 몇몇 열대 식물들이 섬에서 자라고 있다.
(B) 몇몇 사람들이 바다에서 수영을 하고 있다.
(C) 몇몇 의자들이 수영장 근처에 놓여져 있다.
(D) 몇몇 파라솔들이 접히고 있다.

어휘

tropical 열대의 plant 식물 grow 자라다 island 섬 ocean 바다 be situated ~에 위치해 있다 near 근처의 pool 수영장 parasol 파라솔 fold 접다

해설

의자들이 풀장 주위에 놓여져 있는 모습을 잘 묘사한 보기 (C)가 정답이다. 이때 situated 대신 located를 써도 무방하다. 보기 (A)는 나무들이 자라고 있다는 것은 맞지만 해당 장소가 섬인지 알 수 없으므로 island에서 오답 처리가 가능하다. 보기 (B)의 사람 명사 people과 보기 (D)의 수동 진행형 모두 사물 중심 사진과는 어울리지 않는 오답이다.

2 US

(A) Some passengers are waiting to board the train.
(B) The railroad runs along the river.
(C) The platform is crowded with people.
(D) There are some trains on both tracks.

(A) 몇몇 승객들이 기차를 타기 위해 기다리고 있다.
(B) 철로가 강을 따라 이어져 있다.
(C) 승강장이 사람들로 붐빈다.
(D) 양쪽 철로에 기차들이 있다.

어휘

passenger 승객 wait 기다리다 board 탑승하다 railroad(=track) 철로 run 이어지다 platform 승강장 be crowded with ~로 붐비다 both 양쪽의

해설

두 개의 선로에 기차들이 있는 모습을 잘 묘사한 보기 (D)가 정답이다. 보기 (B)의 run은 '이어져 있다, 뻗어 있다'라는 뜻으로, 사진에 강의 모습이 보이지 않으므로 river에서 오답 처리가 바로 가능하다.

3 BR

(A) The tables are covered with clothes.
(B) Some of the chairs are occupied.
(C) Some beverages are being served.
(D) A candle stick is being placed on the table.

(A) 탁자들이 천으로 덮여 있다.
(B) 몇몇 의자들이 점유되어 있다.
(C) 몇몇 음료들이 제공되고 있다.
(D) 촛대가 탁자 위에 놓여지고 있다.

어휘

be covered with ~로 덮여 있다 cloth 천 occupy 점유하다 beverage 음료 candle stick 촛대 place 두다

해설

테이블이 테이블보로 덮여 있는 모습을 잘 묘사한 보기 (A)가 정답이다. 특히 '~로 덮여 있다'라는 의미의 be covered with는 Part 1의 단골 정답 표현이다. 보기 (B)의 경우 의자에 사람이 앉아 있지 않으므로 occupied(점유된)에서 오답이다.

4 AU

(A) The ground is blanketed with snow.
(B) Some people are sitting on a bench.
(C) The trail is being swept with a broom.
(D) The fallen leaves are spread all over the ground.

(A) 땅이 눈으로 덮여 있다.
(B) 몇몇 사람들이 벤치에 앉아 있다.
(C) 오솔길이 빗자루로 쓸리고 있다.
(D) 낙엽들이 땅에 널리 퍼져 있다.

어휘

be blanketed with ~로 덮여 있다 trail 오솔길 sweep 쓸다 broom 빗자루 fallen leaves 낙엽들 spread 펼치다

해설

땅이 눈으로 덮여 있는 모습을 잘 묘사한 보기 (A)가 정답이다. blanket은 명사로는 '담요'라는 뜻이지만, 동사로는 '~을 뒤덮다'라는 의미이다. 보기 (B)는 사람들의 모습이 보이지 않으므로 people에서 바로 오답으로 처리하고 보기 (C)도 또한 동작이 보이지 않으므로 수동태 진행형 is being swept에서 오답이 된다.

5 US

(A) A pier is crowded with people.
(B) Boats are floating on the water.
(C) A vessel is passing under the bridge.

(D) Some passengers are boarding a ship.

(A) 부두가 사람들로 붐빈다.
(B) 배들이 물 위에 떠 있다.
(C) 선박이 다리 아래를 통과하고 있다.
(D) 몇몇 승객들이 배에 탑승하고 있다.

pier 부두 be crowded with ~로 붐비다 float 뜨다 vessel 선박 bridge 다리 board 타다 ship 배

해설

배들이 물에 떠 있는 모습을 잘 묘사한 보기 (B)가 정답이다. float은 '물에 떠 있다'라는 의미의 동사로 물 위에 배가 떠 있는 사진에서 단골 정답 표현이므로 꼭 기억해두자. 보기 (A)와 (D)는 사람의 모습이 보이지 않으므로 people과 passengers에서 바로 오답 처리가 가능하다.

6 US

(A) Some cars are parked at the curb.
(B) A sidewalk is being repaved.
(C) Some pedestrians are crossing the road.
(D) Some people are standing under the parasol.

(A) 몇몇 차들이 연석에 주차되어 있다.
(B) 인도가 재포장되고 있다.
(C) 몇몇 보행자들이 도로를 건너고 있다.
(D) 몇몇 사람들이 파라솔 아래에 서 있다.

어휘

curb 연석 sidewalk 인도 repave 도로를 재포장하다 pedestrian 보행자 cross 길을 건너다 parasol 파라솔

해설

사진 왼쪽의 길가에 차들이 주차되어 있는 모습을 잘 묘사한 보기 (A)가 정답이다. 사물의 상태를 묘사할 때 be+p.p.형의 수동태가 주로 사용된다는 사실을 알아두자. 참고로 curb는 연석이라는 뜻으로 차도와 보도의 경계석을 말한다.

DAY 04 ▶ Who, Where, When

PRACTICE TEST

1 (C)	**2** (A)	**3** (C)	**4** (B)	**5** (B)
6 (B)	**7** (C)	**8** (B)	**9** (C)	**10** (C)
11 (B)	**12** (C)	**13** (B)	**14** (B)	**15** (B)

1 BR US

When was the food delivered?
(A) It was delicious.
(B) In the warehouse.
(C) About half an hour ago.

음식이 언제 배달됐나요?
(A) 맛있었어요.
(B) 창고 안에서요.
(C) 약 30분 전에요.

어휘

food 음식 deliver 배달하다 delicious 맛있는 warehouse 창고 half an hour 30분

해설

음식이 언제 배달되었는지 시점을 묻는 과거 시제 When 의문문에 ~ ago(~전에)라는 적절한 과거 시점으로 답한 보기 (C)가 정답이다. 보기 (B)는 질문에서 food를 듣고 의미상 delicious를 연상하게 한 함정이다.

2 US AU

Where did you put your luggage?
(A) On the overhead rack.
(B) By train.
(C) No, it hasn't arrived yet.

당신의 짐을 어디에 두셨나요?
(A) 머리 위 선반에요.
(B) 기차로요.
(C) 아뇨, 아직 도착하지 않았어요.

어휘

luggage 짐 overhead 머리 위의 rack 선반 arrive 도착하다

해설

짐을 둔 장소를 묻는 Where 의문문에 대해 선반 위라는 장소 전치사구로 자연스럽게 답한 보기 (A)가 정답이다. 의문사 의문문은 Yes/No로 답할 수 없으므로 보기 (C)는 바로 오답 처리가 가능하다.

3 BR US

Who is scheduled to attend the conference in Boston?
(A) I suppose so.
(B) At the convention center.
(C) Jason might be able to tell you.

누가 보스턴에서 열리는 회의에 참석할 예정인가요?
(A) 그런 것 같아요.
(B) 컨벤션 센터에서요.
(C) Jason이 말해줄 수 있을 거예요.

어휘

be scheduled to ~할 예정이다 conference 회의 suppose 추정하다 convention center 컨벤션 센터

해설

누가 회의에 참석할 것이냐는 Who 의문문에 자신은 잘 모르지만 Jason이 말해줄 수 있을 것이라고 우회적으로 답한 (C)가 정답이다. 보기 (B)는 질문에서 conference를 듣고 의미상 유사한 convention을 고르게 한 연상 함정이다.

4 AU US

Where can I find a store that carries silverware?
(A) No, it's made of gold.
(B) You might want to check this brochure.
(C) I found it very sophisticated.

은식기류를 취급하는 가게를 어디서 찾을 수 있나요?
(A) 아뇨, 이건 금으로 만들어졌어요.
(B) 이 안내 책자를 보면 될 거예요.
(C) 그것이 매우 정교하다는 것을 알게 되었어요.

어휘

find 찾다   store 가게   carry 취급하다   silverware 은식기류
be made of ~로 만들어지다   gold 금   brochure 안내 책자
find 알게 되다   sophisticated 정교한

해설

은식기류를 파는 가게의 위치를 묻는 Where 질문에 안내 책자를 보
면 어디인지 알 수 있을 것이라는 의미로 다른 정보의 출처를 제시한
보기 (B)가 정답이다. 보기 (C)는 find의 두 가지 다른 의미를 이용한
함정으로, 질문의 find는 '찾다'라는 뜻이고, 보기의 find는 '~라고 여
기다'라는 의미이다.

5 US US

Who decided to hold the reception party at this hotel?
(A) It will be held in a grand ballroom.
(B) The marketing team suggested it.
(C) For Mary Peterson.

누가 이 호텔에서 환영 파티를 열기로 결정했나요?
(A) 대 연회장에서 열릴 겁니다.
(B) 마케팅팀이 제안했어요.
(C) Mary Peterson을 위한 겁니다.

어휘

decide 결정하다   hold 개최하다   reception party 환영 파티
be held 열리다   grand ballroom 대연회장   suggest 제안하다

해설

누가 결정을 했는지 묻는 질문에 특정 개인이 아닌 마케팅팀이라는 단
체명을 제시한 보기 (B)가 정답이다. 보기 (C)의 경우 결정한 사람을
묻는 질문이 아니라 누구를 위한 파티인지를 묻는 질문에 더 어울리
는 답으로 해석상 부자연스러운 오답이다. 특히 의문사 Who만 듣고
사람 보기를 무조건 답으로 고르지 않도록 유의하자.

6 US BR

When will you be able to send me your expense
report?
(A) I put them in the file cabinet.
(B) As soon as I finish proofreading it.
(C) This is way too expensive.

당신의 비용 보고서를 저에게 언제 보내주실 수 있으신가요?
(A) 서류 캐비닛 안에 그것들을 두었습니다.
(B) 제가 그것을 교정을 끝내자마자요.
(C) 이건 너무 비싸네요.

어휘

be able to ~할 수 있다   expense 비용   as soon as ~하자마
자   proofread 교정을 보다   way too 너무   expensive 비싼

해설

보고서를 보내줄 수 있는 시점을 묻는 질문에 교정 작업을 끝내자 마
자 보내주겠다는 의미로, 시간 부사절 접속사 as soon as를 언급한
보기 (B)가 정답이다. 보기 (C)는 질문에서 expense를 듣고 발음이
비슷한 expensive를 제시한 유사 발음 함정이다.

7 US AU

Who will design the new logo?
(A) It looks pretty attractive.
(B) He'll resign as of next month.
(C) Susan's team will work on it.

누가 새로운 로고를 디자인할 것인가요?
(A) 그건 매우 매력적으로 보여요.
(B) 그는 다음 달에 사임할 예정이에요.
(C) Susan의 팀이 그 작업을 할 것입니다.

어휘

design 디자인하다   logo 로고   pretty 매우   attractive 매력
적인   resign 사임하다   as of ~부로   work on ~에 대한 작업을
하다

해설

누가 로고를 디자인할 것이냐는 질문에 Susan의 팀이라는 적절한
단체 명사로 답한 보기 (C)가 정답이다. 보기 (B)는 대명사 He가 받
을 수 있는 제 3자가 질문에 언급되지 않았으므로 주어 불일치 오답이
다.

8 BR US

Where would you like me to install this shelf?
(A) They finished it this morning.
(B) Next to the main entrance.
(C) To make room for Daniel.

제가 이 선반을 어디에 설치할까요?
(A) 그들은 오늘 아침에 끝냈습니다.
(B) 중앙 출입구 옆에요.
(C) Daniel을 위한 공간을 만들기 위해서요.

어휘

install 설치하다   shelf 선반   finish 끝내다   next to ~옆에
main entrance 중앙 출입구   make room 공간을 만들다

해설

선반을 설치할 위치를 묻는 질문에 출입구 옆이라는 장소 전치사구로
답한 보기 (B)가 정답이다. 보기 (C)에 제시된 to부정사는 Why 의
문문에 더 어울리는 응대로 오답이다.

9 BR AU

When should I send the invitations for the retirement
party?
(A) It was scheduled to take place on March 2nd.
(B) At a print shop.
(C) Sometime this week.

은퇴 파티 초대장들을 언제 보내야 할까요?
(A) 그건 3월 2일에 개최될 예정이었습니다.
(B) 인쇄소에서요.
(C) 이번 주 중으로요.

어휘

invitation 초대(장)   retirement 은퇴   be scheduled to ~할
예정이다   take place 열리다, 개최되다   print shop 인쇄소
sometime 언젠가

해설

초대장을 보낼 시기를 묻는 질문에 이번 주 중으로 보내야 한다고 말

한 보기 (C)가 정답이다. sometime은 미래 시제를 묻는 When 의문문의 단골 답변이다. 보기 (A)는 시점으로 답하기는 했지만, 질문의 시제와 일치하지 않고 내용상으로도 어울리지 않는 오답이다.

10 US US

When do you think the orientation session will be over?
(A) Yes, I learned it a lot.
(B) It's mandatory for new employees to attend.
(C) Check the board in the hallway.

오리엔테이션이 언제쯤 끝날 것 같나요?
(A) 네, 저는 많이 배웠어요.
(B) 신입 사원들은 참석이 필수입니다.
(C) 복도에 있는 게시판을 확인해 주세요.

어휘
orientation session 오리엔테이션 be over 끝나다 learn 배우다 a lot 많이 mandatory 필수의 employee 직원 board 게시판 hallway 복도

해설
오리엔테이션이 끝나는 시간을 묻는 질문에 정보를 찾을 수 있는 게시판을 확인해 보라고 답한 보기 (C)가 정답이다. 의문사 의문문은 Yes/No로 답할 수 없으므로 보기 (A)는 Yes를 듣자마자 바로 오답 처리가 가능하다.

11 US BR

Who will lead the seminar on the emerging markets?
(A) It will focus on the Chinese economy.
(B) It hasn't been decided yet.
(C) No, I didn't have a chance to read it.

신흥 시장에 대한 세미나를 누가 이끌 것인가요?
(A) 그것은 중국 경제에 초점을 맞출 겁니다.
(B) 아직 결정되지 않았어요.
(C) 아뇨, 저는 그것을 읽을 기회가 없었어요.

어휘
lead 이끌다 seminar 세미나 emerging 신흥의 market 시장 focus 초점을 맞추다 Chinese 중국의 economy 경제 decide 결정하다 chance 기회

해설
아직 결정되지 않았다는 것은 누가 세미나를 이끌지 아직 모른다는 의미이므로 보기 (B)가 정답이다. 보기 (C)는 질문에서 lead를 듣고 발음이 비슷한 read를 고르게 한 유사 발음 오답이다.

12 AU US

Where did you store the extra stools?
(A) In my bank account.
(B) Try the convenience store over there.
(C) They're in the warehouse.

여분의 등받이 없는 의자들을 어디에 두셨나요?
(A) 제 은행 계좌에요.
(B) 저기에 있는 편의점에 가보세요.
(C) 그것들은 창고 안에 있습니다.

어휘
store 저장하다 extra 여분의 stool 등받이 없는 의자 bank account 은행 계좌 convenience store 편의점 warehouse 창고

해설
의자들을 어디에 두었냐는 질문에 창고라는 장소로 답변한 보기 (C)가 정답이다. 보기 (B)는 질문의 store는 동사로 '보관하다'라는 뜻이고, 보기에서는 명사로 '가게'라는 의미로 쓰였으므로, 동일 단어가 서로 다른 뜻으로 사용된 오답이다.

13 AU US

When will Emma leave for the airport?
(A) By plane, I guess.
(B) Right after her presentation.
(C) For a business trip.

Emma는 언제 공항으로 떠날 예정인가요?
(A) 제 생각엔 비행기로요.
(B) 그녀의 발표 직후에요.
(C) 출장을 위해서요.

어휘
leave for ~을 향해 떠나다 airport 공항 guess 추측하다 right after 직후에 presentation 발표 business trip 출장

해설
Emma가 공항으로 언제 떠나는지 묻는 미래 시제 When 의문문에 미래를 나타내는 시간 전치사 right after(~직후에)로 자연스럽게 답한 보기 (B)가 정답이다. 보기 (A)는 질문 끝에 제시된 airport(공항)만 듣고 의미상 plane (비행기)를 연상하게 한 오답이다.

14 US BR

Who was assigned to write a proposal for the new project?
(A) Jane is supposed to set up a projector.
(B) Why don't you ask the assistant manager?
(C) Sign the contract, please.

누가 새로운 프로젝트를 위한 제안서를 쓰는 일을 할당 받았나요?
(A) Jane이 영사기를 설치하기로 되어 있어요.
(B) 부팀장님께 물어 보는 게 어때요?
(C) 계약서에 서명해 주세요.

어휘
assign 할당하다 proposal 제안서 be supposed to ~하기로 되어 있다 projector 영사기 assistant manager 부팀장 sign 서명하다 contract 계약서

해설
누가 제안서를 작성하는 일을 할당 받았냐는 질문에 본인은 잘 모르니 부팀장에게 물어보라고 다른 정보의 출처를 제시한 보기 (B)가 정답이다. 보기 (A)는 질문 끝에 제시된 project를 듣고 유사 발음 projector를 언급한 유사 발음 오답이다.

15 US AU

Where did you read the article you talked about at the meeting?
(A) I bought it at the newspaper stand.

(B) I can't remember exactly.
(C) It leads to the reference room.

회의에서 말씀하셨던 기사를 어디서 읽으셨나요?
(A) 신문 가판대에서 샀어요.
(B) 정확히 기억이 안 납니다.
(C) 이곳은 열람실로 이어져 있어요.

article 기사   newspaper stand 신문 가판대   remember 기억하다   exactly 정확히   lead to ~로 이어져 있다   reference room 열람실

기억이 잘 나지 않는다는 것도 '모른다'라는 의미의 만능 답변이므로 보기 (B)가 정답이다. 보기 (A)는 장소로 답하긴 했으나 해석상 기사를 읽은 출처가 아니라 신문을 구입한 장소를 말한 답변으로 내용상 오답이다.

DAY 05 ▶ How, What, Why

PRACTICE TEST

1 (A)	**2** (A)	**3** (B)	**4** (A)	**5** (B)
6 (A)	**7** (B)	**8** (A)	**9** (B)	**10** (C)
11 (C)	**12** (C)	**13** (A)	**14** (A)	**15** (B)

1 AU BR

Which button turns on this laser printer?
(A) Please press the blue one.
(B) 50 pages per minute.
(C) Turn right at the next intersection.

어떤 단추를 눌러야 이 레이저 프린터가 켜지나요?
(A) 파란색 버튼을 누르세요.
(B) 1분당 50 페이지요.
(C) 다음 교차로에서 우회전 하세요.

button 단추   turn on 켜다   press 누르다   per ~마다   minute 분   intersection 교차로

레이저 프린터를 켜기 위해서는 파란색 단추를 누르면 된다고 말한 보기 (A)가 정답이다. 특히 Which 의문문은 부정 대명사 one으로 답한 보기가 정답으로 자주 출제된다.

2 US US

How long will it take for the parcel to be delivered?
(A) At least a couple of days.
(B) You can send it at the post office.
(C) It will cost about 10 dollars.

소포가 배달 되는 데 시간이 얼마나 걸릴까요?

(A) 적어도 이틀이요.
(B) 우체국에서 보내실 수 있어요.
(C) 약 10달러 정도 비용이 들겁니다.

parcel 소포   deliver 배달하다   at least 적어도   a couple of 둘의   about 대략

소포가 배달되는 데 소요되는 시간을 묻는 How long 질문에, 적어도 이틀은 걸린다고 답한 보기 (A)가 정답이다. 특히 How 복합형 질문은 숫자가 들어 있는 보기가 답으로 제시될 확률이 높다. 보기 (C)는 비용을 묻는 How much 의문문에 더 어울리는 응대로 오답이다.

3 BR US

What did staff members discuss at the meeting?
(A) We're really understaffed.
(B) Just the new security policy.
(C) In a conference room.

직원들이 회의에서 무엇을 논의했나요?
(A) 우리는 정말 인력이 부족해요.
(B) 그냥 새로운 보안 정책이요.
(C) 회의실에서요.

discuss 논의하다   understaffed 일손이 부족한   security 보안   policy 정책, 규정   conference room 회의실

의문사 What은 별다른 뜻이 없으므로 뒤에 오는 동사 discuss가 핵심 키워드가 된다. 무엇을 논의했냐는 질문에 보안 정책에 대해 논의했다고 주제로 답한 보기 (B)가 정답이다. 보기 (A)는 staff-understaffed 유사 발음 오답이다.

4 US AU

Why did Dave leave the office so early today?
(A) He had to see a doctor.
(B) I was caught in traffic.
(C) I think so too.

Dave는 오늘 왜 이렇게 일찍 퇴근했나요?
(A) 그는 병원에 가야 했거든요.
(B) 제가 교통 체증에 갇혔어서요.
(C) 저도 그렇게 생각합니다.

leave 떠나다   office 사무실   be caught ~에 갇히다   too 또한, 역시

Dave기 일찍 퇴근한 이유를 묻는 질문에 병원을 가아 했다고 답한 보기 (A)가 정답이다. 특히 질문의 3인칭 주어인 Dave를 대명사 He로 받았다. 보기 (B)는 Dave를 1인칭 대명사 I로 받을 수 없으므로 주어 불일치 오답이다.

5 US BR

Why don't you join us for dinner this evening?
(A) In the dining hall.
(B) Sounds good!

(C) Because he had a previous engagement.

오늘 저녁에 우리와 식사하는 게 어때요?
(A) 대식당에서요.
(B) 좋아요!
(C) 그는 선약이 있었기 때문입니다.

dining hall 대식당 previous 이전의 engagement 약속

저녁을 같이 먹자고 제안한 청유문에 대해 좋다고 승낙한 보기 (B)가 정답이다. 보기 (A)는 질문에서 dinner를 듣고 의미상 dining hall을 연상하게 한 연상 오답이다.

6 US US
How many people came to see the concert on Monday?
(A) Sera might know.
(B) It'll last for 3 hours.
(C) I enjoyed it a lot.

월요일에 얼마나 많은 사람들이 콘서트에 왔나요?
(A) Sera가 알 거예요.
(B) 3시간 정도 계속될 겁니다.
(C) 저는 많이 즐겼습니다.

last 지속하다 enjoy 즐기다 a lot 많이

수를 묻는 How many 의문문에 본인은 모르고 Sera가 답을 알고 있을 것이라고 우회적으로 답한 보기 (A)가 정답이다. 질문에 대한 답을 직접 얘기하지 않고 답을 얻을 수 있는 다른 출처를 제시한 보기들이 우회적인 답으로 자주 출제된다.

7 BR AU
How do you like your new job in the marketing department?
(A) I think she did an excellent job.
(B) It seems to be a little challenging.
(C) By putting an ad in the newspaper.

마케팅 부서에서의 새로운 일은 어때요?
(A) 저는 그녀가 잘 했다고 생각해요.
(B) 약간 어려운 것 같아요.
(C) 신문에 광고를 실어서요.

excellent 뛰어난 seem ~인 것 같다 a little 약간
challenging 어려운 put an ad 광고를 싣다 newspaper 신문

How do you like ~는 '~는 어때요?'라는 의미로 상대방의 의견을 물어볼 때 쓰는 표현으로, 형용사가 들어 있는 보기와 짝꿍이다. 새로운 일이 조금 어렵다고 답한 보기 (B)가 정답이다.

8 US US
Why didn't Sally go to the theater yesterday?
(A) She was asked to work overtime.

(B) The play was impressive.
(C) Because I was busy.

Sally는 어제 왜 극장에 가지 않았나요?
(A) 그녀는 야근을 요청 받았어요.
(B) 연극이 인상 깊었어요.
(C) 제가 바빠서요.

theater 극장 work overtime 야근하다 play 연극
impressive 인상 깊은 busy 바쁜

Sally가 극장을 가지 못한 이유를 묻는 질문에 야근 때문이었다고 답한 보기 (A)가 정답이다. 보기 (B)는 질문에서 theater(극장)를 듣고 의미상 play(연극)를 연상하게 한 연상 오답이다. 보기 (C)는 질문의 3인칭 주어 Sally를 1인칭 대명사 I로 잘못 받은 주어 불일치 오답이다.

9 US BR
What's the agenda for the weekly meeting?
(A) No, you don't have to.
(B) The new dress code.
(C) They should be discussed later.

주간 회의의 의제가 뭔가요?
(A) 아뇨, 그러실 필요 없어요.
(B) 새로운 복장 규정이요.
(C) 그것들은 나중에 논의되어야 합니다.

agenda 의제 weekly 매주의 dress code 복장 규정 later 나중에

What 뒤에 오는 명사 agenda가 핵심 키워드로, 의제가 무엇이냐는 질문에 새로운 복장 규정이라고 답한 보기 (B)가 정답이다. 의문사 의문문은 Yes/No로 답할 수 없으므로 보기 (A)는 바로 오답 처리가 가능하다.

10 AU US
Why did the director ask me to plan the annual banquet?
(A) I'll be there on time.
(B) No, it used to be held monthly.
(C) Didn't she tell you?

이사님이 왜 제게 연례 연회를 계획하라고 요청했나요?
(A) 제가 그곳에 정시에 갈게요.
(B) 아뇨, 그건 매달 열렸어요.
(C) 그녀가 당신에게 말해주지 않았나요?

director 이사 plan 계획하다 annual banquet 연례 연회 on time 정시에 used to (과거에) ~했었다 be held 열리다 monthly 매달

질문의 주어 director를 3인칭 대명사 she로 받고, 그녀가 이유를 말해주지 않았냐고 자연스럽게 반문한 보기 (C)가 정답이다. 질문에 되묻는 형태로 반문하는 보기는 정답이 될 확률이 높다.

11 US AU

How can I get in touch with you, Sam?
(A) He can be reached by phone.
(B) I suggest you get there by train.
(C) Here's my business card.

제가 어떻게 연락 드릴까요, Sam?
(A) 그는 전화로 연락 가능합니다.
(B) 기차로 거기에 가시길 추천합니다.
(C) 여기 제 명함입니다.

어휘
reach 연락하다 get in touch with ~에게 연락하다 suggest 제안하다 business card 명함

해설
How 다음에 오는 get in touch with를 듣고, 연락 방법을 묻는 질문임을 파악하는 것이 포인트이다. 직접적인 방법을 말하지 않고, 대신 우회적으로 연락처가 적혀 있는 명함을 건네주는 보기 (C)가 정답이다. 질문에 등장한 Sam은 제 3자가 아니라 질문을 받는 상대방의 이름이므로 3인칭 대명사 He로 시작하는 보기 (A)는 주어 불일치 오답이다.

12 BR US

What are you going to do this Friday?
(A) It went well, thanks.
(B) I think it's going to be fun.
(C) I'm visiting my cousin.

이번 주 금요일에 뭐하세요?
(A) 잘 되었어요, 고마워요.
(B) 재미있을 것 같아요.
(C) 제 사촌을 방문할 거예요.

어휘
go well 잘 되다 fun 재미(있는) visit 방문하다 cousin 사촌

해설
의문사 What은 별다른 뜻이 없으므로 뒤에 제시되는 동사 do와 Friday를 듣고 금요일에 계획을 묻는 질문이므로 파악한다. 사촌을 방문할 것이라고 말한 보기 (C)가 내용상 가장 자연스러운 정답이다.

13 US AU

Why was Ms. Lewis transferred to the headquarters?
(A) I didn't know she was.
(B) It's located in downtown.
(C) The day before yesterday.

Lewis 씨는 왜 본사로 전근 갔나요?
(A) 저는 그녀가 전근 갔는지도 몰랐어요.
(B) 시내에 위치해 있습니다.
(C) 그저께요.

어휘
transfer 전근 가다 headquarters 본사 be located ~에 위치해 있다 the day before yesterday 그저께

해설
Lewis 씨가 전근 간 이유를 묻는 질문에 본인은 그녀가 전근을 갔는지 몰랐다고 답한 보기 (A)가 정답이다. '모른다'류의 답변은 만능 답변이며, 질문의 3인칭 주어 Ms. Lewis를 대명사 she로 잘 받은

것이 포인트이다.

14 BR US

How far is it to the pier?
(A) It's a 2 hour drive from here.
(B) Yes, I rode the ferry.
(C) To the island.

부두까지는 얼마나 멀죠?
(A) 여기서 차로 2시간 거리입니다.
(B) 네, 저는 여객선을 탔어요.
(C) 섬으로요.

어휘
far 먼, 멀리 pier 부두 ride 타다 ferry 여객선 island 섬

해설
How far는 거리를 묻는 의문사로, 여기서 차로 2시간 거리에 있다고 답한 보기 (A)가 정답이다. 보기 (C)는 질문에서 pier(부두)를 듣고 의미상 island(섬)를 연상하게 한 연상 오답이다.

15 US US

What's the deadline for submitting the status report?
(A) By email.
(B) It's due on Tuesday.
(C) To meet the deadline.

현황 보고서의 제출 마감일이 언제죠?
(A) 이메일로요.
(B) 화요일로 예정되어 있습니다.
(C) 마감일을 지키기 위해서요.

어휘
deadline 마감일 submit 제출하다 status report 현황 보고서 due 예정인 meet 충족시키다

해설
의문사 What 다음에 deadline(마감일)과 같은 시간 명사가 제시되면 시간을 묻는 When 의문문과 동일하다. 따라서 화요일이 예정이라고 답한 보기 (B)가 정답이다. 보기 (A)는 방법이나 수단을 묻는 How 의문문에 더 어울리는 응대로 오답이다.

DAY 06 › Be 동사·조동사 의문문

PRACTICE TEST

1 (A)	**2** (A)	**3** (C)	**4** (A)	**5** (B)
6 (B)	**7** (A)	**8** (A)	**9** (C)	**10** (C)
11 (C)	**12** (A)	**13** (C)	**14** (B)	**15** (B)

1 US BR

Did you happen to read the article in the newsletter?
(A) Yes, while I was waiting for the shuttle bus.

(B) From the library.
(C) Sure, there's a ladder for you.

혹시 소식지에서 그 기사 읽었나요?
(A) 네, 셔틀 버스를 기다리는 동안에요.
(B) 도서관으로부터요.
(C) 그럼요, 여기 당신을 위한 사다리가 있습니다.

어휘
happen to +V 혹시 ~하다   article 기사   while ~동안에
newsletter 소식지   wait 기다리다   library 도서관   ladder 사다리

해설
Did you happen to ~는 '혹시 ~했나요?'라는 뜻으로 별다른 의미는 없으므로 바로 뒤에 오는 부분을 잘 듣고 해석하면 된다. 소식지에서 기사를 읽었냐는 질문에 Yes로 '그렇다'라고 긍정하고, 셔틀 버스를 기다리면서 읽었다라고 답한 보기 (A)가 해석상 가장 자연스러운 정답이다. 보기 (B)는 장소를 묻는 Where 의문문에 더 어울리는 응대로 오답이다.

2 US AU
Are you planning to stay overnight here?
(A) I'm still thinking.
(B) By overnight delivery.
(C) At the manufacturing plant.

여기서 하룻밤 묵을 계획이신가요?
(A) 아직 생각 중이에요.
(B) 익일 배달로요.
(C) 제조 공장에서요.

어휘
be planning to ~할 계획이다   overnight delivery 익일 배달
manufacturing plant 제조 공장

해설
여기서 하룻밤 묵을 계획인지 묻는 질문에 아직 결정하지 못하고 여전히 생각 중이라고 답한 보기 (A)가 정답이다. 특히 '아직 결정하지 못했다', '여전히 고려 중이다' 같은 보기는 정답이 될 확률이 높다. 보기 (C)는 planning-plant 유사 발음 함정이다.

3 BR US
Have you seen Ms. Garcia lately?
(A) Look in the drawer.
(B) I won't be late again.
(C) I met her this morning.

최근에 Garcia 씨를 보셨나요?
(A) 서랍 안을 보세요.
(B) 다시는 늦지 않을게요.
(C) 오늘 아침에 그녀를 봤어요.

어휘
lately 최근에   drawer 서랍   late 늦은

해설
Garcia 씨를 최근에 봤냐는 질문에 Ms. Garcia를 3인칭 대명사 her로 받고, seen를 met을 바꿔 오늘 아침에 만났다고 말한 보기 (C)가 정답이다. 보기 (B)는 lately-late 유사 발음 함정이다.

4 AU US
Were you impressed with Mr. Johnson's presentation?
(A) I thought it was well prepared.
(B) Yes, I'd be pleased to.
(C) It's hard to press this shirt.

Johnson 씨의 발표에 감명 받으셨나요?
(A) 잘 준비한 것 같아요.
(B) 네, 기꺼이 그럴게요.
(C) 이 셔츠는 다림질 하기가 힘들어요.

어휘
be impressed with ~에 감명 받다   presentation 발표   well prepared 잘 준비된   be pleased to 기꺼이 ~하다   hard 어려운   press 다림질하다   shirt 셔츠

해설
발표에 감명 받았냐는 질문에 준비를 잘 한 것 같다고 자연스럽게 긍정한 보기 (A)가 정답이다. 질문의 presentation을 대명사 it으로 받고 impressed를 well prepared로 바꿔 표현했다. 보기 (B)는 청유문에 대한 긍정의 답에 더 어울리는 응대로 오답이다.

5 BR AU
Will you be able to meet the deadline for submitting the proposal?
(A) Yes, he proposed it.
(B) If you give me a hand.
(C) By January 10th.

제안서 제출 마감 시한을 지킬 수 있겠어요?
(A) 네, 그가 제안 했어요.
(B) 당신이 저를 도와 주신다면요.
(C) 1월 10일까지요.

어휘
be able to ~할 수 있다   meet the deadline 마감 시한을 지키다   submit 제출하다   proposal 제안서   propose 제안하다   give ~ a hand ~을 도와주다   by ~까지

해설
마감 시한을 지킬 수 있는지 묻는 질문에 당신이 도와주면 가능하다는 의미로 답한 보기 (B)가 정답이다. 문맥상 If 절 앞에 긍정의 답 yes가 생략되어 있다고 볼 수 있다. 보기 (A)는 질문의 주어 you를 3인칭 대명사 he로 잘못 받은 주어 불일치 함정이다.

6 US US
Have you had time to install the new accounting software?
(A) Yes, she's our new accountant.
(B) Actually, I was on a business trip.
(C) It's a quarter past 10.

새로운 소프트웨어를 설치할 시간이 있었나요?
(A) 네, 그녀가 우리의 새로운 회계사입니다.
(B) 사실은 제가 출장 중이었어요.
(C) 10시 15분입니다.

어휘
install 설치하다   accounting 회계   accountant 회계사
actually 사실은   business trip 출장   quarter 15분   past 지난

7 US BR

Did Jane help you prepare for the seminar?
(A) Unfortunately, she didn't feel well.
(B) Yes, I'm willing to help you.
(C) It features a series of lectures.

Jane이 당신이 세미나를 준비하는 것을 도와줬나요?
(A) 불행히도 그녀는 몸이 안 좋았어요.
(B) 네, 제가 기꺼이 당신을 도울게요.
(C) 그것은 일련의 강연들을 특징으로 합니다.

어휘

prepare 준비하다   seminar 세미나   unfortunately 불행히도
be willing to 기꺼이 ~하다   feature 특징으로 삼다   a series
of 일련의   lecture 강의

해설

Jane이 세미나 준비를 도와줬냐는 질문에 그녀가 아파서 돕지 못했다라고 돌려 말한 보기 (A)가 정답이다. 질문의 3인칭 주어 Jane를 대명사 she로 받았다. 보기 (B)는 질문의 주어 Jane을 1인칭 대명사 I로 잘못 받은 주어 불일치 함정이다.

8 AU US

Is it necessary for all of the new employees to attend the training session?
(A) I heard it's mandatory.
(B) No, I prefer taking a bus.
(C) I think they helped me a lot.

모든 신입 사원들이 교육 과정에 참가하는 것이 필수인가요?
(A) 의무라고 들었어요.
(B) 아뇨, 저는 버스를 타는 것을 선호합니다.
(C) 그것들이 제게 도움이 많이 되었다고 생각해요.

어휘

necessary 필수적인   employee 직원   attend 참가하다
training session 교육 과정   mandatory 의무적인   prefer 선
호하다   help 돕다   a lot 많이

해설

신입 사원의 교육 참가가 필수인지 묻는 질문에 의무라고 답한 보기 (A)가 정답이다. necessary와 비슷한 의미의 mandatory로 바꿔 표현했다. 보기 (B)는 질문의 training을 train으로 잘못 들었을 경우 다른 교통 수단인 bus를 연상하게 한 함정이다.

9 BR US

Weren't you supposed to book a hotel room for the upcoming business trip?
(A) In room 505.
(B) For two nights.
(C) Yes, but I was busy with chores.

다가 오는 출장에 당신이 호텔 방을 예약하기로 되어 있지 않았나요?

(A) 505호에서요.
(B) 2박 동안이요.
(C) 네, 하지만 허드렛일로 바빴어요.

어휘

be supposed to ~하기로 되어 있다   book 예약하다
business trip 출장   upcoming 다가오는   chores 허드렛일

해설

방을 예약하기로 되어 있지 않았었냐고 묻는 부정 의문문에 그렇다고 긍정하고 바빠서 예약하지 못했다고 우회적으로 말한 보기 (C)가 정답이다. 특히 Yes 바로 다음에 but이 나오면 답이 될 확률이 높다.

10 US AU

Were there any messages for me while I was out today?
(A) For a while.
(B) No, I didn't call them.
(C) I left them on your desk.

제가 오늘 부재중일 때 저에게 온 메시지가 있었나요?
(A) 당분간요.
(B) 아뇨, 저는 그들에게 전화하지 않았어요.
(C) 그것들을 당신 책상 위에 두었어요.

어휘

while ~하는 동안   for a while 당분간

해설

메시지가 있었냐는 질문에 그것들을 책상 위에 올려 두었다고 말한 보기 (C)가 정답이다. 질문의 messages를 대명사 them으로 받고, 의미상 앞에 긍정의 Yes가 생략되었다. 보기 (A)는 서로 다른 의미의 while 반복 사용 함정이다.

11 US BR

Are you going to the movies this weekend?
(A) It's going to be sunny today.
(B) Move your belongings.
(C) I don't think so.

이번 주말에 영화 보러 가실 건가요?
(A) 오늘은 날씨가 화창할 거예요.
(B) 소지품들을 옮기세요.
(C) 못 갈 것 같아요.

어휘

go to the movies 영화 보러 가다   sunny 화창한
belongings 재산, 소유물   move 옮기다

해설

주말에 영화관에 갈 것인지 묻는 질문에 못 갈 것 같다고 답한 보기 (C)가 정답이다. I don't think so는 No와 같은 의미로 자주 등장하는 Part 2의 단골 정답이다. 보기 (B)는 movie-move 유사 발음 함정이다.

12 US US

May I take your order, sir?
(A) Wait a second, please.
(B) It is still out of order.
(C) It might have expired.

주문하시겠어요, 손님?
(A) 잠시만 기다려 주세요.
(B) 그것은 여전히 고장입니다.
(C) 만기 되었을 수도 있어요.

어휘
take one's order 주문을 받다 still 여전히 out of order 고장난 expire 만기가 되다

해설
주문을 받아도 되냐고 허락을 구하는 May I ~ 조동사 의문문에 대해 조금만 기다려 달라고 자연스럽게 응대한 보기 (A)가 정답이다. 보기 (B)는 order가 서로 다른 의미로 쓰인 동일 단어 반복 함정이다.

13 AU US
Should I include the latest figures in the report?
(A) No, I haven't seen it lately.
(B) Our sales have declined dramatically.
(C) I'd appreciate it if you could do that.

보고서에 최신 수치들을 넣어야 하나요?
(A) 아뇨, 그것을 최근에 본적이 없어요.
(B) 우리 판매가 극적으로 감소했어요.
(C) 그래 주시면 고맙죠.

어휘
include 포함시키다 latest 최신의 figure 수치 report 보고서 lately 최근에 decline 떨어지다 dramatically 극적으로 appreciate 고맙다

해설
최신 수치들을 넣어야 되냐고 묻는 Should I ~ 조동사 의문문에 대해, 그래 주면 고맙다라고 긍정한 보기 (C)가 정답이다. 질문에 제시된 동사 include를 대동사 do로 바꿔 표현했다. 보기 (A)는 질문에 제시된 복수 명사 figures를 단수 대명사 it으로 받을 수 없으므로 오답이다.

14 BR AU
Did you have a chance to go over my proposal?
(A) It's over there by the window.
(B) I'm planning to review it this evening.
(C) No, I haven't talked with her yet.

제 제안서를 검토하실 기회가 있었나요?
(A) 저기 창문 옆에 있네요.
(B) 오늘 저녁에 검토할 계획입니다.
(C) 아뇨, 아직 그녀와 얘기해 보지 못했어요.

어휘
chance 기회 go over(=review) 검토하다 proposal 제안서

해설
제안서를 검토했는지 묻는 질문에, 오늘 저녁에 검토할 계획이라고 말한 보기 (B)가 정답이다. 의미상 앞에 No가 생략되어 있고, 질문에 제시된 go over를 review로 자연스럽게 바꿔 응대했다. 보기 (C)는 대명사 her가 받을 만한 3자가 질문에 언급되어 있지 않으므로 오답이다.

15 BR US
Has the New York branch office called?

(A) I went to New York last week.
(B) Yes, Ms. Brooks left a message for us.
(C) The conference was called off at the last minute.

뉴욕 지점에서 전화가 왔었나요?
(A) 제가 지난주에 뉴욕에 갔었어요.
(B) 네, Brooks 씨가 우리에게 메시지를 남겼네요.
(C) 회의가 마지막 순간에 취소되었어요.

어휘
branch 지점 message 메시지 conference 회의 call off 취소하다

해설
뉴욕 지점에서 전화가 왔었냐는 질문에 Yes로 긍정하고, 이어서 Brooks 씨가 메시지를 남겼다고 자연스럽게 응대한 보기 (B)가 정답이다. 보기 (A)는 고유 명사 New York 반복 사용 함정이고, 보기 (C)는 call 반복 사용 함정이다.

DAY 07 〉 선택 의문문·청유문

PRACTICE TEST

1 (B)	**2** (C)	**3** (B)	**4** (A)	**5** (A)
6 (B)	**7** (A)	**8** (B)	**9** (A)	**10** (A)
11 (A)	**12** (A)	**13** (A)	**14** (C)	**15** (B)

1 BR AU
Would you be willing to give a keynote speech at the conference?
(A) I don't know where the key is.
(B) I'd be delighted to.
(C) Sure. I can take notes for you.

회의에서 기꺼이 기조 연설을 해주실 거죠?
(A) 저는 열쇠가 어디 있는지 몰라요.
(B) 기꺼이 그럴게요.
(C) 물론이죠. 당신을 위해 필기를 할 수 있어요.

어휘
be willing to 기꺼이 ~하다 keynote speech 기조 연설 conference 회의 key 열쇠 be delighted to 기꺼이 ~하다 take notes 필기하다

해설
기조 연설을 부탁하는 말에 기꺼이 하겠다고 승낙한 보기 (B)가 정답이다. 보기 (A)는 keynote-key 유사 발음 함정이다.

2 AU US
Could you fill in for me while I'm on leave?
(A) Didn't you fill out the form?
(B) Yes, I left them open.
(C) Let me check my calendar.

제가 휴가 중일 때 제 대신 업무를 맡아 주시겠어요?
(A) 양식을 작성하지 않으셨나요?
(B) 네, 제가 그것들을 열어 두었습니다.
(C) 제 일정을 확인해 볼게요.

fill in for ~을 대신하다 on leave 휴가 중인 fill out 작성하다
form 양식 check 확인하다 calendar 일정(표)

휴가 중일 때 업무를 대신해 달라는 청유문에 대해 일단 본인의 일정을 확인해 보겠다고 답한 보기 (C)가 정답이다. 즉답을 회피하는 유형의 check가 들어 있는 보기는 Part 2의 단골 정답이다.

3 US BR
Should we send an invoice now or wait until the manager comes back?
(A) We should go there now.
(B) Let's do it later.
(C) Sure, I'll return it to you immediately.

송장을 지금 보낼까요 아니면 부장님이 오실 때까지 기다릴까요?
(A) 우리는 지금 거기에 가야 해요.
(B) 나중에 합시다.
(C) 물론입니다. 그것을 즉시 돌려드릴게요.

invoice 송장 until ~까지 come back 돌아오다 would rather 차라리 ~하다 later 나중에 return 돌아오다, 돌려주다
immediately 즉시

송장을 지금 보낼지 아니면 부장이 돌아올 때까지 기다릴지를 묻는 선택 의문문에 나중에 보내자고 대답한 보기 (B)가 정답이다. 질문의 send를 대동사 do로 바꿔 표현했다.

4 US AU
Would you prefer working indoors or outdoors?
(A) I don't care.
(B) I prefer taking a bus.
(C) They work in the same office.

실내와 야외 중 어디서 일하는 것을 더 선호하세요?
(A) 저는 상관 없어요.
(B) 저는 버스를 타는 것을 선호합니다.
(C) 그들은 같은 사무실에서 일해요.

prefer 선호하다 indoors 실내에 outdoors 야외에 care 신경 쓰다 same 동일한

실내와 야외 중 어디에서 일하는 것을 더 선호하는지 묻는 선택 의문문에 상관 없다고 말한 보기 (A)가 정답이다. 둘 중 아무거나 괜찮다는 의미의 I don't care는 선택 의문문의 단골 정답이다.

5 BR US
Why don't we call a technician to fix the copy machine?
(A) I think I can repair it.

(B) It broke down this morning.
(C) Use the fax machine in my office.

복사기를 고치기 위해 기술자에게 전화하는 게 어때요?
(A) 제가 고칠 수 있을 것 같아요.
(B) 오늘 아침에 고장 났어요.
(C) 제 사무실에 있는 팩스기를 쓰세요.

technician 기술자 fix 고치다 copy machine 복사기 repair 수리하다 break down 고장 나다 fax machine 팩스기
office 사무실

복사기를 수리하기 위해 기술자에게 전화를 하자는 권유문에 대해 본인이 직접 고칠 수 있을 것 같다고 우회적으로 거절한 보기 (A)가 정답이다. 질문의 fix를 repair로 바꿔 표현했다. 보기 (C)는 fix-fax 유사 발음 함정이다.

6 AU US
Let's work together on the quarterly report.
(A) Every 3 months.
(B) That's a great idea.
(C) No, it doesn't work properly.

분기별 보고서 작업을 같이 합시다.
(A) 3개월마다요.
(B) 좋은 생각이에요.
(C) 아뇨. 제대로 작동하지 않아요.

together 같이 quarterly 분기의 every ~마다 work 작동하다 properly 제대로

보고서 작업을 같이 하자는 권유문에 좋은 생각이라고 승낙한 보기 (B)가 정답이다. 보기 (A)는 질문에서 quarterly를 듣고 의미상 every 3 months를 연상하게 한 함정이다.

7 US US
Will you take a subway or ride a bus?
(A) I'd rather drive myself.
(B) Right next to the bus station.
(C) Yes, I'll take it.

지하철을 타실 건가요 아니면 버스를 타실 건가요?
(A) 저는 차라리 직접 운전할게요.
(B) 버스 정류소 바로 옆에서요.
(C) 네, 제가 그것을 가질게요.

subway 지하철 ride 타다 would rather 차라리 ~하다 right next to 바로 옆에 bus station 버스 정류소

지하철과 버스 중 어느 것을 탈 것인지 물어보는 선택 의문문에 대해, 차라리 직접 운전하겠다는 제 3의 선택을 제시한 보기 (A)가 정답이다. 보기 (B)의 next to~는 장소 전치사구로 Where 의문문에 더 어울리는 응대로 오답이다.

8 [BR] [AU]

Would you carry these crates for me?
(A) To create a product name.
(B) Where do you want me to store them?
(C) Sorry. We don't carry it anymore.

저를 위해 이 상자들을 좀 옮겨 주실래요?
(A) 제품명을 만들기 위해서요.
(B) 제가 그것들을 어디에 두길 원하세요?
(C) 미안해요. 저희는 그것을 더 이상 취급하지 않아요.

어휘

carry 옮기다, 취급하다 crate 나무 상자 create 만들다
product name 제품명 store 보관하다 not~ any more 더
이상 ~하지 않다

해설

상자들을 옮겨 달라는 부탁에 어디에 두면 좋을지 되묻는 보기 (B)
가 정답이다. 반문 형태의 보기는 Part 2의 단골 정답 패턴이다. 보기
(C)의 carry는 '취급하다, 팔다'라는 뜻으로 '옮기다'의 의미로 사용
된 질문의 carry와는 서로 다른 의미이다.

9 [US] [US]

Should we visit a store in person or order it online?
(A) Let's use the Internet.
(B) Yes, it sounds more convenient.
(C) Somewhere on the 2nd floor.

우리가 직접 가게에 갈까요 아니면 온라인으로 주문할까요?
(A) 인터넷을 사용합시다.
(B) 네, 그게 더 편하게 들리네요.
(C) 2층 어딘가에요.

어휘

store 가게, 보관하다 in person 직접 convenient 편리한
somewhere 어딘가에 floor 바닥

해설

가게에 직접 갈지 온라인으로 주문할지를 묻는 선택 의문문에 대해
인터넷, 즉 온라인으로 주문하자고 말한 보기 (A)가 정답이다. 질문의
online으로 Internet으로 바꿔 표현했다.

10 [AU] [BR]

Why don't you buy this laptop computer?
(A) How much is it?
(B) By the end of the day.
(C) Because it's faster than the old one.

이 노트북을 구매하는 게 어때요?
(A) 얼마에요?
(B) 오늘까지요.
(C) 예전 것보다 그게 더 빨라서요.

어휘

laptop computer 노트북 컴퓨터 by~ ~까지 faster 더 빠른

해설

이 노트북을 구매하라고 권유하는 청유문에 대해 얼마냐고 자연스럽
게 되묻는 보기 (A)가 정답이다. 보기 (C)는 Why don't~ 청유문을
이유를 묻는 Why 의문문으로 착각할 경우 빠질 수 있는 함정이다.

11 [US] [US]

Would you mind closing the windows?
(A) Not at all.
(B) Because the air-conditioner is out of order.
(C) Yes, it's close to our office.

창문들을 닫으면 싫으신가요?
(A) 전혀 아닙니다.
(B) 에어컨이 고장이기 때문입니다.
(C) 네, 우리 사무실과 가까워요.

어휘

mind 꺼려하다, 싫어하다 air conditioner 에어컨 out of
order 고장 난 close 가까운

해설

창문을 닫으면 싫겠냐는 질문에 전혀 싫지 않다, 즉 창문을 닫아 주겠
다고 답한 보기 (A)가 정답이다. 특히 mind로 묻는 의문문은 승낙할
경우 No, 거절할 경우 Yes로 답할 수 있다.

12 [BR] [US]

How about going out for lunch?
(A) Actually, I brought my own today.
(B) Where is he going?
(C) Out on the patio.

점심 먹으러 나가는 게 어때요?
(A) 사실 저는 오늘 제 점심을 가져 왔어요.
(B) 그는 어디로 가나요?
(C) 야외 테라스에서요.

어휘

go out for lunch 점심 먹으러 나가다 actually 사실은 patio
야외 테라스

해설

점심을 먹으러 나가자는 How about 권유문에 대해 사실은 오늘 점
심을 가져왔다는 말로 돌려서 거절한 보기 (A)가 정답이다. 보기 (B)
는 주어 he가 받을만한 3자가 질문에 언급되지 않은 주어 불일치 함
정이다.

13 [AU] [US]

Do you work as a designer or a manager?
(A) Mostly a designer.
(B) He resigned as manager.
(C) No, it doesn't work.

디자이너로 일하시나요, 아니면 관리자로 일하시나요?
(A) 주로 디자이너로요.
(B) 그는 부장직에서 사임했어요.
(C) 아뇨, 그건 작동이 되지 않아요.

어휘

designer 디자이너 mostly 대개는 resign 사임하다 work
작동하다

해설

디자이너로 일하는지 관리자로 일하는지 묻는 선택 의문문에 대해
주로 디자이너로 일한다고 답한 보기 (A)가 정답이다. 보기 (B)는
designer-resign 유사 발음 함정이다.

14 BR US

Can you come over here and help me with this program?
(A) She's busy with other programs now.
(B) It's easy to locate the hardware store.
(C) I need to email some files first.

여기 오셔서 이 프로그램 좀 도와주실래요?
(A) 그녀는 지금 다른 프로그램들로 바빠요.
(B) 철물점 찾기가 쉽습니다.
(C) 저는 우선 몇 개의 파일을 보내야 해요.

어휘

busy 바쁜 other 다른 easy 쉬운 locate 찾다 hardware store 철물점 email 이메일을 보내다

해설

프로그램을 도와달라는 요청에 몇몇 파일을 이메일로 먼저 보내야 해서 지금 당장 가서 도와줄 수는 없다는 의미로 돌려서 답한 보기 (C)가 정답이다. 보기 (A)는 대명사 She가 받을 만한 3자가 질문에 언급되지 않은 주어 불일치 함정이다.

15 AU US

Did Mr. Perez come to his appointment or did he postpone it?
(A) Yes. It makes sense.
(B) He was here this morning.
(C) No problem. I'll be there on time.

Perez 씨가 약속에 왔나요 아니면 연기했나요?
(A) 네. 일리가 있네요.
(B) 그는 오늘 아침에 여기에 왔어요.
(C) 문제 없습니다. 정시에 거기로 갈게요.

어휘

appointment 약속 postpone 연기하다 make sense 말이 되다 on time 정시에

해설

Perez 씨가 약속에 왔는지 아니면 연기 했는지 묻는 선택 의문문에 그가 오늘 아침에 왔었다, 즉 약속에 왔었다라고 답한 보기 (B)가 정답이다. 질문의 3인칭 주어 Mr. Perez를 대명사 he로 바꿔 표현했다.

> ## DAY 08 > 부가·부정 의문문

PRACTICE TEST

1 (A)	2 (C)	3 (C)	4 (B)	5 (B)
6 (A)	7 (A)	8 (B)	9 (A)	10 (C)
11 (C)	12 (A)	13 (C)	14 (A)	15 (B)

1 US US

Weren't you supposed to be at a conference in Dallas?
(A) Yes, but Ben went in my place.
(B) He was moved to Seattle.
(C) I'm opposed to it.

댈러스에 있는 회의에 있어야 하지 않나요?
(A) 네, 하지만 Ben이 제 대신 갔어요.
(B) 그는 시애틀로 이사 갔어요.
(C) 저는 그것에 반대합니다.

어휘

be supposed to ~하기로 되어 있다 conference 회의 go in one's place ~대신 가다 opposed 반대하는

해설

Weren't you supposed to ~는 '~하기로 되어 있지 않았냐'는 의미로 자주 출제되는 구문이므로 통으로 암기해두자. 댈러스에 있는 회의에 원래 가기로 되어 있었지만, Ben이 대신 갔다고 상황을 자연스럽게 설명한 보기 (A)가 정답이다. 특히 Yes 다음에 but이 나올 경우 정답이 될 확률이 높다.

2 AU BR

You were born in Paris, weren't you?
(A) For a couple of years.
(B) It's a beautiful city.
(C) That's where I grew up.

파리에서 태어나셨죠, 그렇지 않나요?
(A) 2년 동안이요.
(B) 아름다운 도시죠.
(C) 그곳은 제가 자란 곳입니다.

어휘

be born 태어나다 a couple of 둘의 beautiful 아름다운 grow up 자라다

해설

상대방이 파리 출신인지 확인하는 부가 의문문에 대해, 그곳은 본인이 태어난 곳이 아니라 자란 곳이라고 부연 설명해 주는 보기 (C)가 정답이다. 보기 (B)는 질문에서 Paris만 듣고 city를 연상하게 한 함정이다.

3 US AU

Hasn't Ms. Baker returned to her office yet?
(A) I'm on the way home now.
(B) At the bakery.
(C) She's still in New York.

Baker 씨가 아직 사무실로 돌아가지 않았나요?
(A) 저는 지금 집으로 가는 길입니다.
(B) 제과점에서요.
(C) 그녀는 아직 뉴욕에 있습니다.

어휘

return 돌아오다, 돌려주다 be on the way ~로 가는 중이다 bakery 빵집 still 여전히, 아직

해설

Baker 씨가 사무실로 돌아갔냐는 질문에 그녀는 아직 뉴욕에 있다

고 답한 보기 (C)가 정답이다. 질문의 3인칭 주어 Ms. Baker를 대명사 She로 대신 표현했다. 보기 (A)는 주어 I로 시작하는 주어 불일치 오답이다.

4 BR US

Ms. Davidson isn't going to be late for the meeting today, is she?
(A) Don't worry. I won't be late again.
(B) She's very punctual.
(C) It's mainly about our new marketing campaign.

Davidson 씨가 오늘 회의에 늦지는 않겠죠, 그렇죠?
(A) 걱정 마세요. 저는 다시는 늦진 않을 거예요.
(B) 그녀는 시간을 잘 지킵니다.
(C) 그것은 주로 우리의 새로운 마케팅 켐페인에 대한 거예요.

late 늦은 worry 걱정하다 punctual 시간을 잘 지키는
mainly 주로

Davison 씨가 회의에 늦지 않을지 걱정하는 부가 의문문에, 그녀가 시간을 잘 지키는 사람이니 늦지 않을 것이라는 의미로 응대한 보기 (B)가 정답이다. 보기 (C)는 질문 후반에 meeting이라는 단어를 듣고, 의미상 회의의 주제를 연상하게 한 함정이다.

5 US US

Didn't you interview the candidates for the secretary position in the morning?
(A) I don't think he's suitable for the position.
(B) No, I was out of town.
(C) The view was so wonderful.

아침에 비서직 지원자들의 면접을 보지 않으셨나요?
(A) 저는 그가 그 자리에 적합하다고 생각하지 않아요.
(B) 아뇨, 저는 출장 중이었어요.
(C) 풍경이 너무 좋네요.

interview 면접을 보다 candidate 지원자 secretary 비서
position 자리 suitable 알맞은 out of town 출장 중인, 도시를 떠난 view 풍경 wonderful 대단한, 좋은

아침에 지원자들의 면접을 보지 않았냐고 묻는 부정 의문문에 대해 출장 중이어서 하지 못했더라고 답한 보기 (B)가 정답이다. 보기 (C)는 interview-view 유사 발음 함정이다.

6 AU BR

Mr. Kim's presentation was informative, wasn't it?
(A) It was rather lengthy.
(B) Yes. I was really impressed with your speech.
(C) Thank you for the present.

Kim 씨의 발표가 유익했죠, 그렇지 않나요?
(A) 다소 장황했어요.
(B) 네. 저는 당신의 연설에 감동했어요.
(C) 선물 고마워요.

presentation 발표 informative 유익한 rather 다소
lengthy 장황한 really 정말로 impressed 감동한 speech
연설 present 선물

Kim 씨의 발표가 유익하지 않았냐고 상대방의 의견을 묻는 부가 의문문에, 그의 발표는 다소 장황했다고 본인의 의견을 제시한 보기 (A)가 정답이다. 보기 (C)는 presentation-present 유사 발음 함정이다.

7 US AU

Wasn't Mr. Brown at the company outing on Sunday?
(A) No, he had a bad cold.
(B) In Queen's park.
(C) To celebrate the anniversary.

Brown 씨가 일요일에 회사 야유회에 없었나요?
(A) 없었어요, 그가 독감에 걸려서요.
(B) Queen's 공원에서요.
(C) 기념일을 축하하기 위해서요.

outing 야유회 bad cold 독감 celebrate 축하하다
anniversary 기념일

Brown 씨가 회사 야유회에 없었는지 확인하는 부정 의문문에 그가 오지 않았다는 의미로 No라고 답하고, 그가 독감에 걸렸다고 부연 설명한 보기 (A)가 정답이다. 질문의 주어 Mr. Brown을 3인칭 대명사 he로 바꿔 표현했다. 보기 (C)의 to 부정사는 Why 의문문에 더 어울리는 응대로 오답이다.

8 BR US

You are in charge of this building project, aren't you?
(A) Yes, he's the senior architect.
(B) Actually, Sam is.
(C) It exceeded our projections.

당신이 이 건축 프로젝트를 책임지고 계시죠, 그렇지 않나요?
(A) 네, 그가 선임 건축가입니다.
(B) 사실은 Sam이 책임자예요.
(C) 그것이 우리 예상치들을 초과했어요.

be in charge of ~을 책임지고 있다 senior 선임의 architect
건축가 actually 사실은 exceed 초과하다 projection 예상치

상대방이 건축 프로젝트의 책임자인지 확인하는 부가 의문문에, 사실은 본인이 아니라 Sam이 책임자라고 답한 보기 (B)가 정답이다. 질문에서 제시된 어휘들의 반복을 피하기 위해서 Be 동사로 짧게 답했다. 보기 (B)는 질문의 주어 You를 대명사 he로 잘못 받은 주어 불일치 함정이다.

9 US US

Haven't you asked for a refund?
(A) Yes, a week ago.

(B) Approximately 500 dollars.

(C) No, I don't have one.

환불을 요청하지 않으셨나요?

(A) 네, 일주일 전에요.

(B) 대략 500달러에요.

(C) 아뇨, 저는 하나도 없어요.

어휘

ask for ~을 요청하다   refund 환불   ago ~전에
approximately 대략

해설

환불을 요청했는지 묻는 부정 의문문에 일주일 전에 요청했다고 답한
보기 (A)가 정답이다. 보기 (B)는 질문의 끝에서 refund를 듣고 의미
상 환불 금액을 연상하게 한 함정이다.

10 BR AU

Ms. Peterson is the new vice president, isn't she?

(A) I haven't seen him for ages.

(B) No, I'm not in a position to approve it.

(C) Yes and she's competent in her work.

Peterson 씨가 새로운 부사장이죠, 그렇지 않나요?

(A) 저는 그를 오랫동안 보지 못했어요.

(B) 아뇨, 저는 그것을 승인할 자리에 있지 않습니다.

(C) 네, 그리고 그녀는 일에 유능합니다.

어휘

vice president 부사장   for ages 오랫동안   position 자리
approve 승인하다   competent 유능한

해설

Peterson 씨가 새로운 부사장인지 확인하는 부가 의문문에 Yes
로 그렇다고 긍정하고, 그녀는 일에 유능하다고 부연 설명한 보기 (C)
가 정답이다. 특히 Yes 다음에 but이나 and가 따라 나오는 패턴은
Part 2의 단골 정답이다.

11 AU BR

Doesn't the opera begin at 8 p.m.?

(A) In the beginning of the semester.

(B) No, I haven't received it yet.

**(C) It has been delayed due to the technical
problem.**

오페라가 오후 8시에 시작하지 않나요?

(A) 학기 초에요.

(B) 아뇨, 아직 받지 못했어요.

(C) 기술적인 문제로 지연되었습니다.

어휘

beginning 시작   semester 학기   receive 받다   delay 지연시
키다   due to ~때문에   technical problem 기계적인 문제

해설

오페라가 시작하는 시간이 오후 8시인지 묻는 부정 의문문에, 기술
적인 문제로 지연되고 있다고 답한 보기 (C)가 정답이다. 보기 (A)는
begin-beginning 유사 발음 함정이다.

12 US US

Isn't the school library open to the public on
weekdays?

(A) Let me check their website.

(B) Two books at a time.

(C) It won't be closed until 10 p.m.

학교 도서관이 평일에는 대중들에게 개방되지 않나요?

(A) 웹사이트를 확인해 볼게요.

(B) 한 번에 두 권이요.

(C) 오후 10시가 되어서야 문을 닫을 거예요.

어휘

library 도서관   public 대중   website 웹사이트   at a time 한
번에   until ~까지   weekday 평일

해설

학교 도서관이 주중에 일반인에게 개방되는지 묻는 질문에 본인은 잘
모르니 웹사이트를 확인해 보겠다고 말한 보기 (A)가 정답이다. '확인
하다'라는 의미의 check가 언급된 보기는 Part 2의 단골 정답이다.
보기 (C)는 질문에서 언급된 open의 반의어 closed를 제시한 반의
어 연상 함정이다.

13 BR US

The new shipment isn't here yet, is it?

(A) To the harbor.

(B) I'd rather take a train.

(C) I'll go and take a look.

새로운 수송품이 아직 여기 오지 않았죠, 그렇죠?

(A) 항구로요.

(B) 저는 차라리 기차를 탈래요.

(C) 제가 가서 한번 볼게요.

어휘

shipment 수송(품)   harbor 항구   would rather 차라리 ~하다
take a look 살펴보다

해설

새로운 수송품이 여기 있는지 확인하는 부가 의문문에 본인은 잘 모
르니 가서 보고 오겠다고 답한 보기 (C)가 정답이다. 보기 (B)는 질문
의 shipment을 ship으로 착각할 경우, 교통 수단인 train을 연상
하게 한 함정이다.

14 AU US

Didn't you revise the report I sent you yesterday?

(A) I'm still working on it.

(B) By express mail.

(C) Less than 2,000 words.

제가 어제 보내드린 보고서를 수정하지 않으셨나요?

(A) 아직 작업 중입니다.

(B) 빠른 우편으로요.

(C) 2000자 이내입니다.

어휘

revise 수정하다   express mail 빠른 우편   less than ~보다 적
은

해설

보고서를 수정했는지 묻는 부정 의문문에 아직 작업 중이라고 답

한 보기 (A)가 정답이다. 보기 (B)는 질문에서 send를 듣고 의미상 express mail을 연상하게 한 함정이다.

15

You haven't reviewed the article I submitted last night, have you?
(A) No, he was busy.
(B) I'm planning to do it right after lunch.
(C) In the newspaper.

어젯밤에 제가 제출한 기사는 검토하지 않으셨죠, 그렇죠?
(A) 아뇨, 그가 바빴어요.
(B) 점심 먹은 직후에 할 계획이에요.
(C) 신문에서요.

어휘

article 기사 submit 제출하다 review 검토하다 right after ~직후에

해설

기사를 확인했냐고 묻는 부가 의문문에, 아직 검토를 안 했고 점심 먹고 할 것이라고 답한 보기 (B)가 정답이다. 특히 질문에 제시된 동사를 대신 받는 대동사 do가 사용된 보기는 Part 2의 단골 정답이다. 보기 (C)는 질문에서 article를 듣고 의미상 newspaper를 연상하게 한 함정이다.

DAY 09 〉 간접 의문문·평서문

PRACTICE TEST

1 (C)	**2** (B)	**3** (A)	**4** (B)	**5** (A)
6 (A)	**7** (C)	**8** (B)	**9** (A)	**10** (C)
11 (C)	**12** (B)	**13** (A)	**14** (B)	**15** (A)

1

This new wallpaper will make the room appear bright.
(A) Yes, it'll be sunny today.
(B) There's no room in the back.
(C) That's what I think too.

이 새로운 벽지가 방을 밝아 보이게 만들어 줄 거예요.
(A) 네, 오늘은 화창할 겁니다.
(B) 뒤에 공간이 없어요.
(C) 저도 그렇게 생각해요.

어휘

wallpaper 벽지 appear 보이다 bright 밝은 sunny 화창한 room 공간

해설

새로운 벽지가 방을 밝아 보이게 할 것이라고 말하는 평서문에 본인도 그렇게 생각한다고 자연스럽게 맞장구 친 보기 (C)가 정답이다. 보기 (B)는 room이 '방', '공간'의 두 가지 서로 다른 의미로 사용된다는 것을 이용한 동일 단어 반복 사용 함정이다.

2

Do you know which department Mr. Williams works in?
(A) We live in the same apartment complex.
(B) Doesn't he work in the sales division?
(C) I was promoted to the personnel director.

Williams 씨가 어느 부서에서 일하는 지 아시나요?
(A) 우리는 같은 아파트 단지에서 살고 있어요.
(B) 그는 영업부에서 일하지 않나요?
(C) 저는 인사 부장으로 승진했어요.

어휘

department 부서 same 동일한 complex 단지 sales division 영업부 promote 승진시키다 personnel director 인사부장

해설

Williams 씨가 어느 부서에서 일하는지 묻는 간접 의문문에 대해 그가 영업부에서 일하지 않냐고 반문한 보기 (B)가 정답이다. 보기 (A)는 department-apartment 유사 발음 함정이다.

3

Ms. Simpson called while you were out.
(A) Didn't she leave me a message?
(B) Actually, I called you twice.
(C) By the end of the day.

Simpson 씨가 당신이 안 계시는 동안 전화 하셨었어요.
(A) 그녀가 제게 메시지를 남기지 않았나요?
(B) 사실 제가 당신에게 두 번 전화했어요.
(C) 오늘까지요.

어휘

while ~하는 동안 leave 남기다 message 메시지 twice 두 번

해설

Simpson 씨가 전화 했었다는 사실을 전하는 평서문에 혹시 메시지를 남기지 않았냐고 자연스럽게 반문한 보기 (A)가 정답이다. 질문의 3인칭 주어 Ms. Simpson을 대명사 she로 바꿔 표현했다.

4

You were supposed to submit the reimbursement form this morning.
(A) The total comes up to 200 dollars.
(B) I put it on your desk a few minutes ago.
(C) He won't be back until tomorrow morning.

당신은 오늘 아침에 환급 서식을 제출하기로 되어 있었잖아요.
(A) 총액이 200달러에 달합니다.
(B) 몇 분 전에 그것을 당신 책상 위에 두었어요.
(C) 그는 내일 아침은 되어야 돌아올 겁니다.

어휘

be supposed to ~하기로 되어 있다 submit 제출하다 reimbursement 환급 form 서식 come up to 총액이 ~에 달하다 desk 책상 minute 분 ago ~전에 until ~까지 be back 돌아오다

아침에 서식을 제출하기로 되어 있었다고 지적하는 평서문에, 몇 분 전에 서식을 책상 위에 두었다고 답한 보기 (B)가 정답이다. 질문의 submit을 put으로 바꿔 표현했다. 보기 (A)는 질문에서 reimbursement을 듣고 의미상 환급액을 연상하게 한 함정이다.

5 AU US

Can you tell me why the seminar has been put off?
(A) There were not enough people who signed up.
(B) It turned out to be successful.
(C) It has been rescheduled for next week.

세미나가 왜 연기 되었는지 알려 주실래요?
(A) 등록한 사람들이 충분하지 않았어요.
(B) 그것은 성공적인 것으로 드러났어요.
(C) 다음 주로 변경되었어요.

어휘

put off 연기하다 enough 충분한 sign up 등록하다 turn out ~로 드러나다 successful 성공적인 reschedule 일정을 재조정하다

해설

Can you tell me ~로 시작하는 간접 의문문으로 바로 뒤에 오는 의문사 why를 들어야 한다. 세미나가 연기된 이유를 묻는 질문에 등록한 사람이 충분하지 않아서라고 적절한 이유를 제시한 보기 (A)가 정답이다.

6 AU BR

I'm attending the family get-together later in the day.
(A) What time will you come back?
(B) The meeting will be held in conference room A.
(C) In a Korean restaurant.

저는 나중에 가족 모임에 참석해요.
(A) 몇 시에 돌아 오시나요?
(B) 회의는 A 회의실에서 열릴 거예요.
(C) 한식당에서요.

어휘

attend 참석하다 get-together 모임 come back 돌아오다 be held 열리다

해설

나중에 가족 모임에 참가한다는 본인의 일정을 말하는 평서문에 대해 언제 돌아오냐고 자연스럽게 반문한 보기 (A)가 정답이다. 보기 (C)는 가족 모임이 있을 장소를 묻는 Where 의문문에 더 어울리는 응대로 오답이다.

7 BR US

Your van is ready to be picked up.
(A) There's some problem with the brake lights.
(B) Sure, I'll pick you up at the airport.
(C) What time do you close today?

당신의 승합차가 찾아갈 준비가 되었어요.
(A) 브레이크 등에 문제가 있습니다.
(B) 물론이죠. 공항에서 당신을 태울게요.
(C) 오늘 몇 시에 닫으시나요?

어휘

ready 준비된 pick up ~를 차에 태우다 problem 문제 brake 브레이크 light 불 airport 공항 close 닫다

해설

승합차가 찾아갈 준비가 되었다고 알려주는 평서문에 가게가 몇 시에 닫냐고 자연스럽게 반문한 보기 (C)가 정답이다. 보기 (B)는 pick up이 '찾아가다', '차에 ~를 태우다'의 두 가지 다른 의미로 사용되는 점을 이용한 동일 단어 반복 사용 함정이다.

8 US US

Could you tell me where I can find Ms. Hwang?
(A) She has worked with us for a decade.
(B) Ted might be able to tell you.
(C) It's in the bottom drawer.

제가 Hwang 씨를 어디에서 찾을 수 있는지 말해 주실래요?
(A) 그녀는 10년 동안 우리와 함께 일했어요.
(B) Ted가 당신에게 말해줄 수 있을 겁니다.
(C) 그것은 아래 서랍에 있어요.

어휘

find 찾다 decade 10년 be able to ~할 수 있다 bottom 맨 아래 drawer 서랍

해설

Hwang 씨가 어디에 있냐고 물어본 간접 의문문에 대해 나는 잘 모르지만 Ted가 말해줄 수 있을 것이라고 답한 보기 (B)가 정답이다. 보기 (A)는 How long 의문문에 더 어울리는 응대로 오답이다.

9 AU BR

You will receive a confirmation email as soon as your order is shipped.
(A) Do you know my address?
(B) No, I haven't received them yet.
(C) In two weeks at the earliest.

당신의 주문이 배송되자마자 확인 이메일을 받게 되실 겁니다.
(A) 제 주소를 아시나요?
(B) 아뇨. 아직 그것들을 받지 못했습니다.
(C) 빨라도 2주 뒤에요.

어휘

receive 받다 confirmation 확인 as soon as ~하자마자 order 주문 ship 배송하다 address 주소 yet 아직 at the earliest 빨라도, 일러야

해설

확인 이메일을 받게 될 것을 알려주는 평서문에 대해 이메일 주소를 알고 있냐고 자연스럽게 반문한 보기 (A)가 정답이다. 보기 (C)는 When 의문문에 더 잘 어울리는 응대로 오답이다.

10 US AU

I recommend the Japanese restaurant in the hotel lobby.
(A) I'll stay there for a week.
(B) Yes, I've been to Japan twice.
(C) I'll try it later.

호텔 로비에 있는 일식당을 추천해요.

(A) 저는 거기서 일주일 동안 머물 거예요.
(B) 네, 저는 일본에 두 번 가봤어요.
(C) 나중에 가볼게요.

recommend 추천하다   Japanese 일본의   restaurant 식당
lobby 로비   stay 머물다   have been to ~에 다녀온 적이 있다
twice 두 번   try ~에 가보다

호텔 로비에 있는 일식당을 추천하는 평서문에 대해 나중에 한번 가보
겠다고 자연스럽게 응대한 보기 (C)가 정답이다. 보기 (A)는 질문 후
반에 hotel을 듣고 의미상 stay를 연상하게 한 함정이다.

11 US BR

May I ask what the meeting was mainly about?
(A) It started about 10 minutes ago.
(B) Sure. Let's ask him for directions.
(C) I couldn't make it either.

회의가 주로 무엇에 관한 것인지 여쭤봐도 될까요?
(A) 약 10분 전에 시작했어요.
(B) 물론입니다. 그에게 길을 물어봅시다.
(C) 저도 참석하지 못했어요.

mainly 주로   start 시작하다   ago ~전에   make it ~에 참석하
다   either 또한

의문사가 문장 가운데 오는 간접 의문문으로, 회의가 무슨 내용인
지 묻는 질문에 본인도 회의에 참가하지 못해 잘 모르겠다는 의미
로 답한 보기 (C)가 정답이다. 보기 (A)는 회의의 시작 시간을 묻는
When 의문문에 더 어울리는 응대로 오답이다.

12 US US

I can drive you to the train station if you want.
(A) The training session starts at 2 p.m.
(B) Isn't it within a walking distance?
(C) My car is still being repaired.

원하신다면 제가 당신을 기차역에 차로 데려다 드릴 수 있어요.
(A) 교육 과정이 오후 2시에 시작해요.
(B) 걸어서 갈 수 있는 거리 아닌가요?
(C) 제 차는 아직 수리 중입니다.

drive 운전하다   station 역   training session 교육 과정
within a walking distance 도보 거리 안에   repair 수리하다

기차역까지 차로 데려다 주겠다고 제안하는 평서문에, 그곳이 걸어서
갈 수 있는 거리가 아닌지 자연스럽게 반문한 보기 (B)가 정답이다. 보
기 (A)는 train-training 유사 발음 함정이다.

13 AU US

I was wondering if we can share a taxi to the airport.
(A) That would be great.
(B) At gate 5.
(C) That'll be 30 dollars plus 5% tax.

공항까지 택시를 합승할 수 있을지 궁금합니다.
(A) 그러면 좋겠네요
(B) 5번 게이트에서요.
(C) 5% 세금 포함 30달러 입니다.

wonder 궁금하다   share 공유하다   airport 공항   gate 게이트
plus ~을 포함하여   tax 세금

공항까지 합승이 가능한지 궁금하다고 말한 평서문에 그러면 좋을 것
같다고 승낙한 보기 (A)가 정답이다. I was wondering 다음이 주
내용이다. 보기 (C)는 금액을 묻는 How much 의문문에 더 어울리
는 응대로 오답이다.

14 BR AU

Did you find out who was appointed as a general
manager?
(A) His term has already expired.
(B) Nobody knows yet.
(C) We need to reschedule our appointment.

총 지배인으로 누가 임명 되었는지 알아보셨나요?
(A) 그의 임기는 이미 만기 되었어요.
(B) 아직 아무도 몰라요.
(C) 우리가 일정을 변경해야 해요.

find out 알아보다   appoint 임명하다   general manager 총
지배인   term 임기   expire 만기가 되다   nobody 아무도   know
알다   reschedule 재조정하다   appointment 예약, 약속

의문사가 가운데 오는 간접 의문문으로 누가 총 지배인으로 임명되었
는지 물어보는 질문에, 아직 아무도 모른다 라고 답한 보기 (B)가 정
답이다. '모른다'라는 의미의 보기는 Part 2의 단골 정답이다. 보기
(C)는 appoint-appointment 유사 발음 함정이다.

15 US US

I have trouble installing this accounting software.
(A) Why don't you call the tech department?
(B) Because she has just started to work as an
accountant.
(C) It will be stored in a file cabinet.

이 회계 소프트웨어를 설치하는 데 어려움을 겪고 있어요.
(A) 기술부에 연락해 보는 게 어때요?
(B) 그녀가 이제 막 회계사로 일을 시작했기 때문입니다.
(C) 서류 캐비닛 안에 보관될 겁니다.

have trouble V ing ~하느라 힘들다   install 설치하다
accounting 회계   tech department 기술부   accountant
회계사   store 보관하다

have trouble V ing는 '~하느라 힘들다'라는 의미의 빈출 표현이
다. 소프트웨어 프로그램 설치가 힘들다고 문제점을 제시한 평서문
에, 기술부에 전화해보라는 해결책을 적절히 제시한 보기 (A)가 정답
이다. 특히 Why don't~로 시작하는 보기는 Part 2의 단골 정답이
다. 보기 (C)는 install-store 유사 발음 함정이다.

유형 1 대화 장소를 유추하는 문제

BOUNS 1 (A)　**2** (D)

1 What does the man want to do?
(A) Send a parcel
(B) Purchase a scale
(C) Visit his cousin
(D) Get a refund

남자는 무엇을 하기를 원하는가?
(A) 소포 보내기
(B) 저울 구매하기
(C) 사촌 방문하기
(D) 환불 받기

어휘
parcel 소포　purchase 구매하다　refund 환불하다

해설
남자의 첫 대사에서 캐나다로 소포를 보내고 싶다고 말하는 부분에서
정답은 (A)가 된다.

패러프레이징
package(소포) → parcel(소포)

2 What does the woman suggest the man do?
(A) Apply for the regular service
(B) Extend the warranty
(C) Pay a deposit
(D) Use another option

여자는 남자에게 무엇을 하라고 제안하는가?
(A) 정규 서비스 신청하기
(B) 품질 보증 연장하기
(C) 선금 지불하기
(D) 다른 옵션 선택하기

어휘
apply for 신청하다　regular 정규의　extend 늘리다
warranty 품질 보증　deposit 선금　option 옵션, 선택 사항

해설
여자의 마지막 대사에서 빠른 서비스를 이용해 보라고 제안하는 부분
에서 정답은 (D)가 된다. 지문의 express service를 좀 더 포괄적
인 의미의 another option으로 바꿔 표현했다. 또한, Why don't
you ~(~하는 게 어때?)라는 표현이 suggest 문제의 답을 제시하
는 경우가 많다는 사실도 꼭 기억해두자.

유형 2 대화 주제를 찾는 문제

BOUNS 1 (C)　**2** (D)

1 How does the man get to work?
(A) On foot
(B) By cab
(C) By public transportation
(D) By car

남자는 어떻게 출근을 하는가?
(A) 도보로
(B) 택시로
(C) 대중 교통으로
(D) 차로

해설
남자의 마지막 대사에서 지하철로 통근하는데 대략 20분 정도 걸린
다고 말하는 부분에서 정답은 (C)가 된다. 지문에 제시된 walking만
듣고 on foot을 정답으로 고르지 않도록 유의하자.

패러프레이징
subway(지하철) → public transportation(대중 교통)

2 What is the problem with the woman?
(A) The new apartment is not spacious.
(B) The rent is expensive.
(C) The subway station is too far away.
(D) The drive is too long.

여자의 문제는 무엇인가?
(A) 새로운 아파트가 공간이 넓지 않다.
(B) 임대료가 비싸다.
(C) 지하철 역이 너무 멀다.
(D) 운전이 너무 길다.

어휘
spacious 공간이 넓은　rent 임대료　expensive 비싼　far
away 멀리 떨어진

해설
여자의 마지막 대사에서 매일 한 시간 이상 운전하는 것에 지쳤다고
말하는 부분에서 정답은 (D)가 된다. 지문의 more than an hour
을 보기에서 long으로 바꿔 표현했다. 또한 문제점을 찾는 문제에서
는 be tired of처럼 부정적인 뉘앙스의 어휘 다음에 답이 제시되는
경우가 많다는 사실도 기억해두자.

유형 3 문제점을 찾는 문제

BOUNS 1 (B)　**2** (C)

1 What will the man do in the accounting office?
(A) Fix the copy machine
(B) Submit the document
(C) Talk with Peter
(D) Update the network

남자가 경리부에서 무엇을 할 것인가?
(A) 복사기 수리하기
(B) 문서 제출하기
(C) Peter와 얘기하기
(D) 네트워크 업데이트 하기

(C) Look at a magazine
(D) Eat salads

여자는 그녀가 다음에 무엇을 할 것이라고 말하는가?

(A) 메뉴 보기

(B) 물 한 잔 가져오기

(C) 잡지 보기

(D) 샐러드 먹기

어휘

bring 가져오다   glass 유리잔   eat 먹다   salad 샐러드

해설

여자의 마지막 대사에서, 본인이 메뉴를 보는 동안 물 한 잔을 가져와 달라고 부탁하는 부분에서 정답은 (A)가 된다. 참고로 보기 (B)는 여 자가 아니라 남자가 다음에 할 일이므로 함정이 된다.

패러프레이징

look at(보다) → see(보다)

어휘

fix 고치다   submit 제출하다   document 문서

해설

문제에 제시된 장소 키워드 accounting office가 언급되는 남자의 첫 대사에서 그가 비용 보고서를 제출하기 위해 경리부로 갈 것이라 는 사실을 알 수 있다. 따라서 지문의 drop off를 submit으로 바꾸 고, report를 좀 더 포괄적 의미의 document로 변환해서 제시한 보기 (B)가 정답이다.

2 What does the woman say about Peter?
(A) He used to work at the accounting office.
(B) He needed to finish the expense report.
(C) He was tied up with work.
(D) He was on a business trip.

여자는 Peter에 대해 뭐라고 말하는가?

(A) 그는 경리부에서 일했었다.

(B) 그는 경비 보고서를 끝내야 했다.

(C) 그는 일로 바빴다.

(D) 그는 출장 중이다.

어휘

used to ~했었다   finish 끝내다   be tied up with ~로 바쁘다 business trip 출장

해설

문제에 제시된 고유 명사 키워드 Peter가 언급되는 여자 대사에게 그 가 회사 네트워크 업데이트 작업으로 바빴다는 사실을 알 수 있다.

패러프레이징

busy(바쁜) → be tied up(바쁘다)

유형 4 화자가 원하는 것을 묻는 문제

BOUNS **1** (D)   **2** (A)

1 Where does the conversation probably take place?
(A) At a grocery store
(B) At a café
(C) At a bookstore
(D) At a restaurant

대화는 어디에서 일어나고 있을 것 같은가?

(A) 식료품점에서

(B) 카페에서

(C) 서점에서

(D) 식당에서

해설

대화 초반 여자가 가벼운 식사를 추천해달라고 말하는 부분에서 이곳 이 식당임을 유추할 수 있다. 따라서 정답은 (B)가 된다.

패러프레이징

meal(식사) → restaurant(식당)

2 What does the woman say she will do next?
(A) See the menu
(B) Bring a glass of water

PRACTICE TEST

1 (C)	**2** (A)	**3** (B)	**4** (C)	**5** (C)	**6** (A)
7 (D)	**8** (B)	**9** (A)	**10** (A)	**11** (D)	**12** (D)

US BR

Questions 1-3 refer to the following conversation.

M: Thank you for calling The Hong Kong Kitchen. How may I help you?

W: Hi. **1, 2** I'm calling to reserve a table for 5 on Thursday at 7 p.m. I'd appreciate it if you could offer us a private room.

M: Let me check. Ah… it says there's an opening in our main hall at 7 p.m. but a private room won't be available until 8 p.m.

W: Actually, we won't be able to wait until 8 p.m. because we should take a 9 o'clock flight. It seems like I have no choice but to book a table in the hall. Umm… **1, 3** you have a vegetarian menu, right?

M: Absolutely! **3** You can check our menu with pictures on our website.

1–3은 다음 대화에 관한 문제입니다.

M: Hong Kong Kitchen에 전화 주셔서 감사합니다. 무엇을 도와 드릴까 요?

W: 안녕하세요. 목요일 오후 7시에 5명을 위한 자리를 예약하려고 전화 드렸 어요. 저희에게 개별 방을 주시면 더 고맙고요.

M: 확인해 볼게요. 아, 오후 7시에 중앙 홀에는 자리가 있지만 개별 방은 오 후 8시는 되어야 이용하실 수 있어요.

W: 사실, 저희가 9시 비행기를 타야 해서 오후 8시까지는 기다릴 수가 없어 요. 홀에 있는 테이블을 예약하는 수밖에 없겠네요. 음, 채식주의자 메뉴 있죠, 그렇죠?

M: 물론이죠! 우리 웹사이트에서 사진이 있는 메뉴를 확인하실 수 있어요.

어휘

reserve 예약하다 appreciate 감사하다 private 사적인, 개인의 actually 사실은 flight 비행기 have no choice but to ~할 수밖에 없다 book 예약하다 hall 홀 vegetarian menu 채식주의자 메뉴 absolutely 물론

1 Where does the man work?
(A) At a book store
(B) At a library
(C) At a restaurant
(D) At a furniture store

남자가 일하는 곳은 어디인가?
(A) 서점에서
(B) 도서관에서
(C) 식당에서
(D) 가구점에서

해설
여자의 첫 대사에서 5명 테이블을 예약하기 위해 전화한다고 말하는 대사에서 이곳이 식당임을 유추할 수 있다. 또한 여자의 마지막 대사에서 채식주의자 메뉴에 대해 묻는 질문에서도 답을 추론할 수 있다.

2 Why is the woman calling?
(A) To make a reservation
(B) To order a new table
(C) To arrange a meeting
(D) To book a flight

여자가 전화한 이유는 무엇인가?
(A) 예약하기 위해서
(B) 새로운 테이블을 주문하기 위해서
(C) 회의를 잡기 위해서
(D) 비행기를 예약하기 위해서

어휘
reservation 예약 arrange 마련하다 book 예약하다

해설
1번 답을 구한 여자의 첫 대사에서 테이블을 예약하기 위해 전화했음을 알 수 있다. 따라서 정답은 (A)가 된다. 전화 대화에서는 I'm calling to ~ 다음에 전화를 건 용건이 제시된다.

3 What information will the woman most likely check on the website?
(A) Directions
(B) Dishes
(C) Prices
(D) Decorations

여자는 웹사이트에서 어떤 정보를 확인할 것 같은가?
(A) 약도
(B) 요리
(C) 가격
(D) 장식

해설
여자의 마지막 대사에서 채식주의자 메뉴에 대해서 묻고, 남자가 웹사이트에서 사진이 있는 메뉴를 볼 수 있다고 말하는 부분에서 여자가 채식주의자 요리에 대해 확인할 것임을 유추할 수 있다. 따라서 정

답은 (B)가 된다.

패러프레이징
vegetarian menu(채식주의자 메뉴) → dishes(요리)

US AU

Questions 4-6 refer to the following conversation.

W: Excuse me. **4** I'd like to purchase a ticket for the 7 o'clock magic show with Tim Morrison.
M: I'm sorry but it's already sold out. **5** Would you like to see the last show which begins at 9 p.m. instead?
W: **5** Okay if it's with the same magician. By the way, is there any place where I can grab a bite to eat around here? I haven't eaten anything since this morning.
M: We have a cafeteria on the second floor. Also, there are several restaurants and food stands across the street. But **6** be sure to come back 10 minutes before the show starts.

4-6은 다음 대화에 관한 문제입니다.
W: 실례합니다. Tim Morrison의 7시 마술쇼 표를 구매하고 싶은데요.
M: 죄송하지만 이미 매진입니다. 대신 오후 9시에 시작하는 마지막 공연을 관람 하시겠어요?
W: 같은 마술사라면 괜찮아요. 그런데 근처에 간단히 먹을 장소가 있을까요? 오늘 아침부터 아무것도 먹지 못해서요.
M: 우리가 2층에 구내 식당이 있어요. 또한 길 건너에 몇몇 식당과 음식 가판대들이 있습니다. 하지만 공연 10분전에는 반드시 돌아오셔야 해요.

어휘
purchase 구매하다 magic 마술 already 이미 sold out 표가 매진된 magician 마술사 grab a bite to eat 간단히 먹다 since ~이후로 cafeteria 구내 식당 several 몇몇의 stand 가판대 across 건너의

4 Where most likely is the conversation taking place?
(A) At a cafeteria
(B) At a restaurant
(C) At a theater
(D) At a food stand

대화는 어디에서 일어나고 있을 것 같은가?
(A) 구내 식당에서
(B) 식당에서
(C) 극장에서
(D) 음식 가판대에서

해설
마술쇼의 표를 구매하고 싶다고 말하는 여자의 첫 대사에서 이곳이 마술 공연이 가능한 극장임을 유추할 수 있다. 따라서 정답은 (C)가 된다.

5 What time will the woman probably see the show?
(A) At 7 p.m.
(B) At 8 p.m.
(C) At 9 p.m.
(D) At 10 p.m.

여자는 몇 시에 공연을 볼 것 같은가?

(A) 오후 7시에
(B) 오후 8시에
(C) 오후 9시에
(D) 오후 10시에

해설

여자는 7시 공연을 보길 원했지만 남자가 그 공연은 매진이므로 9시 공연을 보는 것을 권유했고, 이를 승낙하는 여자의 대사에서 정답은 (C)가 된다. 시간을 찾는 문제는 오답이 되는 시간도 함정으로 들려주기 때문에 지문에서 7 p.m.만 듣고 답으로 고르지 않도록 주의하자.

6 What is the woman reminded to do?
(A) Return in time
(B) Book a seat online
(C) Talk with Mr. Morrison in person
(D) Set up a stand

여자에게 무엇을 하라고 상기되는가?
(A) 제 시간에 돌아오기
(B) 좌석을 온라인으로 예매하기
(C) Morrison 씨와 직접 얘기하기
(D) 가판대 설치하기

어휘

remind 상기시키다 return 돌아오다 in time 시간에 맞춰 book 예약하다 seat 좌석 online 온라인으로 in person 직접 set up 설치하다

해설

남자가 마지막에 공연 시작 10분 전에 돌아오라고 당부하는 부분에서 보기 (A)가 정답이다. Be sure to ~(꼭 ~하다)는 당부 사항을 묻는 문제에 대한 답을 끌고 나오는 대표적인 표현이므로 꼭 암기해두자.

패러프레이징

come back(돌아오다) → return(돌아오다)

US US

Questions 7-9 refer to the following conversation.

W: 7 I bought this blender last Monday but it stopped working all of a sudden.
M: Let me see. Well, it seems like there's some problem with the power cord.
W: How long do you think it will take for you to repair it?
M: I'm not sure but you might have to wait for more than a week.
W: In that case, 8 can I get a refund instead?
M: Actually, I'm not in a position to authorize it. Wait a second. 9 Let me go and check with my immediate supervisor.

7-9는 다음 대화에 관한 문제입니다.

W: 지난주에 이 믹서기를 샀는데, 갑자기 작동이 안 되네요.
M: 한번 봅시다. 음, 전원 코드에 문제가 있는 것 같아요.
W: 수리하는데 얼마나 걸릴까요?
M: 확실하지는 않지만 일주일 이상 기다려야 할 수도 있습니다.
W: 그런 경우에는, 대신 환불받을 수 있을까요?
M: 사실은 제게 그럴 권한이 없어서요. 잠시만 기다려 주세요. 제가 제 직속

상관에게 가서 확인해 볼게요.

어휘

blender 믹서기 all of a sudden 갑자기 power cord 전원 코드 repair 수리하다 more than ~이상 in that case 그런 경우라면 refund 환불하다 instead 대신에 authorize 승인하다 immediate supervisor 직속 상관

7 What did the woman do last week?
(A) She got a refund.
(B) She repaired the blender.
(C) She replaced the component.
(D) She purchased an item.

여자는 지난주에 무슨 일을 했는가?
(A) 그녀는 환불을 받았다.
(B) 그녀는 믹서기를 수리했다.
(C) 그녀는 부품을 교체했다.
(D) 그녀는 물품을 구매했다.

어휘

repair 수리하다 replace 교체하다 component 부품 purchase 구매하다 item 물품

해설

여자의 첫 대사에서 지난주 월요일에 믹서기를 구매했다고 말하는 부분에서 정답은 (D)가 된다.

패러프레이징

bought this blender(이 믹서기를 구매했다) → purchased an item(물품을 구매했다)

8 What does the woman want to do?
(A) Exchange a product
(B) Get her money back
(C) Order the replacement
(D) Call the service center

여자는 무엇을 하기를 원하는가?
(A) 제품 교환하기
(B) 환불 받기
(C) 대체품 주문하기
(D) 서비스 센터에 전화하기

어휘

exchange 교환하다 product 제품 replacement 대체품

해설

여자의 마지막 대사에서 환불 받아도 되는지 묻는 질문에서 정답은 (B)가 된다.

패러프레이징

refund(환불 받다) → get one's money back(돈을 돌려받다)

9 What does the man say he will do next?
(A) Speak with someone
(B) Call the manufacturer
(C) Check the power cord
(D) Apply for the position

남자는 다음에 무엇을 할 것이라고 말하는가?
(A) 누군가와 얘기하기

(B) 제조사에 전화하기
(C) 전원 코드 확인하기
(D) 자리에 지원하기

어휘

someone 누군가 manufacturer 제조사 apply for ~에 지원하다

해설

next 문제는 지문 후반을 노려서 들어야 한다. 남자의 마지막 대사에서 직속 상관에게 확인해 보겠다고 말하는 부분에서 정답은 (A)가 된다.

패러프레이징

supervisor(상관) → someone(누군가)

BR AU

 Questions 10-12 refer to the following conversation and list.

Angel's Café	
Green Tea	$4.50
Coffee	$5.00
Orange Juice	$5.50
Organic Milk	$6.00

W: Oh, it was a long day, John! 10 But I'm so delighted to learn many things about the new online document format. To be honest, I had a hard time dealing with it.
M: I know what you're talking about, Sue! It looks like a lot of people have the same problem. Once you get used to it, 11 you can teach other people in your department how to handle it.
W: 11 I hope so. Ah, here we are! This is my favorite café in town. Mmm, I just love the smell of coffee! 12 But I want to try green tea today. What would you like?
M: I'm a little thirsty. So 12 I'll drink orange juice.
W: Okay, 12 this is my treat! Take a seat right here.

10-12는 다음 대화와 표에 관한 문제입니다.

Angel's 카페	
녹차	4.50달러
커피	5.00달러
오렌지 주스	5.50달러
유기농 우유	6.00달러

W: 오, 정말 긴 하루였어요, John! 하지만 새로운 온라인 문서 양식에 대해 많은 것들을 배워서 너무 기뻐요. 솔직히, 그것을 처리하느라 힘들었거든요.
M: 무슨 말인지 알겠어요, Sue! 많은 사람들이 같은 문제가 있는 것 같아요. 일단 익숙해지면, 당신 부서의 다른 사람들에게 어떻게 처리하는지 가르쳐 주실 수 있어요.
W: 그러길 바라요. 아, 여기 도착했어요! 이곳이 동네에서 제가 제일 좋아하는 카페예요. 음, 커피 냄새가 좋네요! 하지만 오늘은 녹차를 먹어보고 싶어요. 뭘로 드실래요?
M: 목이 좀 마르네요. 저는 오렌지 주스를 마실게요.
W: 좋아요. 이건 제가 낼게요! 여기 앉아 계세요.

어휘

delighted 기쁜 learn 배우다 document 문서 format 양식 to be honest 솔직히 it looks like ~인 것 같다 same 같은 once 일단 ~하면 get used to ~에 익숙해지다 teach 가르치다 department 부서 how to ~하는 법 handle 처리하다 favorite 가장 좋아하는 smell 냄새 thirsty 목이 마른 drink 마시다 treat 대접 take a seat 앉다

10 What did the woman learn today?
(A) How to deal with an Internet based format
(B) How to fix a computer
(C) How to install the new program
(C) How to brew coffee

여자는 오늘 무엇을 배웠는가?
(A) 인터넷 기반의 양식을 다루는 법
(B) 컴퓨터를 고치는 법
(C) 새로운 프로그램을 설치하는 법
(D) 커피를 내리는 법

어휘

deal with 처리하다 Internet based 인터넷 기반의 fix 고치다 install 설치하다 brew 커피를 내리다

해설

여자의 첫 대사에서, 새로운 온라인 문서 양식에 대해 많이 배웠다고 말하는 부분에서 정답은 (A)가 된다.

패러프레이징

online(온라인) → Internet(인터넷)

11 What does the woman hope to do?
(A) Run her own business
(B) Renovate the café
(C) Purchase a coffee machine
(D) Help other colleagues

여자는 무엇을 하기를 희망하는가?
(A) 자신의 사업 경영하기
(B) 카페 개조하기
(C) 커피 기계 구매하기
(D) 다른 동료들 돕기

어휘

run 경영하다 renovate 개조하다 purchase 구매하다 help 돕다 colleague 동료

해설

남자가 여자에게 익숙해지기만 하면 부서 내의 다른 사람들을 가르쳐 줄 수 있다고 말하자, 그러길 희망한다고 여자가 응대하는 부분에서 정답은 (D)가 된다.

패러프레이징

other people in your department(부서의 다른 사람들) → other colleagues(다른 동료들)

12 Look at the graphic. How much will the woman pay?

(A) $4.50
(B) $5.00
(C) $5.50
(D) $10.00

도표를 보시오. 여자는 얼마를 낼 것인가?
(A) 4.5달러
(B) 5달러
(C) 5.5달러
(D) 10달러

해설
대화 후반에서, 여자가 본인은 녹차를 먹겠다고 하고 남자가 주문한 오렌지 주스를 대접하겠다고 말했다. 주어진 시각 정보에서 녹차와 오렌지 주스 가격으로 10달러(4.5달러＋5.5달러)를 여자가 지불할 것임을 알 수 있으므로 정답은 (D)이다.

DAY 11 | 세부 사항 및 후반 공략

유형 1 시간 키워드 문제

BOUNS **1** (D)　**2** (A)

1 Why is the woman calling?
(A) To find the accounting office
(B) To arrange the trip
(C) To apply for the position
(D) To inquire about the form

여자가 전화한 이유는 무엇인가?
(A) 경리부를 찾기 위해서
(B) 여행 준비를 하기 위해서
(C) 자리에 지원하기 위해서
(D) 서식에 대해 문의하기 위해서

어휘
accounting 회계　arrange 마련하다, 처리하다　inquire 문의하다

해설
여자의 첫 대사에서 환급 요청서를 아직 받지 못했다고 말하는 부분에서 정답은 (D)가 된다. 전화 건 용건은 첫 대사를 놓치지 않는 것이 관건이다.

2 What does the man ask about?
(A) How to turn in the document
(B) How to log onto the website
(C) Where to find a form
(D) What to do at the meeting

남자는 무엇에 대해 물어보는가?
(A) 서류 제출하는 법
(B) 웹사이트에 접속하는 법
(C) 서식을 찾는 곳
(D) 회의에서 할 것

어휘
document 서류, 문서　log onto ~에 접속하다　form 서식, 양식

해설
ask about 문제는 지문에 제시되는 의문문을 노리고 단서를 찾아야 한다. 남자의 마지막 대사에서 요청서를 직접 제출해야 하는지 묻는 질문에서 정답은 (A)가 된다.

패러프레이징
submit(제출하다) → turn in(제출하다)

유형 2 say, mention이 포함된 문제

BOUNS **1** (C)　**2** (D)

1 What is the cause of the problem?
(A) Inclement weather
(B) Overbooking
(C) Mechanical problems
(D) Power failure

문제의 원인은 무엇인가?
(A) 악천후
(B) 초과 예약
(C) 기계적인 문제
(D) 정전

어휘
inclement 좋지 못한　mechanical 기계적인

해설
문제점의 원인은 지문 초반 부정적인 뉘앙스의 어휘가 언급되는 부분에서 단서를 찾아야 한다. 여자의 첫 대사에서, 네트워크에 기술적인 문제가 있었다고 말하는 부분에서 정답은 (C)가 된다.

패러프레이징
technical(기술적인) → mechanical(기계적인)

2 What does the woman offer to do?
(A) Reserve a flight
(B) Fix the computer
(C) Decorate the conference room
(D) Help with a booking

여자는 무엇을 제안하는가?
(A) 비행기 예약하기
(B) 컴퓨터 고치기
(C) 회의실 장식하기
(D) 예약 도와주기

어휘
reserve 예약하다

해설
여자의 첫 대사 마지막에 예약하는 것을 도와줄 수 있다고 제안하는 부분에서 정답은 (D)가 된다.

패러프레이징
reservation(예약) → booking(예약)

BOUNS 1 (B)   2 (A)

1 What happened to the woman this morning?
(A) She attended the staff meeting.
(B) She had a problem with the car.
(C) She took a cab.
(D) She talked with the marketing manager.

오늘 아침에 여자에게 무슨 일이 있었는가?
(A) 그녀는 직원 회의에 참석했다.
(B) 그녀는 차에 문제가 있었다.
(C) 그녀는 택시를 탔다.
(D) 그녀는 마케팅 부장과 얘기를 했다.

어휘
happen 일어나다   attend 참석하다

해설
여자의 첫 대사에서 오늘 아침에 고속도로에서 차가 고장이 나서 견인
을 해야 했음을 알 수 있다.

패러프레이징
broke down(고장 났다) → have a problem(문제가 있다)

2 What does the woman ask the man to do?
(A) Talk about the meeting
(B) Come up with some ideas
(C) Move a desk
(D) Take some notes

여자는 남자에게 무엇을 요청하는가?
(A) 회의에 대해 이야기하기
(B) 아이디어들을 생각해내기
(C) 책상 옮기기
(D) 필기하기

해설
지문 후반 여자가 그것들에 대해 더 얘기해 달라고 요청하는 부분에서
정답은 (A)가 된다.

패러프레이징
tell(말하다) → talk(이야기하다)

BOUNS 1 (A)   2 (D)

1 What does the woman say she did yesterday?
(A) She handed in a report.
(B) She emailed the newsletter.
(C) She went to Asia.
(D) She called a meeting.

여자는 어제 무엇을 했다고 말하는가?
(A) 그녀는 보고서를 제출했다.
(B) 그녀는 사보를 이메일로 보냈다.
(C) 그녀는 아시아에 갔다.
(D) 그녀는 회의를 소집했다.

어휘
hand in 제출하다   newletter 사보   call a meeting 회의를 소
집하다

해설
여자의 첫 대사에서 어제 본인이 이메일로 보낸 영업 보고서에 대해
언급하는 부분에서 정답은 (A)가 된다.

패러프레이징
submitted(제출했다) → handed in(제출했다)

2 What is the man concerned about?
(A) The domestic market
(B) An increase in wages
(C) Car prices
(D) Overseas sales

남자는 무엇에 대해 걱정하는가?
(A) 국내 시장
(B) 임금 상승
(C) 자동차 가격
(D) 해외 매출

어휘
domestic 국내의   overseas 해외의

해설
남자의 첫 대사 후반에 해외 매출이 다소 떨어졌다고 얘기하고, 아시
아 시장에서 차량들이 왜 안 팔리는지 물어보는 부분에서 정답은 (D)
가 된다.

패러프레이징
international(국제적인) → overseas(해외의)

PRACTICE TEST

| **1** (D) | **2** (A) | **3** (B) | **4** (A) | **5** (B) | **6** (C) |
| **7** (B) | **8** (A) | **9** (A) | **10** (A) | **11** (D) | **12** (A) |

US US

Questions 1-3 refer to the following conversation.

W: Hey, Pete! **1** The vice president wants to look at your proposal for our new software development project.
M: I'm afraid I'm not done with it yet. In fact, **2** I'm still expecting the results of the recent study from our research center. But it won't take long.
W: I see. If you don't mind, can I talk more about it for a moment?
M: I'm sorry but **3** I'm on the way to the bank in order to apply for a loan.
W: Okay. Will you call my office as soon as you come back?
M: Sure. I'll talk to you later.

1-3은 다음 대화에 관한 문제입니다.

W: 안녕, Pete! 부사장님께서 당신의 새로운 소프트웨어 개발 프로젝트 제안서를 보고 싶어 하세요.

M: 안타깝게도 아직 다 못했어요. 사실 저는 우리 연구 센터로부터 최근 연구 결과들을 여전히 기다리고 있거든요. 하지만 오래 걸리지 않을 겁니다.

W: 알겠어요. 괜찮으시면 잠시 그것에 대해 저와 얘기를 좀 더 나눌 수 있을까요?

M: 죄송하지만 대출금 신청을 위해서 은행에 가는 길이라서요.

W: 좋아요. 돌아오시자마자 제 사무실로 전화 주시겠어요?

M: 물론이죠. 나중에 연락드릴게요.

어휘

vice president 부사장 look at 보다 proposal 제안서 development 개발 be done 끝내다 in fact 사실은 expect 기다리다 result 결과 recent 최근의 study 연구 research center 연구 센터 take long 오래 걸리다 mind 꺼려하다 on the way 도중에 in order to ~하기 위해 apply for 신청하다 loan 대출금 as soon as ~하자마자 come back 돌아오다

1 What does the woman say the vice president wants to see?
(A) A loan application
(B) A sales report
(C) A prototype
(D) A proposal

여자는 부사장이 무엇을 보고 싶어 한다고 말하는가?
(A) 대출금 신청서
(B) 영업 보고서
(C) 시제품
(D) 제안서

어휘

loan 대출금 application 신청서 sales 영업 prototype 시제품 proposal 제안서

해설

여자의 첫 대사에서 문제에서 제시된 신분 명사 키워드인 vice president를 언급하면서 그가 제안서를 보고 싶어한다고 말하는 부분에서 정답은 (D)가 된다. want 문제는 대화 초반에 답이 언급될 확률이 높다는 사실을 기억해두자.

2 What is the man waiting for?
(A) Some findings
(B) A new software program
(C) A budget proposal
(D) Sales figures

남자는 무엇을 기다리고 있는가?
(A) 연구 결과들
(B) 새로운 소프트웨어 프로그램
(C) 예산 제안서
(D) 영업 수치들

해설

남자의 첫 대사에서 그는 연구소로부터의 연구 결과를 기다리고 있음을 알 수 있다. 따라서 the results of the recent study를 some findings로 바꿔 표현한 보기 (A)가 정답이다.

패러프레이징

expecting(기다리는) → waiting(기다리는)

3 Where will the man go next?
(A) A research center
(B) A financial institute
(C) A laboratory
(D) A meeting room

남자는 다음에 어디에 갈 것인가?
(A) 연구 센터
(B) 금융기관
(C) 실험실
(D) 회의실

해설

대화 후반에 남자가 지금 은행에 가는 길이라고 말하는 부분에서 bank를 좀 더 포괄적인 의미의 a financial institute(금융기관)로 바꿔 표현한 보기 (B)가 정답이다.

패러프레이징

bank(은행) → finalcial institute(금융기관)

BR AU

Questions 4-6 refer to the following conversation.

W: **4** Mr. Wang's dentist's office! How may I help you?

M: Hi, my name is Mike Lewis and I'd like to reschedule my appointment.

W: Let me see... Umm, you have a 3 o'clock appointment with Dr. Lee today, right?

M: Yes but something urgent came up this morning and I don't think I can make it today.

W: I see. When would you like to reschedule it, Mr. Lewis?

M: Is there any openings tomorrow morning?

W: Well, **5** Dr. Lee is fully booked for tomorrow but **6** Dr. Peterson will be available at 10 a.m. Is that all right with you?

M: **6** No problem. I will be there on time.

4-6은 다음 대화에 관한 문제입니다.

W: Wang 치과입니다. 무엇을 도와 드릴까요?

M: 안녕하세요. 제 이름은 Mike Lewis이고, 제 예약을 조정하고 싶습니다.

W: 어디 봅시다. 음, Lee 박사님과 오늘 3시 예약이 있으시네요, 그렇죠?

M: 네, 하지만 오늘 아침에 급한 일이 생겨서 오늘은 못 갈 것 같아요.

W: 알겠습니다. 언제로 예약을 다시 잡아 드릴까요, Lewis 씨?

M: 내일 아침에 빈자리가 있을까요?

W: 음, Lee 박사님은 내일 예약이 꽉 차 있지만, Peterson 박사님은 오전 10시에 시간이 되시네요. 괜찮으신가요?

M: 좋습니다. 정시에 갈게요.

어휘

dentist's office 치과 reschedule 일정을 다시 잡다 appointment 예약 urgent 급한 make it 해내다 opening 빈자리 available 시간이 되는 all right 괜찮은 on time 정시에

4 Who most likely is the woman?
(A) A receptionist

(B) A dentist
(C) A patient
(D) A professor

여자는 누구일 것 같은가?

(A) 접수계원
(B) 치과 의사
(C) 환자
(D) 교수

해설

여자의 직업을 유추하는 문제로, 대화 초반 이곳이 치과임을 밝히고 무엇을 도와줄지 묻는 여자의 첫 대사에서 정답은 (A)가 된다. 보통 병원에서 예약과 관련된 대화가 나오면 신분 유추 문제의 정답으로 receptionist가 자주 출제된다.

5 What does the woman suggest about Dr. Lee?
(A) He has worked with Dr. Peterson for a long time.
(B) He will be busy tomorrow.
(C) He has an urgent meeting at 10 a.m.
(D) He is still on vacation.

여자가 Lee 박사에 대해 암시한 바는 무엇인가?

(A) 그는 Peterson 박사와 오래 일했다.
(B) 그는 내일 바쁠 것이다.
(C) 그는 오전 10시에 급한 회의가 있다.
(D) 그는 아직 휴가 중이다.

어휘

suggest about ~에 대해 암시하다   still 아직, 여전히   on vacation 휴가 중인

해설

여자의 마지막 대사에서 문제의 고유 명사 키워드인 Dr. Lee를 언급하면서 그가 예약이 꽉 찼다고 말하는 부분에서 정답은 (B)가 된다.

패러프레이징

fully booked(예약이 꽉 찬) → busy(바쁜)

6 When will Mr. Lewis probably visit the clinic?
(A) This morning
(B) This afternoon
(C) Tomorrow morning
(D) Tomorrow afternoon

Lewis 씨는 언제 병원에 방문할 것 같은가?

(A) 오늘 아침
(B) 오늘 오후
(C) 내일 아침
(D) 내일 오후

해설

여자의 마지막 대사에서 내일 오전 10시 예약이 괜찮은지 묻고, 이에 대해 남자가 좋다고 긍정하는 부분에서 정답은 (C)가 된다.

BR US

Questions 7-9 refer to the following conversation.

W: Excuse me. 7 Do you happen to know where the Ace building is?

M: Yes, it's within walking distance. Just walk down the street for about 15 minutes and you will see the tall white building on your right. You won't miss it.
W: Well, I'm in a hurry. 8 Actually, I have a job interview at noon and I don't want to be late.
M: 9 Why don't you take a cab across the street? It will take you there within 5 minutes or so.
W: That's a good idea. Thanks for your help.
M: Oh, don't mention it!

7-9는 다음 대화에 관한 문제입니다.

W: 실례해요. 혹시 ACE 건물이 어디 있는지 아시나요?
M: 네, 걸어갈만한 거리에 있어요. 이 길을 따라 15분 정도 걸어 가시면 오른쪽으로 높은 하얀색 건물이 보일 겁니다. 찾기 쉬울 거예요.
W: 음, 제가 좀 급해서요. 사실은 정오에 취업 면접이 있어서, 늦고 싶지 않아요.
M: 길을 건너서 택시를 타는 게 어때요? 5분 이내면 거기 갈 겁니다.
W: 좋네요. 도움 주셔서 고마워요.
M: 오, 천만에요!

어휘

happen to 우연히 ~하다   within ~이내에   distance 거리   miss 놓치다   be in a hurry 급하다   actually 사실은   interview 면접   보다   noon 정오   late 늦은   cab 택시   across 건너   or so ~쯤   mention 언급하다

7 Where most likely are the speakers?
(A) In the office building
(B) On the street
(C) At a job fair
(D) At a taxi stand

화자들은 어디에 있을 것 같은가?

(A) 사무실 건물 안에
(B) 거리에
(C) 취업 박람회에
(C) 택시 승강장에

해설

여자의 첫 대사에서 건물이 어디 있는지 묻는 질문에서 이 대화가 거리에서 이루어지고 있음을 유추할 수 있다. 따라서 정답은 (B)가 된다.

8 What is the woman concerned about?
(A) Being late for the interview
(B) Painting the white building
(C) Finding her replacement
(D) Paying the taxi fare

여자가 걱정하는 바는 무엇인가?

(A) 면접에 늦는 것
(B) 흰색 건물에 페인트를 칠하는 것
(C) 그녀의 후임자를 찾는 것
(D) 택시 요금을 지불하는 것

어휘

interview 면접   paint 페인트를 칠하다   find 찾다   replacement 후임자   taxi fare 택시 운임

해설

여자의 두 번째 대사에서 정오에 면접이 있는데 늦고 싶지 않다고 말

하는 부분에서 정답은 (A)가 된다. 특히 Actually 다음에 문제점이나 걱정하는 바가 제시되는 경우가 많다.

9 What does the man recommend the woman do?
(A) Take a taxi
(B) Delay the meeting
(C) Refer to a map
(D) Ask for directions

남자는 여자에게 무엇을 제안하는가?
(A) 택시 타기
(B) 회의 미루기
(C) 지도 참고하기
(D) 길 묻기

delay 미루다   refer to ~을 참고하다   map 지도   ask for ~을 요청하다   directions 길

해설
남자의 두 번째 대사에서 길 건너서 택시를 타라고 제안하는 부분에서 정답은 (A)가 된다. suggest나 recommend가 문제에 제시되는 제안 문제에 대한 답을 끌고 나오는 가장 대표적인 표현이 Why don't~라는 사실도 기억해두자.

패러프레이징
cab(택시) → taxi(택시)

AU US

Questions 10-12 refer to the following conversation and schedule.

Time	Movies
2:00-3:30 p.m.	The French Cafe
4:00-6:00 p.m.	The Kung Fu Dragon
12 6:30-8:00 p.m.	The Cold War
8:30-10:30 p.m.	The Love

M: **10** I was highly impressed with your presentation on sales strategies. In particular, I liked the various graphs and comparison charts featuring a competitive analysis.
W: Thank you. If it had not been for your help and the support of other colleagues, I should not have tried them.
M: Don't mention it! **11** By the way, do you have any plans for the weekend?
W: No, not really! Why do you ask?
M: **12** I'm planning to see a new release titled "The cold war" on Saturday. Would you like to go and see it with me?
W: Why not! I'm a big fan of spy movies. What time shall we get together?
M: **12** Let's meet an hour before the film starts so that we can grab a bite to eat.
W: Sounds like a good idea!

10-12는 다음 대화와 시간표에 관한 문제입니다.

시간	영화
오후 2시-3시 30분	The French Cafe
오후 4시-6시	The Kung Fu Dragon
오후 6시 30분-8시	The Cold War
오후 8시 30분-10시 30분	The Love

M: 판매 전략에 대한 당신의 발표가 매우 인상 깊었습니다. 특히 비교 분석을 특징으로 하는 다양한 그래프들과 비교 차트들이 좋았어요.
W: 고맙습니다. 만약 당신의 도움과 다른 동료들의 지원이 없었다면 그것들을 시도해보지도 못했을 거예요.
M: 천만에요. 그런데 주말에 계획이 있나요?
M: 아뇨, 특별한 일은 없어요. 왜 물어보시나요?
M: <냉전>이라는 제목의 새로운 개봉작을 볼 계획인데, 저랑 같이 가서 보실래요?
W: 안될 것 없죠! 저는 스파이 영화들의 열성 팬이에요. 몇 시에 만날까요?
M: 간단히 뭐 좀 먹으려면, 영화 시작 1시간 전에 만납시다.
W: 좋은 생각이네요.

highly 매우   impressed 감명 받은   strategy 전략   in particular 특히   various 다양한   comparison chart 다양한 차트   featuring ~을 특징으로 하는   competitive analysis 비교 분석   if it had not been for ~이 없었다면   support 지원   colleague 동료   new release 개봉작   get together 모이다   grab a bite to eat 간단히 먹다

10 What does the man say about the presentation?
(A) It was well prepared.
(B) It was lengthy.
(C) It was boring.
(D) It was complicated.

남자는 발표에 대해 뭐라고 말하는가?
(A) 준비가 잘 되었다.
(B) 장황했다.
(C) 지겨웠다.
(D) 복잡했다.

lengthy 장황한   complicated 복잡한

해설
남자의 첫 대사에서 여자의 발표가 인상 깊었다고 말하는 부분에서, 정답은 (A)가 된다. 또한 남자가 그래프와 비교 차트가 좋았다고 말한 부분도 답을 찾기 위한 단서가 된다.

11 What does the man ask?
(A) When the movie will end
(B) How long the presentation will last
(C) Where the woman will get the data
(D) What the woman will do on the weekend

남자는 무엇을 물어보는가?
(A) 언제 영화가 끝날 것인지
(B) 발표가 얼마나 계속될 것인지
(C) 여자가 정보를 어디서 얻을 것인지
(D) 여자가 주말에 무엇을 할 것인지

어휘

last 지속되다

해설

대화 중반 남자가 여자에게 주말에 계획 있는지 물어보는 의문문에서 정답은 (D)가 된다. 지문 중에 by the way, but과 같은 전환 어구 다음에 정답이 제시될 확률이 높다는 사실도 기억해두자.

12 Look at the graphic. What time will the speakers most likely meet on Saturday?
(A) At 5:30 p.m.
(B) At 6:00 p.m.
(C) At 6:30 p.m.
(D) At 7:00 p.m.

시각 자료를 보시오. 화자들은 토요일 몇 시에 만날 것 같은가?
(A) 오후 5시 30분에
(B) 오후 6시에
(C) 오후 6시 30분에
(D) 오후 7시에

해설

대화 중반 남자가 <the cold war>라는 영화를 보자고 제안했고, 마지막 대사에서, 영화 시작 1시간 전에 만나자는 제안에 대해 여자가 승낙하는 부분에서 정답은 (A)가 된다. 즉, 화자들이 보게 될 영화 cold war의 시작 시간을 주어진 시간표에서 확인하면 6시 30분이므로, 1시간 빠른 시간인 5시 30분에 화자들이 만나게 될 것임을 유추할 수 있다.

DAY 12 신토익 문제 유형

PRACTICE TEST

1 (B)	**2** (D)	**3** (B)	**4** (B)	**5** (B)	**6** (D)
7 (B)	**8** (D)	**9** (C)	**10** (B)	**11** (D)	**12** (A)

AU BR

Questions 1-3 refer to the following conversation.

M: Hey, Julia. **1** I heard you are going to leave the company soon. Is that true?
W: That's right. How did you know that, anyway?
M: I had lunch with the vice president and she told me about it. What's happening? You always tell me that you're quite satisfied with what you do here, right?
W: To be honest, I'm a little tired of working overseas. Umm… **2** I'd like to spend more time with my family.
M: I know what you mean. **3** There's nothing like a family. When are you going to leave?
W: It hasn't been decided yet. It seems like I should work here until a replacement is found.

1-3은 다음 대화에 관한 문제입니다.

M: 안녕하세요, Julia. 회사를 곧 그만 두신다고 들었는데, 사실인가요?
W: 맞아요. 그런데 어떻게 아셨어요?
M: 부사장님과 점심을 같이 했는데, 그분이 말씀해 주시더군요. 무슨 일이에요? 제게는 항상 여기서 하는 일에 매우 만족한다고 말씀하셨잖아요, 그렇죠?
W: 솔직히 말하면, 해외에서 일하는 것에 약간 싫증이 나서요. 음, 제 가족과 좀 더 많은 시간을 함께 하고 싶어요.
M: 무슨 말씀인지 알겠네요. 가족만큼 좋은 것은 없죠. 언제 떠나시나요?
W: 아직 결정되지 않았어요. 후임을 찾을 때까지는 여기서 일해야 할 것 같아요.

어휘

leave the company 회사를 그만두다 true 사실인 anyway 어쨌든 vice president 부사장 quite 매우 satisfied 만족한 to be honest 솔직히 be tired of ~에 싫증나다 a little 다소 decide 결정하다 seem like ~인 것 같다 until ~까지 replacement 후임

1 What is the woman planning to do?
(A) Start her own business
(B) Quit the company
(C) Go overseas
(D) Consult with a vice president

여자는 무엇을 계획하고 있는가?
(A) 자신의 사업 시작하기
(B) 회사 그만두기
(C) 외국에 가기
(D) 부사장과 상담하기

어휘

quit 그만두다 overseas 해외로 consult 상담하다

해설

남자의 첫 대사에서 상대방인 여자가 회사를 곧 떠날 계획이라고 언급하는 부분에서 정답은 (B)가 된다. 지문의 leave the company를 보기에서는 quit the company로 바꿔 표현했다.

2 What does the woman want to do?
(A) Work abroad
(B) Get a promotion
(C) Find a replacement part
(D) Stay with a family

여자는 무엇을 원하는가?
(A) 해외에서 일하기
(B) 승진하기
(C) 대체품 찾기
(D) 가족과 함께 지내기

어휘

aboard 해외에 promotion 승진 find 찾다 part 부품 stay 머물다

해설

여자의 두 번째 대사에서 가족과 더 많은 시간을 보내고 싶다고 말하는 부분에서 정답은 (D)가 된다. 문제의 want to를 지문에서는 would like to로 바꿔 제시했다.

3 What does the man imply when he says, "I know what you mean"?
(A) He doesn't care about his family.
(B) He understands the decision.
(C) He wants to accept the proposal.
(D) He is satisfied with working overseas.

남자가 "무슨 말씀인지 알겠네요"라고 말할 때 암시한 바는 무엇인가?
(A) 그는 그의 가족에 대해 신경 쓰지 않는다.
(B) 그는 결정을 이해한다.
(C) 그는 제안을 수락하길 원한다.
(D) 그는 해외에서 일하는 것에 만족한다.

imply 암시하다 care about ~에 대해 신경 쓰다 decision 결정 accept 수락하다 proposal 제안(서) be satisfied with ~에 만족하다 overseas 해외에

화자의 의도 파악 문제로 남자가 해당 표현을 언급하기에 앞서 여자가 가족과 함께 시간을 보내고 싶어서 회사를 그만둔다는 이유를 밝히고, 바로 이어서 남자가 가족만큼 좋은 것은 없다고 맞장구를 치는 표현해서, 여자의 결정을 남자가 충분히 이해하고 있음을 추론할 수 있다. 따라서 정답은 (B)가 된다.

US | US

新 유형
Questions 4-6 refer to the following conversation.
W: Hey, Ted! Have you finished your preparations for the trip to Paris?
M: I'm almost done. I booked the flight tickets and arranged for a rental car to be picked upon arrival at the airport. 4 But I couldn't find a hotel room. I wanted to stay at the hotel near the convention center but there was no room available.
W: I think you can still reserve one on the travel website but you'd better hurry! Let me send you the link by email.
M: You don't have to. 5 I have a friend who lives alone in an apartment around there. He's willing to put me up for a couple of days. What are friends for?
W: Okay. Now, 6 let's go to my office so we can go over our presentation materials together.

4-6은 다음 대화에 관한 문제입니다.
W: 안녕, Ted! 파리로 갈 출장 준비는 끝났어요?
M: 거의 끝났어요. 비행기 표들은 예약했고, 렌터카도 공항 도착하자마자 찾을 수 있도록 준비했어요. 하지만 호텔 방을 못 찾았어요. 컨벤션 센터 근처 호텔에 묵고 싶었는데 빈방이 없었어요.
W: 여행 웹사이트에서 아직 예약할 수 있을 것 같지만 서두르시는 게 좋을 거예요! 제가 이메일로 링크 보내드릴게요.
M: 그러실 필요 없어요. 제가 거기 근처 아파트에 혼자 사는 친구가 하나 있는데요. 기꺼이 며칠쯤은 재워줄 겁니다. 친구 좋다는 게 뭐겠어요?
W: 좋네요. 자, 이제 우리 발표 자료를 검토하기 위해 제 사무실로 가시죠.

preparation 준비 trip 여행 almost 거의 book 예약하다
arrange 준비하다 rental car 렌터카 stay 머물다 near 근처의
available 이용 가능한 reserve 예약하다 had better ~하는 게 낫

다 be willing to 기꺼이 ~하다 put ~ up ~를 재워주다 go over 검토하다 presentation material 발표 자료

4 What was the man unable to do?
(A) Arrange a rental car
(B) Book accommodations
(C) Reserve flight tickets
(D) Prepare for the presentation

남자는 무엇을 할 수 없었는가?
(A) 렌터카 준비하기
(B) 숙박 예약하기
(D) 비행기 표들 예약하기
(D) 발표 준비하기

arrange 준비하다 accommodations 숙박 prepare for ~를 준비하다 book(=reserve) 예약하다

남자의 초반 대사에서 호텔 방을 예약할 수 없었다고 말하는 부분에서 정답은 (B)가 된다. 문제에 제시된 키워드 be unable to를 지문에서는 couldn't 로 바꿔 제시하고, find a hotel room을 book accommodations로 바꿔 표현했다.

5 What does the man imply when he says "You don't have to"?
(A) He has reserved a hotel room.
(B) He's got somewhere to stay.
(C) He knows the website address.
(D) He is ready for the presentation.

남자가 "그러실 필요 없어요"라고 말할 때 암시한 바는 무엇인가?
(A) 그는 호텔방을 예약했다.
(B) 그는 머물 곳이 있다.
(C) 그는 웹사이트 주소를 안다.
(D) 그는 발표 할 준비가 되어있다.

somewhere 어딘가 stay 머물다 website address 웹사이트 주소 ready 준비된

남자가 해당 표현 바로 뒤에 이어서 아파트에 혼자 사는 친구가 있는데, 기꺼이 며칠 재워줄 것이라고 말하는 부분에서 정답은 (B)가 된다. 의도 파악 문제는 주어진 표현의 전후 문맥을 잘 해석해야 한다.

6 What does the woman suggest they do?
(A) Clean the office
(B) Call the realtor
(C) Go over the contract
(D) Prepare for the presentation

여자는 그들이 무엇을 할 것을 제안하는가?
(A) 사무실 청소하기
(B) 부동산 중개업자에게 전화하기
(C) 계약서 검토하기
(D) 발표 준비하기

어휘

clean 청소하다 realtor 부동산 중계업자 go over 검토하다
contract 계약 prepare 준비하다 presentation 발표

해설

여자의 마지막 대사에서 사무실에 가서 발표 자료를 같이 검토하자고 제안하는 말에서 정답은 (D)가 된다. 발표 자료 검토를 좀 더 포괄적인 의미로 발표 준비라고 바꿔 표현한 것이 포인트다. 또한 suggest 문제에 대한 답이 Let's~로 시작하는 청유문을 통해 제시되는 경우가 많다는 사실도 함께 기억해두자.

US AU US

 Questions 7-9 refer to the following conversation with three speakers.

W: Hi, guys! How do you like the new accounting software we installed on Monday?

M1: Everyone in my department seems to like it. In particular, **7** it really helps me analyze financial data and process reimbursement requests.

M2: I still need to learn how to use some advanced functions. However, **7** I can enhance my job performance once I get accustomed to it.

W: I think it's worth the money. Jim, **8** do you think you can spare some time to lead the training session on how to use it on Friday?

M1: Well, let me check my calendar. **8** I think I can do it in the morning.

W: Great! **9** Let's discuss the detailed schedule over lunch.

7-9는 다음 세 명의 대화에 관한 문제입니다.

W: 안녕하세요, 여러분! 우리가 월요일에 설치했던 회계 소프트웨어 어때요?

M1: 제 부서의 모든 사람들은 좋아하는 것 같아요. 특히, 제가 재무 데이터를 분석하거나 환급 요청들을 처리하는 데 정말 도움이 됩니다.

M2: 저는 여전히 일부 고급 기능들 쓰는 법을 배워야 합니다. 하지만, 일단 익숙해지면 제 업무 능력을 향상시킬 수 있을 겁니다.

W: 돈을 쓴 보람이 있네요. Jim, 금요일에 사용법에 대한 교육 과정을 이끌 시간 좀 내실 수 있나요?

M1: 음, 제 달력 좀 볼게요. 아침에 할 수 있을 것 같네요.

W: 좋아요! 점심 먹으면서 세부 일정을 검토해 봅시다.

어휘

accounting software 회계 소프트웨어 install 설치하다
department 부서 analyze 분석하다 financial 금융의, 재무의
process 처리 reimbursement request 환급 요청 advanced
고급의 function 기능 however 그러나 enhance 향상시키다
job performance 업무 능력 once 일단 ~하면 get accustomed
to ~에 익숙해지다 worth ~할 가치가 있다 spare 할애하다 lead 이
끌다 training session 교육 과정 discuss 논의하다 detailed
schedule 세부 일정

7 What do the men think about the accounting software?
(A) It is expensive.
(B) It is efficient.
(C) It is outdated.

(D) It is user friendly.

남자들은 회계 프로그램에 대해 어떻게 생각하는가?
(A) 비싸다.
(B) 효율적이다.
(C) 구식이다.
(D) 쓰기 편하다.

해설

대화 초반 두 남자의 대사에서 여러 업무에 도움이 되고, 작업 능력을 향상시킬 수 있다고 말하는 부분에서 정답은 (B)가 된다. 지문의 helps, enhance 등의 어휘가 efficient로 변환되어 제시되었다. 참고로 한 남자가 아직도 고급 기능들을 배우고 있고 교육 훈련이 필요하다고 하는 부분에서 보기 (D)는 오답이 된다.

8 What does Jim agree to do on Friday?
(A) Install the new software
(B) Learn how to use the program
(C) Spare some time for an interview
(D) Teach other employees

Jim은 금요일에 무엇을 하기로 동의하는가?
(A) 새로운 소프트웨어 설치하기
(B) 프로그램 사용법 배우기
(C) 면접에 시간 할애하기
(D) 다른 직원들 가르치기

어휘

agree 동의하다 teach 가르치다 employee 직원

해설

agree 문제는 상대방이 제안하는 부분을 잘 듣는 것이 중요하다. 여자의 두 번째 대사에서 Jim에게 금요일 교육 과정을 이끌 시간을 내줄 수 있냐고 말하고, 남자가 아침에 할 수 있다고 긍정하는 부분에서 정답은 (D)가 된다. 지문의 training이 보기에서는 teach로 바꿔 표현되었다.

9 What will the speakers do next?
(A) Attend the training
(B) Check the website
(C) Eat together
(D) Post the schedule

화자들은 다음에 무엇을 할 것인가?
(A) 교육에 참석하기
(B) 웹사이트 확인하기
(C) 같이 먹기
(D) 일정 게시하기

어휘

attend 참석하다 together 같이 post 게시하다

해설

여자의 마지막 대사에서 점심 먹으면서 일정에 대해 논의해 보자고 제안하는 부분에서 정답은 (C)가 된다. 지문의 lunch가 eat으로 바꿔 표현되었다. 대화의 마지막이 제안으로 끝날 경우, 상대방이 동의했다고 가정하고 문제를 풀어야 한다는 사실도 기억해두자.

Questions 10-12 refer to the following conversation and graph.

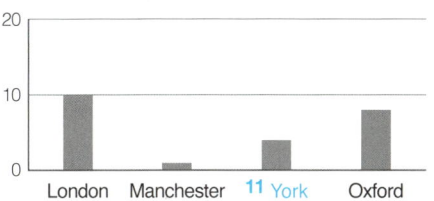

Sales in the third quarter

(London, Manchester, **11** York, Oxford)

M: Ann, what happened? You look so exhausted.
W: Hi, Pete! I heard that **10** the Manchester branch will be closed down as a result of bad sales at the end of the month. Umm, **11** our branch was the second lowest in terms of sales in the third quarter.
M: That's odd! I thought that the aggressive marketing campaign would increase our sales.
W: That's why I was disappointed. The vice president wanted us to come up with better ideas to turn this around. **12** Shouldn't we get together and discuss current problems and possible solutions as soon as possible?
M: **12** I think we should. I'll let other employees know.

10-12는 다음 대화와 그래프에 관한 문제입니다.

3/4분기 매출액

(London, Manchester, York, Oxford)

M: Ann, 무슨 일이죠? 너무 피곤해 보여요.
W: 안녕, Pete! Manchester 지점이 매출 저조로 인해 이번 달 말에 문을 닫게 될 것이라고 들었어요. 음, 3분기 매출에 있어서 우리 지점은 두 번째로 낮았어요.
M: 이상하네요! 공격적인 마케팅 캠페인이 우리 매출을 올려줄 것이라고 생각했는데요.
W: 그게 제가 실망한 이유예요. 부사장님은 우리가 전세를 역전시킬 더 나은 아이디어들을 생각해내길 원하세요. 우리가 모여서 현재 문제점들과 가능한 해결책들을 가능한 한 빨리 논의해야 하지 않을까요?
M: 그래야 할 것 같네요. 제다 다른 직원들에게도 알릴게요

어휘

exhausted 지친 close down 문을 닫다 as a result of ~의 결과로서 end 말, 끝 in terms of ~면에서 quarter 분기 odd 이상한 aggressive 공격적인 increase 올리다 disappointed 실망한 vice president 부사장 come up with ~를 생각해내다 turn ~around 전세를 역전시키다 get together 모이다 current 현재의 discuss 논의하다 possible 가능한 solution 해결책 as soon as possible 가능한 한 빨리 let ~ know ~에게 알리다 employee 직원

10 What does the woman say will happen at the end of the month?

(A) The aggressive marketing campaign will be implemented.
(B) A certain branch will be shut down.
(C) The vice president will resign from the company.
(D) The anniversary will be celebrated.

여자는 이번 달 말에 무슨 일이 있을 것이라고 말하는가?
(A) 공격적인 마케팅 캠페인이 시행될 것이다.
(B) 특정 지점이 문을 닫을 것이다.
(C) 부사장이 회사에서 사임할 것이다.
(D) 기념일을 축하할 것이다.

어휘

implement 시행하다 certain 특정한 shut down 문을 닫다 resign 사임하다 anniversary 기념일 celebrate 기념하다, 축하하다

해설

여자의 첫 대사에서 문제의 시간 키워드인 at the end of the month가 언급되는 문장에서 Manchester 지점이 문을 닫을 것임을 알 수 있으므로 정답은 (B)가 된다. 지문의 Manchester branch를 certain branch로, closed down을 shut down을 바꿔 표현했다.

11 Look at the graphic. Where most likely do the speakers work?
(A) In Manchester
(B) In London
(C) In Oxford
(D) In York

시각 자료를 보시오. 화자들은 어디에서 일할 것 같은가?
(A) Manchester에서
(B) London에서
(C) Oxford에서
(D) York에서

해설

남자의 첫 대사 후반에 우리 지점이 3분기 매출에 있어서 두 번째로 낮았다고 말하는 부분을 듣고 시각 자료를 보면 화자들이 York 지점에서 일하고 있다는 것을 유추할 수 있다. 따라서 정답은 (D)가 된다. 시각 정보 연계 문제에서 대화 중에 그대로 들려주는 Manchester는 함정이라는 사실도 기억해두자.

12 What does the man agree to do?
(A) Have a meeting
(B) Go on a picnic
(C) Visit another branch
(D) Talk with the president

남자는 무엇을 하기로 동의하는가?
(A) 회의 하기
(B) 소풍 가기
(C) 다른 지점에 방문하기
(D) 사장과 얘기하기

해설

여자의 마지막 대사에서 가능한 한 빨리 모여서 문제점과 해결책을 논의해 보자는 제안에 남자가 긍정하는 부분에서 정답은 (A)가 된다. 지문의 get together가 보기에서는 have a meeting으로 바꿔

표현되었다. 또한 동의한 바를 묻는 agree 문제는 상대방의 권유문을 놓치지 않는 것이 중요하다는 사실을 기억해두자.

PRACTICE TEST

1 (B)	**2** (B)	**3** (A)	**4** (B)	**5** (A)	**6** (D)
7 (B)	**8** (D)	**9** (B)	**10** (A)	**11** (B)	**12** (D)
13 (A)	**14** (D)	**15** (B)	**16** (B)	**17** (D)	**18** (D)

BR AU US

 Questions 1-3 refer to the following conversation with three speakers.

W: I looked over our plan to expand into emerging markets like Brazil and China and **1** it looks very promising.

M1: That's what I think too. **2** Our company has already begun to build manufacturing plants in Beijing and Sao Paulo.

M2: But I heard that the construction in China has been delayed because we didn't pay for building materials on schedule.

W: Oh, really? To be honest, **3** I'm worried about our current finances.

M1: Don't worry too much. We are supposed to get some loans from international banks. In addition, a number of people are interested in investing their money on our new project.

W: If it's true, there will be no problem.

M2: I hope so.

1-3은 다음 세 명의 대화에 관한 문제입니다.

W: 제가 브라질과 중국과 같은 신흥 시장들로 확장해 나가는 우리 계획을 검토해 봤는데, 매우 전망이 밝아 보이네요.

M1: 저 또한 그렇게 생각해요. 우리 회사는 이미 베이징과 상파울루에 제조 공장들을 건설하기 시작했어요.

M2: 하지만, 우리가 건축 자재 대금을 제때 지불하지 않아서 중국에서의 공사가 지연되고 있다고 들었어요.

W: 오, 정말요? 솔직히 말해서, 현재 우리 재무 상태가 걱정되네요.

M1: 너무 걱정 마세요. 우리는 국제 은행들로부터 대출금을 받기로 되어 있어요. 게다가, 많은 사람들이 우리 새로운 프로젝트에 자금을 투자하는 데 관심이 있습니다.

W: 그게 사실이라면, 문제 없겠는데요.

M2: 그러길 바라요.

어휘
expand 확장하다 emerging 신흥의 promising 유망한 manufacturing plant 제조 공장 delay 지연시키다 building material 건축 자재 current 현재의 fiance 재무 loan 대출금 bank 은행 in addition 게다가 a number of 많은 be

---

interested in ~에 흥미가 있다   hope 바라다

1 What does the woman think about the plan?
(A) It should be revised.
(B) It is likely to be successful.
(C) It must be cancelled.
(D) It is eco-friendly.

여자는 계획에 대해 어떻게 생각하는가?
(A) 수정 되어야 한다.
(B) 성공할 것 같다.
(C) 취소되어야 한다.
(D) 친환경적이다.

어휘
revise 수정하다   be likely to ~일 것 같다   successful 성공적인   cancel 취소하다   eco-friendly 환경 친화적인

해설
여자의 첫 대사에서 계획에 대해 언급하면서, 전망이 밝아보인다고 말하는 부분에서 정답은 (B)가 된다.

패러프레이징
promising(유망한) → successful(성공적인)

2 What has the company already started?
(A) To merge with an international firm
(B) To construct factories overseas
(C) To negotiate with the union
(D) To lay off employees

회사는 무엇을 이미 시작했는가?
(A) 국제 회사와 합병하는 것
(C) 해외에 공장을 건설하는 것
(C) 노조와 협상하는 것
(D) 직원들을 정리 해고하는 것

어휘
already 이미   merge 합병하다   firm 회사   overseas 해외에   negotiate 협상하다   union 노조   lay off 정리 해고하다   employee 직원

해설
대화 초반 문제의 핵심 키워드인 company가 언급되면서 해외에 제조 공장들을 건설하기 시작했다고 말하는 부분에서, 정답은 (B)가 된다. 문제의 키워드 started가 지문에서는 began으로 바뀌어 답을 끌고 나왔다.

패러프레이징
plants(공장들) → factories(공장들)

3 What is the woman concerned about?
(A) The company's financial condition
(B) The current recession
(C) The strict regulations in China
(D) The number of investors

여자가 걱정하고 있는 것은 무엇인가?
(A) 회사의 재무 상태
(B) 현재의 불경기
(C) 중국에서의 엄격한 규정

(D) 투자자들 수

어휘

concerned 걱정하는 financial 재무의 condition 상태
current 현재의 recession 불경기 strict 엄격한
regulations 규정 China 중국 number 수 investor 투자자

해설

대화 중반에 여자가 회사의 재정 상태를 걱정하는 대사에서 정답은
(A)가 된다.

패러프레이징

concerned about(~을 걱정하는) → worried about(~에 대해
걱정하는)

AU US

Questions 4-6 refer to the following conversation.

M: Hi, Sally. What are you doing here? Weren't you
   supposed to leave for LA to attend the annual
   marketing convention?
W: That's right. However, ⁴ the trip was cancelled due to
   our limited budget.
M: I'm sorry to hear that. ⁵ I attended it last year and I
   learned a lot about the new marketing techniques.
W: ⁶ Cathy Lopez who works in the Seattle branch will be
   there and she will be able to share information with us.

4-6은 다음 대화에 관한 문제입니다.

M: 안녕, Sally. 여기서 뭐해요? 연례 마케팅 컨벤션에 참가하기 위해 LA로
   떠나기로 되어 있지 않았나요?
W: 맞아요. 하지만 제한된 예산 때문에 출장이 취소 되었어요.
M: 그런 얘기를 들어서 유감이네요. 제가 작년에 참가 했었는데, 새로운 마
   케팅 기술들에 대해 많이 배웠거든요.
W: 시애틀 지점에서 일하는 Cathy Lopez가 거기에 갈 예정이라서, 그녀가
   우리에게 정보를 공유해 줄 수 있을 겁니다.

어휘

be supposed to ~할 예정이다 leave for ~를 향해 떠나다 annual
해마다의 however 그러나 trip 여행, 출장 last year 작년
technique 기술 branch 지점 share 나누다 information 정보

4 Why was the business trip cancelled?
   (A) No flight ticket was available.
   (B) The company hasn't had enough money.
   (C) The venue had a limited amount of space.
   (D) Not many people have registered.

출장이 취소된 이유는 무엇인가?
(A) 비행기 표가 없었다.
(B) 회사가 충분한 돈이 없다.
(C) 장소에 공간이 충분하지 않았다.
(D) 많지 않은 사람들이 등록했다.

어휘

cancel 취소하다 available 이용 가능한 enough 충분한
limited 제한된 amount of space 공간 량 venue 장소
register 등록하다

해설

여자의 첫 대사에서 출장의 취소를 언급하면서 제한된 예산 때문이라

는 이유가 함께 제시된다. 따라서 회사에 돈이 없다고 풀어서 설명한
보기 (B)가 정답이다. Why 문제에 대한 답을 due to ~라는 이유를
나타내는 전치사구가 끌고 나오는 것이 핵심 포인트다.

5 What did the man do last year?
   (A) He learned about the new skills.
   (B) He organized the marketing convention.
   (C) He met with Ms. Lopez in the Seattle branch.
   (D) He worked on the budget.

남자가 작년에 했던 일은 무엇인가?
(A) 그는 새로운 기술들을 배웠다.
(B) 그는 마케팅 컨벤션을 준비했다.
(C) 그는 시애틀 지점에서 Lopez 씨를 만났다.
(D) 그는 예산 작업을 했다.

어휘

learn ~를 알게 되다 skill 기술 organize 준비하다 budget
예산

해설

남자의 두 번째 대사에서 문제에 제시된 시간 키워드 last year를 언
급하면서, 작년에 컨벤션에 참석해 마케팅 기술들에 대해 많이 배웠다
고 말하고 있으므로 (A)가 정답이다.

패러프레이징

techniques(기술들) → skills(기술들)

6 What does the woman say about Cathy Lopez?
   (A) She used to work in LA.
   (B) She is the new marketing director.
   (C) She cancelled her trip.
   (D) She will attend the conference.

여자는 Cathy Lopez에 대해 뭐라고 언급하는가?
(A) 그녀는 LA에서 일한 적이 있다.
(B) 그녀는 새로운 마케팅 이사다.
(C) 그녀는 출장을 취소했다.
(D) 그녀는 회의에 참석할 것이다.

어휘

used to (과거에) ~했었다 director 이사 cancel 취소하다
trip 여행 attend 참석하다 conference 회의

해설

대화 마지막에 남자가 문제에 제시된 고유 명사 키워드인 Cathy
Lopez를 언급한 직후 그녀가 회의에 참석할 것임을 말하는 부분에
서 정답은 (D)가 된다.

US US

Questions 7-9 refer to the following conversation.

W: I'm so glad to hear that ⁷ our third quarter net profit
   has increased by 30%. I guess it was boosted by the
   high sales of our new models.
M: You can say that again. I think our new SUV model,
   Z-9 is mainly responsible for the entire increase. I was
   told it is in high demand in China.
W: Right! ⁸ It has become a very lucrative market. The
   success in the Chinese market and continued orders

from other countries will help us turn a profit.

M: I hope so. But I'm concerned that our cars haven't made such an impact on the European consumers.

W: I'll ask Julie to do a market analysis and 9 we will discuss it in depth at the next meeting on Friday.

7-9는 다음 대화에 관한 문제입니다.

W: 우리 3분기 순 이익이 30% 올랐다는 것을 들어서 너무 기쁘네요. 우리 새로운 모델들의 높은 판매량 덕에 신장된 것 같아요.

M: 당신 말이 맞아요. 우리의 새로운 SUV 모델인 Z-9이 전체 증가의 주된 이유입니다. 중국에서 수요가 높다고 들었어요.

W: 맞아요! 그곳은 매우 수익성 높은 시장이 되어가고 있죠. 중국 시장에서의 성공과 다른 국가들로부터의 계속된 주문들은 우리가 이익을 내는 데 도움을 줄 겁니다.

M: 그러길 바라요. 하지만 우리 차들이 유럽 소비자들에겐 큰 영향을 주지 못해 걱정이네요.

W: 제가 Julie에게 시장 조사를 요청할 겁니다. 그리고 우리가 금요일에 있을 다음 회의에게 이것에 대해 심도 있게 논의할 겁니다.

quarter 분기 net profit 순수익 increase 증가하다 boost 신장하다, 올리다 model 모델 mainly 주로 responsible 책임이 있는 entire 전체의 be told 듣다 high demand 높은 수요 China 중국 success 성공 continued 계속된 country 나라 turn a profit 수익을 내다 impact 충격 consumer 소비자 market analysis 시장 분석 in depth 심도 있게

7 What is the conversation mainly about?
(A) The recent article
(B) The result of sales
(C) The analysis program
(D) The domestic demand

대화는 주로 무엇에 관한 것인가?
(A) 최종 기사
(B) 판매 결과
(C) 분석 프로그램
(D) 국내 수요

recent 최근의 article 기사 result 기사 sales 판매 analysis 분석 domestic 국내의 demand 수요

대화 초반에 3분기 순이익 상승에 대해 언급하면서, 그 이유로 새로운 모델의 높은 매출에 대해 말하는 부분에서 최근 매출에 대한 대화임을 유추할 수 있다. 따라서 정답은 (B)가 된다. 주제를 찾는 문제는 대화 초반에 언급되는 명사와 동사를 잘 듣고 빠르게 답을 유추해 내는 것이 핵심 포인트다.

8 What does the woman say about the Chinese market?
(A) It becomes less popular.
(B) It is somewhat regulated.
(C) It is very inefficient.
(D) It is highly profitable.

여자는 중국 경제에 대해 무엇을 언급하는가?
(A) 인기가 줄어들고 있다.
(B) 다소 통제되어 있다.
(C) 매우 비효율적이다.
(D) 아주 수익성이 높다.

become ~가 되다 less 덜 popular 인기 있는 somewhat 다소 regulated 통제된 inefficient 비효율적인 highly 매우 profitable 수익성이 있는

대화 중반에, 문제에 제시된 키워드 Chinese market을 여자가 언급한 직후 매우 수익성이 높은 시장이 되고 있다고 말하는 부분에서 정답은 (D)가 된다.

lucrative(수익성이 좋은) → profitable(수익성이 있는)

9 What will take place on Friday?
(A) A new model will be launched.
(B) A meeting will be held.
(C) A customer survey will be implemented.
(D) A branch in China will be opened.

금요일에 무슨 일이 있을 것인가?
(A) 새로운 모델이 출시될 것이다.
(B) 회의가 열릴 것이다.
(C) 고객 설문 조사가 시행될 것이다.
(D) 중국에 있는 지점이 문을 열 것이다.

take place 일어나다 launch 출시하다 customer 고객 survey 설문 조사 implement 시행하다 branch 지점

여자의 마지막 대사에서 시간 키워드인 Friday를 언급하면서, 다음 주 금요일에 심도 있는 논의가 회의에서 있을 것임을 언급하는 부분에서 정답은 (B)가 된다.

AU BR

Questions 10-12 refer to the following conversation.

M: Hi, this is Mark Sanderson from TM corporations. 10 I'm calling to have a new logo made for my business. Jimmy Patterson, my former colleague highly recommended your agency to me.

W: Thank you for calling us, Mr. Sanderson. Before we start to design a new logo, we should know what kind of image you want to show your customers.

M: Well, we haven't changed it for ages and we want a new image that represents our creativity and innovation.

W: I see. But you need to be extra careful when you change your brand image. 11 I'd like to drop by your office and talk about it in detail someday this week.

M: 11 How about this Thursday afternoon?

W: Okay, let's meet at 2 p.m. 12 Could you tell me how to get to your office?

10-12는 다음 대화에 관한 문제입니다.

M: 안녕하세요, 저는 TM 사의 Mark Sanderson입니다. 제 사업을 위한 새로운 로고를 만들기 위해 전화 드립니다. 제 이전 동료인 Jimmy Patterson이 당신 회사를 저에게 적극 추천하더군요.

W: 저희에게 전화 주셔서 감사 드립니다, Sanderson 씨. 우리가 새로운 로고를 디자인하기 전에 당신이 고객들에게 어떤 종류의 이미지를 보여 주고자 하는지 알아야 합니다.

M: 글쎄요, 우리가 로고를 오랫동안 변경하지 않아서, 우리의 창의성과 혁신을 나타낼 수 있는 새로운 이미지를 원해요.

W: 알겠습니다. 하지만 브랜드 이미지를 바꿀 때는 정말 유의하셔야 해요. 당신 사무실에 들러서 이번 주 중으로 세부적으로 그것에 대해 이야기를 나눴으면 좋겠어요.

M: 이번 주 목요일 오후는 어떠세요?

W: 좋아요, 오후 2시에 뵙죠. 사무실에 어떻게 가는지 알려주시겠어요?

어휘

logo 로고 former 이전의 colleague 동료 highly 매우 recommend 추천하다 agency 대행사 kind 종류 for ages 오랫동안 image 이미지 represent 대표하다, 나타내다 creativity 창의성 innovation 혁신 extra careful 각별히 주의하는 in detail 세부적으로 drop by 잠시 들르다 get to ~에 가다

10 What does the man want to do?
(A) Design a new logo
(B) Find a new market
(C) Entertain customers
(D) Change a security policy

남자는 무엇을 하기를 원하는가?
(A) 새로운 로고 디자인하기
(B) 새로운 시장 찾기
(C) 고객들 접대하기
(D) 보안 규정 바꾸기

어휘

market 시장 entertain 접대하다 security 보안 policy 규정

해설

남자의 첫 대사에서 새로운 로고를 만들기위해 전화 한다고 말하는 부분에서 정답은 (A)가 된다. want 문제가 지문의 첫 번째 문제로 제시될 경우, 대화 초반에서 답을 찾을 수 있다.

11 What will the woman probably do on Thursday?
(A) Print a new logo
(B) Visit the man's office
(C) Meet her former colleagues
(D) Talk about sales figures

여자는 목요일에 무엇을 할 것 같은가?
(A) 새로운 로고 인쇄하기
(B) 남자의 사무실 방문하기
(C) 그녀의 이전 동료들 만나기
(D) 영업 수치들에 대해 얘기하기

어휘

probably 아마도 print 인쇄하다 visit 방문하다 meet 만나다 former 이전의 colleague 동료 sales figures 영업 수치

해설

대화 후반에 여자가 남자의 사무실에 방문하고 싶다고 말하고 이에 대해 남자가 목요일이 어떠냐고 제안하는 부분에서 정답은 (B)가 된다. 문제에 제시된 시간 키워드인 Thursday를 언급하는 부분에서 정답의 단서를 찾아야 한다.

12 What does the woman ask the man to give?
(A) An estimate
(B) A demonstration
(C) Extra discounts
(D) Directions

여자는 남자에게 무엇을 달라고 요청하는가?
(A) 견적
(B) 시연
(C) 추가 할인들
(D) 가는 길

해설

여자의 마지막 대사에서 남자의 사무실로 어떻게 가는지 묻는 질문에서 정답은 (D)가 된다. Could you ~로 시작하는 요청문이 ask 문제의 답을 끌고 나오는 대표적인 단서임을 기억해두자.

패러프레이징

how to get to(~에 가는 법) → direction(방향)

US BR

新 유형

Questions 13-15 refer to the following conversation.

M: Jane. **13** Ms. Jennings just called me and asked about her order. **14** Could you find out if the photocopier she ordered has been shipped out?

W: No problem. Let me see. Well, it seems like it's still in our warehouse.

M: As you know, **14** she's one of our very important clients.

W: I know what you mean. I think our assembly line had a minor problem and it caused a slight delay. Since the problem was appropriately addressed, it's ready to be sent out in any minute. If we use the express delivery service, it will get there tomorrow.

M: I'm so relieved to hear that. **15** I really didn't want to let her down.

13-15는 다음 대화에 관한 문제입니다.

M: Jane. Jennings 씨가 막 제게 전화해서 그녀의 주문에 대해 문의했어요. 그녀가 주문한 복사기가 배송이 되었는지 알아봐 줄래요?

W: 물론이죠. 제가 알아볼게요. 음, 아직 창고에 있는 것 같습니다.

M: 아시다시피, 그녀는 우리의 중요 고객들 중 한 명입니다.

W: 무슨 말씀인지 알아요. 우리 조립 라인에 작은 문제가 있어서, 다소 지체된 것 같아요. 문제가 적절히 해결되었기 때문에, 당장이라도 보낼 준비가 되어 있어요. 우리가 특급 배달 서비스를 이용하면 내일쯤 거기에 도착할 겁니다.

M: 그 말을 들으니 안심입니다. 정말 그녀를 실망시키기 싫었거든요

어휘

order 주문(하다) photocopier 복사기 ship out 배송하다 warehouse 창고 client 고객 assembly line 조립 라인 minor 경미한 cause 원인이 되다 slight 약간의 delay 지연 address 처리하다 appropriately 적절히 in any minute 조만간 express 급행 delivery 배달 relieve 안심 시키다 let ~ down ~를 실망시키다

13 Why did Ms. Jennings call?
(A) To inquire about an order

(B) To reschedule an appointment
(C) To inspect a warehouse
(D) To get a refund

Jennings 씨는 왜 전화했는가?

(A) 주문에 대해 문의하기 위해서
(B) 예약을 재조정하기 위해서
(C) 창고를 점검하기 위해서
(D) 환불을 받기 위해서

inquire 물어보다 reschedule 재조정하다 appointment 예약 inspect 조사하다 warehouse 창고 refund 환불

남자의 첫 대사에서 고유 명사 키워드인 Ms. Jennings를 언급한 직후, 그녀가 주문에 대해 문의하기 위해 전화를 했다는 얘기가 나오므로 정답은 (A)가 된다.

ask(묻다) → inquire(문의하다)

14 What type of product does the speakers' company sell?
(A) Heavy machinery
(B) Stationery
(C) Food
(D) Office equipment

화자의 회사는 어떤 종류의 제품을 판매하는가?

(A) 중장비
(B) 문구류
(C) 음식
(D) 사무기기

type 종류 sell 팔다 heavy machinery 중장비 stationery 문구류 equipment 장비

남자의 첫 대사에서 Ms. Jennings가 복사기를 주문했다고 말하고, 여자에게 배송 상황을 확인해 달라고 요청하는 부분과 두 번째 남자 대사에서 그녀가 가장 중요한 고객임을 강조하는 부분에서 화자들의 회사가 복사기기를 파는 회사임을 알 수 있다. 따라서 정답은 (D)가 된다.

copy machine(복사기) → office equipment(사무 장비)

15 What does the man mean when he says "I'm so relieved to hear that"?
(A) He was concerned about the late fee.
(B) He didn't want to disappoint a customer.
(C) He was satisfied with the warranty.
(D) He was pleased to secure a contract.

남자가 "그 말을 들으니 안심입니다"라고 말할 때 의미한 바는 무엇인가?

(A) 그는 연체료에 대해 걱정했다.
(B) 그는 고객을 실망시키고 싶지 않았다.
(C) 그는 품질 보증에 만족했다.
(D) 그는 계약을 확보해서 기뻤다.

relieved 안심되는 concerned 걱정하는 late fee 연체료 disappoint 실망시키다 warranty 품질 보증 be satisfied with ~에 만족하다 be pleased 기뻐하는 secure 확보하다 contract 계약

의도 파악 문제로, 남자의 마지막 대사에서 해당 표현을 언급한 직후, "고객을 실망시키고 싶지 않았다"라고 말하는 부분에서 정답은 (B)가 된다.

let ~ down(~를 실망시키다) → disappoint(실망시키다)

US AU

Questions 16-18 refer to the following conversation and floor plan.

Underground Parking Lot

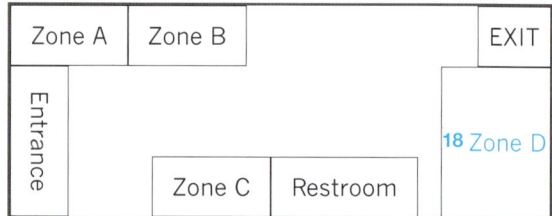

W: **16** I'm so glad that we're here in time, Jack!
M: **16** So am I! Actually, **17** I thought that we were going to be late because of the congestion. It was such a good decision to take a shortcut to save time.
W: You can say that again! By the way, we're all set for our demonstration, right?
M: I guess so. We've got some product samples to show our prospective clients and I've included all the necessary information in the slideshow.
W: Perfect! Look! **18** There's an empty space next to the exit! Let's park over there.

16-18은 다음 대화와 평면도에 관한 문제입니다.

지하 주차장

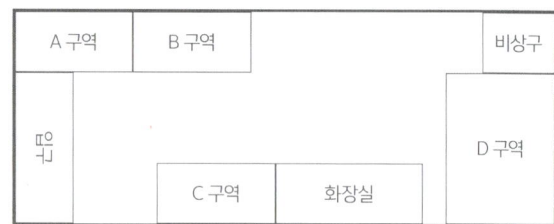

W: 늦지 않게 도착해서 기뻐요, Jack!
M: 저도 그래요. 사실은 교통 정체 때문에 늦을 것이라고 생각했거든요. 시간을 줄이기 위해 지름길로 간 것이 좋은 결정이었어요.
W: 맞아요! 그런데 우리 시연 준비는 다 된 거죠, 그렇죠?
M: 그럴 겁니다. 잠재 고객들에게 보여줄 제품 샘플도 있고요. 모든 필요한 정보는 슬라이드쇼에 포함시켰어요.
W: 완벽하네요! 보세요! 저기 출구 옆에 빈자리가 있어요! 저기에 주차해요.

16 Why are the speakers pleased?
(A) They won the bid.
(B) They arrived on time.
(C) They purchased a new vehicle.
(D) They saved a lot of money.

화자들이 기뻐하는 이유는 무엇인가?
(A) 그들은 입찰을 따냈다.
(B) 그들은 정시에 도착했다.
(C) 그들은 새로운 차량을 구매했다.
(D) 그들은 많은 돈을 절약했다.

어휘
win the bid 입찰을 따내다 on time 정시에 arrive 도착하다 purchase 구매하다 vehicle 차량 save 절약하다 a lot of 많은

해설
대화 도입부에 여자가 늦지 않게 도착해서 기쁘다고 말하고, 남자가 So am I로 맞장구를 치는 대사에서 정답은 (B)가 된다.

패러프레이징
In time(늦지 않게) → on time(정각에)
pleased(기쁜) → glad(기쁜)

17 What was the man worried about?
(A) Low attendance
(B) Survey results
(C) Product price
(D) Traffic jam

남자는 무엇에 대해서 걱정 했는가?
(A) 낮은 출석
(B) 설문조사 결과
(C) 제품 가격
(D) 교통 체증

해설
남자의 첫 대사에서 교통 체증 때문에 늦을 것이라고 생각했다고 말하는 부분에서 정답은 (D)가 된다.

패러프레이징
congestion(혼잡) → traffic jam(교통 체증)

18 Look at the graphic. Where will the speakers park their car?

(A) In Zone A
(B) In Zone B
(C) In Zone C
(D) In Zone D

시각 자료를 보시오. 화자들은 차를 어디에 주차할 것인가?
(A) A 구역
(B) B 구역
(C) C 구역
(D) D 구역

해설
여자가 마지막에 출구 옆에 빈자리가 있으니, 거기에 주차하자는 말에서 정답은 (D)가 된다. 주어진 시각 정보에서 출구 바로 옆에 위치한 것이 D 구역임을 바로 확인할 수 있다.

DAY 14 인사, 행사, 일정

PRACTICE TEST

1 (B)	2 (A)	3 (B)	4 (A)	5 (C)	6 (C)
7 (A)	8 (D)	9 (B)	10 (B)	11 (B)	12 (A)
13 (D)	14 (C)	15 (A)	16 (C)	17 (C)	18 (C)

US US

Questions 1-3 refer to the following conversation.

M: Emma, **1** did you happen to hear that Mr. Taylor in Personnel is retiring at the beginning of next month?

W: Oh, really? I didn't know that. He has worked with us since our company was established a decade ago. Nobody can deny that he has consistently made contributions to our success so far. I am wondering whether anyone has begun to organize a retirement party for him.

M: James and I are in charge of it. We have already booked a grand ballroom at the Royal Hotel for June 2nd. **2** You are going to attend it, aren't you?

W: I'd love to but **2** I'll be away on business. However, **3** I'd better swing by his office to say goodbye before I leave. I think I'll miss his great leadership and sense of humor.

1-3은 다음 대화에 관한 문제입니다.

M: Emma, 인사부의 Taylor 씨가 다음달 초에 은퇴한다는 것 혹시 들으셨어요?

W: 오, 정말이요? 그건 몰랐어요. 그는 우리 회사가 10년 전에 세워진 이후로 함께 일해 왔잖아요. 그가 지금까지 지속적으로 우리 성공에 이바지 했다는 것은 누구도 부인하지 못할 겁니다. 누군가가 그를 위한 은퇴 파티를 준비하기 시작했는지 궁금하네요.

M: James와 제가 그것을 책임지고 있어요. 우리는 이미 Royal 호텔에 있는 대 연회장을 6월 2일자로 예약했습니다. 참석하실 거죠, 그렇지 않나요?

W: 그러고 싶지만 제가 출장을 가요. 하지만 제가 떠나기 전에 작별 인사를 하러 그의 사무실에 들르는 것이 좋겠네요. 그의 위대한 지도력과 유머 감각이 그리울 것 같아요.

어휘
retire 은퇴하다 happen to ~ 혹시 ~하다 since ~이후로
establish 세우다 decade 10년 ago ~전에 nobody 아무도

deny 부정하다   consistently 지속적으로   make contributions 공헌하다   success 성공(하다)   retirement party 은퇴 파티   be in charge of ~을 책임지고 있다   ballroom 연회실   June 6월 swing by ~에 잠시 들르다   leadership 지도력   sense of humor 유머 감각

1 What are the speakers mainly talking about?
(A) The birthday gift
(B) Their colleague's retirement
(C) The reception party
(D) Their benefit plan

화자들은 주로 무엇에 관해 얘기하고 있는가?
(A) 생일 선물
(B) 그들 동료의 은퇴
(C) 환영 파티
(D) 그들의 복리 후생

남자 첫 대사에서 동료의 은퇴 사실을 알고 있냐고 묻는 의문문에서 정답은 (B)가 된다. 주제를 찾는 문제에 있어서, 처음에 제시되는 의문문이 주제문으로 제시되는 경우가 많다는 사실을 기억해두자.

2 Why is the woman unable to attend the event?
(A) She will go on a business trip.
(B) She has to stay at the Royal hotel.
(C) She should visit the headquarters.
(D) She is busy with organizing a farewell party.

여자가 행사에 참가할 수 없는 이유는 무엇인가?
(A) 그녀는 출장을 갈 것이다.
(B) 그녀는 Royal 호텔에 머물러야 한다.
(C) 그녀는 본사에 방문해야 한다.
(D) 그녀는 작별 파티를 준비하느라 바쁘다.

go on a business trip 출장 가다   stay 머물다   visit 방문하다 headquarters 본사   farewell 작별

지문 후반에 남자가 행사에 참가 여부를 묻는 질문에 여자가 가고 싶지만, 출장을 가야 한다고 말하는 부분에서 정답은 (A)가 된다.

be away on business(출장 가다) → go on a business trip(출장 가다)

3 What does the woman say she will do later?
(A) Attend the retirement party
(B) Meet Mr. Taylor in person
(C) Establish a business
(D) Reserve a hotel room

여자는 나중에 무엇을 하겠다고 말하는가?
(A) 은퇴 파티에 참석하기
(B) Taylor 씨를 직접 만나기
(C) 사업체 설립하기
(D) 호텔방 예약하기

in person 직접   establish 세우다   reserve 예약하다

여자의 마지막 대사에서 Taylor의 사무실에 들러서 떠나기 전에 작별 인사를 하겠다고 말하는 부분에서 정답은 (B)가 된다. 지문에서 사무실에 들르겠다는 swing by his office를 직접 만나겠다는 meet ~ in person으로 보기에 바꿔 표현했다.

BR AU

Questions 4-6 refer to the following conversation.

W: Oh, James! I didn't expect to see you here. I think I'm in luck. Actually, I was going to stop by your office after lunch.
M: Really? What's going on?
W: The new marketing director, ⁶ Susan Bishop wants to talk with you about ⁴ the KT construction project that you're in charge of. ⁵ I wonder if you can spare some time to meet with her this afternoon?
M: Let me check my schedule. Umm. I'm supposed to attend the ⁶ safety training at 2 p.m. and it will last for an hour. I think I can visit her office right after that.

4-6은 다음 대화에 관한 문제입니다.
W: 오, James! 여기서 당신을 볼지 몰랐어요. 제가 운이 좋은 것 같네요. 사실은 점심 먹고 당신 사무실에 들르려고 했거든요.
M: 정말이요? 무슨 일이시죠?
W: 새로운 마케팅 이사인 Susan Bishop이 당신이 책임지고 있는 KT 공사 프로젝트에 대해 얘기하고 싶어하세요. 오늘 오후에 그녀를 만날 시간을 내실 수 있는지 궁금해요.
W: 제 일정 좀 볼게요. 음. 오후 2시에 안전 교육에 참가할 예정인데, 1시간 정도 걸릴 겁니다. 그게 끝난 다음에 바로 그녀의 사무실에 방문할 수 있을 것 같아요.

expect 예상하다   in luck 운이 좋은   stop by ~에 들르다   be in charge of ~을 책임지고 있는   be scheduled to ~할 예정이다 safety 안전   last 지속하다   right after 직후에

4 What does the woman say about the man?
(A) He is currently responsible for a project.
(B) He just started to work as a marketing director.
(C) He will lead the safety training by himself.
(D) He wants to have lunch with Susan.

여자는 남자에 대해 뭐라고 말하는가?
(A) 그는 현재 프로젝트를 책임지고 있다.
(B) 그가 막 마케팅 이사로 일을 시작했다.
(C) 그가 혼자 안전 교육을 이끌 것이다.
(D) 그는 Susan과 점심을 먹기를 원한다.

currently 현재에   be responsible for ~을 책임지고 있다 lead 이끌다   safety training 안전 교육   by oneself 혼자

여자의 두 번째 대사에서 남자가 프로젝트를 책임지고 있다는 사실을 알 수 있다. 여자 대사에서 대명사 you는 상대방인 남자를 지칭한다는 사실이 중요하다.

5 What does the woman want to know?
(A) What time the training will start
(B) Where the meeting will take place
(C) Whether the man is available in the afternoon
(D) How long the project will last

여자는 무엇을 알고 싶어 하는가?
(A) 교육이 몇 시에 시작할지
(B) 회의가 어디서 열리는지
(C) 남자가 오후에 시간이 되는지
(D) 프로젝트가 얼마나 오래 지속되는지

어휘

take place 일어나다   available 시간이 나는   last 지속하다

해설

want to know가 들어 있는 문제는 대화에서 질문을 노리고 청취하는 것이 중요하다. 따라서, 여자의 두 번째 대사에서 오늘 오후에 남자가 시간을 할애할 수 있는지 물어보는 부분에서 정답은 (C)가 된다.

6 What time will the man probably meet Ms. Bishop?
(A) At 1 p.m.
(B) At 2 p.m.
(C) At 3 p.m.
(D) At 4 p.m.

남자는 몇 시에 Bishop 씨를 만날 것 같은가?
(A) 오후 1시에
(B) 오후 2시에
(C) 오후 3시에
(D) 오후 4시에

해설

마지막 남자 대사에서 오후 2시부터 1시간 동안 교육이 있고, 그 교육이 끝난 후에 바로 사무실로 가서 그녀를 만날 수 있다고 말하는 부분에서 정답은 (C)가 된다. 단순히 대화 중에 언급되는 시간 2 p.m.을 듣고 답으로 (B)를 고르지 않도록 유의하자.

US BR

Questions 7-9 refer to the following conversation.

M: Liz, Is your computer all right?
W: Yes, what's happening, Daren?
M: The problem is that **7** I can't access my email now! It has never happened to me before. I don't know what to do. **8** I should email the product manual to one of our regular customers as soon as possible.
W: Have you updated your password? It might have expired.
M: Oh, you're right! It should be updated monthly! I forgot to do it because I was away on business.
W: **9** Why don't you change it and try to log in again?

7-9는 다음 대화에 관한 문제입니다.
M: Liz, 당신 컴퓨터는 괜찮아요?
W: 네, 무슨 일이죠, Daren?

M: 문제는 제가 지금 이메일에 접속이 안돼요! 전에는 이런 일이 없었거든요. 어떻게 해야 할지 모르겠어요. 가능한 한 빨리 우리 단골 고객님들 중 한 분에게 제품 설명서를 이메일로 보내드려야 하는데요.
W: 암호는 업데이트 하셨나요? 만기가 지났을 수도 있잖아요.
M: 오, 당신 말이 맞아요! 매달 업데이트가 돼야 하는데요! 제가 출장 중이어서 깜빡 했네요.
W: 암호를 변경하고 다시 로그인 해보시는 게 어때요?

어휘

all right 괜찮은   access 접근(하다)   password 암호   expire 만기가 되다   regular customer 단골 고객   monthly 달마다   update 업데이트하다   as soon as possible 가능한 한 빨리

7 What does the man imply when he says "It has never happened to me before"?
(A) He hasn't had any problem accessing his email account in the past.
(B) He has not used a company email system before.
(C) He is unfamiliar with the intranet.
(D) He has never forgotten his password.

남자가 "전에는 이런 일이 없었거든요"라고 말할 때 의미한 바는 무엇인가?
(A) 그는 과거에 이메일 계정 접속에 문제가 없었다.
(B) 그는 회사 이메일 시스템을 전에 써본 적이 없다.
(C) 그는 사내 전산망에 익숙하지 않다.
(D) 그는 암호를 잊은 적이 없다.

어휘

imply 암시하다   account 계정   unfamiliar 익숙하지 않은   intranet 사내 전산망   forget 잊다

해설

문제에 언급된 표현을 남자가 언급하기 전에, 지금 이메일에 접속할 수 없다고 말하는 부분에서 이전에는 이런 문제가 없었음을 유추할 수 있다. 따라서 정답은 (A)가 된다. 의도 파악 문제는 주어진 표현 전후 문맥 파악이 가장 중요하다는 사실을 기억해두자.

8 What does the man say he has to do?
(A) Access the bank account
(B) Revise the product manual
(C) Email the monthly report
(D) Send instructions to a client

남자가 무엇을 해야 한다고 말하는가?
(A) 은행 계정에 접속하기
(B) 상품 설명서 수정하기
(C) 월간 보고서 이메일로 보내기
(D) 고객에게 설명서 보내기

어휘

revise 수정하다   instructions 설명서   client 고객

해설

남자의 두 번째 대사에서, 단골 고객들 중 한 명에게 설명서를 이메일로 보내야 한다고 말하는 부분에서 정답은 (D)가 된다. 문제의 핵심 키워드 has to가 지문에서 should로 바꿔 제시되었다.

패러프레이징

manual(설명서) → instruction(설명)

9 What does the woman recommend the man do?
(A) Reboot the computer
(B) Change the password
(C) Call the tech department
(D) Use another computer

여자는 남자에게 무엇을 제안하는가?
(A) 컴퓨터 재부팅하기
(B) 암호 교체하기
(C) 기술부에 연락하기
(D) 다른 컴퓨터 사용하기

어휘
recommend 제안하다 reboot 부팅을 다시 하다 tech department 기술부 another 다른

해설
여자의 마지막 대사에서, 암호를 변경하고 다시 접속해 보라고 제안하는 부분에서 정답은 (B)가 된다. recommend 제안 문제에 있어서 why don't ~가 답을 끌고 나오는 대표적인 표현이라는 사실을 꼭 기억해두자.

AU US

Question 10-12 refer to the following conversation.

M: Hello, this is Ben Clark and I'm calling to apply for a summer position at your company.
W: Thank you for calling, Mr. Clark. **10** Our firm is looking for a cashier for the cafeteria and technicians for the computer lab. Which would you be interested in?
M: **10** Working at the cafeteria sounds better to me. **11** I used to work at a school cafeteria when I was in college.
W: That's great! Let me write your name down on the list. I'll call you back to schedule an interview with you.
M: Okay. By the way, **12** don't you need to look at my resume?
W: Oh, I forgot to tell you about it. You can email it to me by the end of the week.

10-12는 다음 대화에 관한 문제입니다.
M: 여보세요. 저는 Ben Clark이고 당신 회사에 있는 여름 일자리에 지원하기 위해 전화 드립니다.
W: 전화 주셔서 고맙습니다, Clark 씨. 우리 회사는 구내 식당의 계산원과 컴퓨터실에서 일할 기술자들을 찾고 있어요. 어떤 자리에 관심 있으신가요?
M: 구내 식당에서 일하는 것이 더 나을 것 같아요. 대학교 다닐 때 학교 구내 식당에서 일한 적이 있었거든요.
W: 좋아요! 명단에 당신 이름을 써 둘게요. 나중에 면접을 잡기 위해 전화 다시 드릴게요.
M: 좋아요. 그건 그렇고, 제 이력서는 안 보셔도 되나요?
W: 아, 그 이야기를 깜빡했네요. 이번 주말까지 제게 이메일로 보내 주시면 됩니다.

어휘
cashier 계산원 used to 과거에 ~했었다 cafeteria 구내 식당 computer lab 컴퓨터실 college 대학 resume 이력서 forget 잊다 cashier 계산원 technician 기술자 look at 보다 apply for ~에 지원하다

10 What kind of position is the man interested in?
(A) A technician
(B) A cashier
(C) A professor
(D) A waiter

남자는 어떤 종류의 자리에 관심이 있는가?
(A) 기술자
(B) 계산원
(C) 교수
(D) 웨이터

해설
여자의 첫 대사에서 구내 식당에서 일할 계산원을 고용한다는 말이 나오고, 이어서 남자가 구내 식당에서 일하는 것이 본인에게 더 낫다고 말하는 부분에서 정답은 (B)가 된다.

11 What is suggested about the man?
(A) He intends to apply for a permanent position.
(B) He has relevant experience.
(C) He used to work as a technician.
(D) He doesn't want to write a resume.

남자에 대해 암시된 바는 무엇인가?
(A) 그는 정규직에 지원하고자 한다.
(B) 그는 관련 경험이 있다.
(C) 그는 기술자로 일한 적이 있다.
(D) 그는 이력서를 쓰기를 원하지 않는다.

어휘
permanent 영구적인 intend ~할 작정이다.

해설
남자의 두 번째 대사에서 대학 때 구내 식당에서 일한 적이 있다고 말하는 부분에서 정답은 (B)가 된다. 또한 문제에서 suggest about이 보이면 제안 문제가 아니라 암시된 바를 찾는 문제로 about 뒤에 제시되는 명사가 핵심 키워드임을 기억해두자.

12 What does the man want to know?
(A) Whether a resume is necessary
(B) When the interview will take place
(C) Where the cafeteria is located
(D) How he can apply for a college grant

남자는 무엇을 알고자 하는가?
(A) 이력서가 필수인지 아닌지
(B) 면접이 언제 있을 것인지
(C) 구내 식당이 어디에 있는지
(D) 그가 어떻게 대학 학자 보조금을 신청할 수 있는지

어휘
whether ~인지 아닌지 necessary 필수적인 take place 일어나다 be located ~에 위치해 있다 grant 보조금

해설
문제에서 want to know가 보이면 대화에 제시된 의문문을 놓치지 않아야 한다. 남자의 마지막 대사에서 이력서를 안 봐도 되는지 묻는 의문문에서 정답은 (A)가 된다.

패러프레이징
need(필요하다) → necessary(필요한)

Questions 13-15 refer to the following conversation.

W: Sam! **13** Weren't you supposed to prepare for the weekly meeting?

M: I thought it was cancelled. As you know, Jim is on a business trip and he won't be back until next week. **14** Also, Emma is still on maternity leave. I don't think we have enough people to have a meeting.

W: I know but the director wants it to take place as scheduled because the deadline for Apollo project is only 4 days away.

M: Umm… we need to come up with some brilliant ideas on how to promote it. The meeting is scheduled to begin at 2 p.m., isn't it?

W: That's right. Actually, I've got a couple of ideas! **15** Why don't we talk about them over lunch?

M: Sounds good to me. Let's go to the cafeteria downstairs.

13-15는 다음 대화에 관한 문제입니다.

W: Sam! 주간 회의를 준비하기로 되어 있지 않았나요?

M: 저는 회의가 취소되었다고 생각했어요. 아시다시피, Jim은 출장 중이라서 다음 주나 되어서야 돌아오잖아요. 또한 Emma는 아직 출산 휴가 중이고요. 회의를 할 만큼 사람들이 충분하지 않을 것 같아서요.

W: 저도 알지만 Apollo 프로젝트의 마감이 딱 4일 남아서, 이사님이 예정대로 개최하길 원하세요.

M: 음, 그것을 홍보할 뛰어난 아이디어들을 생각해내야 해요. 회의가 오후 2시에 시작할 예정이죠, 그렇지 않나요?

W: 맞아요. 사실은 제가 몇 개의 아이디어가 있어요! 점심 먹으면서 얘기해보는 게 어때요?

M: 저는 좋아요. 아래층 구내 식당으로 가시죠.

어휘

be supposed to ~하기로 되어 있다 prepare 준비하다 cancel 취소하다 business trip 출장 maternity leave 출산 휴가 enough 충분한 director 이사 as scheduled 예정대로 take place 일어나다 deadline 마감 시한 come up with ~을 생각해 내다 promote 홍보하다 actually 사실은 cafeteria 구내 식당 downstairs 아래층에

13 What is the conversation mainly about?
(A) A business trip
(B) A vacation
(C) A lunch menu
(D) A meeting

대화는 주로 무엇에 대한 것인가?
(A) 출장
(B) 휴가
(C) 점심 메뉴
(D) 회의

해설

대화 초반에 제시되는 의문문 안에 주제에 대한 단서가 들어 있는 경우가 많다. 여자의 첫 대사에서 주간 회의 준비에 대해 묻는 질문에서 정답은 (D)가 된다.

14 What does the man say about Emma?
(A) She is on a business trip.
(B) She will be back next week.
(C) She is currently out of the office.
(D) She is a new director.

남자는 Emma에 대해 뭐라고 말하는가?
(A) 그녀는 출장 중이다.
(B) 그녀는 다음 주에 돌아올 것이다.
(C) 그녀는 현재 사무실에 없다.
(D) 그녀는 새로운 이사다.

어휘

currently 현재에 out of the office 사무실에 없는

해설

남자의 첫 대사에서 문제에 제시된 고유 명사 키워드 Emma에 대해 언급하는 부분에서 그녀가 아직 출산 휴가 중이라는 사실을 알 수 있다. 따라서 정답은 (C)가 된다.

패러프레이징

on maternity leave(출산 휴가 중인) → out of the office(사무실에 없는)

15 What does the woman suggest?
(A) Having a meal together
(B) Cancelling a weekly meeting
(C) Delaying the deadline
(D) Going on a vacation

여자는 무엇을 제안하는가?
(A) 같이 식사하는 것
(B) 주간 회의를 취소하는 것
(C) 마감 시한을 미루는 것
(D) 휴가를 가는 것

어휘

meal 식사 together 같이 delay 미루다

해설

여자의 마지막 대사에서 점심 먹으면서 아이디어들에 대한 논의를 해보자고 제안한 부분에서 정답은 (A)가 된다. 지문에 언급된 단어 lunch를 좀 더 포괄적 의미의 meal로 바꿔 표현한 것이 핵심 포인트다. 또한 suggest 문제에 있어 why don't ~ 뒤에 정답의 단서가 제시되는 경우가 많다는 사실도 기억해두자.

新유형 **Questions 16-18 refer to the following conversation and a price tag.**

Model	Price
TG-300	$1,200
TG-500	$1,350
18 TS-100	$1,450
TS-200	$1,600

M: Hi, Olivia. Did you hear that **16** the new intern is going to start to work in our office next week?

W: Yes, **17** Sean in personnel told me about it over lunch. We have enough space for him, don't we?

M: I guess that he could use the empty desk near the entrance. But the problem is that we don't have any laptop computer for him.

W: Why don't we order one from our current supplier? I think **18** we can spend up to 1,500 dollars for a computer. Here's their catalogue.

M: Let me see. Umm. I like this one. **18** Let's order the best one within our budget.

16-18은 다음 대화와 가격표에 관한 문제입니다.

제품	가격
TG-300	1,200달러
TG-500	1,350달러
TS-100	1,450달러
TS-200	1,600달러

M: 안녕, Olivia. 새로운 인턴이 우리 사무실에서 다음 주부터 일을 시작한다는 것 들었어요?

W: 네, 인사부의 Sean이 점심 먹으면서 말해 줬어요. 그를 위한 공간은 충분하죠, 그렇지 않나요?

M: 입구 옆에 있는 빈 책상을 사용하면 될 것 같아요. 하지만 문제는 우리가 그를 위한 노트북 컴퓨터가 없다는 겁니다.

W: 우리 현재 공급업체로부터 하나 주문하는 게 어때요? 컴퓨터 구매에 1,500달러까지 쓸 수 있을 거예요. 여기 그들의 카탈로그요.

M: 봅시다. 음, 전 이것이 좋은데요. 우리 예산안에서 최고의 것을 주문합시다.

어휘

intern 인턴 space 공간 enough 충분한 empty 빈 entrance 입구 near 근처에 laptop computer 노트북 컴퓨터 current 현재의 supplier 공급업자 spend 쓰다 up to ~까지 within one's budget 예산 내에서

16 According to the man, what will take place next week?
(A) The final budget will be decided.
(B) The office will be relocated.
(C) A new worker will begin to work.
(D) A network will be upgraded.

남자의 말에 따르면, 다음 주에 무슨 일이 있을 것인가?
(A) 최종 예산이 정해질 것이다.
(B) 사무실이 이전할 것이다.
(C) 새로운 근로자가 일을 시작할 것이다.
(D) 네트워크가 업그레이드 될 것이다.

어휘

take place 일어나다 budget 예산 decide 결정하다 relocate 이전하다 begin 시작하다 upgrade 업그레이드하다

해설

남자 대사에서 시간 키워드 next week를 언급하는 부분을 잘 듣는 것이 중요하다. 남자의 첫 대사에서 다음 주에 새로운 인턴이 사무실에서 일을 시작한다는 사실을 알 수 있다.

패러프레이징

new intern(새로운 인턴) → new worker(신입 사원)

17 How did the woman learn about the news?

(A) She read the newsletter.
(B) She saw the notice on the bulletin board.
(C) She heard about it from her colleague.
(D) She got an email from the personnel office.

여자는 소식을 어떻게 알게 되었는가?
(A) 그녀는 사보를 읽었다.
(B) 그녀는 게시판에 공지를 봤다.
(C) 그녀는 동료로부터 소식을 들었다.
(D) 그녀는 인사부에서 이메일을 받았다.

어휘

newsletter 사보 notice 공지 bulletin board 게시판 colleague 동료 personnel office 인사부

해설

여자의 첫 대사에서 점심 먹으면서 인사부 Sean에게 들었다고 말하는 부분에서 정답은 (C)가 된다. 대화상으로 사람 이름 뒤에 부서명만 제시될 경우 같은 회사에 일하는 동료(colleague)이므로 Sean in personnel을 colleague로 바꿔 표현되었다.

18 Look at the graphic. Which model will be purchased?

(A) TG-200
(B) TG-500
(C) TS-100
(D) TS-200

시각 자료를 보시오. 어떤 모델이 구매될 것인가?
(A) TG-200
(B) TG-500
(C) TS-100
(D) TS-200

해설

여자 마지막 대사에서 컴퓨터에 있어서 1,500달러까지 쓸 수 있다고 했고, 남자가 예산 내에서 최고로 주문하자고 제안하는 부분에서 정답은 (C)가 된다. 주어진 표에서 1,500달러불이라는 예산 금액 내에서 최고는 1,450달러에 해당 하는 TS-100 모델임을 유추할 수 있다.

DAY 15 〉 일상 생활

PRACTICE TEST

1 (A)	2 (D)	3 (A)	4 (D)	5 (B)	6 (C)
7 (B)	8 (C)	9 (C)	10 (C)	11 (C)	12 (A)
13 (A)	14 (A)	15 (B)	16 (C)	17 (D)	18 (C)

BR US

Questions 1-3 refer to the following conversation.

W: Hi, Brian. **1** How was the rock festival last night? You were looking forward to it, right?

M: I really wanted to go, but I couldn't. In fact, **2** I was asked to complete the marketing report for the staff meeting.

W: I'm sorry to hear that. I was told that it was sold out 5 times in a row. In addition, it has got such a good review from the local newspaper.

M: The famous British rock band "Hush" will be on stage tonight. That's why I'm planning to go there after work. Would you care to come with me?

W: Let me check my calendar. Umm. 3 I'm scheduled to meet a client at 6 p.m. but it won't last for more than an hour. What time does it start?

M: It begins at 8 p.m. and we need to leave the office no later than 7 p.m.

W: I think I can make it on time. I'll let you know when anything comes up.

1-3은 다음 대화에 관한 문제입니다.

W: 안녕하세요, Brian. 어젯밤 록 페스티벌은 어땠어요? 기대를 많이 하셨었 잖아요, 그렇죠?

M: 정말 가고 싶었는데, 갈 수 없었어요. 사실은 직원 회의를 위한 마케팅 보 고서를 끝내라고 요청 받아서요.

W: 그런 얘기를 들으니 유감입니다. 5번 연속으로 매진이라고 들었는데요. 게다가, 지역 신문사로부터도 좋은 평가를 받고 있고요.

M: 유명한 영국 록 밴드인 "허쉬"가 오늘 밤에 공연할 겁니다. 그래서 저는 일과 후에 거기 갈 계획입니다. 같이 가시겠어요?

W: 제 일정을 좀 확인해 볼게요. 음, 저는 오늘 6시에 고객을 만날 예정인데 1시간 이상은 안 걸릴 겁니다. 공연은 몇 시에 시작하나요?

M: 오후 8시에 시작해서 오후 7시 전에는 사무실을 나서야 합니다.

W: 정시에 갈 수 있을 것 같아요. 무슨 일이 생기면 알려드릴게요.

어휘

look forward to ~를 기대하다 be told 듣다 sold out 매진인 in a row 연속으로 in addition 게다가 review 평가 local 지역의 British 영국의 stage 무대 more than ~이상 be planning to ~할 계획이다. no later than ~보다 늦지 않게 come up 생기다

1 What are the speakers discussing?
(A) A musical event
(B) A new film
(C) A school band
(D) A local heritage

화자들은 무슨 얘기를 하고 있는가?
(A) 음악 행사
(B) 새로운 영화
(C) 학교 밴드
(D) 지역 유산

어휘

event 행사 film 영화 local 지역의 heritage 유산

해설

대화 초반에 제시되는 의문문이 주제문이 된다. 여자의 첫 대사에서 콘서트가 어땠는지 묻는 질문에서 정답은 (A)가 된다.

패러프레이징

concert(콘서트) → musical event(음악 행사)

2 What does the man say he did yesterday?
(A) He went to the concert.
(B) He talked with several clients.
(C) He was interviewed by the local newspaper.
(D) He worked on the report.

남자는 어제 무엇을 했다고 말하는가?
(A) 그는 콘서트에 갔었다.
(B) 그는 몇몇 고객들과 얘기했다.
(C) 그는 지역 신문사와 인터뷰했다.
(D) 그는 보고서를 작업했다.

어휘

several 몇몇의 client 고객 interview 인터뷰하다

해설

문제에 제시된 시간 키워드 yesterday가 언급되는 부분에서 답을 찾아야 한다. 대화 초반, 여자가 어젯밤 콘서트가 어땠는지 묻는 질문 에 남자가 보고서 작업을 끝내라는 요청을 받아서 못 갔다고 말하 는 부분에서 정답은 (D)가 된다.

3 What time will the woman see a client?
(A) At 6 p.m.
(B) At 7 p.m.
(C) At 8 p.m.
(D) At 9 p.m.

여자는 몇 시에 고객을 볼 것인가?
(A) 오후 6시에
(B) 오후 7시에
(C) 오후 8시에
(D) 오후 9시에

해설

문제에 제시된 신분 명사 client가 핵심 키워드가 된다. 대화 후반부 에 여자가 6시에 고객을 만날 것이라고 말하는 부분에서 정답은 (A) 가 된다. 시간을 찾는 문제는 보기에 제시된 오답들도 대화 중에 함정 으로 들려주기 때문에 8 p.m.만 듣고 보기 (C)를 답으로 고르지 않도 록 유의해야 한다.

AU US

Questions 4-6 refer to the following conversation.

M: Hello. This is Steve Henderson. 4 I'm calling to ask about the opera ticket that I reserved last Wednesday. It was supposed to be here on Friday but I haven't received it yet.

W: Sorry for the inconvenience, sir. Let me check our system. Umm. It says that it's still on the way. I guess it will get there by tomorrow at the latest.

M: 5 What if it doesn't arrive here in time? Actually, it's for my cousin and I'd like to give it to him tonight.

W: If you want, 6 I can issue an e-ticket instead.

M: Okay as long as I can print it out.

W: Sure, you can do it. What's your email address?

4-6은 다음 대화에 관한 문제입니다.

M: 여보세요. 저는 Steve Henderson입니다. 지난 수요일에 예약한 오페라 티켓에 대해 문의하기 위해 연락 드립니다. 금요일에 여기로 배송되기로 했는데 아직 받지 못했어요.

W: 불편을 드려서 죄송합니다, 손님. 저희 시스템을 좀 확인할게요. 음, 여전히 배송중으로 나오네요. 늦어도 내일까지는 거기에 갈 것 같습니다.

M: 여기에 제때 도착하지 않으면 어쩌죠? 사실 이건 제 사촌을 위한건데 오늘 밤에 그에게 주고 싶어서요.

W: 원하시면, 대신 전자 티켓을 발행해 드릴 수 있어요.

M: 출력만 할 수 있다면 좋아요.

W: 물론이죠. 그렇게 하실 수 있어요. 이메일 주소가 어떻게 되시나요?

reserve 예약하다 receive 받다 in time 시간 맞춰서 inconvenience 불편 on the way 도중에 guess 추측하다 actually 사실은 issue 발행하다 print out 출력하다 address 주소

4 Why is the man calling?
(A) To change a seat
(B) To reschedule an appointment
(C) To confirm a reservation
(D) To inquire about the order

남자가 전화한 이유는 무엇인가?
(A) 좌석을 바꾸기 위해서
(B) 예약을 다시 잡기 위해서
(C) 예약을 확인하기 위해서
(D) 주문에 대해 문의하기 위해서

seat 좌석 reschedule 예약을 다시 잡다 confirm 확인하다 reservation 예약 inquire 묻다 order 주문

남자의 첫 대사에서 지난주 수요일에 예약한 오페라 표에 대해 문의하기 위해 전화했다는 말에서 정답은 (A)가 된다.

ask(묻다) → inquire(문의하다)

5 What is the man worried about?
(A) The ticket price
(B) The late delivery
(C) The tight budget
(D) The additional fee

남자는 무엇을 걱정하는가?
(A) 표 가격
(B) 늦은 배송
(C) 빡빡한 예산
(D) 추가 요금

be worried about ~에 대해 걱정하다 delivery 배달 tight 빡빡한 budget 예산 additional 추가적인 fee 요금

남자의 두 번째 대사에서 시간 안에 도착하지 않으면 어떻게 하냐고 묻는 질문에서 정답은 (B)가 된다. 지문의 not ~ arrive ~ in time이 보기에서는 late delivery로 변환되어 표현되었다.

6 What does woman offer to do?
(A) Use the express service
(B) Make some copies
(C) Send a different type of ticket
(D) Update the shipping address

여자는 무엇을 제안하는가?
(A) 특급 서비스를 이용하기
(B) 몇몇 복사하기
(C) 다른 종류의 표를 보내기
(D) 배송지 주소를 업데이트하기

express service 특급 서비스 different 다른 update 업데이트하다 type 종류 address 주소

지문 후반에 여자가 원하시면, 전자 티켓을 발행해 줄 수도 있다고 제안하는 부분에서 정답은 (C)가 된다. 지문의 e-ticket을 보기에서는 더 포괄적인 의미의 a different type of ticket으로 바꿔 표현했다. 특히 offer 문제에 있어서 I can ~으로 시작하는 문장이 답을 제시할 확률이 높다는 사실도 기억해두자.

US US

Questions 7-9 refer to the following conversation.

W: 7 My van doesn't start up all of a sudden. What seems to be the problem?

M: Let's see. Mmm… it looks like the engine works fine. There might be some problems with the transmission. But I should go through it in order to find the best solution.

W: How much time do you need to complete it?

M: Actually, I have to work on another sedan right now but it won't take long. You might want to come back after 6 p.m. 8 We won't be closed until 8 p.m. today.

W: Okay. I think I can stop by here on the way home. Will you send me a text message when you're done? 9 Here's my business card.

M: Sure, no problem.

7-9는 다음 대화에 관한 문제입니다.

W: 제 승합차가 갑자기 시동이 안 걸려요. 무엇이 문제일까요?

M: 봅시다. 음, 엔진은 작동이 잘 되는 것 같은데요. 변속기에 약간의 문제가 있을 수도 있어요. 하지만 최적의 해결책을 찾기 위해서는 면밀히 살펴봐야 할 것 같습니다.

W: 끝내시려면 얼마나 시간이 필요하세요?

M: 사실 제가 지금은 다른 승용차를 손봐야 하지만 오래는 안 걸릴 겁니다. 오후 6시 이후에 돌아와 주시면 됩니다. 저희는 오늘 오후 8시에 문을 닫거든요.

W: 좋아요. 집에 가는 길에 들를 수 있겠네요. 끝내시면 문자를 보내주실 수 있으세요? 여기 제 명함입니다.

M: 그럼요, 문제 없어요.

start up 시동 걸리다 all of a sudden 갑자기 seem ~인 것 같다 work fine 작동이 잘되다 transmission 변속기 go through 면밀히 살피다 complete 끝내다 sedan 승용차 take long 오래 걸리다 on the way home 집에 오는 길에 text message 문자 메시지 be done 끝내다 business card 명함

7 What problem does the woman mention?
(A) She misplaced her key.
(B) Her vehicle doesn't work properly.
(C) The engine is out of order.
(D) She should stay late at work.

여자가 언급한 문제는 무엇인가?
(A) 그녀는 열쇠를 잘못 두었다.
(B) 그녀의 차량이 제대로 작동이 안 된다.
(C) 엔진이 고장이다.
(D) 그녀는 야근을 해야 한다.

어휘
mention 언급하다 misplace 잘못 두다 work properly 올바르게 작동하다 vehicle 차량 out of order 고장 난

해설
여자의 첫 대사에서 밴에 시동이 안 걸린다는 문제점을 언급하는 부분에서 정답은 (B)가 된다.

패러프레이징
van(승합차) → vehicle(탈 것)

8 According to the man, what time will the business be closed today?
(A) At 6 p.m.
(B) At 7 p.m.
(C) At 8 p.m.
(D) At 9 p.m.

남자의 말에 따르면, 가게는 오늘 몇 시에 문을 닫을 것인가?
(A) 오후 6시에
(B) 오후 7시에
(C) 오후 8시에
(D) 오후 9시에

해설
남자의 두 번째 대사에서 가게가 오늘 오후 8시에 닫는다고 말하는 부분에서, 정답은 (C)가 된다. 오후 6시는 함정으로 들려주는 시간이므로 보기 (A)를 정답으로 고르지 않도록 유의하자.

9 What does the woman give the man?
(A) An estimate
(B) A flyer
(C) A business card
(D) A text message

여자는 남자에게 무엇을 주는가?
(A) 견적
(B) 전단지
(C) 명함
(D) 문자 메시지

해설
여자의 마지막 대사 중 남자에게 명함을 건네 주는 대사에서 보기 (C)가 정답이 된다. 특히 give 문제에 대한 답이 Here's ~ 다음에 제시되는 경우가 많다는 사실도 기억해두자.

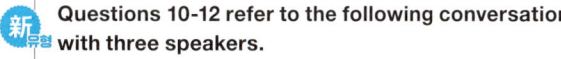

新유형 **Questions 10-12 refer to the following conversation with three speakers.**

W1: Hi, guys. **10** I'm planning to go to the new Asian restaurant on 5th street with Peter this evening. Would you care to join us?

W2: Why not, Jane! I'm into Asian food these days.

M: You're talking about "The Asian noodles", right? Count me in! I heard Sam in personnel went there last week. He said that the food was pretty good and the staff was very friendly.

W2: Great! Why don't we get together in the lobby at 6 p.m.?

M: Well, I'm supposed to attend the workshop which ends at 6:30 p.m. today. **11** How about meeting at 7 p.m. instead?

W2: **11** Okay, but we'd better reserve a table in advance because it's Friday.

M: I think we should. **12** Let me call a restaurant and see if there's a table for a group of 4.

W1: Thank you, Sam.

10-12는 다음 세 명의 대화에 관한 문제입니다.
W1: 안녕하세요, 여러분. 오늘 저녁 Peter와 5번가에 있는 새로운 아시아 식당에 갈 계획인데요. 같이 가실래요?
W2: 물론이죠, Jane! 저는 요즘 아시아 음식에 빠져 있어요.
M: "The Asian Noodles" 말씀하시는 거죠, 그렇죠? 저도 끼워 주세요! 인사부 Sam이 지난 주에 거기 갔다고 들었어요. 그가 말하길 음식이 너무 좋고 직원들도 친절하대요.
W2: 좋아요! 오후 6시에 로비에서 만날까요?
M: 음, 제가 오늘 오후 6시30분에 끝나는 워크숍에 참석하기로 되어 있어요. 대신 오후 7시에 만나는 건 어때요?
W2: 좋아요, 하지만 오늘은 금요일이라서 미리 테이블을 예약하는 것이 좋겠어요.
M: 저도 그래야 할 것 같아요. 제가 식당에 전화해서 4명 자리가 있는지 알아볼게요.
W1: 고마워요, Sam.

어휘
be into ~에 빠져 있다 Asian 아시아의 count ~ in ~를 끼워주다 personnel 인사부 friendly 친절한 get together 만나다 end 끝나다 be supposed to ~할 예정이다 how about ~하는 게 어때? instead 대신에 had better ~하는 게 낫다 in advance 미리 group 일행

10 What does Jane suggest?
(A) Attending the workshop
(B) Going on a picnic
(C) Having a meal together
(D) Cleaning the lobby

Jane은 무엇을 제안하는가?
(A) 워크숍에 참가하는 것
(B) 소풍 가는 것
(C) 식사를 같이 하는 것
(D) 로비를 청소하는 것

대화 초반 여자가 아시아 식당에 갈 계획인데 같이 가지 않겠냐고 제안하는 부분에서 정답은 (C)가 된다. Would you care to ~로 시작하는 제안문도 suggest 문제에 대한 답을 잘 끌고 나온다는 사실을 기억해두자.

11 What time do the speakers agree to meet?
(A) At 6:00 p.m.
(B) At 6:30 p.m.
(C) At 7:00 p.m.
(D) At 7:30 p.m.

화자들은 몇 시에 만나자고 동의하는가?
(A) 오후 6시에
(B) 오후 6시 30분에
(C) 오후 7시에
(D) 오후 7시 30분에

지문 후반 남자가 오후 7시에 만나자고 제안하고, 이에 대해 Okay라고 승낙하는 부분에서 정답은 (C)가 된다. agree 문제는 상대방의 제안하는 대사를 놓치지 않는 것이 중요하고, How about ~도 제안하는 표현으로 자주 출제된다는 것이 핵심 포인트다. 또한 함정으로 들려주는 6시와 6시 30분을 답으로 고르지 않도록 유의하자.

12 What does the man offer to do?
(A) Make a reservation
(B) Visit the website
(C) Arrange an interview
(D) Fix a table

남자는 무엇을 제안하는가?
(A) 예약하기
(B) 웹사이트 방문하기
(C) 면접 시간 잡기
(D) 탁자 고치기

남자의 마지막 대사에서, 식당에 전화를 걸어서 자리가 있는지 알아보겠다고 말하는 부분에서 정답은 (A)가 된다. Let me ~라는 표현도 offer 문제에 대한 답을 자주 끌고 나오는 빈출 표현임을 기억해두자.

AU BR

 Questions 13-15 refer to the following conversation.

M: Oh, Sue! I can't believe my eyes. I just received the bill from the electric company and it cost us too much. It has more than doubled. I don't know what's going on.
W: **13** I think it's because the electric equipment in our office gets outdated. Look at the copier over there. **14** We have used it for more than 20 years. Now is the time to replace it with a more cost efficient one.
M: It makes sense to me. I'll bring it up at the next staff

meeting on Monday.
W: Good! **15** Let me find out more information about the latest models on the Internet right away.

13-15는 다음 대화에 관한 문제입니다.

M: 오, Sue! 제 눈을 믿을 수가 없어요. 전기 회사로부터 청구서를 막 받았는데, 너무 큰 비용이 청구됐어요. 두 배나 되네요. 무슨 일인지 모르겠어요.
W: 우리 사무실의 전자 장비들이 노후가 되고 있어서 그런 것 같아요. 저기 있는 복사기를 보세요. 저희는 저것을 20년 이상 사용하고 있잖아요. 지금이 바로 좀 더 비용 효율이 높은 것으로 바꿀 시기입니다.
M: 말 되네요. 월요일에 있을 다음 직원 회의에서 그 부분을 상정할게요.
W: 좋아요! 저는 바로 인터넷에서 최신 모델들에 대한 더 많은 정보를 찾아볼게요.

13 According to the woman, what is the cause of the problem?
(A) The Inefficient equipment
(B) The Inclement weather
(C) The Power failure
(D) The High production cost

여자의 말에 따르면, 문제의 원인은 무엇인가?
(A) 비효율적인 장비
(B) 악천후
(C) 정전
(D) 높은 생산 단가

여자의 첫 대사에서 사무실의 전자 장비들이 낙후되었기 때문이라고 이유를 언급하는 부분에서 정답은 (A)가 된다. 문제의 이유를 찾는 문제의 답이 because 다음에 제시되는 경우가 많다는 사실을 기억해두자.

outdated(구식의) → inefficient(비효율적인)

14 Why does the woman say "Look at the copier over there"?
 **(A) To give an example**
(B) To make some copies
(C) To order more paper
(D) To distract the man

여자가 "저기 있는 복사기를 보세요"라고 말한 이유는 무엇인가?
(A) 예를 들기 위해서
(B) 복사를 하기 위해서
(C) 더 많은 종이를 주문하기 위해서
(D) 남자의 주위를 분산시키기 위해서

15 What does the woman say she will do next?
(A) Look at the copier
(B) Go online
(C) Attend the staff meeting
(D) Double-check the figures

여자는 다음에 무엇을 할 것이라고 말하는가?
(A) 복사기 살펴보기
(B) 온라인에 접속하기
(C) 직원 회의에 참석하기
(D) 수치들을 다시 확인하기

BR US

 Questions 16-18 refer to the following conversation and list.

Membership	Discounted Fee
Premium	$300
Gold	$280
18 Silver	$250
Bronze	$220

W: Hello, Mr. Brown. **16** This is Sophia Kent from Super Gym. I showed you around our facilities last Monday, remember?
M: Hi, Sophia. Good to hear from you again! I really enjoyed the tour thanks to you.
W: I'm glad that you enjoyed it. Umm… **17** I'm calling to let you know that our membership discount offer will end as of tomorrow.
M: **17** Thanks for reminding me. Actually, I was going to stop by there this evening. **18** I've decided to sign up for the sliver membership including access to the sauna.

16-18은 다음 대화와 표에 관한 문제입니다.

회원제	할인 요금
Premium	300달러
Gold	280달러
Silver	250달러
Bronze	220달러

W: 여보세요, Brown 씨. 저는 Super 체육관의 Sophia Kent입니다. 지난 주 월요일에 저희 시설물들을 구경시켜 드렸었는데, 기억나세요?
M: 안녕하세요, Sophia. 다시 목소리를 듣게 되어 반갑네요! 당신 덕분에 투어가 너무 좋았어요.
W: 좋았다니 다행입니다. 음, 우리 회원 할인 혜택이 내일 부로 끝난다는 것을 알려드리려고 전화 드립니다.
M: 상기시켜 주셔서 고마워요. 사실은 오늘 저녁에 거기에 들르려고 했어요. 사우나 시설 이용을 포함하고 있는 실버 회원제에 가입하기로 결정했어요.

16 What kind of business does the woman work for?
(A) A clinic
(B) A travel agency
(C) A fitness club
(D) A jewelry shop

여자는 어떤 종류의 사업체에서 일하는가?
(A) 병원
(B) 여행사
(C) 체육관
(D) 보석 가게

17 Why is the woman calling?
(A) To apply for a tour
(B) To place an order
(C) To inquire about the membership fee
(D) To give a reminder

여자가 전화한 이유는 무엇인가?
(A) 투어를 신청하기 위해서
(B) 주문하기 위해서
(C) 회원 요금을 문의하기 위해서
(D) 상기시켜 주기 위해서

해설

여자의 두 번째 대사에서 할인 혜택이 내일 끝난다는 것을 알려주기 위해 전화한다고 말하는 부분과 이어서 남자가 상기시켜줘서 고맙다고 말하는 부분에서 정답은 (D)가 된다.

18 Look at the graphic. How much will the man pay for his membership?
(A) $300
(B) $280
(C) $250
(D) $220

시각 자료를 보시오. 남자는 회원제에 얼마를 지불할 것인가?
(A) 300달러
(B) 280달러
(C) 250달러
(D) 220달러

해설

남자의 마지막 대사에서 실버 회원제에 가입하기로 결정했다고 말하는 부분에서 정답은 (B)가 된다. 주어진 표에서 Silver 회원에 해당하는 요금 250달러를 쉽게 찾을 수 있다.

DAY 16 > 안내 및 공지

PRACTICE TEST

1 (A)	**2** (D)	**3** (C)	**4** (B)	**5** (A)	**6** (A)
7 (D)	**8** (D)	**9** (B)	**10** (C)	**11** (C)	**12** (B)
13 (B)	**14** (D)	**15** (C)	**16** (D)	**17** (A)	**18** (D)

US

Questions 1-3 refer to the following excerpt from a meeting.

Before we wrap up the today's discussion, 1 I'd like to tell you about our new security policy. We'll implement two important changes. First, we are going to issue a new employee ID badge with magnetic strip to each of you. Your personal data will be encoded on it. You are asked to swipe it whenever you enter the office building. Also, you'll need it in order to use the facilities such as a gym and a break room. Secondly, 2 you are required to accompany your visitors at all times while they are in our premises starting next Monday. Please keep in mind that any unescorted visitors will be reported to the security office. It might be a little inconvenient but these changes are necessary for increasing the security. Should you have any questions regarding these changes, 3 don't hesitate to call me at ext 15. Thank you for your corporation in advance.

1-3은 다음 회의 발췌록에 관한 문제입니다.

우리가 오늘 토의를 마무리하기 전에, 우리의 새로운 보안 정책에 대해 말씀드리고 싶습니다. 우리는 두 가지의 중요한 변화를 시행할 겁니다. 먼저, 여러분 각자에게 자기 띠가 붙어 있는 새로운 직원 신분증 배지를 발행해 줄 것입니다. 여러분들의 개인 정보가 거기에 암호화될 것입니다. 여러분은 사무실 건물로 들어 올 때마다 카드를 대셔야 합니다. 또한 체육관이나 휴게실 같은 시설물들을 이용하기 위해서도 그것이 필요할 겁니다. 두 번째로, 다음 주 월요일부터 우리 부지 내에서는 방문객들과 동행하셔야 합니다. 동행되지 않는 방문객들은 보안실에 신고된다는 사실을 명심하세요. 이것은 불편할 수도 있지만, 이러한 변경들은 보안을 강화하기 위해 꼭 필요합니다. 이러한 변경들에 대해서 질문이 있으시면, 주저하지 마시고 내선 번호 15번으로 전화주세요. 협조에 미리 감사 드립니다.

어휘

wrap up 마무리하다 discussion 논의 security policy 보안 규정 implement 시행하다 important 중요한 magnetic strip 자기 띠 encode 암호화하다 swipe 대다, 읽히다 whenever 언제든 such as ~와 같은 facilities 시설물들 gym 체육관 at all time 내내 require 요구하다 accompany 동행하다 premises 부지 keep in mind 명심하다 unescorted 동반자가 없는 inconvenient 불편한 increase 늘리다 regarding ~에 관하여 hesitate 주저하다 cooperate 협력하다 in advance 미리

1 What is the purpose of the talk?
(A) To inform a new policy
(B) To extend the business hours
(C) To introduce a new uniform
(D) To increase the sales

담화의 목적은 무엇인가?
(A) 새로운 정책을 알리기 위해서
(B) 영업 시간을 늘리기 위해서
(C) 새로운 유니폼을 소개하기 위해서
(D) 판매를 늘리기 위해서

어휘

purpose 목적 inform 알리다 policy 규정, 정책 extend 늘리다 business hours 영업 시간 introduce 소개하다 increase 늘리다 sales 판매

해설

지문 초반, 새로운 보안 정책에 대해 말해주고 싶다고 하는 부분에서 정답은 (A)가 된다.

패러프레이징

tell(말하다) → inform(알리다)

2 What will visitors have to do from next week?
(A) Apply for a new ID card
(B) Visit the security office in person
(C) Input their personal data
(D) Stay with employees in the building

방문객들은 다음 주부터 무엇을 해야 하는가?
(A) 새로운 신분증 신청하기
(B) 직접 보안실에 방문하기
(C) 개인 정보 입력하기
(D) 건물에서는 직원들과 함께 머무르기

어휘
apply for ~을 신청하다 security office 보안실 in person 직접 input 입력하다 personal data 개인 정보 employee 직원

해설
지문 중반, 시간 키워드인 next week가 언급되는 부분에서 다음 주 월요일부터 청자들이 방문객들과 늘 동행해야 함을 알 수 있다. 따라서 정답은 (D)가 된다. 문제의 have to가 지문에서는 be required to로 바뀌 제시되고, 지문의 accompany가 보기에서는 stay with 로 바뀌 표현되었다.

3 What are listeners encouraged to do?
(A) Renew their subscription
(B) Exercise on a regular basis
(C) Make a call
(D) Clean the break room

청자들은 무엇을 하라고 장려 받는가?
(A) 그들의 정기 구독을 갱신하기
(B) 정기적으로 운동하기
(C) 전화하기
(D) 휴게실 청소하기

어휘
encourage 장려하다 renew 갱신하다 subscription 정기 구독 exercise 운동하다 on a regular basis 정기적으로 make a call 전화하다 break room 휴게실

해설
지문 마지막에 질문이 있으면 주저하지 말고 내선 번호로 전화 달라고 말하는 부분에서 정답은 (C)가 된다. 특히 장려하는 바를 묻는 encourage와 같은 청유 문제에 있어서, 지문 후반에 언급되는 don't hesitate to~로 시작하는 문장은 답을 끌고 나오는 경우가 많다는 사실도 기억해두자.

BR

Questions 4-6 refer to the following announcement.

Attention! All passengers for South Asia flight 105 **4 leaving for LA** with a stopover in Tokyo. I'm sorry to tell you that **5 this flight has been postponed because of heavy fog** here in Hong Kong and it is now rescheduled to take off at 4 p.m. from Gate 4E. I repeat **6 all passengers waiting to board South Asia flight 105 should proceed to Gate 4E immediately.** Please look at the monitors installed in the concourse if you want to check the newly updated schedule. Should you have any questions, please come to South Asia Airline's customer service desk located on the third floor. We sincerely apologize for any inconvenience this may cause.

4-6은 다음 안내에 관한 문제입니다.
주목해주세요! 동경을 거쳐 LA로 가는 South Asia 105편 승객 여러분. 이 비행기는 여기 홍콩의 짙은 안개 때문에 지연되고 있다는 것을 말씀 드리게 되어 최송하며, 이 비행기는 현재 4E 게이트에서 4시에 출발하는 것으로 재조정되었습니다. 다시 한번 말씀 드립니다. South Asia 105편의 탑승을 기다리시는 모든 승객 여러분들은 4E 게이트로 즉시 이동해 주세요. 새로 업데이트된 일정을 확인하시려면 중앙 홀에 설치된 모니터들을 봐주세요. 질문이

있으시면 3층에 있는 South Asia 항공 고객 서비스 창구로 와주세요. 이로 인해 불편을 드리게 되어서 진심으로 사과 드립니다.

어휘
passenger 승객 leave for ~를 향해 떠나다 flight 비행기 postpone 연기하다 heavy 짙은 fog 안개 reschedule 일정을 다시 잡다 take off 이륙하다 repeat 반복하다 board 탑승하다 immediately 즉시 install 설치하다 concourse 중앙 홀 newly 새롭게 sincerely 진심으로 apologize 사과하다 inconvenience 불편 cause 원인이 되다 located ~에 위치해 있는

4 Where is the final destination of the flight?
(A) Hong Kong
(B) LA
(C) New York
(D) Tokyo

비행기의 최종 목적지는 어디인가?
(A) 홍콩
(B) 로스앤젤레스
(C) 뉴욕
(D) 도쿄

해설
지문 초반 leaving for 다음에 언급되는 도시 LA가 최종 목적지임을 알 수 있다. 따라서 정답은 (B)가 된다. 단순히 지문 중에 들리는 지명을 답으로 고르지 않도록 유의하자.

5 What is the announcement mainly about?
(A) The unexpected delay
(B) The mechanical problem
(C) The policy change
(D) The fare increase

안내는 주로 무엇에 대한 것인가?
(A) 예기치 못한 지연
(B) 기계적인 문제
(C) 정책 변경
(D) 운임 상승

어휘
unexpected 예기치 못한 delay 지연 mechanical 기계적인 policy 규정 fare 운임 increase 상승

해설
지문 초반에 짙은 안개로 인해 비행기가 지연되고 있다고 알리는 부분에서 정답은 (A)가 된다.

패러프레이징
postpone(연기하다) → delay(지연시키다)

6 What are the passengers asked to do?
(A) Move to another gate
(B) Get a boarding pass
(C) Present a passport
(D) Board a shuttle bus

승객들은 무엇을 하라고 요청받는가?
(A) 다른 게이트로 이동하기
(B) 탑승권 받기

(C) 여권 제시하기

(D) 셔틀버스 타기

어휘

boarding pass 탑승권 present 제시하다 passport 여권
board 탑승하다

해설

지문 중반 게이트 변경으로 인해, 105편 승객들은 모두 4E 게이트로 이동해 달라고 요청하는 부분에서 정답은 (A)가 된다. 지문의 proceed가 보기에서는 move로 변환되어 제시되었다. 문제에 제시되는 요청 사항을 찾는 문제의 단서가 지문에서는 조동사 should 다음에 나오는 경우가 많다는 사실도 기억해두자.

AU

Questions 7-9 refer to the following announcement.

Good evening, ladies and gentlemen. Welcome to Lincoln Theater. 7 I regret to inform you that tonight's play will be put off approximately an hour because 8 one of our actors had a minor car accident on the way here today. So we have arranged for someone to fill the breach and he will be here in about half an hour. In the mean time, we'd like you to enjoy complimentary coffee and snacks we prepared for you in the lobby. 9 Should you want to exchange or refund your ticket, please do so at our customer service desk near the entrance.

7-9는 다음 안내에 관한 문제입니다.

좋은 저녁입니다, 신사 숙녀 여러분. Lincoln 극장에 오신 것을 환영합니다. 유감스럽게도 우리 배우들 중 한 명이 오늘 여기로 오는 길에 작은 자동차 사고를 당해서, 오늘 밤 연극이 대략 1시간 정도 지연됨을 알려드립니다. 그래서 저희가 그의 대역을 한 명 섭외 했는데, 그분은 대략 30분 뒤면 여기에 도착할 겁니다. 그러는 동안 저희가 준비한 무료 커피와 간식들을 로비에서 즐겨 주시기 바랍니다. 표를 변경 혹은 환불하고자 하시면, 입구 근처 고객 서비스 창구에서 해주시기 바랍니다.

어휘

theater 극장 regret 유감이다 play 연극 approximately 대략
actor 배우 minor 미미한 car accident 교통 사고 on the way
~로 오는 도중에 arrange 마련하다 fill the breach 대역을 맡다, 대신하다 in the mean time 그러는 동안 complimentary 무료의
refund 환불하다 near 근처에 entrance 입구

7 What is the purpose of the announcement?
(A) To promote a new play
(B) To introduce the main actor
(C) To find a replacement
(D) To notify the audience of the delay

안내의 목적은 무엇인가?
(A) 새로운 연극을 홍보하기 위해서
(B) 주연 배우를 소개하기 위해서
(C) 대체자를 찾기 위해서
(D) 청중에게 지연을 통지하기 위해서

어휘

promote 홍보하다 introduce 소개하다 replacement
후임, 대체자 notify 알리다

해설

지문 초반 오늘 연극이 대략 1시간 정도 지연된다는 점을 알린다고 말하는 부분에서 정답은 (D)가 된다.

패러프레이징

inform(알리다) → notify(통지하다)

8 According to the speaker, what happened to one of the actors?
(A) He was stuck in traffic.
(B) He got a nomination for best supporting actor.
(C) He had to attend the award ceremony.
(D) He had a traffic accident.

화자의 말에 따르면, 배우들 중 한 명에게 무슨 일이 일어났는가?
(A) 그는 교통에 갇혔다.
(B) 그는 최고의 조연상 후보가 되었다.
(C) 그는 시상식에 참가해야 했다.
(D) 그는 교통 사고를 당했다.

어휘

be stuck ~갇히다 nomination 후보 supporting actor 조연 배우 award ceremony 시상식 traffic accident 교통 사고

해설

문제에 제시된 신분 키워드인 one of the actors가 언급되는 지문 초반에 그가 오다가 교통 사고를 당했다는 정보를 들을 수 있다.

패러프레이징

car accident(자동차 사고) → traffic accident(교통 사고)

9 What can listeners do at the customer service desk?
(A) Purchase a season ticket
(B) Get some money back
(C) Pick up a pamphlet
(D) Drink complimentary beverages

청자들은 고객 서비스 창구에서 무엇을 할 수 있는가?
(A) 정기 입장권 구매하기
(B) 돈 환불받기
(C) 팸플릿 가져오기
(D) 무료 음료들 마시기

어휘

purchase 구매하다 season ticket 정기 입장권 beverage
음료

해설

문제에 제시된 장소 키워드인 customer service desk가 언급되는 지문 후반에서 그곳에서 교환과 환불이 가능하다는 사실을 알 수 있다.

패러프레이징

refund(환불하다) → get some money back(환불받다)

US

新유형

Questions 10-12 refer to the following excerpt from a meeting.

Hi, everyone. Thank you for coming to the meeting early

in the morning. Before we move onto the first agenda, **10** I'd like to let you know that we will be installing new company email system on our network and you will be assigned a new email account. We anticipate that this new system will help us to communicate with one another more efficiently and securely. To make this transition smooth and effective, **11** our tech department will hold a training workshop for all employees next Monday. It will take place in the large conference room on third floor. Please note that attendance is mandatory. If you can't make it on Monday, please let your supervisor know in advance. We'll arrange another session on another day. If you are computer-illiterate and afraid to learn how to use a new system, **12** don't hesitate to ask a colleague for help. I always do that. **12** They will surely help you with your problems.

10-12는 다음 회의 발췌록에 관한 문제입니다.

모두들 안녕하세요. 아침 일찍 회의에 와주셔서 감사합니다. 우리가 첫 번째 의제로 들어가기 전에, 우리 네트워크에 새로운 이메일을 설치하게 될 것을 알려드리고자 하며, 새로운 이메일 계정도 부여받게 되실 겁니다. 우리는 이 새로운 시스템이 서로 좀 더 효율적이고 안전하게 의사 소통을 할 수 있도록 도와줄 것으로 확신합니다. 이 전환을 부드럽고 효과적으로 하기 위해서, 우리 기술부가 다음 주 월요일에 직원들을 위한 교육 워크숍을 열 겁니다. 3층에 있는 대 회의실에서 열릴 예정입니다. 참가가 필수라는 사실을 양지해 주세요. 만약 월요일에 못 나오시면 미리 상관에게 알려주세요. 다른 날 다른 교육을 잡아 드릴 겁니다. 컴퓨터에 익숙하지 않으시거나 새로운 시스템을 사용하는 방법을 배우기 염려되신다면, 주저하지 말고 동료에게 도움을 청하세요. 저는 늘 그렇게 합니다. 그들은 당신의 어려움에 대해 분명히 도움을 줄 것입니다.

어휘

agenda 의제 install 설치하다 assign 할당하다 anticipate 기대하다 account 계정 securely 안전하게 transition 전환 smooth 부드러운 tech department 기술부 hold 개최하다 take place 일어나다 attendance 참석 note 양지하다 mandatory 필수적인 make it 해내다 supervisor 상관, 관리자 in advance 미리 computer-illiterate 컴퓨터에 익숙하지 않은 afraid 두려운 hesitate 주저하다 colleague 동료

10 What is the purpose of the announcement?
(A) To advertise a new program
(B) To teach how to use a new machine
(C) To inform employees of a change
(D) To talk about a new payroll system

안내의 목적은 무엇인가?
(A) 새로운 프로그램을 광고하기 위해서
(B) 새로운 기계 사용법을 교육하기 위해서
(C) 변화를 직원들에게 공지하기 위해서
(D) 새로운 급여 시스템에 대해 말하기 위해서

어휘

advertise 광고하다 teach 가르치다 inform 알리다 payroll 급여

해설

지문 초반 새로운 회사 이메일 시스템을 설치하게 된다는 사실을 알리고 싶다고 말하는 부분에서 정답은 (C)가 된다.

11 According to the speaker, what will take place on Monday?
(A) An installation routine
(B) A reception
(C) A training course
(D) An inspection

화자의 말에 따르면, 월요일에 무슨 일이 일어날 것인가?
(A) 설치 작업
(B) 환영회
(C) 교육 과정
(D) 점검

해설

문제에 제시된 시간 키워드 Monday가 언급되는 부분에서 답의 단서를 찾아야 한다. 지문 중반에 기술부에서 월요일에 교육 워크숍을 개최한다는 일정을 공지하는 부분에서 정답은 (C)가 된다.

패러프레이징

training workshop(교육 워크숍) → training course(교육 과정)

12 Why does the speaker say, "I always do that"?
(A) To reject an invitation
(B) To make a suggestion
(C) To give an excuse
(D) To get an approval

화자가 "저는 늘 그렇게 합니다"라고 말하는 이유는 무엇인가?
(A) 초대를 거절하기 위해서
(B) 제안을 하기 위해서
(C) 핑계를 대기 위해서
(D) 승인을 받기 위해서

어휘

reject 거절하다 invitation 초대 suggestion 제안 excuse 변명 approval 승인

해설

해당 표현 바로 전에 도움을 동료에게 청하는 것을 주저하지 말라고 말하고 있고, 바로 이어서 그들이 분명 도와줄 것이라고 말하는 부분에서 정답은 (B)가 된다. 특히 주어진 표현 do that이 무엇을 받는 말인지 해당 표현 직전 문장의 동사와 명사를 잘 들어야 한다.

US

Questions 13-15 refer to the following announcement.

Good evening, ladies and gentlemen. **13** This is your captain speaking. I'd like to welcome you all on Pacific Air flight 350. We will depart from Shanghai Airport shortly and arrive at JFK Airport in approximately 10 hours. **14** I apologize for the delay caused by the maintenance once again. I'd like to remind you of a couple of things you should keep in mind. First, you are asked to keep your seatbelt fastened at all times, or until the seatbelt sign is turned off at the very least. Secondly, please ensure that your seatback is in the upright position and all overhead compartments are closed before we take off. Finally, the use of electronic devices such as mobile phones and laptop computers is prohibited during take-off and landing. Once we have reached a safe cruising altitude, 15 our cabin crew will provide you with beverages and light snacks. We wish you a pleasant flight. Thank you.

13-15는 다음 안내에 관한 문제입니다.

좋은 저녁입니다, 신사 숙녀 여러분! 저는 기장입니다. 여러분 모두 Pacific 항공 350편의 탑승을 환영합니다. 우리는 곧 상해 공항을 떠나서 JFK 공항에 대략 10시간 뒤에 도착할 예정입니다. 보수 작업으로 인한 지연에 대해 다시 한번 사과 드립니다. 여러분들이 명심하셔야 할 몇 가지 사항에 대해 상기시켜 드리고 싶네요. 먼저 항상 안전 벨트를 꼭 매고 있어 주세요. 최소한 안전 벨트 사인이 꺼질 때 까지는요. 둘째, 이륙 전에 의자는 바로 세워주시고, 모든 머리 위 선반들이 닫혀 있는지 확인해주세요. 마지막으로 휴대 전화나 노트북 같은 전자 기기들은 이륙과 착륙시에 사용이 금지됩니다. 안전 고도에 도달하자마자 저희 승무원들이 음료수와 가벼운 간식들을 제공해 드릴 겁니다. 좋은 비행 되시길 바랍니다. 고맙습니다.

13 Who most likely is the speaker?
(A) A flight attendant
(B) A pilot
(C) A passenger
(D) A tour guide

화자는 누구일 것 같은가?
(A) 승무원
(B) 조종사
(C) 승객
(D) 여행 가이드

해설
지문 초반 본인이 기장이라고 소개하는 부분에서 정답은 (B)가 된다.

패러프레이징
captain(기장) → pilot(조종사)

14 What is the speaker apologizing for?
(A) The engine problem
(B) The flight cancellation
(C) The severe turbulence
(D) The late departure

화자는 무엇에 대해 사과하는가?
(A) 엔진 문제
(B) 비행편 취소
(C) 심한 난기류
(D) 늦은 출발

해설
지문 초반 문제의 키워드 apologize가 언급되는 부분에서 보수 작

업으로 인한 지연에 대해 사과하는 부분에서 정답은 (D)가 된다.

패러프레이징
delay(지연) → late departure(늦은 출발)

15 What will the listeners receive later?
(A) Discount coupons
(B) Meal vouchers
(C) Refreshments
(D) Reading materials.

청자들은 나중에 무엇을 받게 될 것인가?
(A) 할인 쿠폰들
(B) 식사 쿠폰들
(C) 다과
(D) 읽을 거리

해설
지문 마지막에 안전 고도에 들어서면 승무원들이 음료와 가벼운 간식을 제공할 것이라고 말하는 부분에서 정답은 (C)가 된다. 지문이 beverages와 light snacks를 보기에서는 refreshments로 바꿔 표현했다.

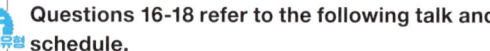

Questions 16-18 refer to the following talk and schedule.

Time	Event
11:00-11:30 a.m.	Keynote speech
11:30-noon	Choir performance
Noon-1:00 p.m.	Lunch
1:00-1:30 p.m.	Lecture on the history of town

16 Welcome to the grand reopening of our community center. My name is Linda Jung and I have been a volunteer here for more than a decade. I really enjoy working for our neighbors. I'm so thrilled to see such a large turnout today. I'd like to express my gratitude to all the people who can help us make it happen. Before we start the ceremony, I regret to tell you that there's a slight change in today's schedule. 17 The keynote speaker, Kate Miller called us this morning and said that she had a sore throat. So 18 we decided to switch the times for the first and last programs so that we can give her time to recover. I'm sorry for such a short notice.

16-18은 다음 담화와 일정표에 관한 문제입니다.

시간	행사
오전 11시-11시 30분	기조 연설
11시 30분-정오	합창 공연
정오-오후 1시	점심
오후 1시-1시 30분	도시 역사에 대한 강연

우리 지역 센터의 성대한 재개장 행사에 오신 것을 환영합니다. 저는 Linda Jung이고 여기서 10년 넘게 자원 봉사자로 일해 오고 있습니다. 저는 정말 우리 이웃들을 위해 일하는 것을 즐기고 있어요. 오늘 이렇게 많은 인파를 보

니 정말 떨리네요. 이런 일이 가능하도록 우리를 도와주신 모든 분들께 감사를 전합니다. 우리가 행사를 시작하기 전에, 오늘 일정에 약간의 변화가 있다는 말씀을 드리게 되어 유감입니다. 기조 연설자이신 Kate Miller가 오늘 아침에 우리에게 전화를 해서, 목이 안 좋다고 말씀하셨어요. 그래서 그녀가 회복할 시간을 주기 위해 첫 번째와 마지막 프로그램의 시간을 바꾸기로 결정했습니다. 급하게 알려드려서 죄송합니다.

어휘

reopening 재개장 community 지역 사회 volunteer 자원봉사자 more than ~이상의 decade 10년 enjoy 즐기다 regret 유감이다 gratitude 감사 express 표현하다 happen 일어나다 slight 약간의 keynote speaker 기조 연설자 sore throat 아픈 목 decide 결정하다 switch 교체하다 recover 회복하다

16 Where most likely is the talk taking place?
(A) At a theater
(B) At a sports center
(C) At an auditorium
(D) At a public facility

담화는 어디에서 일어나고 있을 것 같은가?
(A) 극장에서
(B) 스포츠 센터에서
(C) 강당에서
(D) 공공 시설에서

해설

지문 초반 지역 센터의 재개장 행사에 오신 것을 환영한다고 말하는 부분에서 정답은 (D)가 된다. 지문에서 제시된 community center를 좀 더 넓은 의미의 public facility로 표현했다. 특히 지문 초반에 언급되는 Welcome to 다음에 현재 장소에 대한 단서가 제시되는 경우가 많다는 사실도 기억해두자.

17 What is the problem with Kate Miller?
(A) She is ill.
(B) She has a previous engagement.
(C) She has lost a receipt.
(D) She is caught in a traffic jam.

Kate Miller의 문제는 무엇인가?
(A) 그녀는 아프다.
(B) 그녀는 선약이 있다.
(C) 그녀는 영수증을 잃어버렸다.
(D) 그녀는 교통 체증에 갇혀 있다.

어휘

ill 아픈 previous 이전의 engagement 약속 lose 잃어버리다 receipt 영수증 be caught ~에 잡히다 traffic jam 교통 체증

해설

지문 후반 문제에 제시된 고유 명사 키워드인 Kate Miller가 언급된 직후, 그녀가 목이 아프다는 사실을 알 수 있다. 따라서 정답은 (A)가 된다.

패러프레이징

sore throat(목이 아픈) → ill(아픈)

18 Look at the graph. What time will the keynote speech begin?
(A) At 11:00 a.m.
(B) At 11:30 a.m.
(C) At noon
(D) At 1 p.m.

시각 자료를 보시오. 기조 연설은 언제 시작할 것인가?
(A) 오전 11시에
(B) 오전 11시 30분에
(C) 정오에
(D) 오후 1시에

해설

지문 맨 마지막에 첫번째와 마지막 프로그램의 순서를 변경하기로 결정했다는 말에서, 정답은 (D)가 된다. 주어진 시간 정보에서 원래 첫 번째 일정이었던 keynote speech가 마지막 순서인 오후 1시에 진행될 것임을 알 수 있다. 시각 정보 연계 문제에서 지문을 듣기 전 표만 보고 답이 나오는 경우, 지문에서 수정·변경된 사항을 적용하여 답을 구해야 한다는 사실을 꼭 기억해두자. 따라서 시각 정보만 보고 오전 11시를 답으로 고르지 않도록 유의하자.

DAY 17 ▷ 전화 메시지

PRACTICE TEST

1 (D)	**2** (A)	**3** (A)	**4** (B)	**5** (D)	**6** (B)
7 (D)	**8** (C)	**9** (C)	**10** (B)	**11** (D)	**12** (A)
13 (D)	**14** (D)	**15** (B)	**16** (A)	**17** (C)	**18** (D)

BR

Questions 1-3 refer to the following telephone message.

1 Hello Ms. Baker. This is Jane Thomas from Jeko Inc. First of all, **1** I'd like to let you know that you made a huge impression on us with your demonstration yesterday. Our planning committee was pretty satisfied with your offer. **2** My secretary will send you a formal request for a written estimate on our renovation project. Hopefully, we will receive it by the end of this week. In addition, **3** our corporate lawyer wants to talk about several legal issues with you tomorrow. **3** He will give you a call later in the day to arrange the time of a meeting. We are looking forward to working with you soon.

1-3은 다음 전화 메시지에 관한 문제입니다.

여보세요, Baker 씨. 저는 Jeko 사의 Jane Thomas입니다. 먼저 당신이 어제 시연에서 우리에게 큰 인상을 남겼다는 점을 알려드리고 싶어요. 우리 기획 위원회는 당신의 제안에 매우 만족했습니다. 제 비서가 우리 보수 프로젝트에 대한 서면 견적을 공식 요청할 겁니다. 이번 주말까지는 받을 수 있었으면 합니다. 추가로, 우리 고문 변호사가 내일 당신과 몇 가지 법률 문제에 관

해 논의하기를 원합니다. 그가 회의 시간을 잡기 위해 오후 늦게 당신께 전화할 겁니다. 곧 당신과 일하기를 고대합니다.

어휘

impression 감동, 인상 demonstration 시연 committee 위원회 pretty 매우 satisfied 만족한 secretary 비서 formal 공식적인 request 요청 written 서면의 estimate 견적 hopefully 바라건대 in addition 게다가 corporate lawyer 고문 변호사 several 몇몇의 legal 법률의 issue 문제 arrange 정하다 look forward to 고대하다

1 What did Mr. Baker do yesterday?
(A) He interviewed with a candidate.
(B) He approved the project.
(C) He talked with a lawyer.
(D) He gave a demonstration.

Baker 씨는 어제 무슨 일을 했는가?
(A) 그는 지원자와 면접을 봤다.
(B) 그는 프로젝트를 승인했다.
(C) 그는 변호사와 얘기했다.
(D) 그는 시연을 했다.

어휘

interview 면접을 보다 candidate 지원자 approve 승인하다

해설

문제에 제시된 고유 명사 키워드인 Mr. Baker와 시간 키워드인 yesterday가 지문에서 언급되는 부분에서 답을 찾아야 한다. 지문 초반 청자의 이름이 Baker임을 알 수 있고, 어제 그가 한 시연이 큰 인상을 남겼다고 말하는 부분에서, 정답은 (D)가 된다.

2 What does the speaker want the listener to do?
(A) Send a quote within this week
(B) Return a call
(C) Meet with committee members
(D) Send a resume

화자가 청자에게 원하는 것은 무엇인가?
(A) 이번 주 안으로 견적 보내기
(B) 전화를 다시 하기
(C) 위원회 회원들과 만나기
(D) 이력서 보내기

어휘

quote 견적 within ~이내에 member 회원 resume 이력서

해설

지문 중반 화자가 비서를 통해 서면으로 견적 요청서를 보낼테니 주말까지 견적을 받아 보았으면 좋겠다고 말하는 부분에서 정답은 (A)가 된다.

패러프레이징

estimate(견적서) → quote(견적)

3 What does the speaker say the corporate lawyer will do later?
(A) He will contact the listener.
(B) He will write an estimate.
(C) He will postpone the meeting.
(D) He will join the planning committee.

화자는 고문 변호사가 나중에 무엇을 할 것이라고 말하는가?
(A) 그는 청자에게 나중에 연락할 것이다.
(B) 그는 견적을 쓸 것이다.
(C) 그는 회의를 미룰 것이다.
(D) 그는 기획 위원회에 참가할 것이다.

어휘

contact 연락하다 postpone 미루다 join 참가하다

해설

지문 후반에 신분 키워드 corporate lawyer가 언급된 직후, 그가 청자에게 회의 일정을 잡기 위해 전화를 할 것이라는 정보를 확인할 수 있다.

패러프레이징

call(전화하다) → contact(연락하다)

US

Questions 4-6 refer to the following telephone message.

Hello! Mr. White. This is Linda Parker from Global Communication. I'm calling to tell you that your billing statement was returned to our office due to the incorrect mailing address. **4** We would like to confirm your current address so that we can send you another copy of the bill. **5** It is due on May 10th, which is only 3 days away. So I'd like to talk with you as soon as possible. **6** Please contact us during normal office hours, which are from 8 a.m. to 6 p.m. If no one answers the phone, don't hesitate to leave a message. We'll get back to you right away. I'm looking forward to hearing from you soon. Thank you.

4-6은 다음 대화에 관한 문제입니다.
여보세요. White 씨, 저는 Global Communication의 Linda Parker입니다. 당신의 청구 내역서가 잘못된 우편 주소 때문에 우리 사무실에 반송 되었음을 알려드리기 위해 전화 드립니다. 다른 청구서 사본을 보내 드리기 위해서, 현재 주소를 확인하고자 합니다. 5월 10일이 지불 기한인데, 딱 3일 남았네요. 그래서 가능한 한 빨리 통화했으면 합니다. 저희 업무 시간인 오전 10시 부터 오후 6시 사이에 전화 주세요. 아무도 전화를 안 받으면, 주저하지 말고 메시지를 남겨 주세요. 저희가 바로 다시 연락 드릴게요. 곧 연락 받았으면 합니다. 감사합니다.

어휘

billing statement 청구 내역서 return 반송하다 incorrect 잘못된 mailing address 우편 주소 confirm 확인하다 due 예정인 address 주소 bill 청구서 as soon as possible 가능한 한 빨리 contact 연락하다 between 사이에 answer the phone 전화를 받다 no one 아무도 hesitate 주저하다 get back to ~에게 다시 연락하다 look forward to ~를 고대하다

4 What is the purpose of the message?
(A) To send a repairman
(B) To get some information
(C) To confirm a reservation
(D) To pay a bill

메시지의 목적은 무엇인가?
(A) 수리공을 보내기 위해서

(B) 정보를 얻기 위해서
(C) 예약을 확인하기 위해서
(D) 청구서를 내기 위해서

어휘

repairman 수리공   confirm 확인하다   reservation 휴가   bill
청구서

해설

지문 초반 청자의 현재 주소를 확인하고 싶다고 말하는 부분에서 정
답은 (B)가 된다.

패러프레이징

address(주소) → information(정보)

5   What should the listener do by May 10th?
(A) Visit the speaker's office
(B) Move out of the current office
(C) Update the telephone directory
(D) Make a payment

청자는 5월 10일까지 무엇을 해야 하는가?
(A) 화자의 사무실 방문하기
(B) 현재 사무실에서 이사 나오기
(C) 전화 번호부를 업데이트하기
(D) 돈을 지불하기

어휘

by ~까지   move out of ~로 부터 나오다   telephone
directory 전화번호부   update 업데이트하다   payment 지불

해설

문제에 주어진 시간 키워드인 5월 10일이 언급되는 부분에서, 정답
의 단서를 찾아야 한다. 지문 초반 청구서를 언급하면서, 그것이 5
월 10일이 만기일이라고 말해주는 부분에서 정답은 (D)가 된다. 지문
의 due를 듣고 의미상 보기에서 make a payment를 연결시켜야
한다.

6   What time does the speaker's office close?
(A) At 5 p.m.
(B) At 6 p.m.
(C) At 7 p.m.
(D) At 8 p.m.

화자의 사무실은 몇 시에 문을 닫는가?
(A) 오후 5시에
(B) 오후 6시에
(C) 오후 7시에
(D) 오후 8시에

해설

지문 후반 업무 시간이 오전 8시부터 오후 6시까지임을 확인할 수 있
다. 따라서 정답은 (B)가 된다. 영업 시작 시간으로 언급된 8 a.m.을
듣고 보기 (D)를 답으로 고르지 않도록 유의하자. 또한, 보통 영업 시
간에 대한 정보는 지문 후반부에 제시된다는 사실을 기억해두자.

US

**Questions 7-9 refer to the following recorded
message.**

You've reached the Greenwood branch of Smart Office

Supplies. 7 Our branch is currently closed in observance
of Independence Day. If you want to speak with one of
our representatives, please call us back during our regular
hours which are from 7 a.m. to 9 p.m. on weekdays. Our
professional operators will be happy to help you with
whatever you need. 8 If your call is regarding the urgent
matter, please leave your message after the beep. We'll
get back to you as soon as possible. 9 If you'd like to
check your order status, please press one. 9 Alternatively,
you can use our tracking system on our website. All you
need to do is to log in with your user ID. Thank you.

7-9는 다음 녹음 메시지에 관한 문제입니다.

Smart 사무용품 Greenwood 지점입니다. 저희 지점은 현재 독립 기념일을
기념해 문을 닫았습니다. 우리 직원들 중 한 명과 통화하길 원하시면 정규 영
업 시간인 평일 오전 7시부터 오후 9시 사이에 다시 전화 주세요. 우리의 전
문적인 교환원들이 여러분이 원하시는 것이 무엇이든 기꺼이 도와 드릴 겁니
다. 여러분의 전화가 급한 문제에 관한 것이면 삐 소리 후에 메시지를 남겨주
세요. 저희가 가능한 한 빨리 연락 드릴게요. 주문 상황을 확인하시고자 하
시면 1번을 눌러 주세요. 그렇지 않으면 저희 웹사이트에서 배송 추적 서비스
를 이용하실 수도 있습니다. 여러분은 이용자 아이디로 접속 하시기만 하면
됩니다. 감사합니다.

어휘

reach 연락하다   branch 지점   office supplies 사무용품
currently 현재에   in observance of ~을 기념하여
representative 직원   regular 정규의   during ~동안   weekday
평일   professional 전문적인   operator 교환원   whatever 무엇이
든 간에   regarding ~에 관해   urgent 급한   matter 문제   leave a
message 메시지를 남기다   get back to ~에 다시 전화하다   as
soon as possible 가능한 한 빨리   order status 주문 상태
alternatively 그렇지 않으면   tracking service 추적 서비스   log in
로그인 하다

7   Why is the business closed today?
(A) To renovate the office
(B) To relocate to Greenwood
(C) To prepare for the new service
(D) To observe the national holiday

가게가 오늘 문을 닫는 이유는 무엇인가?
(A) 사무실을 보수하기 위해서
(B) Greenwood로 이전하기 위해서
(C) 새로운 서비스를 준비하기 위해서
(D) 국경일을 준수하기 위해서

어휘

renovate 보수하다   office 사무실   relocate 이전하다
prepare 준비하다   observe 준수하다   national holiday 국경
일

해설

지문 초반 독립기념일을 기념하여 지점이 문을 닫았다라고 말하는 부
분에서 정답은 (D)가 된다. 지문의 Independence Day를 좀 더
넓은 의미의 national holiday로 바꿔 표현하고, in observance
of가 observe로 변환해 제시했다.

8   What are listeners instructed to do for urgent matters?
(A) Use an email

(B) Call the headquarters
(C) Leave a message
(D) Send a text message

청자들은 급한 문제들에 있어 무엇을 하라고 지시를 받았는가?

(A) 이메일 사용하기

(B) 본사에 전화하기

(C) 메시지 남기기

(D) 문자 보내기

headquarters 본사 leave 남기다 text message 문자

해설

문제에 지시된 핵심 키워드인 urgent matters가 지문에서 언급되는 부분에서 답을 찾아야 한다. 지문 중반에 전화가 급한 문제에 관련된 경우 메시지를 남기라는 말에서 정답은 (C)가 된다. 문제에 instructed가 제시되는 지시·요청 문제에 있어서, 지문에 언급되는 명령문이 답을 제시하는 경우가 많다는 사실을 기억해두자.

9 How can listeners check their order status?
(A) By staying on the line
(B) By pressing 2
(C) By visiting the website
(D) By using the application

청자들은 주문 상태를 어떻게 확인할 수 있는가?

(A) 전화를 끊지 않고 기다려서

(B) 2번을 눌러서

(C) 웹사이트를 방문해서

(D) 응용프로그램을 이용해서

어휘

application 응용 프로그램 stay on the line 전화를 끊지 않고 기다리다

해설

지문 후반에 주문 상태를 확인하려면 1번을 누르거나 웹사이트에서 추적 서비스를 이용할 수도 있다고 말하는 부분에서 정답은 (C)가 된다. 문제에 제시된 키워드 order status가 지문에서 그대로 언급되는 부분을 놓치지 않아야 한다.

AU

Questions 10-12 refer to the following telephone message.

Hello, 12 Mr. Parker. This is Patrick Jackson and 10 I'm calling to let you know that your printer is ready to be picked up. 11 I'm really sorry that the repair wasn't completed on Tuesday as I had promised. Actually, I had to order some replacement parts from the outside supplier but it took a while for them to arrive here. I hate to say this but it can be difficult to get some parts for older models like yours. To compensate for the unexpected delay, 12 I'm willing to give you a 30% off coupon for your next visit. You can pick up your printer anytime during our regular business hours. Please note that we're open from 9 a.m. to 7 p.m. every day except for Sunday.

10-12는 다음 전화 메시지에 관한 문제입니다.

여보세요, Parker 씨. 저는 Patrick Jackson이고, 당신의 프린터가 찾아가

실 준비가 되었다고 알려드리려고 전화 드립니다. 제가 약속한대로 화요일에 수리를 끝내지 못해서 정말 죄송합니다. 사실은 제가 몇몇 대체 부품을 외부 공급업자에게 주문했어야 했는데, 그것들이 여기 도착하는데 시간이 좀 걸렸습니다. 이런 말씀 드리기 싫지만, 당신 것과 같은 오래된 모델들은 몇몇 부품들을 구하기가 어려울 수 있습니다. 이번의 예기치 못한 지연을 보상하기 위해 다음 방문 때 쓰실 수 있는 30% 할인 쿠폰을 드리겠습니다. 정규 영업 시간이면 언제든 당신의 프린터를 찾아가실 수 있습니다. 우리가 일요일을 제외하고 매일 오전 9시부터 오후 7시까지 영업한다는 사실을 양지해 주세요.

어휘

ready 준비된 pick up 찾아가다 repair 수리 complete 끝내다 promise 약속하다 replacement 대체 part 부품 outside 외부의 supplier 공급업자 compensate 보상하다 unexpected 예기치 못한 anytime 언제든 during ~동안 except for ~를 제외하고

10 Who most likely is the caller?
(A) A sales clerk
(B) A technician
(C) A physician
(D) A customer

전화한 사람은 누구일 것 같은가?

(A) 영업 사원

(B) 기술자

(C) 내과 의사

(D) 고객

해설

지문 초반 프린터가 찾아갈 준비가 되었다고 말하고, 약속한 화요일에 수리를 못 끝내서 미안하다고 말하는 부분에서 화자가 프린터 수리를 할 수 있는 기술자임을 알 수 있다. 지문에서 printer와 repair를 듣고 technician이란 신분 명사를 유추해 내야 한다.

11 Why is the caller apologizing?
(A) The cost was higher than expected.
(B) The item is beyond repair.
(C) The parts are out of stock.
(D) The work was delayed.

전화한 사람이 사과하는 이유는 무엇인가?

(A) 비용이 예상보다 높았다.

(B) 물품이 수리를 할 수 없을 정도다.

(C) 부품들이 재고가 없다.

(D) 일이 지연되었다.

어휘

cost 비용 beyond repair 수리할 수 없을 정도의 part 부품 out of stock 재고가 없는 delayed 지연된

해설

지문 초반 화자가 약속한대로 화요일에 수리를 못 끝냈다고 사과하는 부분에서 작업이 늦어진 것에 대한 사과임을 알 수 있다. 따라서 정답은 (D)가 된다. 문제에 apologize가 제시되면서 사과의 이유를 묻는 문제의 경우, 지문에서 sorry가 언급되는 문장 근처에서 답의 단서가 제시된다는 사실도 기억해두자.

12 What will Mr. Parker receive?
(A) A discount voucher
(B) A free delivery service

(C) A complimentary gift
(D) A manual

Parker 씨가 무엇을 받게 될 것인가?

(A) 할인 쿠폰
(B) 무료 배달 서비스
(C) 무료 선물
(D) 설명서

voucher 쿠폰   delivery 배달   complimentary 무료의   gift 선물   manual 설명서

지문 맨 처음에서 청자가 Mr. Parker임을 파악할 수 있고, 지문 후반에 지연 보상을 위해 30% 쿠폰을 줄 것이라고 말하는 부분에서 정답은 (A)가 된다.

coupon(쿠폰) → voucher(쿠폰)

BR

Questions 13-15 refer to the following telephone message.

You have reached the office of Jane Parker. But I'm sorry that I can't come to the phone right now. **13** Actually, I'm currently attending the trade fair which is being held in New York and I won't be able to be back in my office until the end of the week. If you're calling about your account, please call me back next Monday. **14** Should you have an emergency, you can call me on my mobile phone. **15** For our reward program, please talk with my secretary, Michelle Thompson. She takes care of all the procedures. You can reach her at extension 10 after this message. Thank you.

13-15는 다음 전화 메시지에 관한 문제입니다.

Jane Parker 사무실에 전화 주셨습니다. 하지만 죄송하게도 저는 지금 전화를 받을 수 없습니다. 사실은 제가 뉴욕에서 열리는 무역 박람회에 참석 중인데, 이번 주말까지는 사무실에 돌아올 수 없습니다. 여러분의 계정에 대해서 전화를 하셨다면, 다음 주 월요일에 다시 전화주세요. 급한 문제가 있으시면, 제 휴대전화로 전화주세요. 우리 보상 프로그램에 대해서는 제 비서인 Michelle Thompson과 얘기해 주세요. 그녀가 모든 절차를 책임지고 있습니다. 이 메시지 후에 그녀에게 구내 번호 10번으로 연락하시면 됩니다. 고맙습니다.

reach 연락하다   actually 사실은   trade fair 무역 박람회   be held 열리다   be able to ~할 수 있다   account 계정   emergency 응급 상황   mobile phone 휴대전화   reward 보상   secretary 비서   take care of ~를 처리하다   procedure 절차   extension 구내 번호   message 메시지   currently 현재

13 What does the speaker mean when she says, "But I can't come to the phone right now"?
(A) She is still on vacation.
(B) She is repairing her office phone.
(C) She misplaced her mobile phone.
(D) She is on a business trip.

화자가 "저는 지금 전화를 받을 수 없습니다"라고 말할 때 의미한 바는 무엇인가?

(A) 그녀는 아직 휴가 중이다.
(B) 그녀는 사무실 전화를 수리하고 있다.
(C) 그녀는 그녀의 휴대 전화를 잘못 두었다.
(D) 그녀는 출장 중이다.

still 여전히   on vacation 휴가 중인   repair 수리하다   misplace 잘못 두다   mobile phone 휴대전화   business trip 출장   repair 수리하다

지문 초반 해당 표현 바로 다음에, 현재 여자가 뉴욕에서 열리는 무역 박람회에 참석 중이란 말에서 정답은 (D)가 된다. 지문의 attending the trade fair ~ in New York을 보기에서 be on a business trip로 바꿔 표현했다.

14 What are listeners advised to do for an urgent matter?
(A) Leave a message
(B) Talk with a secretary
(C) Visit the office in person
(D) Call Ms. Parker on the cellular phone

급한 문제에 대해서 청자들은 무엇을 하도록 조언 받는가?

(A) 메시지 남기기
(B) 비서와 얘기하기
(C) 사무실을 직접 방문하기
(D) 휴대 전화로 Parker 씨와 통화하기

leave 남기다   in person 직접   visit 방문하다   urgent 급한   matter 문제

지문 중반 급한 문제에 대해서는 휴대 전화로 전화 하라고 말하는 부분에서 정답은 (D)가 된다.

emergency(비상) → urgent matter(급한 문제)

15 What is mentioned about Michelle Thompson?
(A) She is Ms. Parker's supervisor.
(B) She deals with a certain program.
(C) She is currently attending the fair.
(D) She won't be back until Monday.

Michelle Thompson에 대해 무엇이 언급되었는가?

(A) 그녀는 Parker 씨의 상관이다.
(B) 그녀는 특정 프로그램을 다루고 있다.
(C) 그녀는 현재 박람회에 참가 중이다.
(D) 그녀는 월요일은 되어야 돌아올 것이다.

supervisor 상관   deal with 처리하다   certain 특정한

문제의 고유 명사 키워드인 Michelle Thompson이 언급되는 부분에서 답의 단서를 찾는 것이 중요하다. 지문 후반, 보상 프로그램에 대한 모든 절차를 그녀가 처리한다고 말하는 부분에서 정답은 (B)가 된다.

take care of(~을 처리하다) → deal with(다루다, 처리하다)

US

 新유형 **Questions 16-18 refer to the following telephone message and map.**

Forest Hill	Victoria Street	Dream Castle
Evergreen Mountain	Hyde Park	Jade Lake
Highland View	Elizabeth Street	Pacific Palace

Hello, Ms. Lee! **16 This is Ben Watson from Rainbow Real Estate.** I heard that you called our office early in the morning and inquired about **17 the studio apartment in Forest Hill which we advertised in the local newspaper.** I'm afraid that it was just rented out yesterday. **18 But there is a similar apartment available in Elizabeth Street. The rent is reasonable and it overlooks the lake.** If you want to check it out today, don't hesitate to call me. I'll take you there and show you around anytime you want. Hope to hear from you soon. Thank you.

16-18은 다음 전화 메시지와 지도에 관한 문제입니다.

Forest Hill	Victoria 가	Dream Castle
Evergreen 산	Hyde 공원	Jade 호수
Highland View	Elizabeth 가	Pacific Palace

여보세요. Lee 씨. 저는 Rainbow 부동산의 Ben Watson입니다. 저희 사무실에 아침 일찍 전화하셔서 저희가 지역 신문사에 광고한 Forest Hill 에 있는 원룸 아파트에 대해 문의 하셨다고 들었습니다. 유감스럽게도 그곳은 어제 임대가 되었습니다. 하지만 비슷한 아파트가 Elizabeth 가에 나와 있습니다. 임대료도 적당하고, 호수가 바라다 보인답니다. 오늘 그곳을 확인하고 싶으시면 주저하지 말고 제게 전화 주세요. 제가 거기로 모시고 가서 언제든 원하시는 때에 보여 드리겠습니다. 곧 연락 받았으면 합니다. 고맙습니다.

real estate 부동산 inquire 묻다 apartment 아파트 advertise 광고하다 local newspaper 지역 신문 rent out ~을 임대하다 available 이용 가능한 rent 임대료 reasonable 적정한 overlook 바라다보이다 check out 확인하다 hesitate 주저하다 show~around 구경시켜주다 anytime 언제든

16 How did Ms. Lee probably learn about the apartment?
  (A) By reading a paper
  (B) By looking at a leaflet
  (C) By checking out the website
  (D) By listening to a radio advertisement

Lee 씨는 아파트에 대해 어떻게 알았을 것 같은가?

(A) 신문을 읽고
(B) 전단지를 보고
(C) 웹사이트를 확인하고
(D) 라디오 광고를 듣고

paper 신문 leaflet 전단지 listen to ~을 듣다 advertisement 광고

지문 초반 Ms. Lee가 문의한 Forrest Hill이 지역 신문에 광고가 되었다는 사실을 알 수 있다. 따라서 정답은 (A)가 된다. 유추 문제이므로 보기 중에서 가장 확률이 높은 보기를 고르는 것이 중요하다.

newspaper(신문) → paper(신문)

17 Who most likely is Ben Watson?
  (A) A janitor
  (B) A photographer
  (C) A realtor
  (D) A tenant

Ben Watson은 누구일 것 같은가?
(A) 건물 관리인
(B) 사진사
(C) 부동산 중개업자
(D) 세입자

문제에 제시된 고유 명사 키워드인 Ben Watson이 언급되는 부분에서 답의 단서를 찾는 것이 중요하다. 지문 초반 메시지를 남기는 본인이 Ben Watson임을 소개하면서 Rainbow Real Estate라고 소속 상호를 제시하는 부분에서 그의 직업이 부동산 업자임을 추론할 수 있다. 따라서 정답은 (C)가 된다. 지문에 제시된 상호인 real estate을 듣고, realtor라는 직업을 유추해 내야 한다.

18 Look at the graphic. Where does the speaker 新유형 recommend going?
  (A) Forest Hill
  (B) Dream Castle
  (C) Highland View
  (D) Pacific Palace

시각 자료를 보시오. 화자는 어디로 가자고 제안하는가?
(A) Forest Hill
(B) Dream Castle
(C) Highland View
(D) Pacific Palace

지문 중후반에 화자가 찾는 아파트와 유사한 곳을 추천하면서, 그곳이 Elizabeth 가에 있고 호수가 보이는 곳이라는 부가 설명에서 정답은 (D)가 된다. 주어진 지도에서, Elizabeth 가에서 호수가 바라다 보이는 아파트는 Pacific Palace 뿐이다. 지문에서 아파트명이 그대로 언급된 Forest Hill은 오히려 함정이 되고, Dream Castle은 호수는 바라다 보이지만, Elizabeth 아닌 Victoria 가에 위치해 있으므로 또한 함정이 된다.

DAY 18 〉 광고 및 인물 소개

PRACTICE TEST

1 (A)	**2** (A)	**3** (C)	**4** (A)	**5** (B)	**6** (B)
7 (B)	**8** (B)	**9** (C)	**10** (D)	**11** (C)	**12** (B)
13 (B)	**14** (C)	**15** (A)	**16** (A)	**17** (C)	**18** (D)

US

Questions 1-3 refer to the following excerpt from a meeting.

Thank you for coming here early in the morning. Before we start today's meeting, **1** I'd like to tell you that our management has finally decided to hire Ben Jenson as our new vice president in marketing. Mr. Jenson will begin his new job here in Chicago **2** after taking a three-week management training course in our main office located in New York. **3** He started his career as a car salesperson from Pacific Group in Detroit in 1998 and he has worked as the general manager in GT Inc. for the last 10 years. His broad understanding of innovative marketing strategies as well as his strong leadership has earned him a number of prestigious awards. I'm so delighted to introduce him to you today. Ladies and gentlemen, please give him a big round of applause.

1-3은 다음 회의 발췌록에 관한 문제입니다.

아침 일찍 여기에 와주셔서 감사 드려요. 오늘 회의를 시작하기 전에, 우리 경영진들이 드디어 Ben Jenson을 우리의 마케팅 부사장으로 고용하기로 결정했음을 알려드리고 싶습니다. Jenson 씨는 뉴욕에 위치에 있는 우리 본사에서 3주간의 경영 훈련을 받은 후에 여기 시카고에서 새로운 일을 시작하실 겁니다. 그는 1998년 디트로이트의 Pacific Group에서 자동차 영업 사원으로 경력을 시작했고, 지난 10년간 GT에서 총 지배인으로 근무해 왔습니다. 혁신적 마케팅 전략들에 대한 폭 넓은 이해와 강한 지도력으로 그는 많은 저명한 상을 수상할 수 있었습니다. 오늘 그를 여러분들에게 소개하게 되어 매우 기쁩니다. 신사 숙녀 여러분, 그에게 큰 박수 갈채를 부탁 드립니다.

어휘

management 경영진 finally 마침내 vice president 부사장 main office 본사 located in ~에 위치한 career 경력 broad 넓은 understanding 이해 innovative 혁신적인 strategy 전략 as well as ~뿐만 아니라 ~도 leadership 지도력 earn 얻다 prestigious 저명한 award 상 delighted 기쁜 introduce 소개하다 applause 박수갈채

1 What is the purpose of the talk?
(A) To introduce a new executive
(B) To present an award
(C) To talk about the new training program
(D) To open a new branch in Chicago

담화의 목적은 무엇인가?
(A) 새로운 임원을 소개하기 위해서
(B) 상을 시상하기 위해서
(C) 새로운 교육 프로그램에 대해 이야기하기 위해서
(D) 시카고에 새로운 지점을 열기 위해서

어휘

executive 임원 present 주다 branch 지점 talk about ~에 대해 이야기하다

해설

지문 초반 새로운 부사장을 고용했다는 사실을 전하고, 그의 대한 약력을 언급하는 부분에서 정답은 (A)가 된다. 특히 목적을 묻는 purpose의 문제의 단서가 지문 초반에 제시되는 tell you 다음에 언급되는 경우가 많다는 사실을 기억해두자.

패러프레이징

vice president(부사장) → executive(임원)

2 Where will Ben Jenson be trained for 3 weeks?
(A) In New York
(B) In Chicago
(C) In Detroit
(D) In Boston

Ben Jenson은 3주 동안 어디에서 교육을 받을 것인가?
(A) 뉴욕에서
(B) 시카고에서
(C) 디트로이트에서
(D) 보스턴에서

해설

고유 명사 Ben Jenson과 시간 키워드 3 weeks가 언급되는 부분에서 답을 찾아야 한다. 지중 중반 그가 3주 동안 뉴욕에 있는 본사에서 경영 훈련을 받게 된다는 사실을 언급하는 부분에서 정답은 (A)가 된다.

3 What happened to Ben Jenson in 1998?
(A) He was promoted to the general manager.
(B) He started his own business.
(C) He began to work as a salesman.
(D) He graduated from college.

Ben Jenson에게 1998년 무슨 일이 있었는가?
(A) 그는 총 지배인으로 승진했다.
(B) 그는 그의 사업을 시작했다.
(C) 그는 영업 사원으로 일을 시작했다.
(D) 그는 대학을 졸업했다.

어휘

happen 일어나다 promote 승진하다 salesman 영업 사원 graduate from college 대학을 졸업하다

해설

문제에 제시된 시간 키워드인 1998년이 언급되는 부분에서 답을 찾아야 한다. 지문 중반에 1998년 그가 자동차 판매원의 직장 경력을 시작했다고 말하는 부분에서 정답은 (C)가 된다.

패러프레이징

car salesperson(자동차 영업 사원) → salesman(판매원)

Questions 4-6 refer to the following advertisement.

Are you a fan of Spanish food? If so, don't look any further than 5 "The Little Castle". 4 We specialize in a variety of Spanish dishes like tapas and paella. Most of all, gaspacho has been the signature dish of our restaurant since we started a business in the 1980s. What really sets us apart from other Spanish restaurants is our traditional atmosphere which makes you feel as if you are in Spain. 5 In particular, we have been chosen as one of the best European restaurants in California by the LA Times for 10 years in a row. In celebration of our 30th anniversary, you can enjoy a feast of authentic Spanish gourmet dishes at reduced prices this month only. 6 You can book tables on our website or by telephone. We're looking forward to serving you sooner or later.

4-6은 다음 광고에 관한 문제입니다.

스페인 요리를 좋아하세요? 그러시다면, "The Little Castle" 이상을 찾지 마세요. 우리는 타파스나 파에야 같은 다양한 스페인 요리들을 전문으로 합니다. 그 중에서도 가스파쵸는 우리가 1980년대 사업을 시작한 이래로 우리 식당의 대표 요리였습니다. 다른 스페인 식당들과 우리를 정말 차별화시켜주는 것은 여러분들이 마치 스페인이 있는 것 같이 느끼게 해주는 우리의 전통적인 분위기입니다. 특히, 우리는 10년 연속 LA 타임즈에 캘리포니아에 있는 최고의 유럽 식당들 중 하나로 선정 되었습니다. 우리의 30주년 기념해서, 여러분은 정통 고급 스페인 요리들 만찬을 이번 달에 할인된 가격을 즐기실 수 있습니다. 전화나 웹사이트에서 테이블들을 예약할 수 있습니다. 조만간 여러분들께 대접하길 기대합니다.

어휘

Spanish 스페인의 specialize in ~을 전문으로 하다 a variety of 다양한 most of all 무엇보다 먼저 signature dish 대표 요리 since ~이래로 start a business 사업을 시작하다 set apart ~와 다르게 만들다 atmosphere 분위기 as if 마치 ~인 것처럼 in particular 특별히 in a row 연속으로 in celebration ~을 기념하여 anniversary 기념일 feast 잔치 gourmet 미식가 authentic 정통의 reduced 할인된 look forward to ~를 고대하다 sooner or later 조만간

4 What type of business is being advertised?
(A) A restaurant
(B) A travel agency
(C) A hotel
(D) A grocery store

어떤 종류의 사업이 광고되고 있는가?
(A) 식당
(B) 여행사
(C) 호텔
(D) 식료품점

해설

지문 초반, 스페인 요리를 전문으로 한다고 말하는 부분에서 정답은 (A)가 된다. food나 dish와 같은 장소 관련 키워드를 듣고 restaurant이란 장소를 유추하는 것이 핵심 포인트다.

5 What does the speaker say about "The Little Castle"?
(A) It is located in Spain.

(B) It has been well received by the press.
(C) It was founded 10 years ago.
(D) It is run by a celebrity.

화자는 "The little Castle"에 대해 뭐라고 말하는가?
(A) 스페인에 위치해 있다.
(B) 언론으로부터 좋은 평가를 받아 왔다.
(C) 10년 전에 세워졌다.
(D) 유명인이 경영하고 있다.

어휘

be located in ~에 위치해 있다 be well received by ~에 의해 호평을 받는다 press 언론 found 세우다 run 운영하다 celebrity 유명인사

해설

지문 초반 광고 대상물인 "The Little Castle"를 언급하고, 지문 중반에 10년 연속 LA Times에 의해 최고의 유럽 식당들 중 하나로 선정되었다고 말하는 부분에서 해당 업체가 언론으로부터 좋은 평가를 받아오고 있음을 추론할 수 있다. 따라서 정답은 (B)가 된다. 지문의 LA Times가 좀 더 포괄적인 의미의 press로 변환되어 표현되었다.

6 What are listeners invited to do online?
(A) Look at a variety of photographs
(B) Make a reservation
(C) Check some testimonials
(D) Read the manual

청자들은 온라인에서 무엇을 하라고 장려 받는가?
(A) 다양한 사진들 보기
(B) 예약하기
(C) 추천서 확인하기
(D) 설명서 읽기

어휘

photograph 사진 reservation 예약 testimonial 추천서 manual 설명서

해설

지문 후반 웹사이트나 전화로 테이블을 예약할 수 있다고 말하는 부분에서 정답은 (B)가 된다.

패러프레이징

online(온라인) → website(웹사이트)
book(예약하다) → make a reservation(예약하다)

Questions 7-9 refer to the following introduction.

Hi folks! My name is Brian Young. 7 Thank you for being with us to celebrate Ms. Baker's retirement. She started her career here when our firm was founded 3 decades ago. Although she was just a fresh-faced university graduate, she showed her exceptional ability to attract customers. She received several quick promotions after she made contracts with large corporations from all over the world. 8 Last month, she played a significant role in launching our new tablet PC, Z-10. On a personal level, she has been such a great mentor to young workers like me and set an example for us. 9 She wants to share a

few words with us tonight. Please welcome her with a big round of applause.

7-9는 다음 소개에 관한 문제입니다.

안녕하세요 여러분! 제 이름은 Brian Young입니다. Baker 씨의 은퇴를 기념하기 위해 우리와 함께 해주신 여러분 고맙습니다. 그녀는 30년 전 우리 회사가 설립되었을 때 여기서 그녀의 직업 경력을 시작했습니다. 그녀가 비록 어려 보이는 대학 졸업생이지만, 그녀는 고객들을 끌어들이는 뛰어난 능력을 보여 줬습니다. 전 세계의 대기업들과의 거래를 성사시킨 후 그녀는 몇 번이나 빠르게 승진했습니다. 지난달에는 우리의 새로운 태블릿 PC 모델인 Z-10의 출시에 중요한 역할을 했습니다. 개인적으로는 그녀는 저 같은 젊은 근로자들에게 정말 위대한 멘토였고, 우리에게 본보기를 보여 왔습니다. 그녀는 오늘밤 우리와 얘기를 나누고 싶어 하십니다. 그녀를 큰 박수 갈채로 환영해 주세요.

어휘

folks 사람들 celebrate 기념하다 retirement 은퇴 career 직업 경력 firm 회사 found 세우다 decade 10년 ago ~전에 fresh-faced 어려 보이는 university graduate 대학 졸업생 exceptional 뛰어난 ability 능력 attract 끌어들이다 quick 빠른 promotion 승진 contract 계약 corporation 회사 significant 중요한 launch 출시하다 on a personal level 개인적으로 mentor 멘토 set an example 본보기를 보이다 share 나누다 applause 박수 갈채

7 What is the purpose of the talk?
(A) To welcome young workers
(B) To introduce someone
(C) To attract customers
(D) To celebrate Ms. Baker's promotion

담화의 목적은 무엇인가?
(A) 젊은 근로자들을 환영하기
(B) 누군가를 소개하기
(C) 고객들 끌어들이기
(D) Baker 씨의 승진 기념하기

어휘

welcome 환영하다 introduce 소개하다 attract 끌어들이다 customer 고객 celebrate 기념하다 promotion 승진

해설

지문 초반 Baker 씨의 은퇴를 기념하기 위해 모여 주셔서 고맙다고 말하고, 그녀의 약력을 언급하는 부분에서 정답은 (B)가 된다. 지문의 Ms. Baker를 보기에서는 좀 더 포괄적인 의미의 someone 으로 바꿔 표현했다.

8 What does the speaker say happened last month?
(A) Ms. Baker graduated from university.
(B) The new product was released.
(C) Mr. Young started his career.
(D) His company was founded.

화자가 지난달에 무슨 일이 있었다고 말하는가?
(A) Baker 씨가 대학에서 졸업했다.
(B) 새로운 제품이 출시되었다.
(C) Young 씨가 경력을 시작했다.
(D) 그의 회사가 창립되었다.

어휘

graduate 졸업하다 university 대학 release 출시하다 career 경력 found 세우다

해설

문제에 제시된 시간 키워드인 last month가 언급되는 부분에서 그가 새로운 제품 출시에 기여를 했다고 말하는 부분에서 정답은 (B)가 된다.

패러프레이징

launch(출시하다) → release(출시하다)

9 What will take place next?
(A) The new tablet PC will be unveiled.
(B) A demonstration will be given.
(C) A speech will be made.
(D) An award will be presented.

다음에 무슨 일이 일어날 것인가?
(A) 새로운 태블릿 PC가 공개될 것이다.
(B) 시연이 있을 것이다.
(C) 연설이 있을 것이다.
(D) 시상이 될 것이다.

어휘

take place 일어나다 unveil 공개하다 demonstration 시연 award 상 present 주다

해설

지문 후반, 그녀가 청자들과 얘기를 나누고 싶어 한다고 말하는 부분에서 정답은 (C)가 된다. 특히 소개문에서 다음에 일어날 일을 묻는 next 문제가 출제되면, 거의 대부분은 소개 받은 사람이 연설하는 순서가 바로 다음에 이어진다는 사실도 기억해두자.

패러프레이징

a few words(몇 마디) → speech(연설)

US

Questions 10-12 refer to the following advertisement.

Aren't you tired of doing the same thing every day? If you feel this way, you need a break from the routine. How about going on a back packing trip? All you have to do is to pack up your backpack. If you don't have one, you should lighten your load with Geo-pack. **10** We carry a wide selection of backpacks which are light, durable, and fashionable. I'm sure that our products will enable you to travel more safely and comfortably. Plus, we offer a longer warranty period than any other manufacturer in the nation. That's right. It's a 10 year warranty. If you have any problems with our product, we'll take care of it for free for 10 years! That's not all. **11** If you buy one today, you'll get another one free of charge. **12** To place an order, please call our toll free number 1-800-235-6588. Thank you.

10-12는 다음 광고에 관한 문제입니다.

매일 똑같은 일을 하는 것이 지겹지 않으세요? 그렇게 느끼신다면, 일상으로 부터의 휴식이 필요합니다. 배낭 여행을 떠나시는 건 어떠세요? 배낭만 싸시면 됩니다. 배낭이 없으시다면, Geo-Pack으로 짐을 가볍게 하세요. 우리는 가볍고, 건고하고, 유행에 맞는 다양한 배낭들을 취급합니다. 우리의 제품들은 여러분들이 여행을 편하고, 안전하게 할 수 있도록 해 줄 겁니다. 추가로,

우리나라의 어떤 다른 제조사들보다 더 긴 품질 보장 기간을 제공합니다. 맞습니다. 바로 10년 품질 보증입니다. 우리 제품에 어떤 문제라도 있으시다면, 10년 동안 무료로 처리해 드립니다. 그게 전부가 아닙니다. 오늘 한 개를 사시면 무료로 한 개를 더 얻으실 수 있습니다. 주문을 하시려면 수신자 비용 부담 전화인 1-800-235-6588번으로 전화주세요. 감사합니다.

10 What is being advertised?
(A) Package tours
(B) Discount tickets
(C) Cosmetics
(D) Bags

무엇이 광고되고 있는가?
(A) 패키지 여행들
(B) 할인 티켓들
(C) 화장품들
(D) 가방들

해설

지문 초반 다양한 배낭들을 취급한다고 말하는 부분에서 광고 대상물이 배낭임을 알 수 있다. 따라서 정답은 (D)가 된다.

패러프레이징

backpack(배낭) → bag(가방)

11 Why does the woman say, "That's not all"?
(A) To explain an alternative way to place an order
(B) To demonstrate how to use the product
(C) To tell about the additional special offer
(D) To describe more functions

여자가 "그게 전부가 아닙니다"라고 말한 이유는 무엇인가?
(A) 주문하는 다른 방법을 설명하기 위해서
(B) 제품을 사용하는 법을 보여주기 위해서
(C) 추가적인 특별 혜택에 대해 말하기 위해서
(C) 더 많은 기능들을 묘사하기 위해서

어휘

explain 설명하다 alternative 다른, 대체의 place an order 주문하다 demonstrate 시연하다 how to ~하는 법 special offer 특별 제공 describe 묘사하다 function 기능 additional 추가적인

해설

해당 표현 바로 다음에 오늘 하나를 사면 하나를 무료로 주는 혜택에 대해 언급하는 부분에서 정답은 (C)가 된다. 지문의 1+1 혜택을 좀 더 폭넓은 의미의 special offer로 바꿔 표현했다.

12 How can listeners place an order?
(A) By logging on the website
(B) By making a call
(C) By sending a text

(D) By visiting a store in person

청자들은 어떻게 주문을 할 수 있는가?
(A) 웹사이트에서 접속해서
(B) 전화를 해서
(C) 문자를 보내서
(D) 가게에 직접 방문해서

어휘

log in 접속하다 text 문자 in person 직접

해설

지문 마지막에 주문을 하려면 수신자 부담 전화로 전화하라고 말하는 부분에서 정답은 (B)가 된다. 보통 주문이나 예약 방법에 대한 정보는 지문 마지막에 제시된다는 사실을 기억해두자.

BR

Questions 13-15 refer to the following talk.

Attention, everyone! Thank you for shopping with us again. As some of you probably know, I'd like to remind you that we'll have our annual clearance sale starting next Monday. It will last for a week. 13 Our popular children's and infant's clothing including new arrivals will be 30% off the regular price. On the second floor, all kinds of men's and women's clothes will be marked down up to 50%. In addition, 14 the first 10 shoppers every day will be eligible for the complimentary blenders during the sale. For your convenience, the store hours will be changing and we will be closing at 10 p.m. next week. Don't miss out this great opportunity.

13-15는 다음 담화에 관한 문제입니다.

주목해 주세요, 여러분. 다시 한번 우리와 함께 쇼핑해 주셔서 감사 드립니다. 몇몇 분들은 아시다시피, 다음 주 월요일부터 시작해서 연례 재고 처리 세일이 있음을 상기시켜 드리고 싶네요. 그것은 일주일간 계속될 겁니다. 신상품을 포함한 우리의 인기 있는 아동복과 유아복들이 정가에서 30% 할인될 것입니다. 2층에서는 모든 종류의 남성복과 여성복들은 50% 까지 가격이 인하됩니다. 게다가, 세일 기간 동안 매일 선착순 10분께서는 무료 믹서기를 받으실 자격이 생깁니다. 여러분들의 편의를 위해, 가게 영업 시간이 바뀌어, 다음 주에는 오후 10시에 문을 닫을 것입니다. 이 좋은 기회를 놓치지 마세요.

어휘

remind 상기시키다 annual 해마다의 clearance sale 재고 처리 세일 infant 유아 including ~를 포함하는 regular price 정가 all kinds of 모든 종류의 in addition 게다가 mark down 가격을 인하하다 up to ~까지 be eligible for ~할 자격이 있다 complimentary 무료의 blender 믹서기 convenience 편의 opportunity 기회

13 Where most likely is the announcement being made?
(A) At a hardware store
(B) At a clothing store
(C) At a convenience store
(D) At an electronics store

안내는 어디에서 되고 있을 것 같은가?
(A) 철물점에서

(B) 의류점에서
(C) 편의점에서
(D) 전자제품점에서

지문 초반 아동복과 유아복을 언급하는 부분에서, 정답은 (B)가 된다. 특히 현재 장소가 어떤 가게인지 유추하는 문제에 있어서, 해당 가게에서 판매하는 물건이 무엇인지 파악하는 것이 매우 중요하다.

14 According to the speaker, who will receive a free gift?
(A) People who will spend more than 100 dollars
(B) People who shop in the store on a regular basis
(C) People who will come to the store early
(D) People who will buy a new arrival

화자의 말에 따르면, 누가 무료 선물을 받을 것인가?
(A) 100달러 이상 쓸 사람들
(B) 정기적으로 가게에서 쇼핑하는 사람들
(C) 가게에 일찍 올 사람들
(D) 새로 들어온 물건을 살 사람들

spend 쓰다 gift 선물 free 무료의 more than ~이상 on a regular basis 정기적으로

지문 후반 매일 선착순 10명에게 무료 믹서기를 준다고 말하는 부분에서 정답은 (C)가 된다. 문제의 핵심 키워드인 free가 지문에서는 complimentary로 변환되어 제시되고, 지문의 the first 10 shoppers가 보기에서는 people who come to the store early로 바뀌어 제시되었다.

free(무료의) → complimentary(무료의)

15 What will probably take place next week?
(A) Shopping hours will be extended.
(B) The shop will be closed for repairs.
(C) The new shipment will arrive.
(D) The new location will be opened.

다음 주에 무슨 일이 있을 것인가?
(A) 쇼핑 시간이 연장될 것이다.
(B) 가게가 수리로 문을 닫을 것이다.
(C) 새로운 선적물이 도착할 것이다.
(D) 새로운 지점이 문을 열 것이다.

extend 연장하다 repair 수리 shipment 선적물 arrive 도착하다 location 지점

지문 후반에 시간 키워드인 next week가 언급되는 부분에서 가게가 문 닫는 시간이 쇼핑객들을 편의를 위해 오후 10시가 된다는 말에서 영업 시간이 10시로 늘어났음을 추론할 수 있다. 따라서 정답은 (A)가 된다. 비록 시간이 연장된다고는 하지 않았지만, 고객의 편의를 위해 시간이 바뀐다는 말에서 영업 시간이 연장될 것임을 유추할 수 있다.

新유형 **Questions 16-18 refer to the following advertisement and graph.**

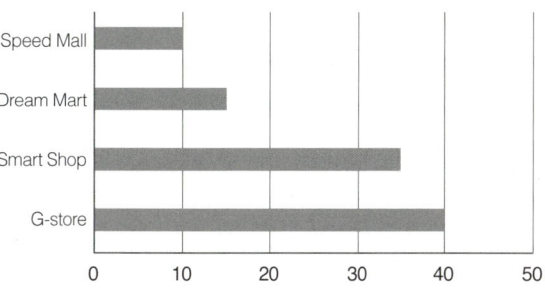

Customer Satisfaction Survey

16 Are you looking for an affordable vacuum cleaner? Wishing for an energy-efficient air-conditioner? If you have been searching for the perfect home appliances, look no further and just drop by our store. We carry the largest assortment of high quality home appliances in town. **17** In the recent customer satisfaction survey, we were in second place following G-Store. In fact, we came a close second. To expand our business, we are going to open a new branch in downtown on Saturday. To celebrate this grand opening, **18** all home electronic appliances will be 30% off the original price this weekend. So visit our new store in downtown and take advantage of this incredible offer.

16-18은 다음 광고와 그래프에 관한 문제입니다.

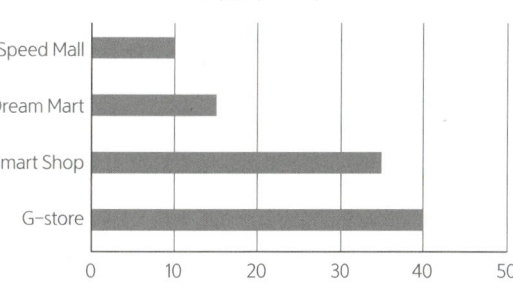

고객 만족도 조사

적당한 가격의 진공 청소기를 찾고 계신가요? 에너지 효율이 좋은 에어컨을 원하시나요? 완벽한 가전 제품들을 찾고 계셨다면, 더 보지 마시고 우리 가게에 들러주세요. 저희는 동네에서 가장 많은 고급 가전 제품들을 취급하고 있습니다. 최근 고객 설문 조사에서는 G-store에 이어 2위를 차지했죠. 사실상 1위와 거의 차이가 안 나는 아쉬운 2등이었죠. 우리는 사업을 확장하기 위해 토요일에 시내에 새로운 지점을 열 겁니다. 이대 개장을 기념하기 위해 모든 전자 가전 제품들이 이번 주말에 30% 할인될 겁니다. 그러니 시내의 새로운 가게로 오셔서 이 파격적인 제안을 이용해 보세요.

affordable 알맞은 vacuum cleaner 진공 청소기 search for ~를 찾다 home appliances 가전 제품 further 더 멀리 expand 확장하다 branch 지점 visit 방문하다 take advantage of ~를 이용하다 original price 원래 가격 incredible 믿을 수 없는 offer 제안

16 What kind of products does the business probably sell?
(A) Electronic goods
(B) Food items
(C) Heavy machinery
(D) Hardware

가게는 어떤 종류의 제품을 판매하고 있을 것 같은가?
(A) 전자제품
(B) 음식들
(C) 중장비
(D) 철물

지문 초반 언급되는 판매 제품인 vacuum cleaner나 air conditioner를 듣고 이곳이 전자제품을 파는 곳임을 유추할 수 있다. 따라서 정답은 (A)가 된다. 특히 광고문의 지문 초반에 제시되는 의문문에서 판매하는 제품이나 가게에 대한 정보를 단서를 찾을 수 있다는 사실을 기억해두자.

17 Look at the graphic. What store is being advertised?

(A) Speed Mall
(B) Dream Mart
(C) Smart Shop
(D) G-Store

시각 자료를 보시오. 어떤 가게가 광고 되어지고 있는가?
(A) Speed Mall
(B) Dream Mart
(C) Smart Shop
(D) G-Store

해설
지문 중반에 최근 설문 조사에서 아쉽게 2등을 했다는 말이 결정적인 단서가 된다. 주어진 시각 정보에서, 2등을 한 업체가 Smart Shop 임을 확인할 수 있으므로 정답은 (C)가 된다.

18 What does the speaker suggest listeners do on the weekend?
(A) Participate in the survey
(B) Apply for a temporary job
(C) Check out the new website
(D) Make the most of the special deals.

화자는 청자들에게 주말에 무엇을 하라고 제안하는가?
(A) 설문 조사에 참가하기
(B) 임시직에 지원하기
(C) 새로운 웹사이트를 확인하기
(D) 특가 상품들을 최대한 활용하기

어휘
participate in ~에 참가하다 apply for ~에 지원하다
temporary 임시의 make the most of ~를 최대한 활용하다
special deal 특가 상품

해설
시간 키워드인 weekend가 언급되는 부분에서 청자들에게 제안하는 사항을 찾아야 한다. 지문 마지막에 주말에 모든 전자 가전제품들이 30% 할인을 하니 새로운 가게에 와서 이 파격적인 혜택을 누리라고 말하는 부분에서 정답은 (D)가 된다.

패러프레이징
take advantage of (~을 이용하다) → make the most of (~을 활용하다)

DAY 19 ▷ 라디오 방송

PRACTICE TEST

1 (A)	**2** (D)	**3** (A)	**4** (B)	**5** (A)	**6** (D)
7 (B)	**8** (D)	**9** (C)	**10** (B)	**11** (A)	**12** (C)
13 (C)	**14** (B)	**15** (A)	**16** (A)	**17** (A)	**18** (C)

AU

Questions 1-3 refer to the following radio broadcast.

Thank you for tuning into TBS daily weather report. **1** We're experiencing showers this morning and it is expected to be rainy for the rest of the day. In addition, the temperature will drop to 10 degrees Celsius. Please remember to take your umbrella and wear a coat when you go out today. But I'm pleased to report that **2** tomorrow will be unseasonable warm with clear skies. The high temperature will rise as high as 20 degrees Celsius. **2** I recommend you take advantage of this beautiful weather because it won't last long. We're expecting downpour and thunderstorms to occur the day after tomorrow. **2** Enjoy outdoor activities while you can! **3** I will be back with the 7 day forecast after this commercial from our sponsor, GK Motors.

1~3은 다음 라디오 방송에 관한 문제입니다.
TBS의 매일 일기예보를 들어주셔서 감사합니다. 오늘 아침에는 소나기가 왔고, 오늘은 계속 비가 올 예정입니다. 게다가 온도는 섭씨 10도까지 떨어질 것입니다. 오늘 밖에 나가신다면 우산을 챙기고 코트를 입는 것을 기억해 주세요. 하지만 내일은 계절에 맞지 않게 맑은 하늘과 더불어 따뜻하다는 소식을 전해드려서 기쁩니다. 최고 온도는 섭씨 20도까지 오를 것입니다. 이 날씨가 오래 지속되지는 않으니 이 좋은 날씨를 즐겨주세요. 우리는 폭우와 뇌우들이 내일 모레에 일어날 것으로 예상합니다. 하실 수 있을 때, 야외 활동들을 즐겨 주세요. 저는 우리 후원사인 GK 자동차의 광고를 듣고 7일 일기 예보로 돌아오겠습니다.

어휘
turn into 주파수를 맞추다 temperature 기온 drop 떨어지다
Celsius 섭씨 unseasonable 날씨에 맞지 않게 temperature 온도 recommend 추천하다 take advantage of ~을 이용하다
last 지속하다 downpour 폭우 be back 돌아오다 forecast 예보
commercial 광고 sponsor 후원업체

1 According to the speaker, how is the weather today?
(A) Rainy
(B) Stormy
(C) Warm

(D) Sunny

화자의 말에 따르면, 오늘 날씨는 어떤가?

(A) 비가 오는
(B) 폭풍우가 치는
(C) 따뜻한
(D) 화창한

해설

문제에 주어진 시간 키워드인 today가 언급되는 부분을 노려서 답의 단서를 찾는 것이 중요하다. 지문 초반 오늘 아침 소나기가 오고 있고, 오늘은 계속 비가 온다고 예보하는 부분에서 정답은 (A)가 된다.

---

2 What are listeners encouraged to do tomorrow?
(A) Wear a warm coat
(B) Enjoy indoor activities
(C) Take an umbrella
(D) Spend time outside

청자들은 내일 무엇을 하라고 장려 받는가?

(A) 따뜻한 옷 입기
(B) 실내 활동 즐기기
(C) 우산 가져가기
(D) 밖에서 시간 보내기

어휘

warm 따뜻한 indoor 실내의 spend 보내다 outside 밖에서

해설

지문 중반 내일 날씨를 언급한 직후 좋은 날씨를 즐기라고 하고, 지문 후반에 야외 활동들을 즐기라고 하는 말에서 정답은 (D)가 된다.

패러프레이징

outdoor(야외의) → outside(밖의)

---

3 What does the speaker say he will do after the commercial break?
(A) Give a long term forecast
(B) Talk about GK Motors
(C) Suggest a good outdoor activity
(D) Report the local news

화자는 광고 후에 무엇을 할 것이라고 말하는가?

(A) 장기 일기 예보하기
(B) GK 자동차에 대해 얘기하기
(C) 좋은 야외 활동 추천하기
(D) 지역 소식 전하기

어휘

long term 장기의 report 보도하다 local news 지역 소식

해설

지문 마지막에 광고 듣고 난 다음 7일간의 일기 예보와 함께 바로 돌아오겠다는 말에서 정답은 (A)가 된다.

패러프레이징

7 day forecast(7일 일기 예보) → a long term forecast(장기 일기 예보)

Questions 4-6 refer to the following radio broadcast.

Good morning, listeners! 4 This is Janet Lee from your favorite financial advisory program "Money Talks" on CBC Radio Network. Today, we've got a great lineup as usual. As you will hear lots of valuable tips, 5 you might want to take some notes. Right now, 6 Paul Rolland is sitting right next to me in the studio. 6 He is the founder of a business consulting company and contributes regularly to the financial magazine, "Economy". In a few minutes, he will give us some helpful tips on how to use a credit card wisely. He argues that there are a number of ways to cut down on fees. He kindly agreed to share some of them with us today. Please stay tuned. We'll be right back.

4-6은 다음 라디오 방송에 관한 문제입니다.

좋은 아침입니다. 청취자 여러분! 저는 여러분이 가장 좋아하시는 재정 자문 프로그램인 CBS 라디오 방송국 "Money Talks"의 Janet Lee입니다. 오늘 도 평소처럼 대단한 순서들이 있습니다. 많은 소중한 팁들을 들으시게 될 것 이니, 필기를 하는 것도 좋습니다. 바로 지금 Paul Rolland가 제 옆에 앉아 있습니다. 그는 사업 상담 회사의 창립자이자 재무 잡지인 <Economy>에 정기적으로 기고를 하고 있습니다. 잠시 후에 그는 신용 카드를 현명하게 사 용하는 방법에 대한 유용한 팁들을 우리에게 알려줄 겁니다. 그는 수수료를 줄이는 데 수많은 방법이 있다고 주장합니다. 그는 친절하게도 그것들 중 일 부를 오늘 우리와 공유하기로 약속했습니다. 채널 고정해 주세요. 저희는 바 로 돌아오겠습니다.

어휘

financial 재무의 advisory 자문의 lineup 순서 take notes 필기 하다 right now 바로 지금 right next to 바로 옆에 founder 창립 자 contribute 기고하다 regularly 정기적으로 argue 주장하다 a number of 수많은 cut down 줄이다 share 공유하다 commercial break 방송 사이 광고 듣는 시간

---

4 What is the broadcast mainly about?
(A) Health
(B) Financial consultation
(C) Entertainment
(D) Social issues

방송은 주로 무엇에 대한 것인가?

(A) 건강
(B) 재무 상담
(C) 오락
(D) 사회적 문제들

해설

지문 초반 화자가 본인을 소개하면서 재정 자문 프로그램의 사회자라 고 말하는 부분에서 정답은 (B)가 된다.

패러프레이징

advisory(자문) → consultation(상담)

---

5 What does the speaker suggest listeners do?
(A) Write some information
(B) Post questions online
(C) Subscribe to a business magazine
(D) Visit the consulting company

화자는 청자들에게 무엇을 제안하는가?
(A) 정보 쓰기
(B) 온라인에 질문들 게시하기
(C) 경제 잡지 정기 구독하기
(D) 컨설팅 회사 방문하기

어휘

post 게시하다 subscribe to ~을 정기 구독하다 visit 방문하다

해설

지문 초반 유용한 팁들을 필기하는 것을 원할지도 모른다고, 돌려서 제안하는 부분에서, 정답은 (A)가 된다. 지문의 take some notes 가 좀 더 포괄적인 의미의 write some information으로 바꿔 표현한 것이 핵심 포인트다. 또한 You may(might) want to~는 뭔가를 돌려서 제안할 때 사용할 수 있는 표현이라는 것도 기억해두자.

6 What is mentioned about Paul Rolland?
(A) He owns a publishing house.
(B) He used to work at a credit card company.
(C) He is a professor of economics.
(D) He established his own business.

Paul Rolland에 대해 언급된 바는 무엇인가?
(A) 그는 출판사를 소유하고 있다.
(B) 그는 신용 카드 회사에서 일한 적이 있다.
(C) 그는 경제학 교수다.
(D) 그는 그의 사업체를 세웠다.

어휘

own 소유하다 publishing house 출판사 credit card 신용 카드 professor 교수 economics 경제학 establish 세우다

해설

문제에 제시된 고유 명사 키워드인 Paul Rolland가 지문에서 언급되는 부분에서, 그가 컨설팅 회사의 창립자임을 알 수 있다. 따라서, 정답은 (D)가 된다. 지문의 founder를 보기에서는 establish ~ business로 바꿔 표현했다.

US

Questions 7-9 refer to the following broadcast.

Welcome back to 7 your TBS hourly traffic update. At present, we don't see any major delays in the city. However, if you're heading westbound on Kensington Street, you should be ready for heavy congestion. Because of the subway construction, the two lanes have been closed down. 8 To avoid this delay, you are advised to take Birmingham Road instead. On Elm Street, an overturned pickup truck has been causing the delay. Since it's foggy outside today, you should drive very carefully. 9 After a word from our sponsors, Jim Torres will tell us about last night's football results. Stay tuned!

7-9는 다음 방송에 관한 문제입니다.
TBS 매시간 교통 정보를 다시 들어주셔서 감사 드립니다. 현재는 시내에 큰 정체는 보이지 않습니다. 하지만 Kensington 가의 서쪽으로 향하고 계신다면, 큰 정체에 대비하셔야 합니다. 지하철 공사 때문에, 두 개의 차선이 폐쇄되어 있습니다. 이 지체를 피하기 위해서, Birmingham 가를 대신 탈 것을 조언 드립니다. Elm 가에서는 전복된 소형 트럭이 지체를 야기하고 있습니다. 오늘 밖에 안개가 껴 있기 때문에 매우 조심해서 운전하셔야 합니다. 광고 후에, Jim Torres가 어젯밤 축구 결과에 대해 얘기해 줄 겁니다. 채널 고정해주세요.

어휘

hourly 매 시간의 congestion 혼잡 construction 건설 overturned 전복된 foggy 안개가 낀 sponsor 광고주, 후원 업체

7 How often is the report broadcast?
(A) Every 30 minutes
(B) Every hour
(B) Every day
(C) Every week

이 뉴스는 얼마나 자주 방송되는가?
(A) 30분 마다
(B) 한 시간 마다
(C) 매일
(D) 매주

해설

지문 초반에 방송 프로그램명을 제시하는 부분에서 매 시간 진행된다는 의미의 hourly에서 정답은 (B)가 된다. 방송의 빈도를 묻는 How often 문제는 빈도를 나타내는 hourly(매시간), daily(매일), weekly(매주)와 같은 표현이 결정적인 단서가 된다는 사실도 기억해두자.

8 What does the speaker recommend listeners do?
(A) Use the subway
(B) Check the weather forecast
(C) Help construction workers
(D) Take an alternative route

화자는 청자들에게 무엇을 제안하는가?
(A) 지하철 이용하기
(B) 일기예보 확인하기
(C) 건설 노동자들 돕기
(D) 우회로 타기

어휘

weather forecast 일기 예보 alternative 대체의 route 경로

해설

지문 중반에 정체를 피하기 위해 Birmignham 가를 대신 이용하라고 제안하는 부분에서 정답은 (D)가 된다.

패러프레이징

take ~ instead(~을 대신 타다) → alternative route(우회로)

9 What will listeners hear after the commercial break?
(A) A traffic report
(B) A weather forecast
(C) Sports news
(D) Business news

청자들은 광고 후에 무엇을 듣게 될 것인가?
(A) 교통 방송
(B) 일기 예보
(C) 스포츠 뉴스
(D) 경제 뉴스

해설

지문 후반 광고에 이어서 어젯밤 축구 경기 결과에 대한 소식이 이어진다고 말하는 부분에서 정답은 (C)가 된다. 지문의 football이 보기에서는 좀 더 폭넓은 의미의 sports로 바뀌어 제시되었다.

패러프레이징

commercial break(광고) → a word from our sponsors(광고)

BR

Questions 10-12 refer to the following broadcast.

Thank you for listening to the only serious current affairs program on BPS, "Today". I'm your host, Karen Kent. Let me provide you with a brief overview of today's show. **10, 11** First of all, we have an exclusive interview with the new president of Pacific Group, Peter Wang for you. I'm sure you wouldn't want to miss it. He has an outstanding reputation for turning around falling companies. Also he's pretty interested in eco-friendly practice. Last year, he was awarded the prestigious leadership prize for the second time. Tonight, he will talk about his clear plan on how to address **12** the company's desperate financial straits and make their products more environmentally friendly.

10~12는 다음 방송에 관한 문제입니다.

BPS에서 유일하게 진지한 시사 프로그램인 "Today"를 청취해주셔서 감사합니다. 저는 여러분의 사회자 Karen Kent입니다. 오늘 방송의 간략한 개요를 설명해 드릴게요. 먼저, 우리는 여러분들을 위해 Pacific Group의 새로운 사장인 Peter Wang과의 독점 인터뷰를 준비했습니다. 이것은 여러분들께서 놓치고 싶지 않을 거라고 확신합니다. 그는 쓰러지는 기업을 살리는데 뛰어난 명성을 가지고 있습니다. 또한 그는 친환경적인 실천에 매우 관심이 많죠. 작년에, 그는 저명한 지도자 상을 두 번째로 수상했습니다. 오늘 밤 그는 어떻게 회사의 극심한 재정 결핍을 해결할 것인지, 그리고 그들의 제품을 어떻게 더 친환경적으로 만들 것인지에 대한 분명한 계획에 대해 말해주실 겁니다.

어휘

serious 진지한 current affairs 시사 host 사회자 overview 개요 brief 간략한 exclusive 독점적인 CEO 최고 경영자 outstanding 뛰어난 reputation 명성 turn around 역전 시키다 failing 하락하는 eco-friendly 친환경적인 practice 실천 prestigious 저명한 address 다루다 desperate 절박한 financial 재무적인 straits 궁핍

10 Who most likely is Peter Wang?
(A) A radio host
(B) An executive
(C) An economist
(D) A reporter

Peter Wang은 누구일 것 같은가?
(A) 라디오 사회자
(B) 임원
(C) 경제학자
(D) 기자

해설

지문에서 고유 명사 Peter Wang이 언급된 다음 새로운 사장이라고 말하는 부분에서 정답은 (B)가 된다.

패러프레이징

president(사장) → executive(임원)

11 What does the speaker imply when he says "I'm sure you wouldn't want to miss it"?
(A) The interview will be exciting.
(B) Free gifts will be given to the listeners.
(C) It is easy to locate the radio station.
(D) Informative health tips will be provided.

화자가 "이것을 여러분들께서 놓치고 싶지 않을 거라고 확신합니다"라고 말할 때 암시한 바는 무엇인가?
(A) 인터뷰가 흥미로울 것이다.
(B) 무료 선물들이 청취자들에게 주어질 것이다.
(C) 라디오 방송국은 찾기가 쉽다
(C) 유익한 건강 조언들이 제공될 것이다.

어휘

exciting 흥미로운 free gift 무료 선물 locate 찾다 station 방송국 informative 유익한 tip 조언

해설

해당 표현 바로 앞에 새로운 사장과의 독점 인터뷰가 있을 것이라고 언급하는 부분에서 정답은 (A)가 된다. 문제에 제시된 표현 마지막의 miss it에서 대명사 it이 가리키는 것이 지문에서 exclusive interview란 사실을 파악하는 것이 핵심 포인트다.

12 What is suggested about Pacific Group?
(A) It has received many prizes.
(B) It was founded by Peter Wang.
(C) It has financial difficulties.
(D) It is a family owned company.

Pacific Group에 대해 암시된 바는 무엇인가?
(A) 많은 상들을 수상했다.
(B) Peter Wang이 설립했다.
(C) 재무적인 어려움이 있다.
(D) 가족 소유의 회사다.

어휘

receive 받다 found 세우다 difficulty 어려움 family owned 가족 소유의

해설

문제에서 제시된 고유 명사 키워드 Pacific Group이 언급되는 부분에서 답의 단서를 찾는 것이 중요하다. 지문 후반 Pacific Group을 지칭하는 the company가 언급된 바로 직후 극심한 재정 결핍을 겪고 있다는 사실을 확인할 수 있다.

패러프레이징

financial straits(재정 결핍) → financial difficulties(재정적 어려움)

Questions 13-15 refer to the following news report.

Good evening, listeners! This is Jimmy Jackson from NCC Headline News. At a press conference this morning, **13** Peter Henderson, the CEO of GTM Motors announced that he will be leaving his post as of June 2. He has served two terms as CEO for the past 12 years. **14** Also, he earned a lifetime achievement award from the British Chamber of Commerce last year. His exceptional leadership has helped his company grow into the multinational corporation hiring more than ten thousand employees throughout the world. Apparently, he will continue to work for the company as a senior advisor. **15** We'll be right back with more exciting business news right after the commercial break.

13-15는 다음 뉴스 보도에 관한 문제입니다.

좋은 저녁입니다, 청취자 여러분! 저는 NCC 헤드라인 뉴스의 Jimmy Jackson입니다. 오늘 아침 기자회견에서, GTM 자동차의 Peter Henderson이 6월 2일부로 자리에서 물러날 것임을 발표했습니다. 그는 지난 12년간 CEO로 두 번의 임기를 보냈습니다. 또한 작년에는 영국 상공 회의소에서 평생 공로상을 수상했습니다. 그의 뛰어난 지도력은 그의 회사가 전세계에 걸쳐 만 명 이상의 직원들을 고용하고 있는 다국적 기업으로 성장하는 것을 도왔습니다. 듣자 하니, 그는 선임 자문으로서 회사를 위해 계속 일할 것이라고 합니다. 광고 들으신 다음 더 많은 흥미로운 경제 소식으로 바로 돌아 오겠습니다.

어휘

press conference 기자회견 announce 발표하다 leave 떠나다 exceptional 뛰어난 leadership 지도력 grow 성장하다 multinational 다국적의 corporation 회사 more than ~이상 hire 고용하다 apparently 듣자 하니 advisor 고문 senior 선임의 exciting 신나는 commercial break 방송 중간에 광고 듣는 시간

13 Who is Peter Henderson?
(A) A reporter
(B) A spokesman
(C) An entrepreneur
(D) A senior accountant

Peter Henderson은 누구인가?
(A) 기자
(B) 대변인
(C) 기업가
(D) 선임 회계사

해설

문제에 제시된 고유 명사 키워드 Peter Henderson이 제시되는 문장에서 답을 찾아야 한다. 지문 초반 Peter Henderson이 CEO라고 말하는 부분에서 정답은 (C)가 된다.

패러프레이징

CEO(최고 경영자) → entrepreneur(기업가)

14 What happened to Mr. Henderson last year?
(A) He was promoted to the CEO.
(B) He won a prize.
(C) He wrote a book.
(D) He resigned from his post.

Henderson 씨에게 작년에 무슨 일이 있었는가?
(A) 그는 CEO로 승진했다.
(B) 그는 상을 탔다.
(C) 그는 책을 썼다.
(D) 그는 그의 자리에서 사임했다.

어휘

promote 승진시키다   resign 사임하다

해설

문제에 제시된 시간 키워드 last year가 언급되는 지문 후반에, 그가 평생 공로상을 수상했다는 정보를 확인할 수 있다. 따라서 보기 (B)가 정답이다. 특히 also 다음에 답이 언급될 확률이 높다는 사실도 기억해두자.

패러프레이징

award(상) → prize(상)

15 What will listeners hear next?
(A) Advertisements
(B) A weather forecast
(C) A traffic report
(D) Local news

청자들은 다음에 무엇을 듣게 될 것인가?
(A) 광고
(B) 일기 예보
(C) 교통 방송
(D) 지역 소식

해설

지문 마지막에 광고 후에 바로 돌아오겠다고 말하는 부분에서 정답은 (A)가 된다.

패러프레이징

commercial break(광고 시간) → advertisements(광고)

新유형 Questions 16-18 refer to the following broadcast and chart.

Day	Weather
17 Monday	Sunny
Tuesday	Rainy
Wednesday	Cloudy
Thursday	Snowy

Good morning, listeners! This is Jenny Davidson with the radio KNDW morning weather report for California. **16** We have enjoyed the beautiful weather since last week. But it is expected to come to an end tomorrow. We are expecting lots of rain in San Francisco and its surrounding areas on Tuesday. When it starts to rain hard and the winds get stronger, you are advised to stay indoors. If you are behind the wheel, you should drive slowly and carefully. **17** But the weather is good all day today. **18** If you are a fan of outdoor activities, don't miss this great opportunity. If you plan to go outside during the day, don't forget to wear your sunglasses or hat to protect you from the sun.

16-18은 다음 방송과 차트에 관한 문제입니다.

요일	날씨
월요일	화창한
화요일	비가 오는
수요일	흐린
목요일	눈이 내리는

좋은 아침입니다. 청취자 여러분! KNDW 라디오 캘리포니아 아침 일기 예보의 Jenny Davidson입니다. 우리는 지난주부터 좋은 날씨를 즐기고 있는데요. 하지만 내일이면 끝날 것으로 예상됩니다. 화요일에 샌프란시스코 및 주변 지역에 많은 양의 비가 예상됩니다. 비가 심해지고 바람이 더 강해지면, 여러분께서는 실내에 계시기를 조언 드립니다. 운전 중이시면, 운전을 천천히 그리고 조심스럽게 하셔야 합니다. 하지만 오늘은 하루 종일 날씨가 좋습니다. 야외 활동을 좋아하신다면 이 좋은 기회를 놓치지 마세요. 낮에 야외로 나가신다면, 태양으로부터 여러분을 보호하기 위해 선글라스나 모자를 잊지 마세요.

16 How was the weather last week?
(A) Sunny
(B) Rainy
(C) Cloudy
(D) Snowy

지난주 날씨가 어땠는가?
(A) 화창한
(B) 비가 오는
(C) 흐린
(D) 눈이 내리는

해설
문제의 시간 키워드인 last week가 언급되는 부분에서 답의 단서를 찾아야 한다. 지문 초반 지난주부터 좋은 날씨를 즐기고 있다고 말하는 부분에서 정답은 (A)가 된다.

패러프레이징
beautiful weather(좋은 날씨) → sunny(화창한)

17 Look at the graphic. When is the report being broadcast?
(A) On Monday
(B) On Tuesday
(C) On Wednesday
(D) On Thursday

시각 자료를 보시오. 보도는 언제 방송되고 있는가?
(A) 월요일에
(B) 화요일에
(C) 수요일에
(D) 목요일에

해설
지문 중반 오늘은 하루 종일 날씨가 좋다고 말하는 부분에서, 표를 보면 화창한 날씨에 해당하는 요일이 월요일이므로 정답은 (A)가 된다. 시각 정보에서 좋은 날씨, 즉 맑음과 월요일을 매칭시켜서 현재 방송 시점을 유추하는 것이 핵심 포인트다. 또한 시각 정보 문제에서 그대

로 지문에서 들려주는 보기는 오답이 되기 때문에 Tuesday만 듣고 보기 (B)를 답으로 고르지 않도록 유의하자.

18 What are listeners advised to do today?
(A) Drive carefully
(B) Stay indoors
(C) Enjoy the nice weather
(D) Wear warm clothing

청자들은 오늘 무엇을 하라고 조언 받는가?
(A) 운전 조심해서 하기
(B) 실내에 머무르기
(C) 좋은 날씨 즐기기
(D) 따뜻한 옷 입기

해설
지문 중반 today라는 시간 키워드 다음에 야외 활동을 좋아한다면 이 좋은 기회를 놓치지 말라고 말하는 부분에서 정답은 (C)가 된다. 지문의 good이 보기에서는 nice로 바꿔 표현되었다. 참고로 보기 (A)와 (B)는 오늘이 아니라 내일의 당부 사항이므로 오답이 된다.

DAY 20 연설, 설명, 여행, 견학

PRACTICE TEST

1 (D)	2 (D)	3 (B)	4 (A)	5 (B)	6 (D)
7 (C)	8 (A)	9 (B)	10 (A)	11 (C)	12 (A)
13 (B)	14 (A)	15 (D)	16 (C)	17 (D)	18 (A)

Questions 1-3 refer to the following talk.

Hi, everyone. **1** I'd like to welcome all of you to the new employee orientation! Today, I'm going to show you around our facilities. Let's start with the cafeteria all of our employees truly love. It opens from 8:00 a.m. to 10 a.m. for breakfast and from noon to 2 p.m. for lunch. Look over here, everyone. **2** Soups and main entrees will be served on the right and a wide selection of appetizers and desserts will be set on the left. Beverages like coffee and juice will be available right here. If you look into your orientation packet, you can find your employee ID card. You can pay with either your ID card or cash. Shall we take a short break here and **3** move upstairs to see our state of the art gym?

1-3은 다음 담화에 관한 문제입니다.

안녕하세요, 여러분. 여러분 모두 신입 사원 오리엔테이션에 오신 것을 환영합니다! 오늘 저는 여러분께 시설물들을 구경시켜 드리려고 합니다. 모든 우리 직원들이 정말 사랑하는 구내 식당부터 시작해 봅시다. 이곳은 오전 8시부터 오전 10시까지 아침, 정오부터 오후 2시까지 점심을 위해 문을 엽니다. 모두들 여기 보세요. 수프들과 주 요리들은 오른쪽에서, 다양한 종류의 애피

타이저들과 디저트들은 왼쪽에 준비될 것입니다. 커피와 주스 같은 음료들은 바로 여기서 제공됩니다. 오리엔테이션 꾸러미를 보시면, 여러분들의 사원증이 있을 겁니다. 여러분들은 사원증이나 현금으로 모두 결제하실 수 있습니다. 여기서 조금 쉬고, 윗 층으로 가서 우리의 최신 체육관을 볼까요?

1 Who is the audience for the talk?
(A) Cashiers
(B) Cooks
(C) Wait staff
(D) New hires

담화를 듣는 사람들은 누구인가?
(A) 계산원들
(B) 요리사들
(C) 웨이터들
(D) 신입 사원들

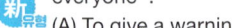 해설
지문 초반 신입 사원 오리엔테이션에 온 것을 환영한다고 말하는 부분에서 정답은 (D)가 된다.

패러프레이징
new employee(신입 직원들) → new hires(신입 사원들)

2 Why does the speaker say "Look over here everyone"?
(A) To give a warning
(B) To introduce a chef
(C) To share a recipe
(D) To show some areas

화자가 왜 "모두들 여기 보세요"라고 말하는 이유는 무엇인가?
(A) 경고를 주기 위해서
(B) 주방장을 소개하기 위해서
(C) 요리법을 공유하기 위해서
(D) 몇몇 구역들을 보여주기 위해서

어휘
warning 경고 chef 주방장 share 공유하다 recipe 요리법
area 지역, 구역

해설
해당 표현 바로 뒤에, 각각의 음식들이 어디서 제공되는지 알려주는 부분을 듣고 정답이 보기 (D)임을 유추할 수 있다. 지문의 on the right 혹은 on the left를 듣고, 보기에서 show~areas를 매칭 시키는 것이 핵심 포인트다.

3 What will the listeners do after the break?
(A) Sample some desserts
(B) Look around the fitness facility
(C) Make copies
(D) Go downstairs

청자들은 휴식 후에 무엇을 할 것인가?
(A) 후식들 맛보기
(B) 운동 시설 구경하기
(C) 복사하기
(D) 아래층으로 내려가기

어휘
sample 맛보다 look around 둘러보다 fitness facility 운동
시설 downstairs 아래층으로

해설
지문 마지막에 잠시 휴식을 취한 후에 윗층으로 가서 최신 체육관을 둘러 보는 다음 일정을 제시하는 부분에서 정답은 (B)가 된다.

패러프레이징
gym(체육관) → fitness facility(운동 시설)

US

Questions 4-6 refer to the following excerpt from a meeting.

Hi, everyone. As I told you at the last meeting, **4** we're planning to upgrade our company's intranet server and install several new programs over the weekend. These new programs offer new features that enable us to work more efficiently and quickly. **5** Manuals for the new programs will be passed out right after the meeting. I'd like to remind you that all the files stored in the current system won't be transferred automatically over to the new one. **6** Therefore, you are required to review all the files you currently have on your computer and back up any valuable data. Otherwise, you might lose something significant. Thank you in advance for your cooperation.

4-6은 다음 회의 발췌록에 관한 문제입니다.
안녕하세요, 여러분. 제가 지난 회의에서 말씀드린 대로, 우리는 주말에 회사의 사내 전산망 서버를 업그레이드하고, 몇 개의 새로운 프로그램을 설치할 계획입니다. 이런 새로운 프로그램들은 우리를 좀 더 효율적이고 빠르게 작업할 수 있게 해주는 새로운 기능들을 제공합니다. 새로운 프로그램들에 대한 설명서는 회의 직후에 배부될 겁니다. 현재 시스템에 저장된 모든 파일들이 자동으로 새로운 곳으로 전송되지는 않는다는 점을 상기시켜드리고자 합니다. 그러므로, 현재 여러분의 컴퓨터에 있는 모든 파일들을 검토하시고, 중요한 데이터들은 모두 백업을 해주세요. 그렇지 않으면, 중요한 것을 잃어버릴 수도 있습니다. 여러분들의 협조에 미리 감사드립니다.

어휘
be planning to ~할 계획이다 intranet server 사내 전산망 서버
install 설치하다 feature 기능 enable ~할 수 있게 하다
efficiently 효율적으로 quickly 빨리 manual 설명서

4 What will take place on the weekend?
(A) Some programs will be installed.
(B) All the computers will be replaced.
(C) The training session will be held.
(D) The data will be automatically erased.

주말에 무슨 일이 있을 것인가?
(A) 몇몇 프로그램들이 설치될 것이다.
(B) 모든 컴퓨터들이 교체될 것이다.
(C) 교육 과정이 열릴 것이다.
(D) 데이터가 자동으로 지워질 것이다.

어휘
take place 일어나다 install 설치하다 be held 열리다
automatically 자동으로 erase 지우다

forget to wear your sunglasses or hat to protect you from the sun.

16–18은 다음 방송과 차트에 관한 문제입니다.

요일	날씨
월요일	화창한
화요일	비가 오는
수요일	흐린
목요일	눈이 내리는

좋은 아침입니다. 청취자 여러분! KNDW 라디오 캘리포니아 아침 일기 예보의 Jenny Davidson입니다. 우리는 지난주부터 좋은 날씨를 즐기고 있는데요. 하지만 내일이면 끝날 것으로 예상됩니다. 화요일에 샌프란시스코 및 주변 지역에 많은 양의 비가 예상됩니다. 비가 심해지고 바람이 더 강해지면, 여러분들께서는 실내에 계시기를 조언 드립니다. 운전 중이시면, 운전을 천천히 그리고 조심스럽게 하셔야 합니다. 하지만 오늘은 하루 종일 날씨가 좋습니다. 야외 활동을 좋아하신다면 이 좋은 기회를 놓치지 마세요. 낮에 야외로 나가신다면, 태양으로부터 여러분들을 보호하기 위해 선글라스나 모자를 잊지 마세요.

16 How was the weather last week?
(A) Sunny
(B) Rainy
(C) Cloudy
(D) Snowy

지난주 날씨가 어땠는가?
(A) 화창한
(B) 비가 오는
(C) 흐린
(D) 눈이 내리는

해설
문제의 시간 키워드인 last week가 언급되는 부분에서 답의 단서를 찾아야 한다. 지문 초반 지난주부터 좋은 날씨를 즐기고 있다고 말하는 부분에서 정답은 (A)가 된다.

패러프레이징
beautiful weather(좋은 날씨) → sunny(화창한)

17 Look at the graphic. When is the report being broadcast?
(A) On Monday
(B) On Tuesday
(C) On Wednesday
(D) On Thursday

시각 자료를 보시오. 보도는 언제 방송되고 있는가?
(A) 월요일에
(B) 화요일에
(C) 수요일에
(D) 목요일에

해설
지문 중반 오늘은 하루 종일 날씨가 좋다고 말하는 부분에서, 표를 보면 화창한 날씨에 해당하는 요일이 월요일이므로 정답은 (A)가 된다. 시각 정보에서 좋은 날씨, 즉 맑음과 월요일을 매칭시켜서 현재 방송 시점을 유추하는 것이 핵심 포인트다. 또한 시각 정보 문제에서 그대

로 지문에서 들려주는 보기는 오답이 되기 때문에 Tuesday만 듣고 보기 (B)를 답으로 고르지 않도록 유의하자.

18 What are listeners advised to do today?
(A) Drive carefully
(B) Stay indoors
(C) Enjoy the nice weather
(D) Wear warm clothing

청자들은 오늘 무엇을 하라고 조언 받는가?
(A) 운전 조심해서 하기
(B) 실내에 머무르기
(C) 좋은 날씨 즐기기
(D) 따뜻한 옷 입기

해설
지문 중반 today라는 시간 키워드 다음에 야외 활동을 좋아한다면 이 좋은 기회를 놓치지 말라고 말하는 부분에서 정답은 (C)가 된다. 지문의 good이 보기에서는 nice로 바꿔 표현되었다. 참고로 보기 (A)와 (B)는 오늘이 아니라 내일의 당부 사항이므로 오답이 된다.

DAY 20 ▶ 연설, 설명, 여행, 견학

PRACTICE TEST

1 (D)	**2** (D)	**3** (B)	**4** (A)	**5** (B)	**6** (D)
7 (C)	**8** (A)	**9** (B)	**10** (A)	**11** (C)	**12** (A)
13 (B)	**14** (A)	**15** (D)	**16** (C)	**17** (D)	**18** (A)

AU

Questions 1-3 refer to the following talk.

Hi, everyone. **1** I'd like to welcome all of you to the new employee orientation! Today, I'm going to show you around our facilities. Let's start with the cafeteria all of our employees truly love. It opens from 8:00 a.m. to 10 a.m. for breakfast and from noon to 2 p.m. for lunch. Look over here, everyone. **2** Soups and main entrees will be served on the right and a wide selection of appetizers and desserts will be set on the left. Beverages like coffee and juice will be available right here. If you look into your orientation packet, you can find your employee ID card. You can pay with either your ID card or cash. Shall we take a short break here and **3** move upstairs to see our state of the art gym?

1–3은 다음 담화에 관한 문제입니다.
안녕하세요, 여러분. 여러분 모두 신입 사원 오리엔테이션에 오신 것을 환영합니다! 오늘 저는 여러분께 시설물들을 구경시켜 드리려고 합니다. 모든 우리 직원들이 정말 사랑하는 구내 식당부터 시작해 봅시다. 이곳은 오전 8시부터 오전 10시까지 아침, 정오부터 오후 2시까지 점심을 위해 문을 엽니다. 모두들 여기 보세요. 수프들과 주 요리들은 오른쪽에서, 다양한 종류의 애피

타이저들과 디저트들은 왼쪽에 준비될 것입니다. 커피와 주스 같은 음료들은 바로 여기서 제공됩니다. 오리엔테이션 꾸러미를 보시면, 여러분들의 사원증이 있을 겁니다. 여러분들은 사원증이나 현금으로 모두 결제하실 수 있습니다. 여기서 조금 쉬고, 윗 층으로 가서 우리의 최신 체육관을 볼까요?

1 Who is the audience for the talk?
(A) Cashiers
(B) Cooks
(C) Wait staff
(D) New hires

담화를 듣는 사람들은 누구인가?
(A) 계산원들
(B) 요리사들
(C) 웨이터들
(D) 신입 사원들

[해설]
지문 초반 신입 사원 오리엔테이션에 온 것을 환영한다고 말하는 부분에서 정답은 (D)가 된다.

[패러프레이징]
new employee(신입 직원들) → new hires(신입 사원들)

2 Why does the speaker say "Look over here everyone"?

(A) To give a warning
(B) To introduce a chef
(C) To share a recipe
(D) To show some areas

화자가 왜 "모두들 여기 보세요"라고 말하는 이유는 무엇인가?
(A) 경고를 주기 위해서
(B) 주방장을 소개하기 위해서
(C) 요리법을 공유하기 위해서
(D) 몇몇 구역들을 보여주기 위해서

[어휘]
warning 경고 chef 주방장 share 공유하다 recipe 요리법, area 지역, 구역

[해설]
해당 표현 바로 뒤에, 각각의 음식들이 어디서 제공되는지 알려주는 부분을 듣고 정답이 보기 (D)임을 유추할 수 있다. 지문의 on the right 혹은 on the left를 듣고, 보기에서 show~areas를 매칭 시키는 것이 핵심 포인트다.

3 What will the listeners do after the break?
(A) Sample some desserts
(B) Look around the fitness facility
(C) Make copies
(D) Go downstairs

청자들은 휴식 후에 무엇을 할 것인가?
(A) 후식들 맛보기
(B) 운동 시설 구경하기
(C) 복사하기
(D) 아래층으로 내려가기

[어휘]
sample 맛보다 look around 둘러보다 fitness facility 운동 시설 downstairs 아래층으로

[해설]
지문 마지막에 잠시 휴식을 취한 후에 윗층으로 가서 최신 체육관을 둘러 보는 다음 일정을 제시하는 부분에서 정답은 (B)가 된다.

[패러프레이징]
gym(체육관) → fitness facility(운동 시설)

US

Questions 4-6 refer to the following excerpt from a meeting.

Hi, everyone. As I told you at the last meeting, **4** we're planning to upgrade our company's intranet server and install several new programs over the weekend. These new programs offer new features that enable us to work more efficiently and quickly. **5** Manuals for the new programs will be passed out right after the meeting. I'd like to remind you that all the files stored in the current system won't be transferred automatically over to the new one. **6** Therefore, you are required to review all the files you currently have on your computer and back up any valuable data. Otherwise, you might lose something significant. Thank you in advance for your cooperation.

4-6은 다음 회의 발췌록에 관한 문제입니다.

안녕하세요, 여러분. 제가 지난 회의에서 말씀드린 대로, 우리는 주말에 회사의 사내 전산망 서버를 업그레이드하고, 몇 개의 새로운 프로그램을 설치할 계획입니다. 이런 새로운 프로그램들은 우리를 좀 더 효율적이고 빠르게 작업할 수 있게 해주는 새로운 기능들을 제공합니다. 새로운 프로그램들에 대한 설명서는 회의 직후에 배부될 겁니다. 현재 시스템에 저장된 모든 파일들이 자동으로 새로운 곳으로 전송되지는 않는다는 점을 상기시켜드리고자 합니다. 그러므로, 현재 여러분의 컴퓨터에 있는 모든 파일들을 검토하시고, 중요한 데이터들은 모두 백업을 해주세요. 그렇지 않으면, 중요한 것을 잃어버릴 수도 있습니다. 여러분들의 협조에 미리 감사드립니다.

[어휘]
be planning to ~할 계획이다 intranet server 사내 전산망 서버 install 설치하다 feature 기능 enable ~할 수 있게 하다 efficiently 효율적으로 quickly 빨리 manual 설명서

4 What will take place on the weekend?
(A) Some programs will be installed.
(B) All the computers will be replaced.
(C) The training session will be held.
(D) The data will be automatically erased.

주말에 무슨 일이 있을 것인가?
(A) 몇몇 프로그램들이 설치될 것이다.
(B) 모든 컴퓨터들이 교체될 것이다.
(C) 교육 과정이 열릴 것이다.
(D) 데이터가 자동으로 지워질 것이다.

[어휘]
take place 일어나다 install 설치하다 be held 열리다 automatically 자동으로 erase 지우다.

지문 초반에 문제에 제시된 시간 키워드인 weekend가 언급되는 문장에서 주말에 몇 개의 새로운 프로그램이 설치된다는 일정을 확인할 수 있다.

패러프레이징
set up(설치하다) → install(설치하다)

5 What will be distributed after the meeting?
(A) Leaflets
(B) Instructions
(C) Sign-up sheets
(D) File folders

회의 후에 무엇이 배부될 것인가?
(A) 전단지들
(B) 설명서들
(C) 신청서들
(D) 파일 폴더들

해설
문제의 시간 키워드 after the meeting과 동사 distribute가 언급되는 부분을 지문에서 잘 노리고 청취해야 한다. 지문 중반 회의 직후 설명서가 배부될 것이라는 설명에서 정답은 (B)가 된다.

패러프레이징
manuals(설명서) → instructions(설명서),
distribute(나누어 주다) → pass out(나누어 주다)

6 What does the speaker ask the listeners to do?
(A) Share ideas
(B) Review the schedule
(C) Bring a laptop computer
(D) Save important files

화자는 청자들에게 무엇을 하라고 요청하는가?
(A) 아이디어들 공유하기
(B) 일정 검토하기
(C) 노트북 가져오기
(D) 중요 파일들 저장하기

어휘
share 공유하다   review 검토하다   bring 가져오다   important 중요한   save 저장하다

해설
지문 후반에, 컴퓨터에 있는 모든 파일을 검토하고 중요 데이터들은 모두 백업을 해달라고 요청하는 부분에서 정답은 (D)가 된다.

패러프레이징
back up(백업하다) → save(저장하다)

BR

Questions 7-9 refer to the following talk.

Hi, everyone. My name is Sera Jones and I'm here to outline our training program for you. We've prepared this program to help you become an effective manager in your department. **7** During the 4 week session, we'll cover diverse topics such as how to balance finances, motivate employees and communicate with others.

The workshop consists of both individual and group activities. We will use supplementary materials such as economy newspapers and magazines as well as text books. Also there will be a series of lectures by several economic experts. **8** Especially, John Black, a professor of economics at Seattle University will talk about the principle of profit maximization at the end of the training. **9** If you need a detailed schedule, you can download it from our website.

7-9는 다음 담화에 관한 문제입니다.

안녕하세요, 여러분. 제 이름은 Sera Jones이고 여러분께 오늘 우리의 교육 프로그램에 대한 개요를 설명하기 위해 이 자리에 섰습니다. 우리는 부서에서 여러분들이 효과적인 관리자가 되는 것을 돕기 위해 이 프로그램을 준비했습니다. 4주간의 교육 기간 동안, 우리는 재정의 균형을 맞추는 법, 직원들에게 동기를 부여하는 법 그리고 다른 사람들과 의사 소통하는 법과 같은 다양한 주제를 다룰 겁니다. 워크숍은 개인 그리고 그룹 활동으로 구성되어 있습니다. 우리는 주교재 뿐만 아니라 경제 신문과 잡지들을 부가 자료로 사용할 겁니다. 또한 경제 전문가들의 일련의 강연이 있습니다. 특히 Seattle 대학의 경제학과 교수인 John Black 씨가 교육 말미에 이익 극대화의 원리에 대해 말씀해 주실 겁니다. 세부적인 일정이 필요하시면, 우리 웹사이트에서 다운로드 받으실 수 있습니다.

어휘
outline 개요를 설명하다   effective 효과적인   department 부서   session 교육   cover 다루다   diverse 다양한   topic 주제   balance 균형을 잡다   finance 재정   motivate 동기를 부여하다   communicate 의사 소통하다   consist of ~로 구성되다   individual 개인의   activity 활동   supplementary 보충의   material 재료   such as ~와 같은   as well as ~뿐만 아니라 ~도   a series of 일련의   several 몇몇의   economic expert 경제 전문가   economics 경제학자   principle 원리   profit maximization 이윤 극대화   detailed 세부적인

7 How long will the training last?
(A) For a day
(B) For a week
(C) For a month
(D) For a quarter

교육은 얼마나 오래 계속될 것인가?
(A) 하루 동안
(B) 일주 동안
(C) 한 달 동안
(D) 분기 동안

해설
지문 초반 4주간의 과정이라고 언급하는 부분에서 정답은 (C)가 된다.

패러프레이징
4 week(4주) → a month(한 달)

8 What is scheduled to take place at the end of the training?
(A) A special lecture
(B) A party
(C) A group discussion
(D) A survey

교육 마지막에 무슨 일이 일어날 것으로 예정되어 있는가?
(A) 특별 강연
(B) 파티
(C) 그룹 토의
(D) 설문 조사

해설
문제의 시간 키워드 at the end of the training가 언급되는 부분에서 답을 찾는 것이 중요하다. 지문 후반부에 교육 말미에 특별히 경제학 교수가 이익 극대화의 원리에 대해 얘기하게 될 것이라고 말하는 부분에서 정답은 (A)가 된다. 지문의 especially와 talk를 듣고 보기의 special lecture를 매칭시키는 것이 핵심 포인트다.

9 What is available on a website?
(A) A registration form
(B) A complete schedule
(C) A profile of lecturers
(D) A price list

웹사이트에서 이용 가능한 것은 무엇인가?
(A) 등록 서식
(B) 완전한 일정
(C) 강사들 이력
(D) 가격표

어휘
registration 등록   form 서식   complete 완전한   profile 이력
lecturer 강사   price list 가격표

해설
지문 후반에 웹사이트를 언급하며 세부 일정을 다운로드 할 수 있다고 했으므로 정답은 (B)이다.

US

Questions 10-12 refer to the following excerpt from a meeting.

I called this meeting to discuss our sales performance in the last quarter and the long range plan. Overall, we have had a 10% increase in sales since we released our new compact car, TX-10 in March. But **10** our main rival company, Miracle is expected to launch the similar model next week. I think we have to make a constant effort in order to stay competitive. As some of you proposed, we need to release a new model with increased fuel efficiency. **11** So the management decided to start to develop hybrid cars which are both fuel-efficient and eco-friendly. Although it costs us a lot of money in the beginning, it will make us more competitive in the market in the long term. **12** Now, Jim Patterson, our senior designer will talk about our new plan.

10–12는 다음 회의 발췌록에 관한 문제입니다.
저는 우리의 지난 분기 영업 실적과 장기 계획에 대해 논의하기 위해 이 회의를 소집했습니다. 전반적으로, 3월에 새로운 소형차인 TX-10를 출시한 이래로 영업은 10% 가량 증가했습니다. 하지만, 우리의 주요 경쟁사인 Miracle이 다음 주에 비슷한 모델을 새롭게 출시할 것으로 예상됩니다. 경쟁력을 유지하기 위해서는 우리가 끊임없이 노력해야 한다고 생각합니다. 여러분 몇 분이 제안 주셨던 것처럼, 우리는 연비가 증가한 새로운 모델을 출시해야 할 필

요가 있습니다. 그래서 경영진들은 연비가 좋고, 환경 친화적인 새로운 하이브리드 차량을 개발하기 시작하기로 결정했습니다. 비록 초기에는 비용이 많이 들겠지만, 장기적으로는 우리가 시장에서 더 경쟁력이 있도록 만들어 줄 겁니다. 자 이제, 우리의 선임 디자이너인 Jim Patterson 씨가 우리의 새로운 계획에 대해 말씀해 주실 겁니다.

어휘
sales performance 영업 실적   quarter 분기   long range 장기
compact car 소형차   rival company 경쟁 회사   launch
(=release) 출시하다   constant 지속적인   effort 노력   stay 유지하다   competitive 경쟁력이 있는   propose 제안하다   increased 증가된   fuel efficiency 연비   management 경영진   develop 개발하다   hybrid 하이브리드   eco-friendly 친환경적인   in the long term 장기적으로

10 According to the speaker, what is expected to take place next week?
(A) The competitor will introduce a new model.
(B) The sales will start to increase significantly.
(C) The new hybrid model will be unveiled.
(D) The board of directors will accept the proposal.

화자의 말에 따르면, 다음 주에 무슨 일이 있을 것으로 예상되는가?
(A) 경쟁사가 새로운 모델을 출시할 것이다.
(B) 매출이 급격히 늘어날 것이다.
(C) 새로운 하이브리드 모델이 공개될 것이다.
(D) 이사회가 제안서를 받아들일 것이다.

어휘
competitor 경쟁사   introduce 소개하다   increase 늘어나다
significantly 급격히   unveil 드러나다   board of directors
이사회   accept 받아들이다   proposal 제안서

해설
문제에 제시된 시간 키워드인 next week가 언급되는 부분에서 주요 경쟁사가 다음 주에 유사 모델을 출시하게 될 것임을 알 수 있다. 따라서 정답은 (A)가 된다.

패러프레이징
rival company(경쟁 회사) → competitor(경쟁사)

11 What does the speaker say the management decided to do?
(A) Lay off employees
(B) Open a new branch
(C) Develop new products
(D) Hire some temporary workers

화자는 경영진이 무엇을 하기로 결정했다고 말하는가?
(A) 직원들을 정리해고하기
(B) 새로운 지점 열기
(C) 신제품들 개발하기
(D) 몇몇 임시 직원들 고용하기

해설
문제의 키워드인 management가 지문에서 언급되는 지문 중반에서, 경영진들이 하이브리드 차량들을 개발하기로 결정했다고 말하는 부분에서 정답은 (C)가 된다. 지문의 hybrid cars를 new products 로 바꿔 표현했다.

12 What will Jim Patterson probably do next?
  (A) Give a speech
  (B) Present an award
  (C) Write a proposal
  (D) Serve refreshments

  Jim Patterson은 다음에 무엇을 할 것 같은가?
  (A) 연설하기
  (B) 시상하기
  (C) 제안서 쓰기
  (D) 다과 제공하기

  어휘

  speech 연설   present 수여하다   proposal 제안서
  refreshments 다과

  해설

  지문 마지막에 문제의 고유 명사 키워드인 Jim Patterson을 언급
  하는 부분에서, 그가 새로운 계획에 대해 얘기할 것임을 알 수 있다.
  지문의 talk을 보기에서는 give a speech로 변환해서 표현했다.

AU

Questions 13-15 refer to the following talk.

Thank you for coming here on such a short notice. I'm
here to tell you about some changes we're making in
the coming weeks. Before we talk about them, **13** I'd like
to give you an update on the construction project we're
working on. Initially, we were scheduled to complete it by
the end of the month. **14** However, it seems like it might
be put off about a week due to the lack of raw materials.
As soon as the new shipment arrives, we should work
extra hours to meet the deadline. If you have any trouble
with it, please let me know in advance. Okay, let's start
with our new prototype. **15** Could you look at the screen
over here?

13-15는 다음 담화에 관한 문제입니다.
짧은 공지에도 이렇게 와주셔서 감사합니다. 저는 앞으로 수 주간 우리가 시
행하게 될 몇 가지 변화에 대해 말씀 드리기 위해 여기에 왔습니다. 우리가 그
것들에 대한 이야기를 하기 전에 우리가 작업 중인 공사 프로젝트에 대해 새
로운 소식을 전해 드리고 싶어요. 처음에 우리는 이번 달 말까지 완료할 예정
이었는데요. 그러나 원자재의 부족 때문에 일주일 정도 늦어질 수도 있을 것
같아요. 새로운 선적물이 도착하자마자, 우리는 마감 시한을 지키기 위해서
잔업을 해야 합니다. 이에 대해 문제가 있으시다면, 미리 알려주세요. 좋습니
다. 우리의 새로운 시제품부터 시작해 봅시다. 여기 스크린을 좀 봐주시겠어
요?

어휘

initially 처음에   be scheduled to ~할 예정이다   complete 끝내다
seem like ~인 것 같다   put off 연기 시키다   lack 부족   raw
material 원자재 부족   as soon as ~하자마자   extra 추가의   meet
the deadline 마감 시한을 지키다   trouble 고생   in advance 미리
prototype 시제품

---

13 What is the talk mainly about?
  (A) An updated website
  (B) A work schedule
  (C) A reading material

  (D) A new employee

  담화는 주로 무엇에 대한 것인가?
  (A) 업데이트된 웹사이트
  (B) 작업 일정
  (C) 읽을 자료
  (D) 새로운 직원

  어휘

  updated 업데이트된   reading material 읽을 자료
  employee 직원

  해설

  지문 초반, 공사 프로젝트에 대한 최신 소식을 전해 주고 싶다고 말한
  후에 일정을 언급하는 부분에서 정답은 (B)가 된다.

  패러프레이징

  project(프로젝트) → work(작업)

---

14 According to the speaker, what might cause the
  delay?
  (A) Construction materials
  (B) Bad weather
  (C) A lack of workers
  (D) A mechanical problem

  화자의 말에 따르면, 무엇이 지연의 원인이 될 수도 있는가?
  (A) 공사 재료
  (B) 나쁜 날씨
  (C) 일손 부족
  (D) 기계적인 문제

  어휘

  cause 원인   delay 지연   material 재료   lack 부족   worker
  일꾼   mechanical 기계적인   problem 문제

  해설

  지문에서 문제에서 제시된 키워드인 delay가 언급되는 부분에서 답
  을 찾아야 한다. 지문 중반에 작업이 일주일 정도 지연될 수도 있다고
  말하면서 원자재 부족 때문이라고 설명하는 부분에서 정답은 (A)가
  된다. 또한 due to 다음에 이유나 원인이 대한 답이 제시되는 경우
  가 많다는 사실도 기억해두자.

  패러프레이징

  delay(지연) → put off(연기하다)

---

15 What are the listeners required to do?
  (A) Check the warehouse
  (B) Ship the raw materials
  (C) Carry a prototype
  (D) View the screen

  청자들은 무엇을 하라고 요청 받는가?
  (A) 창고 확인하기
  (B) 원자재 선적하기
  (C) 시제품 나르기
  (D) 화면 보기

  어휘

  warehouse 창고   ship 선적하다   view 보다

US

 Questions 16-18 refer to the following talk and schedule.

 City Tour Bus

Location 1 → Location 2 → Location 3 → Location 4

The Hudson Memorial	The King's Temple	The Owen Hall	The Sky Tower

May I have your attention, please? Did you enjoy the temple? **16** In a few minutes, we're arriving at the next stop on today's bus tour. If you look to your left, you will see the beautiful building, which is called "the Owen Hall". It has been the landmark of the city for a long time. Even though it was built nearly 100 years ago, it seems to be as innovative as other modern buildings. Frankly, it looks even more beautiful to me. As some of you probably know, **17** it was designed by Sean Thomas who is one of the most renowned architects in Canadian history. We'll stop here for an hour and I'll let you explore the site on your own. Now, we're entering the parking lot **18** but please remain seated until the bus comes to a complete stop.

16–18은 다음 담화와 시간표에 관한 문제입니다.

 도시 관광 버스

장소 1 → 장소 2 → 장소 3 → 장소 4

The Hudson 기념비	The King's 사원	The Owen Hall	The Sky 탑

주목해 주시겠어요? 사원은 즐기셨나요? 잠시 뒤에 우리는 오늘 버스 투어의 다음 정거장에 도착할 겁니다. 왼쪽을 보시면 "Owen Hall"이라고 불리는 아름다운 건물이 보이실 겁니다. 그곳은 오랫동안 시의 명승지였죠. 거의 100년 전에 지어졌음에도 불구하고, 다른 현대의 건물들만큼 혁신적인 것 같습니다. 솔직히, 제겐 더 아름다워 보입니다. 몇몇 분들도 아마 아시겠지만, 캐나다 역사상 가장 유명한 건축가들 중 한명인 Sean Thomas가 디자인을 했어요. 우리는 여기서 1시간 동안 머물 것이고, 여러분 스스로 부지를 둘러볼 수 있도록 할 겁니다. 자, 이제 주차장으로 들어갑니다만 버스가 완전히 멈출 때까지 계속 앉아 계셔야 합니다.

어휘

attention 주목 temple 사원 arrive 도착하다 be called 불리다
landmark 명승지 be built 지어져 있다 nearly 거의 ago 전에
innovative 혁신적인 modern 현대적인 renowned 유명한
history 역사 explore 답사하다 site 부지 on one's own 스스로

remain 유지하다 seated 앉아 있는

16 Look at the graphic. Where will the bus arrive shortly?
(A) Location 1
(B) Location 2
(C) Location 3
(D) Location 4

시각 자료를 보시오. 버스는 곧 어디에 도착할 것인가?
(A) 지점 1
(B) 지점 2
(C) 지점 3
(D) 지점 4

해설

지문 초반, 다음 버스 투어 정거장이 Owen Hall이라고 말하는 부분에서 정답은 (C)가 된다. 주어진 시각 정보에서, Owen Hall이 Location 3이라는 정보를 확인할 수 있다.

17 Who is Sean Thomas?
(A) A bus driver
(B) A tour guide
(C) A tourist
(D) A building designer

Sean Thomas는 누구인가?
(A) 버스 운전사
(B) 투어 가이드
(C) 관광객
(D) 건물 디자이너

해설

고유 명사 키워드인 Sean Thomas가 언급되는 부분에서, 그가 건물을 디자인하는 건축가임을 알 수 있다. 따라서 정답은 (D)가 된다.

패러프레이징

architect(건축가) → building designer(건물 설계자)

18 What are the listeners asked to do?
(A) Stay seated
(B) Take a picture
(C) Return on time
(D) Wear protective gear

청자들은 무엇을 요청 받는가?
(A) 계속 앉아 있기
(B) 사진 찍기
(C) 정시에 돌아오기
(D) 보호용 장비 착용하기

어휘

seated 앉아 있는 take a picture 사진을 찍다 return 돌아오다 on time 정시에 wear 입다 protective gear 보호용 장비

해설

지문 마지막에 Please 명령문을 통해 계속 앉아 있으라고 말하는 부분에서 정답은 (A)가 된다. 문제의 ask가 지문에서는 Please로 바뀌어 언급되고 있고, 지문의 remain이 보기에서는 stay로 변환되어 제시되었다.

ACTUAL TEST

PART 1

1 (C)	**2** (C)	**3** (D)	**4** (B)	**5** (A)	**6** (D)

PART 2

7 (A)	**8** (C)	**9** (C)	**10** (B)	**11** (A)	**12** (B)
13 (A)	**14** (B)	**15** (A)	**16** (A)	**17** (B)	**18** (C)
19 (A)	**20** (B)	**21** (A)	**22** (B)	**23** (A)	**24** (C)
25 (B)	**26** (B)	**27** (B)	**28** (C)	**29** (A)	**30** (A)
31 (B)					

PART 3

32 (C)	**33** (B)	**34** (A)	**35** (D)	**36** (B)	**37** (A)
38 (B)	**39** (A)	**40** (B)	**41** (C)	**42** (A)	**43** (D)
44 (A)	**45** (C)	**46** (D)	**47** (C)	**48** (B)	**49** (D)
50 (B)	**51** (B)	**52** (C)	**53** (D)	**54** (D)	**55** (B)
56 (B)	**57** (A)	**58** (D)	**59** (A)	**60** (D)	**61** (C)
62 (B)	**63** (D)	**64** (A)	**65** (C)	**66** (A)	**67** (D)
68 (A)	**69** (B)	**70** (C)			

PART 4

71 (C)	**72** (D)	**73** (A)	**74** (C)	**75** (B)	**76** (C)
77 (B)	**78** (D)	**79** (C)	**80** (D)	**81** (D)	**82** (D)
83 (D)	**84** (A)	**85** (B)	**86** (C)	**87** (A)	**88** (B)
89 (C)	**90** (A)	**91** (B)	**92** (C)	**93** (B)	**94** (D)
95 (C)	**96** (A)	**97** (C)	**98** (A)	**99** (D)	**100** (C)

PART 1

1 BR
(A) Some chairs are being rearranged.
(B) All of the people in the library are wearing headsets.
(C) Some of the seats are occupied.
(D) Several windows are being wiped.

(A) 몇몇 의자들이 다시 정돈되고 있다.
(B) 도서관에 있는 모든 사람들이 헤드셋을 착용하고 있다.
(C) 몇몇 좌석들이 점유되어 있다.
(D) 몇몇 창문들이 닦여지고 있다.

어휘
rearrange 재정리하다 seat 좌석 be occupied 점유(차지)되어 있다 wear 착용하다 several 몇몇의 wipe 닦다 headset 헤드셋

해설
남자들이 앉아 있는 좌석들은 점유가 되어 있는 상태이므로 이를 잘 묘사한 보기 (C)가 정답이다. 특히, 의자에 사람이 앉아 있을 경우 occupied(점유된), 비어 있을 경우 unoccupied(점유되지 않은)가 자주 출제된다. 보기 (B)는 한 명의 남자만 헤드폰을 쓰고 있으므로 all of the people에서 오답 처리가 가능하다.

2 AU
(A) A woman is looking at a map.
(B) A bus is approaching the station.
(C) A woman is seated on a bench.
(D) A bus stop is being swept.

(A) 여자가 지도를 보고 있다.
(B) 버스가 정류소로 접근하고 있다.
(C) 여자가 벤치에 앉아 있다.
(D) 버스 정류소가 빗자루로 쓸려지고 있다.

어휘
approach 접근하다 station 역 be seated 앉아 있다 sweep 빗자루로 쓸다

해설
여자가 버스 정류소의 벤치에 앉아 있는 모습을 잘 묘사한 보기 (C)가 정답이다. 이때 be seated 대신 be sitting을 써도 무방하다. 사진에서는 bus의 모습이 보이지 않으므로 보기 (C)는 a bus에서 바로 오답 처리가 가능하고, 빗자루를 쓸고 있는 동작도 없으므로 보기 (D)는 being swept에서 오답이다.

3 US
(A) Some horses are being fed by the farmer.
(B) He is putting on a hat.
(C) A barn is being built.
(D) He is riding a carriage.

(A) 몇몇 말들이 농부로부터 먹이를 받아 먹고 있다.
(B) 남자가 모자를 쓰려고 하고 있다.
(C) 헛간이 지어지고 있다.
(D) 남자가 마차를 타고 있다.

어휘
horse 말 feed 먹이 주다 farmer 농부 put on ~을 입으려고 하다 hat 모자 barn 헛간 ride 타다 carriage 마차

해설
마차에 타 있는 모습을 잘 묘사한 보기 (D)가 정답이다. 보기 (B)는 남자가 이미 모자를 쓰고 있는 상태이므로 putting on 이 아니라 wearing을 써야 정답이 된다.

4 US
(A) He is taking a picture.
(B) He is holding a brush.
(C) He is staring at the scenery.
(D) He is writing something on the blackboard.

(A) 그가 사진을 찍고 있다.
(B) 그가 붓을 들고 있다.
(C) 그가 풍경을 응시하고 있다.
(D) 그가 칠판에 뭔가를 쓰고 있다.

어휘
take a picture 사진을 찍다 brush 붓 scenery 풍경 stare 응시하다 write 쓰다 blackboard 칠판

해설
남자가 붓을 들고 있는 모습을 잘 묘사한 보기 (B)가 정답이다. 사람이 무엇을 들고 있거나 사용하고 있는 모습이 나올 경우 holding이 답으로 자주 출제된다. 보기 (A)는 picture가 사진과 그림이라는 두 가지는 뜻을 가지고 있는 점을 이용한 함정이다. take a picture(사진을 찍다)는 하나의 고정 표현으로 암기해두자.

5 BR

(A) They are working at the construction site.
(B) They are pushing a wheelbarrow together.
(C) They are walking down the street.
(D) They are transporting some logs.

(A) 그들은 공사 현장에서 일하고 있다.
(B) 그들은 함께 외발 수레를 밀고 있다.
(C) 그들은 거리를 걸어 내려가고 있다.
(D) 그들은 통나무들을 옮기고 있다.

어휘

construction site 공사 현장   wheelbarrow 외발수레
together 같이   street 거리   walk 걷다   transport 운반하다
log 통나무

해설

두 사람이 공사장에서 일하고 있는 모습을 잘 묘사한 보기 (A)가 정답이다. 보기 (C)는 work-walk 유사 발음 함정이다. 보기 (B)는 외발 수레(wheel barrow)의 모습은 보이지만 미는 동작이 아니므로 pushing에서 바로 오답 처리가 가능하다.

6 AU

(A) A picture frame is being hung over the bed.
(B) Some pillows have been placed on a couch.
(C) The light fixtures are being turned on.
(D) There is a lamp on either side of the bed.

(A) 사진 액자가 침대 위에 매달리고 있다.
(B) 몇몇 베개들이 긴 의자 위에 놓여져 있다.
(C) 조명 기구들이 켜지고 있다.
(D) 램프가 침대 양쪽에 있다.

어휘

picture frame 사진 액자   hang 매달다   pillow 베개   be
placed 두어져 있다   couch 긴 의자   light fixture 조명기구
turn on 켜다   either side 양쪽

해설

침대 양쪽에 램프가 놓여져 있는 모습을 잘 묘사한 보기 (D)가 정답이다. 양쪽 모두란 의미를 가지는 either side 대신 both sides를 써도 무방하다. 보기 (A)와 (C)는 사물·배경 중심 사진으로 동작이 보이지 않으므로 수동 진행형인 being만 듣고도 바로 오답 처리가 가능하다.

PART 2

AU US

7 What's the weather forecast for tomorrow?
(A) Why don't you look at the website?
(B) It was hot and sunny.
(C) Today is much better for me.

내일 일기 예보가 어떻게 되죠?
(A) 웹사이트를 보는 게 어때요?
(B) 덥고 화창했어요.
(C) 저는 오늘이 훨씬 더 나아요.

어휘

weather forecast 일기 예보   sunny 화창한   website 웹사이트   much 훨씬 더 나은

해설

What은 별 뜻이 없으므로 뒤에 오는 명사 weather forecast를 듣고 일기 예보를 묻는 문제임을 파악한다. 내일 날씨에 대한 정보는 웹사이트에서 확인하라고 또 다른 정보 소스를 적절히 제시한 보기 (A)가 정답이다. 보기 (B)는 시제 불일치 함정이다.

BR AU

8 Who were you talking to on the phone?
(A) It's on my desk.
(B) No, I don't recall her name.
(C) It was Ms. Johnson.

전화로 누구와 얘기했나요?
(A) 그건 제 책상 위에 있어요.
(B) 아뇨, 그녀의 이름이 기억나지 않네요.
(C) Johnson 씨였어요.

어휘

recall 기억해내다   on the phone 전화상으로   desk 책상

해설

전화 통화를 한 사람을 묻는 Who 의문문에 대해 Johnson이라는 사람의 이름을 언급한 보기 (C)가 정답이다. 보기 (A)는 Where 의문문에 더 어울리는 응대로 오답이다.

US US

9 Can you tell me how much this purse is?
(A) Yes, I like it so much.
(B) I don't think I can afford it.
(C) Let me check the tag.

이 지갑이 얼마인지 알려 주시겠어요?
(A) 네, 저는 그것이 너무 좋아요.
(B) 제가 그것을 살 여유가 없네요.
(C) 가격표를 볼게요.

어휘

purse 지갑   afford ~할 여유가 있다   tag 꼬리표   price 가격

해설

Can you tell me ~로 시작하는 간접 의문문으로 가운데 오는 의문사 how much가 핵심 청취 포인트이다. 금액을 직접 제시하지 않고, 가격표를 확인해 보겠다고 말한 보기 (C)가 정답이다. 보기 (A)는 much 반복 사용 함정이다.

US BR

10 Why don't we share a taxi to the airport?
(A) Because it's far away from here.
(B) It sounds good to me.
(C) By increasing a tax.

공항까지 택시를 같이 타고 갈까요?
(A) 여기서 멀리 떨어져 있기 때문입니다.
(B) 저는 좋아요.
(C) 세금을 올려서요.

어휘

share 공유하다   airport 공항   far 멀리   increase 올리다   tax
세금

Why don't~로 시작하는 청유문에 대해 좋다라고 승낙한 보기 (B)가 정답이다. 특히 sounds good은 청유문의 단골 정답 패턴이다. 보기 (A)는 why don't~를 이유를 묻는 의문사 why로 잘못 들을 경우 빠질 수 있는 함정이다.

11 Would you like to pay in cash or by credit card?
(A) Either would be fine.
(B) Yes. It's in my pocket.
(C) At the bank across the street.

현금과 카드 중 어떤 것으로 지불하시겠어요?
(A) 둘 다 괜찮습니다.
(B) 네. 그건 제 주머니 안에 있어요.
(C) 길 건너 은행에서요.

cash 현금   credit card 신용카드   either 둘 중 어느 하나
pocket 호주머니   bank 은행   across 건너에

지불 수단을 묻는 선택 의문문에 대해 둘 다 괜찮다는 의미로 응대한 보기 (A)가 정답이다. 특히 either는 선택 의문문의 단골 정답 패턴이다. 보기 (C)는 질문에서 cash(현금)를 듣고 의미상 bank(은행)를 연상하게 한 함정이다.

12 Who do you think will be promoted to the new vice president?
(A) I think it was very informative.
(B) Mr. Brown has a good chance.
(C) He's in charge of the promotion campaign.

새로운 부사장으로 누가 승진될 것이라고 생각하시나요?
(A) 매우 유익했다고 생각해요.
(B) Brown 씨가 확률이 높아요.
(C) 그는 홍보 캠페인을 책임지고 있어요.

promote 승진시키다   vice president 부사장   informative 유익한   chance 가능성, 확률   be in charge of ~을 책임지고 있다   promotion 홍보

부사장으로 승진할 사람이 누구라고 생각하는지 묻는 Who 의문문에 대해 사람 이름을 적절히 제시한 보기 (B)가 정답이다. 보기 (C)는 promoted-promotion 유사 발음 함정이다.

13 Are there any seats available for tonight's opera?
(A) I'm afraid they're all sold out.
(B) No, I'm not available today.
(C) Let's meet at the Global theater.

오늘밤 오페라에 이용 가능한 자리가 있나요?
(A) 유감이지만 매진입니다.
(B) 아뇨. 저는 오늘 시간이 안돼요.
(C) Global 극장에서 만나요.

opera 오페라   seat 좌석   available 이용 가능한, 시간이 나는
sold out 매진의   theater 극장

Is there ~구문은 뒤에 오는 명사 청취가 핵심이다. 오페라 공연에 자리가 있냐는 질문에 다 매진되었다고 말한 보기 (A)가 정답이다. 보기 (B)는 available 반복 사용 함정이다.

14 How far is your office from here?
(A) No, I put it over there.
(B) Just a 30 minute drive.
(C) It has been renovated lately.

여기서 당신 사무실이 얼마나 멀죠?
(A) 아뇨, 저기에 두었어요.
(B) 차로 딱 30분이요.
(C) 최근에 개조되었습니다.

renovate 개조하다   lately 최근에   far 멀리, 먼   put 두다   over there 저기에   drive 운전

How far는 거리를 묻는 의문사이므로, 차로 30분 거리에 있다고 답한 보기 (B)가 정답이다. 의문사 의문문은 Yes/No로 답할 수 없으므로 보기 (A)는 바로 오답 처리가 가능하다.

15 Didn't you like Ms. Garcia's lecture?
(A) No, it was rather boring.
(B) She's my former supervisor.
(C) It will be held at the auditorium.

Garcia 씨의 강연이 좋지 않았나요?
(A) 아뇨. 다소 지루했어요.
(B) 그녀는 제 이전 상관입니다.
(C) 강당에서 열릴 겁니다.

lecture 강연   rather 다소   boring 지겨운   former 이전의
supervisor 상관   be held 열리다   auditorium 강당

강연이 좋지 않았냐고 묻는 부정 의문문에 대해 No라고 부정하고, 다소 지루했다라고 부연 설명한 보기 (A)가 정답이다. 보기 (B)는 사람의 신분을 묻는 Who 의문문에 더 어울리는 응대로 오답이다.

16 Do we have enough brochures for everyone?
(A) It seems like there are plenty.
(B) I haven't had a chance yet.
(C) It's absolutely free.

모두를 위한 안내 책자들이 충분히 있나요?
(A) 충분히 있는 것 같습니다.
(B) 아직 기회가 없었어요.

(C) 그건 완전히 무료입니다.

어휘

enough 충분한 brochure 안내책자 everyone 모두 seem like ~인 것 같다 chance 기회 plenty 많은 absolutely 완전히 free 무료의

해설

Do 동사 의문문으로 뒤에 오는 동사와 명사를 잘 들어야 한다. 안내책자가 충분하냐는 질문에 충분히 있는 것 같다고 답한 보기 (A)가 정답이다. 질문의 enough를 plenty로 바꿔 표현했다.

17 What do you think of the proposal that I sent you yesterday?
(A) No, I haven't seen him yet.
(B) I was really impressed with it.
(C) Please send them by courier.

제가 어제 보내드린 제안서에 대해 어떻게 생각하세요?
(A) 아뇨. 아직 그를 보지 못했어요.
(B) 매우 인상 깊었어요.
(C) 그것들을 택배로 보내주세요.

어휘

proposal 제안서 impressed 감명 받은 courier 택배 배달원

해설

What do you think of~는 의견을 묻는 질문으로 제안서에 대해 인상 깊었다라고 답한 보기 (B)가 정답이다. 보기 (A)는 대명사 him이 받을만한 3자가 질문에 언급되지 않았으므로 오답이다.

18 Can you recommend any good Italian restaurants around here?
(A) Around noon.
(B) Yes, he's highly recommended.
(C) Jim might be able to tell you.

여기 근처에 좋은 이태리 식당들을 추천해 주시겠어요?
(A) 대략 정오에요.
(B) 네, 그는 적극적으로 추천받고 있습니다.
(C) Jim이 알려줄 수 있을 거예요.

어휘

recommend 추천하다 Italian 이태리의 around 대략, 주위의 noon 정오 highly 매우 recommended 추천 되어지는

해설

좋은 이태리 식당을 추천해 달라고 요청하는 Can you ~ 청유문에 대해 자기는 잘 모르지만 Jim이 알려줄 수 있다고 답한 보기 (C)가 정답이다. 질문에 대한 답을 찾거나 말해 줄 수 있는 다른 정보의 소스를 제시하는 보기는 Part 2의 단골 정답이다.

19 The road works outside really bother me.
(A) Why don't we close the windows?
(B) No, he is not my brother.
(C) On 3rd avenue.

밖의 도로 작업들이 정말 저를 성가시게 하네요.
(A) 창문들을 닫는 게 어때요?
(B) 아뇨, 그는 제 형제가 아닙니다.
(C) 3번가에서요.

어휘

roadwork 도로 작업 really 정말로 bother 성가시게 하다 brother 남자 형제 avenue ~가

해설

공사 작업들로 인해 성가시다는 문제점을 언급한 평서문에 대해, 창문을 닫자고 적절한 해결책을 제안한 보기 (A)가 정답이다. 보기 (B)는 bother-brother 유사 발음 함정이다.

20 Shouldn't we order more office supplies?
(A) It's still out of order.
(B) We don't need to.
(C) It's more expensive than anticipated.

사무 용품들을 더 주문해야 하지 않을까요?
(A) 그것은 여전히 고장입니다.
(B) 그럴 필요 없어요.
(C) 예상보다 더 비싸네요.

어휘

order 주문하다 office supplies 사무 용품 out of order 고장 난 expensive 비싼 anticipated 예상된

해설

사무 용품을 구매하자고 제안한 Shouldn't we~ 청유문에 대해서 그럴 필요 없다고 답한 보기 (B)가 정답이다. 질문의 should를 need로 바꿔 표현했다.

21 Why didn't you bring your laptop?
(A) It is being repaired.
(B) Go to the laboratory.
(C) Sure, I'd be glad to.

왜 노트북을 안 가져 오셨나요?
(A) 수리 중이에요.
(B) 연구실로 가세요.
(C) 물론이죠. 기꺼이요.

어휘

bring 가져오다 laptop 노트북 laboratory 실험실, 연구실 glad 기쁜

해설

노트북을 가져 오지 않은 이유를 묻는 Why 의문문에 대해 수리중이라고 답한 보기 (A)가 정답이다. 보기 (C)는 이유를 묻는 why didn't ~을 청유문인 Why don't~로 잘못 들었을 경우 빠질 수 있는 함정이다.

22 You don't have to use this copy machine now, do you?
(A) I'm not thirsty.

(B) **No, go ahead.**
(C) To make handouts.

지금 이 복사기를 사용하지 않으셔도 되죠, 그렇죠?
(A) 저는 목마르지 않습니다.
(B) 아뇨. 어서 쓰세요.
(C) 유인물을 만들기 위해서요.

어휘

copy machine 복사기 thirsty 목마른 handout 유인물

해설

복사기를 써야 하는지 확인하는 부가 의문문에 대해 어서 사용하라고 말한 보기 (B)가 정답이다. 보기 (C)의 to 부정사는 '~하기 위해서'라는 의미의 목적 용법으로 Why 의문문에 더 어울리는 답변이다.

AU US

23 Be sure to turn off the projector after the conference.
(A) **Sure, I will.**
(B) Yes, the conference was well organized.
(C) I'm still working on the sales projection.

회의 끝나고 영사기를 꼭 꺼주세요.
(A) 물론이죠. 그럴게요.
(B) 네, 회의는 잘 준비 되었습니다.
(C) 저는 여전히 판매 전망 작업을 하고 있습니다.

어휘

be sure to 확실히 ~하다 projector 영사기 conference 회의 well organized 잘 준비된 projection 예측(치)

해설

영사기를 확실히 꺼달라는 명령문에 대해 그렇겠다라고 승낙한 보기 (A)가 정답이다. 보기 (C)는 projector-projection 유사 발음 함정이다.

BR AU

24 Where can I find the newest version of this software program?
(A) It looks somewhat sophisticated.
(B) Right. We found it very helpful.
(C) **In aisle 5.**

이 소프트웨어의 최신 버전을 어디서 찾을 수 있나요?
(A) 다소 복잡해 보이는데요.
(B) 맞아요. 그것이 매우 유용하다고 생각했어요.
(C) 5번 통로에요.

어휘

version 버전 somewhat 다소 sophisticated 복잡한
helpful 도움이 되는 aisle 통로

해설

최신 버전의 소프트웨어가 어디 있는지 묻는 Where 의문문에 대해 5번 통로라는 적절한 장소 부사구를 언급한 보기 (C)가 정답이다. 보기 (B)는 질문의 find(찾다)와 다른 의미의 find(알게 되다)를 사용한 동일 단어 반복 사용 함정이다.

US US

25 Has Jill completed the expense report?
(A) Sorry. I completely forgot about it.
(B) **Yes and she turned it in yesterday.**
(C) On the website.

Jill이 비용 보고서를 끝냈나요?
(A) 미안해요. 그것에 대해 완전히 잊었어요.
(B) 네 그리고 그녀가 어제 제출했어요.
(C) 웹사이트에서요.

어휘

complete 끝내다 expense report 비용 보고서 completely
완전히 turn in 제출하다

해설

Jill이 보고서를 작성했는지 묻는 Have 조동사 의문문에 대해 Yes 라고 긍정하고, 이미 어제 제출까지 했다는 내용을 덧붙인 보기 (B)가 정답이다. 보기 (A)는 completely-completed 유사 발음 함정이다.

US BR

26 Should we meet in the lobby or outside the main entrance?
(A) They are in the meeting room.
(B) **I don't care.**
(C) Several miles away.

로비와 정문 밖 중 어디에서 만날까요?
(A) 그들은 회의실에 있습니다.
(B) 저는 상관 없어요.
(C) 몇 마일 떨어져 있습니다.

어휘

main entrance 정문 care 신경 쓰다 several 몇몇의
outside 밖

해설

로비와 정문 밖 중 어디서 만날지 묻는 선택 의문문에 둘 중 어디든 상관 없다라고 답한 보기 (B)가 정답이다. I don't care는 선택 의문문의 단골 정답 패턴으로 기억해두자. 보기 (A)는 질문의 주어 1인칭 주어 we를 3인칭 대명사 they로 잘못 받은 주어 불일치 함정이다.

AU US

27 When did you start to work as a sales representative?
(A) Starting next week.
(B) **About a decade ago.**
(C) In Pacific group.

언제 영업 사원으로서 일을 시작하셨나요?
(A) 다음주부터요.
(B) 대략 10년전이요.
(C) Pacific 그룹에서요.

어휘

sales representative 영업 사원 decade 10년 ago ~전에

해설

과거 시점을 묻는 When did ~ 의문문에 대해 10년 전이라는 과거 시간으로 답한 보기 (B)가 정답이다. 보기 (A)는 미래 시점으로 시제

불일칠 함정이다.

BR AU

28 Isn't the mail room on the second floor?
(A) By express mail.
(B) No, he works on the third floor.
(C) It was moved.

우편실이 2층 아닌가요?
(A) 특급 우편으로요.
(B) 아뇨 그는 3층에서 일합니다.
(C) 이사 갔어요.

어휘

mail 우편 express mail 특급 우편 move 이동하다, 이사하다

해설

우편실이 2층인지 확인하는 부정 의문문에 대해 그곳이 이사 갔다고 답한 보기 (C)가 정답이다. 보기 (B)는 주어 he가 받을 만한 3자가 질문에 언급되어 있지 않으므로 주어 불일치 함정이다.

US US

29 Are you going to rent a car to get to the headquarters?
(A) Jason will give me a lift.
(B) Sure, I can lend it to you.
(C) It went well, thanks.

본사에 가기 위해 차를 빌리실 건가요?
(A) Jason이 저를 태워줄 거예요.
(B) 물론이죠. 제가 당신에게 빌려 줄 수 있어요.
(C) 잘 진행되었어요. 고마워요.

어휘

rent 빌리다 headquarters 본사 give a lift ~를 태워주다 lend 빌려주다 go well 잘되다

해설

차를 빌릴 것인지 묻는 Be 동사 의문문에 대해 차를 빌리지 않고 Jason이 차를 태워 줄 것이라고 말한 보기 (A)가 정답이다. 보기 (B)는 rent-lend 유사 발음 함정이다.

US BR

30 Where can I find the revised plan?
(A) I can email it to you immediately.
(B) For the entire project.
(C) It was revised twice.

수정된 계획안을 어디서 찾을 수 있나요?
(A) 제가 즉시 이메일로 보내 드릴 수 있습니다.
(B) 전체 프로젝트를 위해서요.
(C) 그것은 두 번 수정 되었어요.

어휘

revised 수정된 immediately 즉시 entire 전체의 twice 두 번

해설

수정된 계획안이 어디 있는지 묻는 Where 의문문에 대해 그것을 이메일로 즉시 보내줄 수 있다고 말한 보기 (A)가 정답이다. 보기 (C)는

revise 반복 사용 함정이자, 빈도를 묻는 How often 의문에 더 어울리는 응대로 오답이다.

AU US

31 What should I do with the boxes right here?
(A) Right after the meeting ends.
(B) Place them in the warehouse.
(C) They are very fragile.

바로 여기에 있는 상자들은 어떻게 할까요?
(A) 회의가 끝난 직후에요.
(B) 그것들을 창고에 두세요.
(C) 그것들은 매우 부서지기 쉬워요.

어휘

end 끝나다 place 두다 warehouse 창고 fragile 깨지기 쉬운 right after 직후에

해설

상자들을 어떻게 할지 묻는 What 의문문에 그것들을 창고에 두라고 답한 보기 (B)가 정답이다. 보기 (A)는 right 반복 사용 함정이자, 시간을 묻는 When 의문문에 더 어울리는 응대로 오답이다.

PART 3

BR AU

Questions 32-34 refer to the following conversation.

W: Excuse me. **32** I bought this printer here a couple of days ago, but I found out that some functions didn't work properly.
M: I'm sorry for the inconvenience, ma'am. Can I ask you what specific functions don't work?
W: Well, **33** I can't select the preview in color option and it runs too slow when it prints pages in black and white.
M: Let me take a look at it. Umm… there seem to be some manufacturing defects. Since it is under warranty, we are willing to repair it for free or exchange it with a new one if you'd like.
W: I'd rather replace it with a new unit. **34** Here's the receipt.

32-34는 다음 대화에 관한 문제입니다.
W: 실례합니다. 제가 이 프린터를 이틀 전에 여기서 샀는데, 몇 가지 기능들이 제대로 작동하지 않아서요.
M: 불편을 드려서 죄송합니다, 고객님. 구체적으로 어떤 기능들이 작동이 안 되는지 여쭤봐도 될까요?
W: 음, 컬러 옵션에서 미리 보기를 선택할 수 없고, 페이지들을 흑백으로 출력할 때 너무 느리게 작동됩니다.
M: 제가 한번 볼게요. 음, 제조상 결함들이 있는 것 같아요. 품질 보증 기간 중이므로 저희가 기꺼이 무료로 수리해 드리거나 원하시면 새로운 물건으로 교환해 드릴 수 있습니다.
W: 새것으로 교체하는 게 나을 것 같아요. 여기 영수증 있습니다.

어휘

find out 알아내다 function 기능 work 작동하다 properly 올바르게 preview 미리 보기 function 기능 inconvenience 불편 select 선택하다 run 작동되다 black and white 흑백 specific 구체적인 warranty 품질 보증 for free 무료로 exchange 교환(하

다) replace 교체하다 receipt 영수증

32 Where most likely are the speakers?
(A) In a manufacturing plant
(B) In a convenience store
(C) In an electronics shop
(D) In a print shop

화자들은 어디에 있을 것 같은가?
(A) 제조 공장에
(B) 편의점에
(C) 전자 제품 가게에
(D) 인쇄소에

> 해설

여자의 첫 대사에서 여기서 프린터를 샀다고 말하는 부분에서 이곳이
전자 제품 가게임을 유추할 수 있다. 따라서 정답은 (C)가 된다.

33 What kind of problem does the man mention?
(A) Some items are currently out of stock.
(B) Some features don't work well.
(C) Some components are missing.
(D) Some units are beyond repair.

남자는 어떤 종류의 문제점을 언급하는가?
(A) 몇몇 물건들이 현재 재고가 없다.
(B) 몇몇 기능들이 작동이 되지 않는다.
(C) 몇몇 부품들이 없다.
(D) 몇몇 제품들이 수리를 할 수 없을 정도다.

> 어휘

kind 종류 problem 문제 currently 현재 out of stock 재고
가 없는 feature 기능 component 부품 missing 없는
beyond repair 수리할 수 없을 정도의

> 해설

문제점을 찾는 문제는 지문 초반 부정적 어휘를 언급하는 부분에서
답을 찾아야 한다. 여자의 첫 대사에서 부정적 어휘인 can't 다음에
컬러 옵션에서 미리 보기 기능이 안 되는 것과 흑백 모드에서 속도 저
하를 말하는 부분에서 몇몇 기능이 작동이 잘 되지 않는다고 답한 보
기 (B)가 정답이다.

34 What does the woman give the man?
(A) A proof of purchase
(B) A price tag
(C) A warranty
(D) A manual

여자는 남자에게 무엇을 주는가?
(A) 구매의 증거
(B) 가격표
(C) 보증서
(D) 설명서

> 어휘

provide 주다 proof 증명 purchase 구매 price tag 가격표
manual 설명서

> 해설

남자의 마지막 대사에서 상대방에게 영수증을 건네주는 부분에서 정

답은 (A)가 된다. 또한 give 문제의 답을 가장 잘 끌고 나오는 표현이
Here's ~(여기 ~가 있어요)라는 것도 기억해두자.

> 패러프레이징

receipt(영수증) → a proof of purchase(구매의 증거)

> AU US

Questions 35-37 refer to the following conversation.

M: Hello, this is Daniel Jackson. 35 Did you happen to see
my smart phone in the conference room? It seems like
I left it on the table but I'm not sure.

W: Oh, hi, Mr. Johnson. Actually I was just going to call
you because one of our employees found it by chance
in the hallway.

M: I'm so relieved to hear that. Can I go and pick it up
now?

W: I'm sorry but 36 we should attend a training session in
a minute. Why don't I take it to you on the way home?

M: I'd appreciate it. Well, there is a famous Spanish
restaurant near my house and 37 I'm willing to buy you
dinner in return for your help.

35-37은 다음 대화에 관한 문제입니다.

M: 여보세요. Daniel Jackson입니다. 혹시 회의실에서 제 스마트폰 못 보셨
어요? 테이블 위에 놓고 온 것 같은데 확실하지 않아요.

W: 오, 안녕하세요, Johnson 씨. 사실은 제가 연락 드리려고 했는데 우리 직
원 중 하나가 복도에서 우연히 그것을 찾았거든요.

M: 그 소식을 듣게 되어 다행이네요. 지금 가서 찾아가도 될까요?

W: 죄송하지만 저희가 잠시 뒤에 교육에 참가해야 해서요. 제가 퇴근 길에
가져다 드리는 게 어때요?

M: 그래 주시면 고맙죠. 음, 저희 집 근처에 유명한 스페인 식당이 있는데, 제
가 당신 도움에 대한 보답으로 기꺼이 저녁을 살게요.

> 어휘

happen to 우연히 ~하다 seem like ~인 것 같다 actually 사실은
employee 직원 by chance 우연히 hallway 복도 relieved 안심
이 되는 attend 참석하다 training session 교육 과정 in a
minute 잠시 뒤에 take A to B A를 B에 가져다주다 why don't I
~ 제가 ~하는 것이 어떨까요? appreciate 감사하다 famous 유명한
near 근처에 be willing to 기꺼이 ~하다 in return 보답으로

35 What is the man looking for?
(A) A telephone book
(B) A room key
(C) A menu
(D) A cellular phone

남자가 찾고 있는 것은 무엇인가?
(A) 전화번호부
(B) 방 열쇠
(C) 메뉴
(D) 휴대전화

> 해설

지문 초반, 남자의 대사의 대사에서 휴대폰을 못 봤냐고 묻는 질문에
서 정답은 (D)가 된다.

패러프레이징

smart phone(스마트폰) → cellular phone(휴대폰)

36 What does the woman say she has to do shortly?
(A) Talk with her colleague
(B) Attend the course
(C) Check the lost and found box
(D) Make a reservation

여자는 곧 무엇을 해야 한다고 말하는가?
(A) 동료와 얘기하기
(B) 수업에 참가하기
(C) 분실물 보관함 확인하기
(D) 예약하기

어휘

shortly 곧 colleague 동료 lost and found box 분실물 보관함

해설

여자의 마지막 대사에서 잠시 뒤에 교육에 참가해야 된다고 말하는 부분에서 정답은 (B)가 된다.

패러프레이징

has to(~해야 한다) → should(~해야 한다)

37 What does the man offer to do for the woman?
(A) Pay for dinner
(B) Fix the smart phone
(C) Give the woman a ride
(D) Take some notes

남자가 여자를 위해 제안하는 것은 무엇인가?
(A) 저녁 사기
(B) 스마트 폰 고치기
(C) 여자를 차로 태워주기
(D) 필기하기

어휘

offer 제안하다 pay 지불하다 dinner 저녁 fix 고치다
mobile phone 휴대전화 ride 태워주기

해설

남자가 대화 마지막에 도움에 대한 보답으로 저녁 식사를 기꺼이 대접 하겠다고 제안하는 부분에서 정답은 (A)가 된다. I'm willing to ~도 offer 문제에 대한 답을 끌고 나오는 빈출 표현이다. 지문의 buy you dinner를 보기에서는 pay for dinner로 바꿔 표현한 것이 핵심 포인트다.

BR US

Questions 38-40 refer to the following conversation.

W: Excuse me. Haven't we met before? You look so familiar to me.
M: You are Lily Robson, aren't you? **38** Don't' you remember we went to the same middle school? We used to play soccer on the same team.
W: **38** Yes! Now I remember who you are. You must be Tim Garrison, right? I can't believe I couldn't recognize you.

M: Yeah! Good to see you. What brought you here?
W: **39** I need to send a package to one of our clients. What are you doing here?
M: **39** My boss asked me to buy some stamps. **40** Do you work around here?
W: Yes, I work as a sales clerk in the clothing store right across the street.
M: Oh, really? I think we should get together to catch up on old times.

38-40은 다음 대화에 관한 문제입니다.

W: 실례합니다. 우리 만난 적 없나요? 제게 매우 낯이 익어서요.
M: 너 Lily Robson이지, 그렇지 않니? 우리 중학교 같이 다닌 것 기억안나? 우리 같은 팀에서 축구도 했었는데.
W: 맞아! 네가 누군지 지금 기억났어. 너 Tim Garrison이지, 맞지? 내가 널 못 알아보다니 믿을 수가 없어.
M: 응! 만나서 반갑다. 여긴 무슨 일이니?
W: 우리 고객들 중 한 명에게 소포를 보내야 해서. 넌 여기서 뭐하니?
M: 내 상관이 내게 우표들을 사오라고 했거든. 여기 근처에서 일하니?
W: 응. 바로 길 건너 옷 가게의 점원으로 일하고 있어.
M: 오, 그래? 회포를 풀기 위해 우리 한 번 뭉쳐야 할 것 같아.

어휘

familiar 친근한 remember 기억하다 recognize 인식하다, 인지하다 client 고객 stamp 우표 clerk 점원 get together 만나다 catch upon ~을 만회하다, 알아보다

38 How do the speakers know each other?
(A) They used to work together.
(B) They were in the same school.
(C) They have met in the convention.
(D) They were neighbors.

화자들은 서로 어떻게 아는가?
(A) 그들은 같이 일을 했었다.
(B) 그들은 같은 학교에 다녔다.
(C) 그들은 컨벤션에서 만난 적이 있다.
(D) 그들은 이웃이었다.

어휘

used to ~했었다 same 같은 neighbor 이웃

해설

남자의 첫 대사에서 중학교를 같이 다닌 것 기억나냐고 묻는 질문에 여자가 Yes로 긍정하는 부분에서 정답은 (B)가 된다. 대화 초반에 제 시되는 의문문 안에 다양한 문제에 대한 정답 단서가 들어 있는 경우 가 많다.

39 Where does the conversation probably take place?
(A) In a post office
(B) On the street
(C) In a clothing store
(D) In a middle school

대화는 어디에서 일어나고 있을 것 같은가?
(A) 우체국에서
(B) 거리에서
(C) 옷 가게에서
(D) 중학교에서

해설

지문 후반에 여자는 소포를 보내려고 왔고, 남자는 우표를 사러 왔다고 말하는 부분에서 이곳이 우체국 임을 유추할 수 있다. 따라서 정답은 (A)가 된다. 현재 장소를 찾는 문제는 장소 관련 키워드들을 잘 잡아야 한다.

40 What does the man want to know?
(A) Where the woman currently lives
(B) Whether the woman works nearby
(C) When the woman needs to meet her boss
(D) How long the woman has worked as a clerk

남자는 무엇을 알기를 원하는가?
(A) 여자가 현재 사는 곳이 어디인지
(B) 여자가 근처에서 일하는지
(C) 여자가 언제 그녀의 상관을 만나야 하는지
(D) 여자가 얼마나 오랫동안 점원으로 일했는지

어휘

currently 현재에 live 살다 whether ~인지 아닌지 boss 상관 clerk 점원

해설

대화 후반에 남자가 여기 근처에서 일하는지 여자에게 묻는 질문에서 정답은 (B)가 된다. want to know 문제는 대화 속에 제시되는 의문문 안에 답의 단서가 들어 있다는 사실을 꼭 기억해두자.

US US

Questions 41-43 refer to the following conversation.

W: Hello, this is Tina Williams. 41 I applied for a secretary position in your law firm last Tuesday, but I haven't heard anything from you. I'm calling to ask you if it has already been filled.

M: Oh, Hi, Ms. Williams. Actually, I was going to call you because you're one of the applicants that we'd like to interview in person.

W: That's awesome! I've been looking forward to working with you for such a long time.

M: I'm glad to hear you say so. 42 Ah, I'd like to schedule an interview with you. Are you available this week?

W: Sure! 43 I'll be free all day on weekdays.

M: It sounds perfect! Do you think you can make it on Thursday at 3 p.m.?

W: Absolutely! I'll be there on time.

41–43은 다음 대화에 관한 문제입니다.

W: 여보세요. 저는 Tina Williams 입니다. 당신 법률 회사에 지난 화요일 비서직으로 지원했는데 아무런 소식을 못 들어서요. 그 자리가 이미 찾는지 문의하려고 전화 드립니다.

M: 오, 안녕하세요. Williams 씨. 사실 우리가 직접 면접을 보고 싶은 지원자들 중에 한 명이기 때문에 전화 드리려고 했어요.

W: 좋아요! 정말 오랫동안 거기서 일하기를 고대 했는데요.

M: 그렇게 말씀하시니 기쁘네요. 아, 면접 일정을 잡고 싶은데요. 이번 주에 시간 되세요?

W: 물론이죠! 주중에는 하루 종일 시간이 될 거예요.

M: 완벽하네요. 목요일 오후 3시에 오실 수 있으신가요?

W: 물론이죠. 정시에 가도록 할게요.

어휘

apply for 지원하다 secretary 비서 position 자리 law firm 법률 회사 already 이미 fill 채우다 applicant 지원자 in person 직접 awesome 멋진, 대단한 look forward to ~를 고대하다 perfect 완벽한 weekday 주중 make it 해내다 absolutely 전적으로

41 Who most likely is the woman?
(A) An interviewer
(B) A secretary
(C) A candidate
(D) A lawyer

여자는 누구일 것 같은가?
(A) 면접관
(B) 비서
(C) 지원자
(D) 변호사

해설

여자의 첫 대사에서 본인이 비서 자리로 지원했다고 말하는 부분에서 여자가 지원자임을 유추할 수 있다. 따라서 정답은 (C)가 된다. 이때 candidate대신 applicant라고 해도 무방하다. 화자의 신분을 유추하는 문제는 대화 초반 제시되는 직업 관련 키워드를 잘 듣는 것이 핵심 포인트다.

42 What does the man want to do?
(A) Arrange an interview
(B) Apply for a vacant position
(C) Interview a celebrity in person
(D) Work as a secretary

남자가 원하는 것은 무엇인가?
(A) 면접 일정 잡기
(B) 빈 자리에 지원하기
(C) 직접 유명 인사를 인터뷰하기
(D) 비서로 일하기

해설

남자의 두 번째 대사에서 면접 일정을 잡고 싶다고 말하는 부분에서 정답은 (A)가 된다. 문제의 want를 지문에서는 would like to로 바꿔 표현했다.

패러프레이징

schedule(일정을 잡다) → arrange(마련하다)

43 Why does the man say "It sounds perfect"?
(A) The woman has a great deal of experience.
(B) The woman did well in the interview.
(C) The woman was highly recommended.
(D) The woman has a flexible schedule.

남자가 "완벽하네요"라고 말한 이유는 무엇인가?
(A) 여자가 경험이 많다.
(B) 여자가 면접에서 잘했다
(C) 여자가 적극 추천되었다.
(D) 여자가 유연한 일정을 가지고 있다.

어휘

a great deal of 많은 experience 경험 do well 잘하다

highly 매우 recommended 추천되어지는 flexible 유연한 schedule 일정

의도 파악 문제는 해당 표현의 전후 문맥을 파악하는 것이 중요하다. 남자가 이번 주에 시간이 되는지 묻는 질문에 여자가 평일에는 하루 종일 시간이 된다고 말하는 부분에서, 여자가 이번 주에 유연한 일정을 가지고 있음을 유추할 수 있다. 따라서 정답은 (D)가 된다.

AU BR

Questions 44-46 refer to the following conversation.

M: Sally! Hasn't the shipment of file folders we ordered last week arrived yet?
W: Let me check. Umm. No, it isn't here yet.
M: If we don't receive it by the end of the day, we're going to be in a big trouble.
W: Right! 44 We should make thousands of handouts for the career fair scheduled on April 10th.
M: Can you call and ask them to expedite the delivery?
W: I called them twice this morning, but nobody answered.
M: In that case, 45 why don't we cancel the order and call our former supplier?
W: That's a good idea. 46 Let me look up their telephone number right now.

44-46은 다음 대화에 관한 문제입니다.

M: Sally! 우리가 지난주에 주문한 파일 폴더 배송이 아직 도착 안 했나요?
W: 확인해 볼게요. 음, 아뇨, 아직 안 왔어요.
M: 오늘까지 받지 못하면 우리는 큰일 날 거예요!
W: 맞아요! 4월 10일에 예정된 취업 박람회를 위해 수천 장의 유인물을 만들어야 하니까요.
M: 그들에게 전화해서 배달 좀 빨리 해달라고 요청해 주시겠어요?
W: 오늘 아침에 두 번이나 전화 했는데, 아무도 전화를 안받더라고요.
M: 그렇다면, 주문을 취소하고 우리 이전 공급업자에게 전화를 전화해 보는 것이 어떨까요?
W: 좋아요. 제가 바로 전화번호를 찾아 볼게요.

shipment 배송 career fair 취업 박람회 expedite 신속하게 처리하다 delivery 배달 twice 두 번 cancel 취소하다 former 이전의 supplier 공급업자 look up ~을 찾아보다 handout 유인물 right now 바로 지금

44 What are the speakers busy doing?
(A) Preparing for the event
(B) Making some copies
(C) Delivering packages
(D) Contacting former employees

화자들은 무엇을 하느라 바쁠 것 같은가?
(A) 행사를 준비하는 것
(B) 복사를 하는 것
(C) 소포들을 배달하는 것
(D) 이전 직원들에게 연락하는 것

prepare 준비하다 event 행사 deliver 배달하다 package

소포 contact 연락하다 former 이전의 employee 직원

여자의 두 번째 대사에서, 취업 박람회를 위한 유인물을 만들어야 한다고 말하는 부분에서 정답은 (A)가 된다.

career fair(취업 박람회) → event(행사)

45 What does the man recommend?
(A) Cancelling the trip
(B) Using the new machine
(C) Contacting another store
(D) Talking with the supervisor

남자가 제안하는 것은 무엇인가?
(A) 여행을 취소하는 것
(B) 새로운 기계를 사용하는 것
(C) 다른 가게에 연락하는 것
(D) 상관과 얘기하는 것

trip 여행 machine 기계 contact 연락하다 supervisor 상관

남자의 마지막 대사에서 주문을 취소하고 이전 공급업자에게 전화해 보자고 제안하는 부분에서 정답은 (C)가 된다. 지문의 former supplier를 보기에서 another store 로 바꿔 표현했다. 그리고 recommend 문제에 대한 답을 가장 잘 끌고 나오는 제안 표현이 Why don't ~라는 사실도 꼭 기억해두자.

46 What does the woman say she will do next?
(A) Check the supply room
(B) Use an express delivery service
(C) Participate in the race
(D) Find contact information

여자는 다음에 무엇을 할 것이라고 말하는가?
(A) 비품실 확인하기
(B) 빠른 배달 서비스 이용하기
(C) 경주에 참가하기
(D) 연락처 찾기

supply room 비품실 express delivery service 빠른 배달 서비스 participate in ~에 참가하다 race 경주 contact information 연락처

여자의 마지막 대사에서 전화번호를 찾아 보겠다고 말하는 부분에서 정답은 (D)가 된다. 지문의 telephone number가 좀 더 포괄적인 의미의 contact information으로 보기에 바꿔 표현되고 look up를 find로 변환해서 표현했다.

US AU

Questions 47-49 refer to the following conversation.

W: Good to see you here Jason! 47 Can you drive me to the city hall? I need to apply for the building permit there.

M: I wish I could. But my car is still in the repair shop. It was damaged during the typhoon last week.

W: Sorry to hear that. I think I'd better take a bus. 48 Do you happen to know where the nearest bus stop is around here?

M: Considering the traffic congestion at this time of the day, 49 I suggest you take a subway instead.

47-49는 다음 대화에 관한 문제입니다.

W: 여기서 당신을 보게 되어서 좋네요, Jason! 저 좀 시청에 차로 태워 주실래요? 거기서 건축 허가를 신청해야 해서요.

M: 그러고 싶어요. 하지만 제 차가 여전히 정비소에 있어서요. 지난주 태풍 때 피해를 입었어요.

W: 유감이네요. 버스를 타는 게 좋겠네요. 혹시 여기 근처에서 가장 가까운 버스 정류소가 어디 있는지 아세요?

M: 오늘 이 시간쯤의 교통 정체를 고려하자면, 대신 지하철을 타시길 권해 드립니다.

city hall 시청 apply for 지원하다 building permit 건축 허가 still 여전히 repair shop 정비소 damage 피해를 입히다 typhoon 태풍 happen to 우연히 ~하다 nearest 가장 가까운 bus stop 버스 정류소 considering ~를 고려하면 traffic congestion 교통 정체 suggest 제안하다 subway 지하철 instead 대신에

47 What does the woman ask the man to do?
(A) Apply for a position
(B) Repair the car
(C) Give a ride
(D) Fill out the form

여자가 남자에게 요청하는 것은 무엇인가?
(A) 자리에 지원하기
(B) 차 고치기
(C) 차 태워주기
(D) 서식 작성하기

apply for ~에 지원하다 position 자리 repair 수리하다 fill out 작성하다 form 서식

여자의 첫 대사에서 시청까지 차로 태워달라고 부탁하는 부분에서 정답은 (C)가 된다. 지문의 drive를 보기에서는 ride로 바꿔 표현했다. 요청하는 바를 묻는 ask 문제의 답은 Can you ~ 구문이 자주 끌고 나온다는 사실도 기억해두자.

48 What information does the woman request?
(A) How she will get to the headquarters
(B) Where she can take a bus
(C) When the typhoon will arrive
(D) Why the car broke down

여자가 요청하는 정보는 무엇인가?
(A) 그녀가 본사에 어떻게 갈지
(B) 그녀가 버스를 어디서 탈지
(C) 태풍이 언제 도착할지
(D) 차가 왜 고장 났는지

get to ~에 가다 headquarters 본사 typhoon 태풍 break down 고장나다

여자의 두 번째 대사에서 근처에서 버스를 어디서 타는지 묻는 질문에서 정답은 (B)가 된다. 어떤 정보를 요청하는지 묻는 문제는 대화 중에 제시되는 의문문을 노리고 청취하는 것이 핵심 포인트다.

49 What does the man encourage the woman to do?
(A) Allow more time to commute
(B) Check the weather forecast in advance
(C) Visit the website
(D) Use public transportation

남자가 여자에게 무엇을 하라고 장려하는가?
(A) 통근에 더 많은 시간을 허용하기
(B) 일기 예보를 미리 확인하기
(C) 웹사이트 방문하기
(D) 대중교통 이용하기

allow 허용하다 commute 통근하다 weather forecast 일기 예보 in advance 미리 public transportation 대중 교통

남자의 마지막 대사에서 여자에게 지하철을 대신 타라고 제안하는 부분에서 정답은 (D)가 된다. 지문의 subway를 더 포괄적인 의미인 public transportation으로 바꿔서 보기에 제시했다.

BR US

Questions 50-52 refer to the following conversation.

W: Have you heard that 50 our vice president will retire as of next week?

M: Yes. I think I'll miss her strong leadership. On the other hand, she's so generous and friendly to us.

W: Apparently, the management has already found a replacement for her. He is currently in the training session in Denver and his first day here will be April 2nd.

M: Oh, really? 51 Does anyone know what he's like?

W: 52 Angie in accounting used to work with him at JX Incorporated and she said he was enthusiastic about his work.

50-52는 다음 대화에 관한 문제입니다.

W: 우리 부사장님이 다음 주에 은퇴한다는 것 들었어요?

M: 네. 저는 그녀의 강력한 지도력이 그리울 것 같아요. 한편 그녀는 우리에게 너무도 인자하고 친근하죠.

W: 듣자 하니, 경영진들이 이미 그녀를 위한 후임자를 찾았대요. 현재 교육 과정 중이고, 여기서의 첫날은 4월 2일이 될 겁니다.

M: 오, 진짜요? 그가 어떤 사람인지 아는 사람 있나요?

W: 경리부 Angie가 JX 주식회사에서 그와 일을 했었는데, 그가 일에 열정적이라고 하더라고요.

vice president 부사장 retire 은퇴하다 as of ~부로 miss 그립다 leadership 지도력 on the other hand 한편 generous 인자한 friendly 친근한 management 경영진 already 이미

replacement 후임   currently 현재에   accounting 경리부   used to ~했었다   Incorporated 주식회사   enthusiastic 열정적인

50 What does the woman say will take place next week?
(A) A new intern will start his work.
(B) Someone will leave the company.
(C) A prize will be given to the vice president.
(D) JX Incorporated will go out of business.

여자는 다음 주에 무슨 일이 있을 것이라고 말하는가?
(A) 새로운 인턴이 일을 시작할 것이다.
(B) 누군가가 회사를 떠날 것이다.
(C) 상이 부사장에게 수여될 것이다.
(D) JX 주식회사가 문을 닫을 것이다.

어휘
take place 일어나다   prize 상   go out of business 문을 닫다

해설
여자의 첫 대사에서 부사장이 다음주에 은퇴한다고 말하는 부분에서 정답은 (B)가 된다.

패러프레이징
retire(은퇴하다) → leave the company(회사를 떠나다)

51 What does the man ask the woman about?
(A) How long the training will last
(B) What the new executive is like
(C) When the president will retire
(D) Where Angie currently works

남자는 여자에게 무엇에 대해 묻는가?
(A) 경영 교육이 얼마나 오래 계속될 것인지
(B) 새로운 임원이 어떤 사람인지
(C) 사장이 언제 은퇴할 것인지
(D) Angie가 현재 어디서 일하는지

어휘
last 지속하다   president 사장   executive 임원

해설
남자의 마지막에 새로운 부사장이 어떤 사람인지 아는 사람이 있냐고 묻는 질문에서 정답은 (B)가 된다.

패러프레이징
vice president(부사장) → executive(임원)

52 What does the woman suggest about Angie?
(A) She will be promoted to the accounting manager next week.
(B) She is very enthusiastic about her work.
(C) She knows the new vice president well.
(D) She is the strong leader.

여자가 Angie에 대해 암시한 바는 무엇인가?
(A) 그녀가 다음 주에 경리부장으로 승진할 것이다.
(B) 그녀가 자신의 일에 열정적이다.
(C) 그녀가 새로운 부사장을 잘 안다
(D) 그녀는 강한 지도자다.

어휘
be promoted 승진하다   well 잘

해설
여자가 대화 마지막에 Angie를 언급하면서 그녀가 새로운 부사장과 같은 회사에서 일한 적이 있고, 그가 일에 열정적이라고 말했다는 부분에서 정답은 (C)가 된다. 참고로 보기 (B)는 Angie가 아닌 새로운 부사장에 대한 설명이므로 함정이 된다.

US US AU

新유형
Questions 53-55 refer to the following conversation with three speakers.

W: 53 Our manager said that our monthly sales have gone up by 20% since our company was featured in the daily newspaper last month.
M1: There was a long line of customers waiting at the entrance this morning.
M2: I think 54 we should enlarge the store so that we can accommodate more shoppers at the same time.
W: 54 It's not a bad idea, Henry. But we'd better weigh up the costs and benefits before we make an important decision like this.
M1: That would be wise. Besides, the new store across the street has implemented the aggressive marketing strategies such as a free home delivery service and huge discounts.
M2: All right. Let's discuss it further at the monthly 55 staff meeting tomorrow.

53-55는 다음 대화에 관한 문제입니다.
W: 지난달 우리 회사가 일간지에 대서 특필된 이래로, 월간 판매가 20% 올랐다고 부장님이 말씀하셨어요.
M1: 오늘 아침에도 입구에서 기다리는 고객들의 긴 줄이 있었어요.
M2: 동시에 더 많은 쇼핑객들을 수용하기 위해 가게를 넓혀야 할 것 같아요.
W: 괜찮은 생각인데요, Henry. 하지만 이와 같은 중요 결정을 내리기 전에 비용과 이익을 신중히 평가해 보는 게 좋겠어요.
M1: 그게 현명하겠네요. 게다가 길 건너에 있는 새로운 가게가 무료 가정 배달 서비스나 큰 할인처럼 공격적인 마케팅 전략들을 시행하고 있어요.
M2: 좋아요. 이것에 대한 추가적인 논의는 내일 월간 직원 회의 때 하도록 하죠.

어휘
monthly 월간의   go up 오르다   since ~이래로   feature 대서 특필하다   daily newspaper 일간지   entrance 입구   enlarge 확장하다   so that ~하기 위해서   accommodate 수용하다   at the same time 동시에   had better ~하는 것이 낫다   weigh up 신중히 평가하다   benefit 혜택   decision 결정   wise 현명한   besides 게다가   across 길 건너에   implement 시행하다   aggressive 공격적인   strategy 전략   such as ~와 같은   free delivery 무료 배달   huge 큰   discuss 논의하다   further 추가로

53 According to the woman, what did the manager mention?
(A) The company decided to publish a newspaper.
(B) The more aggressive marketing strategies should be considered.
(C) The accommodation needs to be reserved in

advance.

(D) The sales have increased since last month.

여자의 말에 따르면, 부장은 무엇을 언급했는가?

(A) 회사가 신문을 발간하기로 결정했다.

(B) 더 공격적인 마케팅 전략들이 고려되어야 한다.

(C) 숙박이 미리 예약되어야 한다.

(D) 지난달 이후로 매출이 오르고 있다.

decide 결정하다   publish 출간하다   accommodation 숙박
reserve 예약하다   in advance 미리

여자의 첫 대사에서 manager가 영업이 지난달 이후로 20% 오른
사실을 언급했다고 말하는 부분에서 정답은 (D)가 된다. 또한 문제에
제시된 직업·신분 명사는 답을 찾기 위한 핵심 키워드가 된다는 사실
도 기억해두자.

gone up(올랐다) → increased(증가했다)

54 What does Henry suggest they should do?

(A) Reduce the expense

(B) Cut down the price

(C) Open a new branch

(D) Expand the store

Henry는 그들이 무엇을 해야 한다고 제안하는가?

(A) 경비 줄이기

(B) 가격 내리기

(C) 새로운 지점 열기

(D) 매장 확장하기

reduce 줄이다   expense 비용   cut down 삭감하다   price 가
격   branch 지점   expand 확장하다

대화 중반 남자가 매장을 늘려야 할 것 같다고 제안하는 부분에서 정
답은 (D)가 된다. suggest 문제에 대한 답으로 조동사 should 가
들어 있는 문장이 자주 출제된다는 사실도 기억해두자.

enlarge(확장하다) → expand(확장하다)

55 What will take place tomorrow?

(A) The store will be refurbished.

(B) The regular meeting will be held.

(C) The monthly inspection will be implemented.

(D) The huge clearance sale will start.

내일 무슨 일이 일어날 것인가?

(A) 가게가 재단장될 것이다.

(B) 정기 회의가 개최될 것이다.

(C) 월간 점검이 시행될 것이다.

(D) 대규모 재고 처리 세일이 시작할 것이다.

refurbish 재단장하다   regular 정기적인   be held 개최되다
monthly 매달   inspection 조사, 점검   clearance sale 재고
처리 세일

대화 마지막에 내일 있을 회의가 언급되는 부분에서 정답은 (B)가 된
다. 또한 문제에 제시된 시간 표현은 지문에서 답을 찾기 위한 핵심 키
워드가 된다는 사실도 기억해두자.

monthly(매달) → regular(정기적인)

AU | BR

Questions 56-58 refer to the following conversation.

M: Hello, Becky! This is Mike. I'm calling to tell you that I
might be late for the meeting this afternoon. Actually,
56 I'm still stuck in the airport! All outgoing flights are
grounded 57 due to the snow storm here in Calgary.

W: Umm, you're supposed to give a presentation on our
new product, right? Do you want me to postpone the
meeting?

M: No, you don't need to. I've just decided to take a train
instead. The train station is near the airport. But I'm
not sure if I can make it on time. 58 Can you move my
presentation back?

W: Wait a second! Let me check the schedule first.

56-58은 다음 대화에 관한 문제입니다.

M: 여보세요, Becky! 저 Mike입니다. 오늘 오후에 있을 회의에 늦을지도 몰
라서 전화 드립니다. 사실은 아직도 공항에 발이 묶여 있어요. 모든 나가
는 비행기들이 여기 캘거리의 눈 폭풍우를 인해 묶여 있어요.

W: 음, 우리의 신제품에 대한 발표를 하기로 되어 있죠, 맞죠? 회의를 미뤄
드릴까요?

M: 아뇨, 그러실 필요 없습니다. 대신 기차를 타기로 막 결정했거든요. 기차
역이 공항 근처예요. 하지만 제가 정시에 갈 수 있을지는 확실하지 않아
서요. 제 발표를 뒤로 뺄 수 있을까요?

W: 잠시만요. 제가 먼저 일정 좀 볼게요.

actually 사실은   still 여전히   be stuck 갇혀 있다   outgoing 나가
는   flight 비행기   grounded 땅에 묶인   due to ~때문에   snow
storm 눈 폭풍   be supposed to ~하기로 되어 있다   give a
presentation 발표하다   postpone 연기하다   decide 결정하다
train 기차   instead 대신에   near 가까운   make it 해내다   on time
정시에   move back 뒤로 미루다

56 Where is the man?

(A) On the train

(B) In an airport

(C) In a station

(D) On the plane

남자는 어디에 있는가?

(A) 기차 안에

(B) 공항 안에

(C) 역 내에

(D) 비행기 안에

남자의 첫 대사에서, 여전히 공항에 갇혀 있다고 말하는 부분에서 정
답은 (B)가 된다. 화자가 어디 있는지 현재 장소를 묻는 문제는 대화
초반을 공략하는 것이 핵심 포인트다.

57 What is the cause of the problem?
(A) Inclement weather
(B) Some mechanical trouble
(C) A traffic backup
(D) A strike

문제점의 원인은 무엇인가?
(A) 악천후
(B) 기계 문제
(C) 교통 지체
(D) 파업

어휘
inclement 날씨가 안 좋은 mechanical 기계적인 backup 지체 strike 파업

해설
남자가 대화 초반 눈 폭풍 때문에 공항이 발이 묶였다고 말하는 부분에서 정답은 (A)가 된다. 또한 문제점의 이유를 찾는 문제에서 due to 다음에 답이 언급되는 경우가 많다는 사실도 기억해두자.

패러프레이징
snow storm(눈 폭풍) → inclement weather(악천후)

58 What is the woman asked to do?
(A) Cancel the meeting
(B) Take a train
(C) Make a presentation
(D) Change the schedule

여자가 요청받는 것은 무엇인가?
(A) 회의 취소하기
(B) 기차 타기
(C) 발표 하기
(D) 일정 변경하기

어휘
cancel 취소하다 change 변경하다

해설
여자가 요청받는 것을 묻는 질문으로 남자의 후반 대사에서 상대방에게 요청하는 표현을 잘 들어야 한다. 남자의 마지막 대사에서 발표를 뒤로 미루어 달라고 요청하는 부분에서 정답은 (D)가 된다. 지문의 move back를 보기에서는 좀 더 포괄적 의미의 change로 바꿔 표현했다. 또한 ask 문제에 대한 답이 Can you(~해주실래요?) 뒤에 제시되는 경우가 많다는 사실도 기억해두자.

US BR US

 **Questions 59-61 refer to the following conversation with three speakers.**

M: Hey, Jane. It's been a long time! Where have you been?

W1: Actually 59 I was on vacation in July.

W2: That's why you didn't answer the phone last month. Did you go anywhere?

W1: I went to Cancun with some of my close friends. 60 I had a really good time on the beach.

M: I see what you're talking about. 60 The beach is awesome! I went there last year and I loved surfing all

day long.

W2: It's scorching these days. I wish I could ride big waves in the ocean.

M: 61 How about going to the Sunset beach this weekend? There should be a lot of surfers and it's going to be fun!

W2: Sounds good to me! Why don't I ask John to join us? He's into surfing in a big way.

59~60은 다음 대화에 관한 문제입니다.
M: 안녕하세요, Jane. 오랜만입니다! 어디 있었어요?
W1: 사실은 7월에 휴가였어요.
W2: 그래서 지난달에 전화를 안 받으셨군요. 어디로 가셨었어요?
W1: 가까운 친구 몇 명과 칸쿤에 갔었어요. 해변에서 정말 좋은 시간을 보냈어요.
M: 무슨 말씀하시는지 알겠네요. 해변은 굉장하죠! 작년에 거기 갔었는데, 하루 종일 파도타기 하는 것이 너무 좋았어요.
W2: 요즘 너무 덥네요. 해변에서 큰 파도들을 탈 수 있으면 좋겠어요.
M: 이번 주말에 Sunset 해변에 가는 게 어때요? 많은 사람들이 파도타기를 할 텐데, 너무 재미있을 것 같아요.
W2: 전 좋아요! John에게 저희와 같이 가자고 할까요? 그는 서핑에 완전 빠져 있어요.

어휘
actually 사실은 anywhere 어디든 on vacation 휴가중인 beach 해변 awesome 굉장한 surf 파도 타기 하다 all day long 하루 종일 ride 타다 wave 파도 ocean 바다 scorching 타는 듯이 더운 weekend 주말 a lot of 많은 fun 재미 있는 in a big way 열광적으로

59 What are the speakers mainly discussing?
(A) A vacation
(B) A tour package
(C) A business trip
(D) A festival

화자들은 주로 무슨 얘기를 하는가?
(A) 휴가
(B) 투어 패키지
(C) 출장
(D) 축제

해설
여자의 첫 대사에서 7월 휴가를 얘기하고, 이어서 남자가 어디 다녀왔는지 질문하면서 휴가에 대한 대화를 이어 나가는 부분에서 정답은 (C)가 된다. 주제를 찾는 문제는 초반에 제시되는 명사·동사를 놓치는 않는 것이 핵심 포인트다.

60 Why does the man say, "I see what you're talking about"?
(A) To offer an excuse
(B) To make an apology
(C) To express concern
(D) To agree with the woman

남자가 "무슨 말씀 하시는지 알겠네요"라고 말하는 이유는 무엇인가?
(A) 핑계를 대기 위해서
(B) 사과하기 위해서

(C) 염려를 표현하기 위해서
(D) 여자에게 동의하기 위해서

offer 제공하다 excuse 핑계 apology 사과 express 표현하다 concern 염려, 걱정 agree 동의하다

의도 파악 문제는 주어진 표현의 전후 문맥을 파악하는 것이 중요하다. 여자의 두 번째 대사에서 해변에서 너무 좋은 시간을 보냈다라고 말하고, 이어서 남자가 그 해변은 굉장하다고 맞장구를 치는 부분에서 남자도 해변이 좋다는 여자의 의견에 동의하고 있는 것으로 의도 파악이 가능하다. 따라서 정답은 (D)가 된다.

61 What does the man suggest?
(A) Flying to Hawaii
(B) Visiting a travel agency
(C) Going to the sea
(D) Taking a picture

남자가 제안하는 것은 무엇인가?
(A) 하와이로 비행기를 타고 가는 것
(B) 여행사에 방문하는 것
(C) 바다로 가는 것
(D) 사진을 찍는 것

fly 비행기를 타고 가다 visit 방문하다 travel agency 여행사 sea 바다 take a picture 사진을 찍다

suggest 제안 문제로 남자의 마지막 대사에서 주말에 해변에 가자고 제안하는 문장에서 정답이 (C)가 된다. 특히 how about~은 suggest 문제의 정답을 끌고 나오는 빈출 표현이므로 꼭 암기해 두자.

 Questions 62-64 refer to the following conversation and ticket.

Pacific Productions
Presents

"The Cats"
Global Theatre
Friday, May 15th 7:00 p.m.
Seat 13E

W: 62 May I see your ticket, sir?
M: Sure, here you go! It's 6:50 p.m. now and the show hasn't begun yet, has it?
W: I'm sorry to say this 63 but it has been postponed half an hour because we had some problem with stage illumination. As you know, our first priority is your safety.
M: I see. By the way, could you tell me where I can eat near here? I feel a little hungry.

W: There's a snack bar upstairs and you can use the elevator over there. 64 But please keep in mind that you should come back at least 5 minutes before showtime.
M: Of course, I will. Thanks.

62-64는 다음 대화와 티켓에 관한 문제입니다.

Pacific Productions가 선보입니다.

<The Cats>
Global 극장
5월 15일 금요일 오후 7시
13E 좌석

W: 표 좀 볼 수 있을까요, 손님?
M: 물론이죠. 여기 있습니다. 지금이 오후 7시 50분이니까, 공연이 아직 시작하지 않았죠, 그렇죠?
W: 이런 말씀 드려서 죄송하지만 무대 조명에 문제가 있었기 때문에 30분 지연 되었어요. 아시다시피, 여러분들의 안전이 저희의 최우선입니다.
M: 알겠습니다. 그런데 여기 근처에서 먹을 만한 곳이 어디 있는지 알려주시겠어요? 배가 좀 고파서요.
W: 매점이 윗층에 있는데 저기 엘리베이터를 이용하시면 됩니다. 하지만 공연 시작 5분 전에는 돌아오셔야 한다는 점을 명심하세요.
M: 물론이죠. 그렇게 할게요. 고맙습니다.

begin 시작하다 postpone 미루다 half an hour 30분 stage 무대 illumination 조명 priority 최우선 safety 안전 by the way 그런데 grab a bite to eat 간단히 먹다 chance 기회 since ~이후로 snack bar 스낵바, 매점 upstairs 윗층에 be sure to ~를 확실하게 하다 come back 돌아오다 at least 적어도 showtime 공연 시간

62 Where does the conversation most likely take place?
(A) On the stage
(B) At the entrance
(C) In a snack bar
(D) In the elevator

대화가 일어나는 곳은 어디일 것 같은가?
(A) 무대 위에서
(B) 입구에서
(C) 매점 안에서
(D) 엘리베이터 안에서

지문 초반 표를 보여달라고 말하는 부분에서 이곳이 공연장 입구임을 유추할 수 있다. 장소 유추 문제이므로 대화에 그대로 언급된 (A), (C), (D)는 함정이 된다.

63 Look at the graphic. What time will the show start today?

(A) At 6:30 p.m.
(B) At 6:50 p.m.
(C) At 7:00 p.m.
(D) At 7:30 p.m.

시각 자료를 보시오. 오늘 공연은 언제 시작할 것인가?

(A) 오후 6시 30분에

(B) 오후 6시 50분에

(C) 오후 7시에

(D) 오후 7시 30분에

여자의 두 번째 대사에서 공연이 30분 지연되었다고 말하는 부분에서 정답은 (D)가 된다. 시작 정보로 제시된 표를 보면 원래 공연 시작 시간이 오후 7시이므로 여기에 30분을 더하면 오늘 공연 시간은 원래 일정보다 30분 늦어진 7시 30분이 된다. 참고로 시각 정보만 보고 답이 바로 나오면 함정이기 때문에 표에 나와 있는 시작 시간인 7시를 답으로 고르지 않도록 유의하자.

64 What does the woman tell the man to do?

(A) Return before the show starts

(B) Check the website

(C) Look at the ticket

(D) Turn off the mobile phone

여자는 남자에게 무엇을 하라고 말하는가?

(A) 공연 시작 전에 돌아오기

(B) 웹사이트를 확인하기

(C) 표를 보기

(D) 휴대 전화를 끄기

어휘

return 돌아오다 in time 시간 안에 turn off 끄다 mobile phone 휴대전화

해설

여자의 끝 대사에서 늦어도 공연 시작 시간 5분 전에 돌아오라고 당부하는 부분에서 정답은 (A)가 된다.

패러프레이징

come back(돌아오다) → return(돌아오다)

AU | US

Questions 65-67 refer to the following conversation and list.

"King's Grocery Store"	
A coupon book	
Apple Juice $2.00 Off	**67** Low fat milk $1.50 Off
67 Orange Juice $1.00 Off	Skim milk $0.50 Off

M: Excuse me, I can't find any skim milk anywhere.

W: **65** Did you check aisle 5, sir? It's next to the frozen foods section.

M: Yes but it seems like it's out of stock.

W: Let me check our system. Umm, you're right. **66** It won't be restocked until tomorrow morning.

M: In that case, **67** I'd rather purchase a bottle of orange juice and a carton of low-fat milk. Oh, I almost forgot

about this coupon book. Has it expired?

W: Wait a second. Let me scan it for you. No, it's still valid.

65-67은 다음 대화와 표에 관한 문제입니다.

King's 식료품점	
쿠폰 북	
사과 주스 2달러 할인	저지방 우유 1.5달러 할인
오렌지 주스 1달러 할인	탈지 우유 0.5달러 할인

M: 실례합니다. 어디에서도 탈지 우유를 찾을 수가 없네요.

W: 5번 통로를 확인해 보셨나요? 냉동 식품 코너 바로 옆입니다.

M: 네, 하지만 재고가 없는 것 같아요.

W: 우리 시스템을 확인해 보죠. 음, 고객님 말씀이 맞네요. 내일 아침은 되어야 재입고가 되겠네요.

M: 그렇다면 오렌지 주스 한 병과 저지방 우유 한 통을 사는 것이 낫겠네요. 오, 이 쿠폰북에 대해서 거의 잊을 뻔 했네요. 만기가 지났나요?

W: 잠시만요. 제가 스캔해 볼게요. 아뇨, 아직 유효해요.

65 Who most likely is the woman?

(A) A customer

(B) A courier

(C) A casher

(D) A librarian

여자는 누구일 것 같은가?

(A) 고객

(B) 택배 배달원

(C) 계산원

(D) 사서

해설

대화 초반 탈지 우유를 찾는 남자의 질문에 해당 물건이 어디 있는지 자세히 알려주는 여자의 첫 대사에서, 식료품점의 점원임을 알 수 있다. 따라서 정답은 (C)가 된다.

66 What does the woman say will happen tomorrow morning?

(A) The new shipment will arrive.

(B) The grocery store will be closed.

(C) The coupon will expire.

(D) The network system will be updated.

여자가 내일 아침에 무슨 일이 있을 것이라고 말하는가?

(A) 새로운 배송품이 도착할 것이다.

(B) 식료품점이 문을 닫을 것이다.

(C) 쿠폰이 만료될 것이다.

(D) 네트워크 시스템이 업데이트될 것이다.

어휘

shipment 배송품 grocery 식료품 update 업데이트하다

해설

여자의 두 번째 대사에서 탈지 우유가 내일 오전은 되어야 재입고 된

다고 말하는 부분에서 정답은 (A)가 된다. 내일 배송되는 탈지 우유를 좀 더 넓은 의미로 shipment로 바꾸고, restocked를 arrive로 바꿔 표현했다.

67 Look at the graphic. How much will the man save?

(A) $1.00
(B) $1.50
(C) $1.75
(D) $2.50

시각 자료를 보시오. 남자는 얼마를 절약할 것인가?
(A) 1달러
(B) 1.5달러
(C) 2달러
(D) 2.5달러

해설
남자의 마지막 대사에서 오렌지 주스 한 병과 저지방 우유 한 통을 사겠다고 말하고, 쿠폰을 제시하는 부분에서 정답은 (D)가 된다. 시각 자료로 주어진 쿠폰 북에서 오렌지 주스는 1달러 할인이고, 저지방 우유는 1.5달러 할인이므로 둘을 합치만 총 2.5달러를 절약할 수 있다는 사실을 알 수 있다.

BR US

Questions 68-70 refer to the following conversation and map.

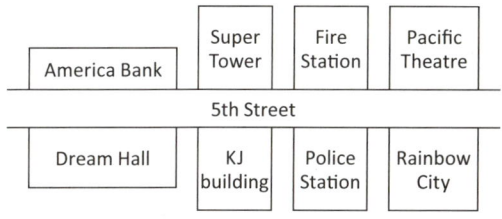

	Super Tower	Fire Station	Pacific Theatre
America Bank			

5th Street

Dream Hall	KJ building	Police Station	Rainbow City

W: Hello, This is Julia Peterson with Blue Sky Group.
M: Hi, Julia. We met in the job interview yesterday, didn't we?
W: Yes. That's right. We really enjoyed talking with you at the interview. Especially, 69 we were impressed with your background in sales and 68 we decided to offer you the position of sales representative.
M: Thank you so much! May I ask when I should start to work?
W: Your first day will be December 1st but you need to go through a 3 week training course which starts next Monday.
M: Will it take place in the headquarters?
W: No, it will be held in our Jacksonville branch office, which is on the 3rd floor in the office building on 5th Street. 70 Please note that the building is located between the fire station and the America Bank.

68-70은 다음 대화와 지도에 관한 문제입니다.

	Super 타워	소방서	Pacific 극장
America 은행			

5번가

Dream 홀	KJ 빌딩	경찰서	Rainbow City

W: 여보세요, 저는 Blue Sky 그룹의 Julia Peterson입니다.
M: 안녕 Julia. 우리 어제 취업 면접에서 만났죠, 그렇지 않나요?
W: 네, 맞아요. 우린 면접에서 당신과 얘기한 것이 정말 즐거웠어요. 특히 우리는 당신의 영업에 있어서의 배경에 감명 받아서 영업 사원 자리를 주기로 결정했어요.
M: 너무 고마워요! 제가 일을 언제 시작해야 하는지 물어봐도 되나요?
W: 당신의 첫날은 12월 1일이 되겠지만, 다음주 월요일에 시작하는 3주간의 훈련 과정을 거쳐야 합니다.
M: 본사에서 진행되나요?
W: 아뇨, 5번가 사무용 건물 3층에 있는 Jacksonville 지사에서 열릴 겁니다. 그 건물은 소방서와 America 은행 사이에 위치해 있다는 점을 유념해 주세요.

어휘
especially 특히 be impressed with ~에 감동 받다
background 배경 sales representative 영업 사원 go through 겪다 position 자리 take place 일어나다 headquarters 본사 branch office 지사 between 사이에 be located ~에 위치해 있다 fire station 소방서 bank 은행 be held 열리다 note 유의하다

68 Why is the woman calling?
(A) To offer a job
(B) To submit a resume
(C) To interview an applicant
(D) To inquire about an opening

여자가 전화하는 이유는 무엇인가?
(A) 일자리를 제공하기 위해서
(B) 이력서를 제출하기 위해서
(C) 지원자를 면접 보기 위해서
(D) 빈자리에 대해 문의하기 위해서

어휘
offer 주다 submit 제출하다 resume 이력서 applicant 지원자 interview 면접을 보다 inquire 묻다 opening 빈자리

해설
여자의 두 번째 대사에서 영업 사원직을 주기로 결정했다고 말하는 부분에서 정답은 (A)가 된다.

패러프레이징
position(일자리) → job(직업)

69 What does the woman suggest about the man?
(A) He does not want to work at Blue Sky Group.
(B) He used to work as a salesperson.
(C) He is a bank teller.
(D) He had an interview on Monday.

여자가 남자에 대해 암시한 바는 무엇인가?
(A) 그는 Blue Sky Group에서 일하는 것을 원치 않는다.
(B) 그는 영업 사원으로 일한 적이 있다.
(C) 그는 은행원이다.
(D) 그는 월요일에 면접을 봤다.

70 Look at the graphic. Where will the training course be held?
(A) In Dream Hall
(B) In KJ Building
(C) In Super Tower
(D) In Rainbow City

시각 자료를 보시오. 교육 과정은 어디에서 열린 것인가?
(A) Dream 홀에서
(B) KJ 빌딩에서
(C) Super 타워에서
(D) Rainbow City에서

PART 4

US

Questions 71-73 refer to the following announcement.

71 I'm so pleased to inform you that you can take advantage of our new break room starting from tomorrow. It will be equipped with the latest microwave oven and refrigerator for all our employees. **72** All you have to do is to show your ID badge in order to use this facility. If you bring your own lunch, you don't have to search for a place to eat it anymore. Also, the renovation of our old cafeteria on the basement will be completed at the end of the week. It is going to start to serve hot dishes such as soups and porridge. That's not all. All kinds of beverages will be available while it's open. **73** The weekly menu will be updated on our company website. If you want to make a suggestion, please post it on the bulletin board in the hallway.

71-73은 다음 안내에 관한 문제입니다.
내일부터 우리의 새로운 휴게실을 여러분이 이용하실 수 있게 된 점을 알리게 되어 매우 기쁩니다. 그곳은 모든 직원들을 위해 최신 전자 레인지와 냉장고를 갖게 될 겁니다. 이 시설물을 이용하려면 신분증만 보여주시면 됩니다. 직접 점심을 가지고 오신다면 그것을 먹을 장소를 더 이상 찾지 않으셔도 됩니다. 또한 지하에 있는 우리의 오래된 구내 식당의 개조 작업이 이번 주말에 끝납니다. 그곳에서 스프나 죽과 같은 뜨거운 요리들을 제공하기 시작할 겁니다. 그게 전부가 아닙니다. 모든 음료들이 문을 열고 있는 동안은 이용 가능할 겁니다. 매주 메뉴는 회사 웹사이트에 업데이트가 될 겁니다. 만약 제안을 하고 싶으시면, 복도에 있는 게시판에 올려주세요.

71 According to the speaker, what will be available from tomorrow?
(A) A new ID badge
(B) A complimentary lunch
(C) A space for employees
(D) An updated website

화자의 말에 따르면, 내일부터 이용 가능하게 될 것은 무엇인가?
(A) 새로운 신분증
(B) 무료 점심
(C) 직원들을 위한 공간
(D) 최신 웹사이트

72 How can listeners use the new facility?
(A) By making a reservation online
(B) By paying extra money
(C) By signing up for the program
(D) By presenting their identification

청자들은 새로운 시설을 어떻게 이용할 수 있는가?
(A) 온라인으로 예약해서
(B) 돈을 추가로 지불해서
(C) 프로그램에 등록해서
(D) 신분 증명 자료를 보여줘서

73 Why would people visit a website?
  (A) To check a menu
  (B) To make a complaint
  (C) To reserve a room
  (D) To place an order

사람들이 웹사이트에 방문하는 이유는 무엇인가?
(A) 메뉴를 확인하기 위해
(B) 불평을 하기 위해
(C) 예약을 하기 위해
(D) 주문을 하기 위해

어휘
complaint 불만 reserve 예약하다 place an order 주문하다.

해설
지문 후반에, 문제에 제시된 장소 키워드 website가 언급된 부분을 노리고 청취한다. 웹사이트에서, 매주 메뉴를 확인할 수 있다는 말에서 정답은 (A)가 된다. 대개 website와 관련된 문제의 정답은 지문 마지막에 제시되는 경우가 많다는 사실도 기억해두자.

AU

Questions 74-76 refer to the following talk.

74 Welcome to Glory Theatre tonight. Today, we are proud of presenting the world renowned musical "Daydream," the original Broadway production that has won 15 Tony awards since it was premiered in 2005. Also, **75** its movie version with the same title received 10 Oscar awards last year. The famous songs such as "Dreaming" and "On 3rd Avenue" are featured in tonight's performance. I hope you will enjoy tonight's show. Umm… I'd like to remind you of a few things we should be aware of. First of all, please note that flash photography is not allowed in the theater. Plus, making any unnecessary noise is strictly prohibited during the show. Finally, **76** you may want to stay seated after the show ends because there will be a chance to get autographs from our main actors and actresses including Jim Cooper and Julia Tucker.

74-76은 다음 담화에 관한 문제입니다.
오늘 밤 Glory 극장에 오신 것을 환영합니다. 오늘, 전세계적으로 유명한 뮤지컬로, 2005년 초연 이래로 15개의 토니 상을 수상한 오리지널 브로드웨이 작품인 <DayDream>을 선보이게 된 것을 자랑스럽게 여깁니다. 또한 이 뮤지컬의 동명 영화 버전은 작년에 10개의 오스카 상을 수상했습니다. 'Dreaming' 이나 '3번가에서'와 같은 유명한 노래들이 오늘 밤 공연에 들어 있습니다. 오늘 밤 공연을 즐겨 주시길 바랍니다. 음, 여러분들이 아셔야 할 몇 가지 것들을 상기시켜 드리고 싶어요. 무엇보다도, 플래시를 터뜨리는 사진 촬영은 극장에서 허용되지 않습니다. 또한 공연 중에는 불필요한 소음도 엄격하게 금지되어 있습니다. 마지막으로 Jim Cooper와 Julia Tucker를 포함한 주요 배우들로부터 사인을 받을 수 있는 기회가 있으니 공연이 끝난 후에도 자리에 남아주세요.

어휘
theatre 극장 proud 자랑스러운 present 보여주다 world renowned 세계적으로 유명한 since ~이래로 premiere 초연하다 also 또한 feature ~특징이다 remind 상기시키다 performance 공연 note 유의하다 photography 사진 allow 허락하다 plus 추

가로 unnecessary 불필요한 strictly 엄격하게 prohibit 금지하다 stay seated 계속 앉아 있다 autograph 사인 actor 남자배우 actress 여자 배우 including ~을 포함하는

74 Where most likely is the talk taking place?
  (A) In a concert hall
  (B) In an auditorium
  (C) In a theater
  (D) On an avenue

담화는 어디에서 일어나고 있을 것 같은가?
(A) 콘서트 홀에서
(B) 강당에서
(C) 극장에서
(D) 대로에서

해설
지문 초반 극장에 오신 것을 환영한다고 말하는 말에서 정답은 (C)가 된다. 현재 장소를 찾는 문제에 있어서, 지문 맨 처음에 제시되는 Welcome to ~가 답을 끌고 나올 확률이 높다는 사실을 기억해두자.

75 What does the speaker say happened last year?
  (A) The musical was premiered.
  (B) The film won many prizes.
  (C) The theatre was renovated.
  (D) Jim Cooper was injured.

화자는 작년에 무슨 일이 있었다고 하는가?
(A) 뮤지컬이 초연 되었다.
(B) 영화가 많은 상을 탔다.
(C) 극장이 개조 되었다.
(D) Jim Cooper가 부상을 입었다.

어휘
prize 상 film 영화 renovate 개조하다 injure 부상을 입히다

해설
문제에 제시된 시간 키워드 last year가 지문에서 언급되는 부분에서 답을 찾는 것이 중요하다. 동명 영화가 작년에 10개의 오스카 상을 탔다고 말하는 부분에서 정답은 (B)가 된다.

패러프레이징
movie(영화) → film(영화), awards(상) → prizes(상)

76 Why are the listeners encouraged to remain seated after the show?
  (A) To get a discount
  (B) To receive a brochure
  (C) To get an autograph
  (D) To talk to the director in person

청자들이 공연 후에 계속 앉아 있으라고 장려 받는 이유는 무엇인가?
(A) 할인을 받기 위해서
(B) 안내 책자를 받기 위해서
(C) 사인을 받기 위해서
(D) 연출자와 직접 얘기를 나누기 위해서

어휘
encourage 장려하다 remain 계속 ~하다 brochure 안내 책

자 director 연출자 in person 직접

지문 후반에 공연 후에 배우들로부터 사인을 받을 수 있는 기회가 있으니 자리에 앉아 있으라고 말하는 부분에서 정답은 (C)가 된다. 특히 장려하는 바를 묻는 encourage 문제에 있어서 You may want to ~로 시작하는 제안 표현이 답을 끌고 나오는 것이 핵심 포인트다.

패러프레이징

remain(남다) → stay(남다)

Questions 77-79 refer to the following excerpt from a meeting.

Good morning everyone. Thank you for coming here early in the morning. 77 Last week, we discussed the various ways for us to go green in the future. Today, I'd like to talk about how to save electricity on the company level. Not only will it help us improve our financial balance, but also contribute to a cleaner environment. Now I'll divide you into groups of 4 and 78 I'd like you to share your ideas about how to make it happen. Umm… How about this? 79 You should make sure to turn off the lights when you leave the office or you can replace incandescent bulbs with fluorescent ones. I'd like your ideas to be more specific and feasible. Should you have any questions during the discussion, please raise your hand.

77-79는 다음 회의 발췌록에 관한 문제입니다.

좋은 아침입니다, 여러분. 아침 일찍 여기 와주셔서 감사 드려요. 지난주에 우리가 미래에 친환경적이 되기 위한 여러 가지 방안들을 논의했었죠. 오늘은 회사 수준에서 전기를 절약하는 방법에 대해 논의했으면 합니다. 이것은 우리의 재정 균형을 향상시킬 뿐만 아니라 더 깨끗한 환경에도 공헌할 것입니다. 이제 제가 여러분들을 4명으로 구성된 그룹으로 나눌테니 여러분들은 어떻게 이런 일을 일어나게 할지 의견들을 공유해 주세요. 음, 이건 어떨까요? 여러분들은 사무실을 나올 때 불 들을 반드시 꺼야 한다든가 백열 전구를 형광등으로 바꿀 수도 있습니다. 저는 여러분들의 아이디어들이 더 구체적이고 실행 가능한 것이었으면 합니다. 논의 중에 질문 있으시면 손을 들어주세요.

discuss 논의하다 various 다양한 green 환경 친화적인 future 미래 electricity 전기 save 절약하다 improve 향상 시키다 not only ~ but also ~ ~뿐만 아니라 ~도 financial 재정의 balance 균형 contribute 공헌하다 environment 환경 divide 나누다 share 공유하다 make sure 확실하게 하다 turn off 끄다 replace 교체하다 incandescent bulb 백열 전구 fluorescent 형광성의 specific 구체적인 feasible 실행 가능한 during ~하는 동안 raise 올리다 discussion 논의

77 What was the topic of last week's discussion?
(A) How to save electricity
(B) How to be more eco-friendly
(C) How to contribute to the local economy
(D) How to improve the profits

지난 주 논의의 주제는 무엇인가?
(A) 전기를 절약하는 법

(B) 더 환경 친화적으로 되는 법
(C) 지역 경제에 공헌하는 법
(D) 수익을 향상시키는 법

how to ~하는 법 electricity 전기 save 절약하다 eco-friendly 환경 친화적인 contribute 공헌하다 local 지역의 economy 경제 profit 수익

지문 초반 지난주에 미래에 친환경적으로 가기 위한 여러 가지 방안에 대해 논의했다고 말하는 부분에서 정답은 (B)가 된다. 문제에 제시된 시간 키워드 last week가 언급된 후에 제시된 various ways for us to go green을 듣고 보기의 eco-friendly를 의미적으로 매칭시키는 것이 핵심 포인트다.

78 What does the speaker want the listeners to do next?
(A) Leave the office
(B) Replace the printers
(C) Clean the floor
(D) Exchange their opinions

화자는 청자들이 다음에 무엇을 하기를 원하는가?
(A) 사무실 떠나기
(B) 프린터들 교체하기
(C) 바닥 청소하기
(D) 의견들 나누기

leave 떠나다 replace 교체하다 exchange 교환하다 opinion 의견

지문 중반 화자가 청자들을 소그룹으로 나누면서, 서로 의견을 공유했으면 좋겠다고 말하는 부분에서 정답은 (D)가 된다.

패러프레이징

share ~ ideas(의견을 공유하다) → exchange ~ opinions(의견을 나누다)

79 Why does the speaker say "How about this"?
(A) To suggest a detour
(B) To ask for permission
(C) To give an example
(D) To make an excuse

화자가 "이건 어떨까요"라고 말하는 이유는 무엇인가?
(A) 우회로를 제안하기 위해서
(B) 허가를 구하기 위해서
(C) 예를 들기 위해서
(D) 핑계를 대기 위해서

suggest 제안하다 detour 우회로 permission 허가 ask for 요청하다 example 예 excuse 변명, 핑계

지문 후반부에 How about this를 언급한 직후에 퇴근할 때 불 끄기, 백열등을 형광등으로 교체하는 등 에너지를 절약하면서 친환경적으로 가는 실현 가능하고 구체적인 아이디어의 예를 들어 주는 것으로 볼 수 있다. 따라서 정답은 (C)가 된다.

Questions 80-82 refer to the following broadcast.

Good morning, Toronto!. This is Tom Glover, the host of Morning Talk. Today, we'll be talking with 80 Jenny Truman, an author who is famous for her recent bestseller, "Blue Roses". It is based on her childhood. The plot is set in her hometown and describes a girl's school life in a rural community. It's a kind of sentimental, coming of age novel. Due to her brilliant talent, 81 she was nominated as "Best Young Writers" for the British Book Awards early this year. 82 She will be here with us right after the commercial break and she will share her incredible childhood. Also she will tell us what inspired her to become a writer. Stay tuned!

80-82는 다음 방송에 관한 문제입니다.

좋은 아침입니다. 토론토! 저는 Morning Talk의 사회자 Tom Glover입니다. 오늘 우리는 그녀의 최근 베스트 셀러인 <푸른 장미>로 유명한 작가인 Jenny Truman과 이야기를 나누겠습니다. 이 책은 그녀의 어린 시절을 기초로 하고 있습니다. 줄거리는 그녀의 고향 마을이 배경이고, 시골 지역 사회에서의 한 소녀의 학교 생활을 묘사합니다. 일종의 감성적인 성장 소설입니다. 그녀의 떠어난 재능 덕분에, 올해 초 British Book Awards에서 최고의 젊은 작가 부분에 후보로 선정 되었습니다. 광고를 듣고 난 후에 바로 저희와 함께 할 것이고, 그녀의 놀라운 어린 시절에 대해 공유해 주실 겁니다. 또한 무엇이 그녀에게 작가가 되려는 영감을 주었는지에 대해서도 말해 주실 겁니다. 채널 고정해 주세요.

어휘

host 사회자 famous 유명한 recent 최근의 bestseller 베스트셀러 be based on ~에 기초를 두다 plot 줄거리 hometown 고향 describe 묘사하다 rural 시골의 community 지역사회 sentimental 감성적인 kind of 일종의 coming of age 성년이 됨 due to ~때문에 brilliant 뛰어난 talent 재능 nominate 후보로 지명하다 commercial break 방송 중간에 광고를 듣는 시간 award 상 share 공유하다 incredible 믿을 수 없는 childhood 어린 시절 also 또한 inspire 영감을 주다 become ~이 되다 stay tuned 채널 고정하다.

80 Who most likely is Jenny Truman?
(A) A host
(B) A reporter
(C) A book critic
(D) A writer

Jenny Truman은 누구일 것 같은가?
(A) 사회자
(B) 기자
(C) 책 비평가
(D) 작가

해설

문제에 제시된 고유 명사 키워드 Jenny Truman이 언급되는 부분에서 그녀가 작가임을 알 수 있다.

패러프레이징

author(저자) → writer(작가)

81 What happened to Jenny Truman in the beginning of this year?
(A) She visited her hometown.
(B) She graduated from school.
(C) She hosted a radio show.
(D) She was nominated for the prize.

Jenny Truman에서 올 초에 무슨 일이 있었는가?
(A) 그녀는 고향을 방문했다.
(B) 그녀는 학교를 졸업했다
(C) 그녀는 라디오 방송을 진행했다
(D) 그녀는 상의 후보로 지명되었다.

어휘

visit 방문하다 graduate 졸업하다 prize 상

해설

문제에 제시된 시간 키워드 this year가 언급된 부분에서 그녀가 최고 젊은 작가상 후보로 선정 되었음을 알 수 있다. 따라서 정답은 (D)가 된다.

패러프레이징

in the beginning(처음에) → early(초에)

82 What will be broadcast after the commercial break?
(A) An interview with an athlete
(B) A traffic update
(C) A weather forecast
(D) A talk with a celebrity

광고 듣는 시간 후에 무엇이 방송될 것인가?
(A) 운동 선수와의 인터뷰
(B) 교통 방송
(C) 일기 예보
(D) 유명인과의 대담

어휘

athlete 운동 선수 update 최신 소식 forecast 예보 celebrity 유명 인사

해설

지문 후반에 문제의 핵심 키워드 commercial break를 언급하며 광고 듣고 난 후에 초대 손님의 그녀의 어린 시절에 대해 공유할 것이라고 말하는 부분에서 정답은 (D)가 된다.

패러프레이징

writer(작가) → celebrity(유명인)

新유형

Questions 83-85 refer to the following advertisement.

Do you want to be fluent in foreign languages? But you don't know how to start? Don't worry about it anymore! That's why we're here for you! 83 We offer a variety of language courses for you. The summer months are ideal for practicing and fostering your language skills. From June to August, we offer intensive courses in several languages. Thanks to our experienced instructors and intensive nature of our programs, you will be able to make great process in such a short period of time. 84 After completing our course, you will be given our official certificate. There's one more thing you need to know. **85 If you sign up for one of our summer programs within this week, we'll give you a 20% discount.** For more information, please call us at 500-1500. Thank you.

83-85는 다음 광고에 관한 문제입니다.

외국어를 유창하게 하고 싶으신가요? 하지만, 시작하는 방법을 모르시겠다구요? 더 이상 걱정하지 마세요. 그게 바로 우리가 여러분을 위해 여기 있는 이유입니다. 우리는 여러분들을 위한 다양한 언어 수업을 제공합니다. 여름 달들이 외국어 능력을 연습하고 강화 하는데 이상적입니다. 6월부터 8월까지 우리는 몇 가지 언어에 있어서, 집중 코스를 제공합니다. 우리의 경험 많은 강사들과 프로그램의 집중적인 특성 덕분에 아주 단기에 큰 발전을 이룰 수 있습니다. 우리 수업을 끝낸 후에, 공식 수료증을 받게 될 겁니다. 여러분들께서 아셔야 할 것이 하나 더 있습니다. 이번 주 안에 우리 여름 프로그램들 중 하나를 등록하시면 저희가 20%의 할인을 제공해 드립니다. 더 많은 정보가 필요하시면, 500-1500번으로 전화 주세요.

어휘

fluent 유창한 foreign 외국의 language 언어 worry 걱정하다 a variety of 다양한 course 수업 ideal 이상적인 practice 연습하다 foster 증진하다 skill 기술 intensive 집중적인 several 몇몇의 experienced 경험 많은 instructor 강사 nature 특징 make progress 발전을 이루다 period 기간 complete 끝내다 be given 받다 thanks to ~때문에 sign up for ~에 등록하다 within 이내에 information 정보

83 What does the speaker mean when she says "That's why we're here for you"?
(A) There is an obvious reason for them to visit here.
(B) They know how to train instructors.
(C) There are a variety of ways to improve thinking skills.
(D) They provide diverse classes to help achieve a goal.

화자가 "그게 바로 우리가 여러분들을 위해 여기 있는 이유입니다"라고 말할 때 의미한 바는 무엇인가?
(A) 그들이 여기에 방문한 분명한 이유가 있다.
(B) 그들이 강사들을 교육하는 법을 알고 있다.
(C) 사고 기술을 향상시킬 여러 가지 방법들이 있다.
(D) 그들이 목표 달성을 도와 줄 다양한 수업을 제공한다.

어휘

obvious 분명한 visit 방문하다 train 교육하다 instructor 강사 how to ~하는 법 a variety of 다양한 improve 향상시키다 thinking skill 사고 기술 be willing to 기꺼이 ~하다 help 돕다 achieve 달성하다 goal 목표

해설

지문 초반 해당 표현 바로 뒤에 다양한 언어 수업들을 제공한다고 말하는 부분에서 정답은 (D)가 된다.

패러프레이징

a variety of(다양한) → diverse(다양한)

84 What will people receive after completing the course?
(A) A diploma
(B) A voucher
(C) A free gift

(D) A report card

사람들은 수업을 완강하면 무엇을 받게 될 것인가?
(A) 수료증
(B) 쿠폰
(C) 무료 선물
(D) 성적표

어휘

diploma 학위, 수료증 voucher 쿠폰 free gift 무료 선물 report card 성적표

해설

지문 후반, 과정을 끝낸 후에 공식적인 수료증을 받게 된다는 말에서, 정답은 (A)가 된다.

패러프레이징

certificate(수료증) → diploma(수료증)

85 What are the listeners encouraged to do this week?
(A) Call an experienced instructor
(B) Register for a course
(C) Pick up a certificate
(D) Apply for a position

청자들은 이번 주에 무엇을 하라고 장려 받는가?
(A) 경험 있는 강사에게 전화하기
(B) 수업에 등록하기
(C) 수료증 찾아가기
(D) 직책에 지원하기

어휘

encourage 장려하다 pick up ~을 찾아가다 register for ~에 등록하다 apply for ~에 지원하다 position 직책

해설

문제의 시간 키워드 this week가 언급되는 지문 후반에서, 이번 주 내로 등록하면 20% 할인 혜택이 있음을 알 수 있다. 따라서 정답은 (B)가 된다.

패러프레이징

sign up(등록하다) → register(등록하다)

AU

Questions 86-88 refer to the following instructions.

Welcome to Saint Louis, ladies and gentlemen. As you know, this year's nationwide golf championship tournament is taking place at Louis Country Club. **86, 87 I'm pleased to see so many people here cover the final round.** But there are a few things that you need to remember. First of all, please keep in mind that you must have your identification badge displayed at all times. After the game is over, the winner will be here at the press center to answer any questions you may have. For the consideration of both the audience and other reporters, **88 you're asked to be quiet when you are not asking questions.** In addition, your mobile phone should be put on vibrate. Thank you in advance for your cooperation.

86-88은 다음 설명에 관한 문제입니다.

Saint Louis에 오신 신사 숙녀 여러분 환영합니다. 여러분들도 아시다시피,

올해의 전국 골프 선수권 대회가 Louis Country Club에서 열리고 있습니다. 아주 많은 사람들이 최종 라운드를 취재하는 모습을 보게 되어 기쁩니다. 하지만, 여러분이 기억해 주셔야 할 것들이 몇 가지 있습니다. 먼저, 언제든 신분증을 보이도록 해주셔야 합니다. 경기가 끝난 후에 우승자가 여러분들이 가지고 있는 질문에 대한 답을 하기 위해 여기 언론 센터에 올 겁니다. 청중들과 다른 기자분들을 고려해서, 질문을 하지 않으실 때는 정숙해 주세요. 또한 여러분들의 휴대 전화는 진동으로 설정되어 있어야 합니다. 협조에 대해 미리 감사 드립니다.

nationwide 전국의 tournament 대회 take place 일어나다 be pleased to −하게 되어 기쁘다 cover 취재하다 a few 몇몇의 first of all 무엇보다 먼저 keep in mind 명심하다 identification badge 신분 배지 display 보여주다 at all times 내내 be over 끝나다 press center 언론 센터 consideration 고려 both 둘 다 audience 청중 reporter 기자 quiet 조용한 in addition 게다가 on vibrate 진동으로 in advance 미리 cooperation 협력

86 Why does the speaker say he is happy?
(A) He won a championship.
(B) He was invited to the reception.
(C) There are a lot of attendees.
(D) There are so many questions for him.

화자가 행복하다고 말하는 이유는 무엇인가?
(A) 그가 우승했다.
(B) 그가 환영회에 초대되었다.
(C) 많은 참석자들이 있다.
(D) 그를 위한 질문이 많다.

어휘

invite 초대하다 reception 환영회 a lot of 많은 attendee 참가자 many 많은 question 질문

해설

지문 초반에 이곳에서 많은 사람들이 취재하는 모습을 보게 되어 기쁘다고 말하는 부분에서 정답은 (C)가 된다.

패러프레이징

many people(많은 사람들) → a lot of attendees(많은 참석자들)

87 Who most likely are the listeners?
(A) Journalists
(B) Professional athletes
(C) Farmers
(D) Prize winners

청자들은 누구일 것 같은가?
(A) 언론인들
(B) 프로 운동 선수들
(C) 농부들
(D) 수상자들

해설

86번의 답을 구한 문장에서, 화자가 청자들이 마지막 라운드를 취재하는 모습을 보게 되어 기쁘다고 말하는 부분에서, 정답은 (A)가 된다. '취재하다'라는 의미의 동사 cover가 청자의 신분을 유추할 수 있는 핵심 키워드가 된다. 특히 청자를 찾는 문제는 대명사 you가 언급되는 부분에서 답의 단서를 찾는 것이 중요하다.

88 What are the listeners requested to do during a Q and A session?
(A) Turn off a mobile phone
(B) Remain quiet
(C) Share ideas with other people
(D) Renew the identification badge

청자들이 질문과 답하는 시간 동안 요청 받는 것은 무엇인가?
(A) 휴대 전화 끄기
(B) 정숙 유지하기
(C) 다른 사람들과 의견 나누기
(D) 신분 배지 갱신하기

어휘

request 요청하다 during ~동안 turn off 끄다 mobile phone 휴대전화 remain 유지하다 share 공유하다 renew 갱신하다

해설

지문 후반 질문을 하지 않을 때는 정숙을 유지해 달라고 부탁하는 부분에서 정답은 (B)가 된다.

패러프레이징

requested(요청 받다) → asked(요청 받다)

BR

Questions 89-91 refer to the following telephone message.

Hello, Mr. White. This is Emma Smith. ⁸⁹ I was supposed to visit your office at 11 a.m. today. But I don't think I can make it on time. ^{89, 90} Actually I left my office early in the morning but my van broke down on the highway all of a sudden. As a result, I had to get it towed. ⁹¹ Now I'm calling from the repair shop and the mechanic said it would take a while for him to fix the problem. So I'm going to call a cab to get there but I might be an hour late. Please call me on my cell phone and let me know if it's all right with you. You can find my phone number on my business card that I gave you yesterday. Hopefully, I'll talk to you soon. Thank you.

89-91은 다음 전화 메시지에 관한 문제입니다.

여보세요, White 씨. 저는 Emma Smith인데요. 제가 오늘 오전 11시에 당신 사무실에 방문하기로 되어 있었는데요. 하지만 제 시간에 못 갈 것 같아요. 사실은 오늘 아침에 일찍 사무실을 떠났는데, 제 승합차가 고속도로에서 갑자기 고장이 나서요. 결과적으로 견인을 해야 했어요. 지금은 수리소에서 전화를 하고 있는데, 정비사분께서 문제를 고치는데 시간이 좀 걸릴 거라고 하시네요. 그래서 거기에 가기 위해 택시를 부를 거지만, 1시간 정도 늦을 것 같아요. 제 휴대전화로 전화해서 괜찮은지 알려주세요. 제 전화번호는 어제 제가 드린 제 명함 위에서 찾으실 수 있어요. 곧 통화할 수 있길 빌어요. 고맙습니다.

어휘

visit 방문하다 be supposed to ~하기로 되어 있다 make it on time 제 시간에 가다 break down 고장 나다 highway 고속도로 actually 사실은 tow 견인하다 all of a sudden 갑자기 repair shop 수리소 mechanic 정비사 take a while 시간이 꽤 걸리다 fix 고치다 cab 택시 cell phone 휴대전화 all right 괜찮은 business card 명함 hopefully 바라건대 soon 곧

89 What does the woman imply when she says "But I don't think I can make it on time"?
(A) She doesn't know how to get to Mr. White's office.
(B) She wants to cancel the reservation.
(C) She might be late for the appointment.
(D) She cannot fix the laptop by herself.

여자가 "하지만 제 시간에 못 갈 것 같아요"라고 말하면서 암시하는 바는?
(A) 그녀가 White 씨 사무실 가는 법을 모른다
(B) 그녀는 예약을 취소하고자 한다
(C) 그녀는 약속에 늦을 수도 있다.
(D) 그녀는 노트북을 혼자 고칠 수 없다.

어휘
get to ~에 도착하다   cancel 취소하다   reservation 예약
appointment 약속   by oneself 혼자   laptop 노트북

해설
해당 표현 앞에 오전 11시에 사무실에 방문하기로 되어 있었다고 말하고, 해당 표현 뒤에서 오늘 아침에 차가 고장 난 사정을 말하는 부분에서 그녀가 약속에 늦을 수도 있음을 추론할 수 있다. 따라서 정답은 (C)가 된다.

90 What is the cause of the problem?
(A) Car trouble
(B) A traffic jam
(C) A terrible weather
(D) Power failure

문제의 원인은 무엇인가?
(A) 차 고장
(B) 교통 체증
(C) 안 좋은 날씨
(D) 정전

해설
89번의 답을 구한 문장에서 고속도로에서 승합차가 고장 났다고 말하는 부분에서 정답은 (A)가 된다. 지문의 van은 보기에서는 car로 바뀌고, broke down이 trouble로 변환되어 제시되었다. 특히 문제점이나 문제점의 원인은 지문 초반 부정적 뉘앙스의 어휘가 단서가 된다는 사실을 기억해두자.

91 Where most likely is the speaker now?
(A) In a cab
(B) At an auto body shop
(C) On the highway
(D) In her office

화자는 지금 어디에 있을 것 같은가?
(A) 택시 안에
(B) 자동차 정비소에
(C) 고속도로 위에
(D) 사무실에

해설
문제에 제시된 시간 키워드 now가 언급되는 지문 중반에 지금 차량 수리소에서 전화를 하고 있다고 말하는 부분에서 정답은 (B)가 된다.

패러프레이징
repair shop(수리소) → auto body shop(자동차 정비소)

Questions 92-94 refer to the following speech.

Good morning, everyone. **92** As mayor, I'm pleased to tell you that **93** the city council finally approved the plan to renovate our old city hall. Last March, we asked the local architecture firm to inspect our building and they found some potential problems, which could pose safety hazards. It has never been renovated since it was built in 1960. As a result, we should put a lot of work into it. Although it may cost a lot, it has to be done as soon as possible. As you know, safety is always our first priority. The work will start in May and **94** it is scheduled to be completed at the end of year.

92-94는 다음 연설에 관한 문제입니다.
좋은 아침입니다, 여러분. 시장으로서, 저는 시 의회가 마침내 우리의 시청을 보수하는 계획을 승인했음을 알리게 되어 기쁩니다. 지난 3월, 우리는 지역 건축 사무소에 우리 건물의 점검을 요청했고, 그들이 안전 위험들을 초래할 수 있는 몇 가지 문제점들을 찾아 냈습니다. 이것은 1960에 건설된 이래로 한번도 보수된 적이 없습니다. 결과적으로 많은 작업을 해야 할 겁니다. 비록 비용이 많이 들지도 모르지만, 가능한 한 빨리 행해져야 합니다. 아시다시피, 안전이 우리에게는 항상 가장 중요합니다. 작업은 5월에 시작될 것이고, 올해 말에 완공될 예정입니다.

92 Who most likely is the speaker?
(A) A congress man
(B) An architect
(C) A public official
(D) A construction worker

아마도 화자는 누구인가?
(A) 의회 의원
(B) 건축가
(C) 공무원
(D) 공사현장 근로자

해설
지문 초반 본인이 시장이라고 신분을 밝히는 부분에서 정답은 (C)가 된다. 특히 화자의 신분은 대명사 I와 전치사 As[~로서] 뒤에서 언급되는 경우가 많다는 사실을 기억해두자.

패러프레이징
mayor(시장) → public officer(공무원)

93 What plan did the council approve?
(A) To build the new city hall
(B) To renovate the public building
(C) To revise the safety regulations
(D) To inspect the old bridge

의회가 승인한 계획은 무엇인가?
(A) 새로운 시청을 짓는 것
(B) 공공 건물을 보수하는 것
(C) 안전 규정을 개정하는 것
(D) 오래된 다리를 점검하는 것

해설
지문 초반 시 의회가 시청 보수 계획을 승인했다고 언급하는 부분에서 정답은 (B)가 된다. 문제의 키워드인 council과 approve가 언급되

는 부분을 노려 듣는 것이 중요하다.

패러프레이징
city hall(시청) → public building(공공 건물)

94 According to the speaker, when will the work be finished?
(A) In March
(B) In May
(C) In September
(D) In December

화자의 말에 따르면, 작업은 언제 끝날 것인가?
(A) 3월에
(B) 5월에
(C) 9월에
(D) 12월에

해설
지문 마지막에 작업이 올해 말에 끝난다고 말하는 부분에서 정답은 (D)가 된다. 지문의 at the end of the year를 December로 바꿔 표현한 것이 핵심 포인트다. 보기 (B)에 제시된 May는 끝나는 때가 아닌 공사가 시작되는 시점이므로 함정이 된다.

패러프레이징
finish(끝내다) → complete(완료하다)

US

Questions 95-97 refer to the following excerpt from a meeting and pie chart.

Market Share in the Third Quarter

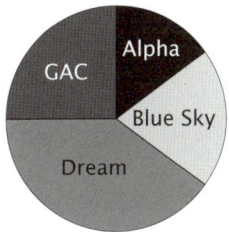

Good morning, everyone! Before we start today's staff meeting, I'm delighted to let you know that 95 we ranked first with the largest market share at 40% in the soft drink industry in the third quarter. I think our new beverage largely contributed to the dramatic growth in sales. Especially, I'd like to extend my appreciation to those who were involved in developing the new product. After all, all of our employees have put in a lot of effort and dedication for this to happen. To celebrate the success, 96 the management decided to host a company outing in Queen's Park this Saturday. Your family members and friends are welcome to participate in the event. 97 Should you need a ride, please come to my office and put your name down on the list. Thank you.

95-97은 다음 회의 발췌록과 원형 그래프에 관한 문제입니다.

3분기 시장 점유율

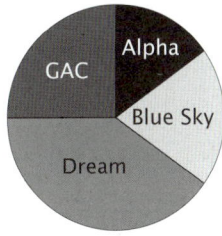

좋은 아침입니다, 여러분! 우리가 오늘 직원 회의를 시작하기 전에, 우리가 3분기에 청량 음료 업계에서 가장 큰 40%의 시장 점유율로 1등을 차지했음을 알려드리게 되어 기쁩니다. 우리의 새로운 음료수가 매출에 있어서 극적인 성장에 크게 공헌했던 것으로 여겨집니다. 특히 저는 신제품 개발에 관여하신 분들께 감사를 전합니다. 결국은 우리 모든 직원들이 이런 일이 일어나도록 많은 노력과 헌신을 했었죠. 이러한 성공을 축하하기 위해서, 경영진들이 이번 주 토요일 Queen's 공원에서 회사 야유회를 개최하기로 결정했습니다. 여러분들의 가족들과 친구들의 행사 참여를 환영합니다. 차편이 필요하시면 제 사무실로 오셔서 명단에 이름을 써주세요. 감사합니다.

어휘
delighted 기쁜   let ~ know ~에게 알리다   rank 랭크 되다   market share 시장 점유율   rank (순위를) 차지하다   quarter 분기   beverage 음료   largely 크게   contribute to -에 공헌하다   dramatic 극적인   growth 성장   extend 전하다   employee 직원   a lot of 많은   effort 노력   dedication 헌신   be involved in ~에 관련되다   develop 개발하다   after all 결국   management 경영진   celebrate 축하하다   success 성공   host 개최다   outing 야유회   participate in ~에 참가하다   event 행사   put ~ down 쓰다

95 Look at the graphic. What company does the speaker most like work for?
(A) Alpha
(B) GAC
(C) Dream
(D) Blue Sky

시각 자료를 보시오. 화자는 어떤 회사에 다니고 있을 것 같은가?
(A) Alpha
(B) GAC
(C) Dream
(D) Blue Sky

해설
지문 초반 화자의 회사가 3분기에 가장 큰 시장 점유율을 1위를 달성했다고 말하는 부분에서 정답은 (C)가 된다. 주어진 시각 정보에서 가장 큰 시장 점유율을 보이는 회사가 Dream 이라는 사실을 쉽게 확인할 수 있다.

96 According the speaker, what will happen this Saturday?
(A) A picnic
(B) A workshop
(C) A training
(D) An awards banquet

화자의 말에 따르면, 이번 주 화요일에 무슨 일이 있을 것인가?

(A) 소풍
(B) 워크숍
(C) 교육
(D) 시상 연회

지문 중반 문제에 주어진 시간 키워드 this Saturday가 언급되는 부분에서, 이번 주 토요일 회사 야유회가 열린다는 사실을 확인할 수 있다.

outing(외출) → picnic(소풍)

97 Why would some people visit the speaker's office?
(A) To participate in a race
(B) To do a test drive
(C) To get a ride
(D) To receive an admission ticket

몇몇 사람들은 왜 화자의 사무실을 방문할 것인가?
(A) 경주에 참가하기 위해서
(B) 시 운전을 하기 위해서
(C) 차를 얻어 타기 위해서
(D) 입장권을 받기 위해서

test drive 시운전   admission 입장   race 경주

문제에 제시된 장소 키워드 office가 언급되는 부분에서 답을 찾으면 된다. 지문 후반 차편이 필요하면, 본인 사무실에 들르라는 명령문에서 정답은 (C)가 된다. 특히 지문에 제시되는 If절에서 답의 단서가 많이 언급된다는 사실도 기억해두자.

AU

Questions 98-100 refer to the following talk and list.

Day	Sale items
Monday	Frozen food
Tuesday	Dairy products
Wednesday	Fruit
Thursday	Meat

Thank you for shopping at J-mart! **98** This is the store manager, James Cox. I'd like to tell you about our special deals we're offering now. In the produce section, **99** a wide range of fruits are marked down up to 40% today. Since our experts taste and rate all the fruits we sell, you can eat only the best. Our popular tropical fruits like mangos and pineapples are discounted by 30%. Apples and oranges harvested from our town are available at a discount of 40%. Our fruit sale items allow for the great time to thank your co-workers or close friends. The fresh and nutritious fruits will be the perfect gift for them. Finally, **100** we offer free delivery for all purchases over 30 dollars. Thank you.

98-100은 다음 담화와 표에 관한 문제입니다.

요일	할인 품목
월요일	냉동식품
화요일	유제품
수요일	과일
목요일	육류

J 마트에서 쇼핑해 주셔서 감사 드립니다. 저는 점장인 James Cox입니다. 저는 지금 우리가 제공하고 있는 특가에 말씀 드리려고 합니다. 오늘 농산물 코너에서 다양한 과일들이 40%까지 할인되고 있습니다. 우리 전문가들이 우리가 파는 모든 과일들을 맛을 보고 평가하기 때문에, 여러분들은 최고의 것들만 드실 수 있습니다. 망고와 파인애플 같이 인기 있는 열대 과일들이 30% 할인되고 있습니다. 우리 시에서 수확한 사과들과 오렌지들은 40% 할인가로 이용 가능하십니다. 우리의 과일 할인 품목들이 여러분들의 동료나 가까운 친구들에게 감사할 수 있는 좋은 시간을 허락해 줄 겁니다. 신선하고 영양가가 풍부한 과일들이 그들에게는 최고의 선물이 될 겁니다. 마지막으로 우리는 30달러 이상의 모든 구매품에 대해 무료 배달을 제공합니다. 고맙습니다.

special deal 특가 상품   offer 제공하다   produce section 농산품 코너   a wide range of 다양한   fruit 과일   mark down 인하하다   up to ~까지   expert 전문가   taste 맛보다   rate 등급을 매기다   tropical 열대의   harvest 수확하다   allow 허락하다   co worker 동료   close 가까운   fresh 신선한   nutritious 영양가가 높은   perfect 완벽한   gift 선물   free delivery 무료 배달   purchase 구매   over ~이상

98 Who is the speaker?
(A) A shop manager
(B) A farmer
(C) A courier
(D) A cashier

화자는 누구인가?
(A) 점장
(B) 농부
(C) 택배 배달원
(D) 계산원

지문 초반 화자가 본인을 소개하면서 store manager 라고 말하는 부분에서 정답은 (A)가 된다.

store(가게) → shop(가게)

99 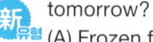 Look at the graphic. What food items will be on sale tomorrow?
(A) Frozen food
(B) Dairy products
(C) Fruit
(D) Meat

시각 자료를 보시오. 어떤 음식 항목이 내일 할인을 할 것인가?
(A) 냉동 식품

(B) 유제품
(C) 과일
(D) 육류

지문 초반 오늘은 과일들이 할인된다고 말하는 부분에서 표를 보면 내일은 육류가 할인됨을 쉽게 알 수 있다. 따라서 정답은 (D)가 된다.

100 What should listeners do in order to use the free delivery service?
(A) Pay with a credit card
(B) Download a voucher from the website
(C) Spend over a certain amount of money
(D) Sign up for the membership

무료 할인 서비스를 받으려면 청자들이 무엇을 해야 하는가?
(A) 신용 카드로 지불하기
(B) 웹사이트에서 쿠폰을 다운로드하기
(C) 특정 금액 이상을 사용하기
(D) 회원제에 가입하기

pay 돈을 내다 credit card 신용카드 voucher 쿠폰 spend 쓰다 over ~이상 certain 특정한 amount 금액 money 돈 sign up 등록하다 membership 회원

지문 마지막에 30달러 이상 구매시 무료 배달이 가능하다고 말하는 부분에서 정답은 (C)가 된다. 특히 지문의 30달러를 보기에서는 a certain amount of money로 바꿔 표현한 것이 핵심 포인트다.

Memo

Memo

영단기 신토익 LC
20일 속성⚡

커넥츠 영단기

파트별 교재

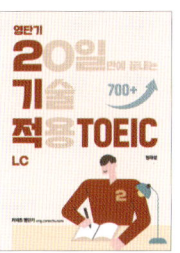
영단기 2기적 토익 LC

영단기 2기적 토익
PART 5&6

영단기 2기적 토익
PART 7

영단기 토익 PART 7
유형별 공식 40

실전모의고사

영단기 신토익 LC+RC
빈출모의고사

영단기 토익 실전
1000제 1 LC

영단기 토익 실전
1000제 1 RC

영단기 토익 실전
1000제 2 LC

영단기 토익 실전
1000제 2 RC

영단기 오픽 & 토익스피킹 교재

영단기 OPIc

영단기 OPIc
실전모의고사

영단기 토익스피킹

영단기 토익스피킹 기술

영단기 토익스피킹
실전모의고사

영단기 지텔프 교재

정재현 지텔프 Level 2

지텔프 기출문제 Level 2

지텔프 독해 유형별
기출문제 Level 2

지텔프 문법 유형별
기출문제 Level 2

누적 수강생 수 756만*,
수강후기 31만*으로 검증된 강의력.

10년째 영단기를 꾸준히 찾는 이유!

* 영단기 수강생 설문조사 결과 영단기 찾는 이유 1위 강사진 54% (2020년 10월 27~31일)
* 영단기 사이트 내 수강후기 누적건수 314,439개 (2020년 11월 23일 기준)

영단기만의
압도적 강사진

그동안 경험할 수 없던 차원이 다른 강의력!
지금 영단기에서 경험해보세요!